東洋古典譯註叢書 133

譯註 世說新語補 4

刪定 王世貞 책임번역 金鎭玉
공동번역 南誠佑 金泰勳

전통문화연구회

飜譯委員

企劃編輯　東洋古典飜譯編輯委員會
責任飜譯　金鎭玉
共同飜譯　南誠佑 金泰勳
原文校閱　吳圭根
飜譯研究管理　南賢熙
潤　文　南賢熙
校　訂　朴相水 郭成龍
出　版　白俊哲 李承俊
裝　幀　김진디자인

飜譯管理

弘報管理　白漢基
普　及　徐源英
古典情報化　東洋古典情報化研究室

東洋古典譯註叢書를 발간하면서

우리의 古典國譯事業은 민족문화 진흥의 기초사업으로 1960년대부터 政府 支援으로 古文獻 現代化 작업을 추진하여 많은 成果를 거두었다. 당시 이 사업 추진의 先行課題로 東洋古典이라 일컬어지는 중국의 基本古典을 먼저 飜譯하여야 한다는 學界의 주장이 있었음에도 불구하고 우리 고전이 아니라는 일부의 偏狹한 視角과 財政 事情 등으로 인하여 배제되어 왔다.

전통적으로 중국의 기본고전은 우리 歷史와 함께 숨쉬며 각종 교육기관의 教科書로 활용됨은 물론이고 지식인들의 必讀書가 되어 왔으며, 우리 文化의 基底에 자리잡고 거의 모든 방면의 體系와 根幹을 형성하여 왔다. 그래서 학문연구의 기본서 역할을 해 왔을 뿐만 아니라 오늘날에도 우리의 國學徒 및 東洋學 研究者들에게 같은 역할을 하고 있음은 주지의 사실이다. 그럼에도 불구하고 中國古典은 우리 것이 아니라 하여 專門機關의 飜譯對象에 포함하지 않음으로써, 대부분 原典에서의 직접 번역이 아닌 重譯이나 拔萃譯의 방식이 주를 이루면서 教養水準으로 出版되어 왔다.

오늘날 東洋 三國 중에서 우리의 東洋學 연구가 가장 부진한 이유는, 東洋基本古典에 대한 폭넓은 이해의 부족과 漢文古典 讀解力의 저하에 기인함을 우리는 솔직히 인정하여야 한다. 따라서 이들 중국고전에 대한 신뢰할 만한 國譯이 이루어지는 것이 한국학 연구를 촉진시키는 시급한 先行課題라 할 수 있다.

이에 韓國學 및 東洋學의 연구와 古典現代化의 基盤構築을 위해서는, 전문기관으로 하여금 동양고전을 단기간에 각 분야의 專門 研究者와 漢學者가 상호 협동하여 연구번역하여 飜譯의 傳統性과 效率性, 研究의 專門性을 높일 수 있도록 政策的 配慮가 있어야 한다.

이에 本會에서는 元老 및 中堅 漢學者와 斯界의 專攻者로 하여금 協同硏究飜譯하여 공부하는 사람들이 믿고 引用하거나 깊이 있는 註釋 등을 활용할 수 있게 하고, 知識人들의 敎養을 증진시켜 줄 수 있는 東洋古典의 國譯書 간행을 지속적으로 추진해 왔다. 근래에 다행히 이 사업에 대하여 각계 지도층의 폭넓은 이해와 지원에 힘입어 2001년도부터 國庫補助를 받아 東洋古典譯註叢書를 간행하게 되었다. 이를 계기로 우리 先學의 註釋과 見解를 반영하는 등 국역사업의 內實을 기하게 되었음을 이 자리를 빌려 衷心으로 감사드리며, 아울러 國譯에 參與하신 관계자 여러분의 勞苦에 깊은 謝意를 표한다.

끝으로 우리의 이러한 작업은 오랜 역사 위에 축적된 先賢들의 業績과 現代學問을 이어주는 튼튼한 架橋와 礎石이 되어 진정한 韓國學과 東洋學 발전에 기여할 것을 굳게 믿으며, 21세기를 우리 文化의 世紀로 열어 가는 밑거름이 되도록 우리의 力量을 本 事業에 경주하고자 한다. 江湖諸賢의 부단한 관심과 지원을 기대해 마지않는다.

社團法人 傳統文化硏究會 理事長 李啓晃

凡 例

1. 본서는 ≪譯註 世說新語補≫의 제4책이다.
2. 본서는 ≪世說新語補≫ 간행본의 대부분을 차지하는 顯宗實錄字本 중 상태가 가장 양호하며 印記로 '弘文館'이 찍힌 규장각본 ≪世說新語補≫(奎中 1801-v.1-7)를 底本으로 하되, 顯宗實錄字本 중 상태가 양호한 국립중앙도서관본 ≪世說新語補≫(古032-59)와 木活字로 인쇄된 국립중앙도서관본 ≪世說新語補≫(古373-1)를 참고하였다.
3. ≪世說新語補≫는 ≪世說新語≫와 ≪何氏語林≫의 기사를 발췌한 다음 합하여 刪定한 것으로, 선본인 일본 尊經閣叢刊 ≪世說新語≫(昭和 4年), 규장각 소장 天啓4年本 ≪何氏語林≫(奎中 3300-v.1-6)을 교감 자료로 활용하였다.
4. 저본인 규장각본 ≪世說新語補≫는 간행 과정에서 批點이 빠져 보이지 않는다. 저본에 실리지 않은 批點의 내용은 頭註 항목을 두어 일본 와세다대학 소장 安永8年本 ≪李卓吾批點世說新語補≫(ヌ08 04889)에서 취하여 번역하였다. 한편 이를 '安永本'으로 약칭하고, 교감에도 적극 활용하였다.
5. 저본에는 卷의 첫머리에만 '世說新語補 卷○'이 있으나, 번역서에서는 篇 단위로 別面을 하였기 때문에 篇名마다 앞에 '世說新語補 ○卷'을 삽입하였다.
6. 본서는 원전의 傳統性과 번역의 現代性을 구현하기 위해 노력하였다.
7. 原文은 우리나라 전통 방식으로 懸吐하였다.
8. 原文은 저본의 體制에 따라 단락을 구분하고, 각 단락마다 일련번호를 부여하였다.
9. 讀音이 특수하거나 僻字인 경우에는 ( ) 속에 한글로 音을 달아주었다.
10. 각 篇마다 간략한 해설을 달아 독자의 이해를 돕고자 하였다.
11. 飜譯은 原義에 충실하게 하되, 이해가 어려운 부분은 意譯 또는 補充譯을 하였다.

12. 飜譯文은 한글과 漢字를 混用하였으며, 맞춤법과 띄어쓰기는 한글 맞춤법과 표준어 규정을 따르는 것을 원칙으로 하였다.
13. 譯註는 故事, 官職, 校勘, 難解語, 역사적 사건, 人物, 인용문의 出典, 전문용어, 制度, 異說 등에 관한 사항을 밝혔다. 이 가운데 주로 일본의 ≪세설≫ 연구 중 가장 권위 있는 저작으로 꼽히는 ≪世說音釋≫을 역주에 반영하였다.
14. 校勘은 원문의 衍字, 誤字, 脫字, 倒文 등을 대상으로 하였다.
15. 본서의 校勘에 사용된 符號는 다음과 같다.

( )〔 〕: (저본의 誤字)〔교감한 正字〕

〔 〕: 저본의 脫字 보충

( ): 저본의 衍字 삭제

16. 본서에 사용된 주요 符號는 다음과 같다.

" ": 對話, 각종 引用

' ': " " 안에서 再引用, 强調

「 」: ' ' 안에서 再引用, 强調

( ): 원문에서는 讀音이 다른 글자나 僻字의 音
번역문에서는 간단한 譯註

〔 〕: 번역문의 이해를 돕기 위한 原文의 漢字나 句節, 譯註에서 인용한 原文, 疏에서 설명 대상으로 제시한 經이나 傳의 단어나 구절

≪ ≫: 書名이나 典據

〈 〉: 篇章名, 作品名, 補充譯

【 】: '輔' 및 '頭註'에 표시

○ : 저본에 사용된 단락 구분 표시 遵用

○ : 頭註 구분 표시

目 次

〔附 錄〕

譯註 世說新語補 4

27. 망자에 대한 슬픔 傷逝*

* 상서편은 사람의 사망을 애통해한 일화를 기술하고 있다. ≪世說新語≫에서 17항목, ≪何氏語林≫에서 14항목을 뽑아 총 31항목으로 구성하였다. 아들을 포함한 친족(27-9·26), 절친한 벗(27-4), 추앙받던 인재·현자(27-18·21·27)의 죽음에 대해 슬퍼한 내용, 자신의 죽음을 예견한 내용(27-16·28), 너무 슬프게 통곡하여 남들을 감동시킨 내용(27-11)뿐만 아니라 평소 사이가 좋지 않은 사람의 죽음을 애도한 내용과 모반자의 죽음을 조롱한 내용(27-30)도 있고, 애도의 의미로 사망한 이가 생전에 좋아했던 나귀 울음소리를 흉내 내기도 하고(27-5) 喪次에서 琴을 타기도 하며(27-12) 관속에 麈尾(주미)를 넣어준 경우(27-15)도 있다.

27-1【補】[1] 龔勝(공승)이 죽자 楚 지역의 노인이 조문하러 와서 매우 슬프게 곡하고, 잠시 뒤에 탄식하였다.

"향초는 향기 때문에 자신을 사르고 기름은 밝음 때문에 자신을 태우는 법이다.[2] 아! 龔生(공승)이여, 결국 요절했으니 우리의 무리가 아니로다."[3]

龔勝이 死하니 楚父老가 來吊하여 哭甚哀하고 旣而요 嘆曰 薰은 以香自燒하고 膏는 以明自

1)【補】: 저본에는 '補'가 없으나, 이 일화는 ≪世說新語≫가 아닌 ≪何氏語林≫에 있으므로 이에 의거하여 '補'를 보충하였다.

2) 향초는……법이다 : ≪世說新語補觿≫에서는 "스스로 고결한 태도를 지니다가 죽는 것을 비유한다."라고 하고, ≪世說啓微≫와 ≪世說講義≫에서는 "명망이 높았기 때문에 스스로 죽음을 초래했다는 뜻이다."라고 했는데, ≪莊子≫ 〈人間世〉의 '산의 나무는 유용하기 때문에 벌목을 자초하고, 기름은 불을 밝힐 수 있어서 자기 몸을 태우게 만든다.〔山木自寇也 膏火自煎也〕'는 구절에 의거하면, ≪世說啓微≫와 ≪世說講義≫의 설명이 타당한 듯하다.

3) 우리의……아니로다 : 은거하지 않아 세상에 이름이 알려진 龔勝을 기롱한 것이다.(≪世說新語補觿≫)

煎[4]하나니 嗟哉라 龔生이여 竟夭天年하니 非吾徒也②로다하다

① ≪漢書≫ 〈龔勝傳〉에 말하였다. "龔勝(B.C. 68~B.C. 11)은 字가 君賓으로, 楚 지역 사람이다. 王莽이 〈관리로〉 초빙하자 식음을 전폐하고 굶어 죽었다."[5]
漢書曰"龔勝, 字君賓, 楚人. 王莽徵之, 不食而死."

② 劉義慶의 ≪徐州先賢傳≫[6]에 말하였다. "楚 지역의 노인은 彭城의 은자이다."
徐州先賢傳曰"楚老者, 彭城之隱人也."

27-2【補】[7] 陳蕃[8]과 竇武가 中官(환관)에게 살해당하자, 郭林宗(郭泰)[9]이 들판에서 그들을 위해 통곡하고, 잠시 뒤에 탄식하였다.

"현인이 사라졌으니 나라가 피폐해질 것이로다. 까마귀가 〈날아와〉 앉는 곳을 보건대, 어느 집의 지붕 위에 내려앉을지 모르겠구나."

陳蕃과 竇武가 爲中官所害①하니 郭林宗이 哭之於野②에 慟하고 旣而요 歎曰 人之云亡하니 邦國殄瘁③리라 瞻烏爰止한대 不知於誰之屋④이로다하다

① ≪後漢書≫ 〈竇武列傳〉에 말하였다. "竇武(?~168)는 字가 遊平으로 扶風 平陵 사람

---

4) 煎 : ≪漢書≫ 〈龔勝傳〉에는 '銷'로 되어 있다.
5) 王莽이……죽었다 : 新나라 始建國 3년(11)에 王莽이 龔勝에게 太子師友・國子祭酒를 제수했으나, 공승은 거부하고 굶어 죽었다.(≪漢書≫ 〈龔勝傳〉)
6) 劉義慶의 徐州先賢傳 : 유의경(403~444)은 宋(南朝)나라 彭城 사람으로, 武帝(劉裕)의 조카이다. 臨川王에 봉해지고, 시호는 康王이다. 이름난 문학가이자 정치가로, 尙書左僕射・荊州刺史・南兗州刺史 등을 역임하였다. 성품이 담박하고 욕심이 없으며 文史를 애호했기 때문에 사인과 문인들이 그의 주변에 많이 모여 당시의 명사인 袁淑・陸展・何長瑜・鮑照 등이 막하에 있었다. 저술로 ≪서주선현전≫, ≪幽明錄≫, ≪宣驗記≫ 등을 편찬했으나 모두 일실되어 전하지 않고 ≪世說新語≫만이 남아 있다. ≪서주선현전≫은 서주 출신의 학자・명사・관료에 대한 일화를 10권 분량으로 편찬한 책이다.
7) 【補】 : 저본에는 '補'가 없으나, 이 일화는 ≪世說新語≫가 아닌 ≪何氏語林≫에 있으므로 이에 의거하여 '補'를 보충하였다.
8) 陳蕃 : ?~168. 後漢 汝南 平輿 사람으로, 字는 仲擧이다. 太衛 李固가 천거하여 議郎이 되고 豫章太守 등을 역임했다. 靈帝 때 高陽侯에 봉해져 대장군 竇武와 모의하여 환관 曹節과 王甫 등을 주살하려 했으나 사전에 누설되어 피살당했다.
9) 郭泰 : 128~169. 後漢 太原 界休 사람으로, 字는 林宗이다. 전적에 두루 정통했고, 담론을 잘했으며, 높은 학문과 덕으로 일세의 추앙을 받았다. 외척과 환관이 전횡하는 세상에서도 절조를 굽히지 않았지만 언행이 신중하여 黨錮의 禍를 면할 수 있었다. ≪文選≫에 蔡邕이 지은 〈郭有道碑文〉이 실려 있다.

이고, 安豐侯 戴公 竇融의 현손이다. 부친 竇奉은 定襄太守를 역임하였다. 두무는 젊을 때부터 경서에 대한 해박한 지식과 방정한 행실로 이름이 알려졌다. 桓帝(劉志)가 〈그를〉 城門校尉에 임명했는데, 직위에 있으면서 명사들을 〈관리로〉 많이 초빙하였고, 청렴・공정하고 악행을 미워하며 뇌물이 통하지 않았다. 당시 국정에 실패가 많고 환관들이 총애를 독차지하는 상황에서 李膺[10]과 杜密[11] 등이 붕당을 결성했다는 이유로 체포되어 심문을 당하자, 두무가 그들을 석방해달라고 상소를 올렸다.

靈帝(劉宏)가 즉위하여 두무를 大將軍에 임명하고 聞喜侯에 봉하였다. 두무는 국정을 보좌한 뒤로 환관들을 주벌할 뜻을 지니고 太傅 陳蕃과 공모했는데, 천하의 영웅호걸들이 모두 목을 빼고 발돋움하면서 자신들의 힘을 떨치려고 생각하였다. 이에 형용할 수 없을 정도로 교활하고 무도한 자들을 모두 잡아들여 北寺(북시)의 감옥[12]으로 보냈다.

때마침 王甫[13] 등이 함께 竇太后[14]를 협박하여 璽書(조서)를 빼앗은 뒤에 五營[15]의 군사를 통솔하여 두무를 공격하니 두무가 달아났다. 〈그들은〉 두무를 포위하여 죽인 뒤에 洛陽의 都亭[16]에서 효수하였다."

後漢書曰"竇武, 字遊平, 扶風平陵人, 安豐戴侯融之玄孫也. 父奉, 定襄太守. 武少以經行著稱. 桓帝拜城門校尉, 在位多辟名士, 淸身疾惡, 禮賂不通. 時國政多失, 內官專寵, 李膺・杜密等, 爲黨事考逮, 武上疏出之. 靈帝立, 拜大將軍, 封聞喜侯. 武旣輔政, 有誅剪宦

10) 李膺 : 110~169. 後漢 潁川 襄城 사람으로, 字는 元禮이다. 孝廉으로 천거되었다가 度遼將軍, 河南尹, 永樂少府 등을 역임했다. 강직하기로 소문이 나서 '천하의 모범 이원례〔天下楷模李元禮〕'라 불리었고, 선비들이 그와 교유하면 '龍門에 올랐다'고 여길 정도였다. 桓帝 때 환관들의 횡포를 규탄하다가 오히려 黨을 결성한다는 무고를 당하고 禁錮되었다. 靈帝 초반 竇武가 정권을 잡았을 때 長樂少府로서 환관을 일소할 계획을 세우다가 계획이 누설되어 투옥된 뒤 처형되었다.

11) 杜密 : 後漢 潁川 陽城 사람으로, 자는 周甫이다. 桓帝 때 尙書令이 되고 太僕에 올랐다. 환관의 專權을 반대하다가 靈帝 建寧 2년(169)에 환관들로부터 이른바 '黨錮의 禍'를 당하여 투옥되자 자결하였다.

12) 北寺(북시)의 감옥 : 後漢 때에 黃門署에 속해 있던 감옥으로, 주로 장군과 재상을 국문했는데, 黃門北寺獄이라고도 한다.

13) 王甫 : ?~179. 後漢 靈帝 때의 환관으로, 曹節과 함께 陳蕃과 竇武를 모살하고 中常寺(중상시)가 되었으며, 勃海王 悝(회)를 무고하여 죽인 뒤 冠軍侯가 되었다. 司隸校尉 陽球의 탄핵을 받아 옥중에서 죽었다.

14) 竇太后 : ?~172. 竇武의 딸 竇妙로, 後漢 桓帝의 황후가 되고, 황제가 죽은 뒤에 靈帝를 받들어 권세를 휘둘렀다.

15) 五營 : 屯騎校尉・越騎校尉・步兵校尉・長水校尉・射聲校尉가 지휘하는 부대이다.

16) 都亭 : 都邑 안에 있는 驛館을 이른다. 秦나라 법에 10리마다 1亭을 두고 군현의 治所에는 도정을 두었다.

官之意, 與太傅陳蕃共謀. 天下雄俊, 莫不延頸企踵, 思奮其力. 於是盡收諸狡猾無狀者, 送北寺獄. 會甫等共劫太后, 奪璽書, 率五營士討武, 武走, 圍殺之, 梟首洛陽都亭."

② ≪禮記≫ 〈檀弓 上〉에 말하였다. "아는 사람의 경우는 내(공자)가 들판에서 곡하는데, 〈伯高의 경우에〉 들판에서 곡한다면 너무 소원하게 대우하는 것이다."[17)]
檀弓曰 "所知, 吾哭諸野, 於野則已踈."

③ ≪詩經≫ 〈大雅 瞻仰〉의 구절이다.
大雅瞻仰詩.

④ ≪詩經≫ 〈小雅 正月〉의 구절[18)]이다.
小雅正月詩.

27-3【補】[19)] 范巨卿(范式)은 張元伯(張劭)과 벗이었다. 훗날 장원백이 병석에 눕자 같은 군의 郅君章(郅惲)[20)]과 殷子徵이 조석으로 문안했는데, 장원백은 임종할 때

---

17) 아는……것이다 : 伯高가 衛나라에서 죽어 공자에게 부고가 왔는데, 공자가 "내가 어디에서 곡해야 한단 말인가. 형제의 경우에는 내가 사당에서 곡하고, 아버지의 벗의 경우에는 내가 사당문 밖에서 곡하고, 스승의 경우에는 내가 正寢에서 곡하고, 붕우의 경우에는 내가 寢門 밖에서 곡하고, 아는 사람의 경우에는 내가 들에서 곡하면 된다. 그런데 내가 만일 백고에 대해서 들판에서 곡한다면 너무 소원히 대우하는 것이고 정침에서 곡한다면 너무 정중하게 대우하는 것이다. 그는 賜(子貢)를 통해 나를 만나 보게 되었으니, 나는 賜氏의 집에서 곡하겠다.'라고 하고, 마침내 자공에게 명하여 〈그의 喪을〉 주관하게 하면서 '너의 곡하는 것을 위해 오는 자에게는 절하고, 백고를 알아서 오는 자에게는 절하지 말라.〔伯高死於衛 赴於孔子 孔子曰 吾惡乎哭諸 兄弟 吾哭諸廟 父之友 吾哭諸廟門之外 師 吾哭諸寢 朋友 吾哭諸寢門之外 所知 吾哭諸野 於野則已疏 於寢則已重 夫由賜也見我 吾哭諸賜氏 遂命子貢爲之主 曰爲爾哭也來者拜之 知伯高而來者勿拜也〕"라고 하였다.(≪禮記≫ 〈檀弓 上〉) 伯高는 당시 사람으로 자세한 것은 미상이다. ≪世說箋本≫에서 "들판에서 곡한 것은 의도치 않은 우연일 뿐이다. 혹자는 혐의를 피하기 위한 것이라고 한다. 주석에서 ≪예기≫를 인용한 것은 옳지 않다."라고 하였다.

18) 詩經……구절 : "저 까마귀 앉는 곳을 보건대, 그 누구의 지붕 위에 가서 앉을까.〔瞻烏爰止 于誰之屋〕"라고 했는데, 毛長의 주석에 "부자의 집 지붕은 까마귀가 모이는 곳이다."라고 하고, 이에 대한 鄭玄의 주석에 "이는 백성들이 明君을 찾아 귀의해야 한다는 말이다."라고 하였다.(≪世說音釋≫) ≪世說講義≫에서는 "선량한 사람들이 이처럼 연달아 사망하니, 그 피해가 번져 누구에게 미칠지 모르겠다."라고 하였다.

19) 【補】: 저본에는 '補'가 없으나, 이 일화는 ≪世說新語≫가 아닌 ≪何氏語林≫에 있으므로 이에 의거하여 '補'를 보충하였다.

20) 郅惲 : 후한 汝南 西平 사람으로, 字는 君章이다. ≪韓詩≫와 ≪嚴氏春秋≫에 정통하고 천문과 역법에도 밝았다. 孝廉으로 천거되어 上東城門候가 되고 외직으로 나가 長沙太守가 되었다.

에 〈다음과 같이〉 탄식하였다.

"나의 死友[21)]를 만나지 못하는 것이 한스럽구나."

은자징이 말하였다.

"나와 질군장이 그대에게 마음을 다했으니, 우리들이 사우가 아니라면 다시 누구를 찾으려고 하는가?"

장원백이 말하였다.

"그대 두 사람은 나의 生友일 뿐이고, 山陽의 범거경이 이른바 사우라네."

장원백은 얼마 뒤에 세상을 떠났다. 범거경이 홀연히 꿈에 장원백을 보았는데, 〈장원백은〉 검은 冕服 차림에 갓끈을 드리우고 바삐 걸으면서 〈범거경을〉 불렀다.

"거경이여, 나는 某日에 죽었으니, 某時에 장례를 치른 뒤에 영원히 황천으로 돌아가게 되었네. 그대가 아직 나를 잊지 않았다면 아마 제때 올 수 있을 걸세."

범거경이 비몽사몽간에 깨어난 뒤에 곧장 奔喪[22)]하기 위해 달려갔으나 도착하기 전에 상여가 이미 출발하였다. 〈상여꾼들이〉 영구를 끌었으나 앞으로 나아가려 하지 않자, 그 모친이 영구를 어루만지면서 말하였다.

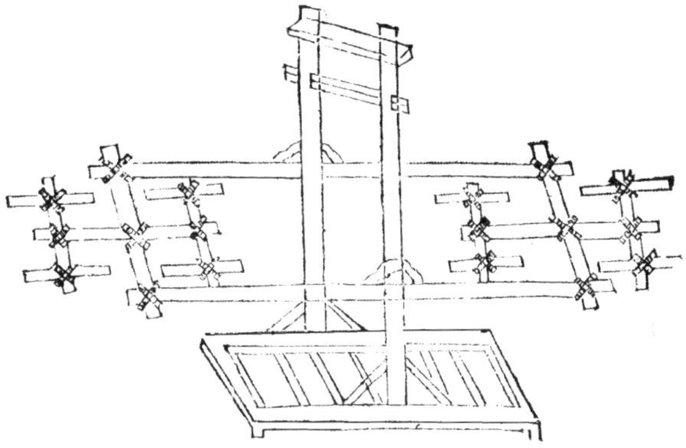

喪輿

"원백이여, 아마 기다리는 사람이 있나 보구나."

결국 〈상여를〉 멈추었는데, 한참이 지난 뒤에 흰 말이 끄는 흰 수레를 타고 소리쳐 울면서 오는 사람이 보이자, 그 모친이 말하였다.

"저 사람은 틀림없이 범거경일 것이다."

범서경이 이른 뒤에 관을 누드리며 말하였다.

---

21) 死友 : 죽을 때까지 우정이 변치 않는 벗이나 목숨을 바칠만한 벗을 이른다.

22) 奔喪 : 외지나 외국에 나가 있는 자식이 부모의 喪을 당해 그 訃音을 전해 듣고 빨리 귀가하는 것인데, 여기서는 초상집에 빨리 가는 것을 이른다. ≪禮記≫ 〈奔喪〉에 "분상한 사람이 빈소를 차릴 때에 맞추어 오지 못한 경우에는 먼저 묘소로 가서 북면하고 앉아서 곡을 하여 슬픈 마음을 다한다.〔奔喪者不及殯 先之墓 北面坐 哭盡哀〕"라고 하였다.

"떠나게나, 원백이여. 삶과 죽음은 그 길이 다르니 지금부터 영원히 이별일세."

장례에 참석한 천 명이 〈이 말을 듣고〉 모두 눈물을 흘렸다. 범거경이 상여의 줄을 잡고 영구를 끄니 상여가 그제야 앞으로 나아갈 수 있었다.

范巨卿은 與張元伯으로 爲友①라 後에 元伯寢疾에 同郡의 郅君章과 殷子徵이 晨夕省(성)視이러니 元伯이 臨盡에 歎曰 恨不見吾死友라하니 子徵曰 吾與君章이 盡心於子하니 是非死友오 復欲誰求오하다 元伯曰 若二子者는 吾生友耳요 山陽范巨卿이 所謂死友也라하다 元伯尋卒하고 范이 忽夢見元伯하니 玄冕垂纓하고 屣履而呼曰 巨卿아 吾以某日死하니 當以爾時葬하고 永歸黃泉이라 子未我忘인댄 豈能相及이리라하다 范이 恍然覺寤하고 便往奔喪이어늘 未及到에 而喪已發이라 引柩不肯前하니 其母撫之曰 元伯아 豈有望耶라하고 遂停이라 移時에 見有素車白馬로 號哭而來하니 母云 是必范巨卿也리라하다 巨卿旣至에 叩棺言曰 行矣어다 元伯이여 死生異路하니 永從此辭라하니 會葬千人이 皆爲揮涕라 范이 執紼引柩하니 喪乃得前②이라

① 范曄의 ≪後漢書≫ 〈張劭列傳〉에 말하였다. "張劭는 字가 元伯으로, 汝南 사람이다. 范巨卿(范式)과 〈太學에서〉 교제하였는데, 두 사람이 휴가를 내고 고향으로 돌아갈 때 범식이 장원백에게 '2년 뒤 돌아올 때 장차 〈자네 집에〉 들러 존친께 절하고 아이들을 만나겠네.'라고 하고는 함께 〈만날〉 날짜를 잡았다.

이후에 기약한 날이 다가오자, 장원백이 모친에게 〈약속한 사실을〉 아뢰고 음식을 준비하여 기다리자고 청하였다. 모친이 '천 리 떨어진 곳[23]에 있는 사람과 약속을 했는데, 너는 어찌 그를 깊이 믿느냐?'라고 하니, 〈장원백이〉 '범거경은 미더운 선비이니 틀림없이 〈약속을〉 어기지 않을 것입니다.'라고 하였다.

그 모친이 '만약 그렇다면 너희들을 위해 술을 빚어야겠구나.'라고 하였다. 〈약속한〉 날이 되자 범거경이 과연 도착하여 당에 올라 〈장원백의 존친께〉 절을 하고 술을 마시면서 실컷 즐긴 뒤에 헤어졌다."

范曄後漢書曰"張劭, 字元伯, 汝南人. 與范巨卿交, 二人告歸鄕里, 式謂元伯曰'後二年當還, 將過, 拜尊親, 見孺子焉.' 共剋期日. 後期至, 元伯具以白母, 請設饌候之. 母曰'千里結言, 爾何相信之審耶?' 對曰'巨卿信士, 必不乖違.' 母曰'若然, 當爲爾醞酒.' 至日, 巨卿果到, 升堂拜飮, 盡歡而別."

② 謝承[24]의 ≪後漢書≫ 〈范式列傳〉에 말하였다. "范式은 젊을 때부터 절개와 의리를 숭

23) 천……곳 : 張劭의 고향 汝南과 范式의 고향 山陽의 거리는 980리이다.(≪世說箋本≫)

상하였고 서울에서 유학하였다. 〈太學의〉 同業(동학) 가운데 長沙 사람 陳平子가 있었는데, 범식과 만난 적은 없었으나 병이 들어 장차 죽게 되었을 때 자신의 아내에게 '范巨卿(범식)은 기개와 뜻이 있는 선비이니 죽음을 맡길 만하오. 내가 죽은 뒤에 나의 시신을 범거경의 집 앞에 매장해주시오.'라고 하고는 흰 비단을 찢어 편지를 써서 범거경에게 보냈다. 당시에 범식은 외출했다가 막 돌아왔는데, 편지를 읽고는 슬퍼하면서 무덤을 향해 읍하고 곡함으로써 死友로 여겼고, 진평자의 처자식을 보살폈다. 자신이 직접 〈長沙郡〉 臨湘縣까지 상여를 전송했는데 4~5리 전에 영구 위에 편지를 얹어두고 곡하며 작별한 뒤에 떠났다. 진평자의 형제가 〈범거경을〉 찾았으나 다시는 만나지 못하였다."

謝承後漢書曰"式少尙節義, 游學京師. 同業有長沙陳平子, 與式未相見, 被病將亡, 謂其妻曰'范巨卿烈士, 可託死. 吾歿後, 以屍埋巨卿戶前.' 裂素爲書, 以遺巨卿. 時式出行適還, 省書愴然, 向墳揖哭, 以爲死友, 營護平子妻兒. 身自送喪於臨湘, 未至四五里, 委素書於柩上, 哭別而去. 其兄弟尋求, 不復見."

27-4【補】 孔北海(孔融)[25]는 蔡中郎(蔡邕)[26]과 평소에 교분이 두터웠다. 채옹이 세상을 떠난 뒤에 어떤 虎賁士[27]가 그 모습이 채중랑과 유사하니, 공북해가 매번 술을 마신 뒤에 그를 불러 함께 앉아 말하였다.

"비록 老成人[28]은 없으나 그래도 典刑[29]은 남아있구나."

孔北海는 與蔡中郎으로 素厚러니 蔡亡後에 有虎賁士가 貌類於蔡하니 北海가 每酒後에 引

---

24) 謝承 : 吳(三國)나라 會稽郡 山陰縣 사람으로, 字는 偉平이고, 孫權의 부인 謝夫人의 아우이다. 박학다식하고 이전에 보거나 알았던 내용을 종신토록 잊지 않았는데, 특히 東漢의 역사와 회계군의 고사에 정통하였다. 武陵太守를 역임하였고, ≪後漢書≫ 143권을 저술하였다.

25) 孔融 : 153~208. 後漢 魯國 사람으로, 字는 文擧이다. 建安七子의 한 사람으로, 北海의 재상이 되어 학교를 세웠고, 조조를 비판하고 조소하다가 일족과 함께 처형되었다.

26) 蔡邕 : 133~192. 後漢 陳留 圉縣 사람으로, 字는 伯喈이다. 박학다식하고 시문에 능하며, 수학과 천문을 좋아하고 서예에 뛰어났다. 靈帝 때에 董卓에게 봉사하고, 左中郎將이 되었다. 郭泰와 陳寔을 위해 지은 碑銘文이 유명하다.

27) 虎賁士 : 虎賁郎으로, 군주를 호위하고 왕궁과 궁문을 지키는 일을 하던 군인이다. 周나라 때에 처음 설치했는데, 漢나라 武帝 때에 期門을 설치하면서 폐지되었다. 平帝 때에 다시 제도를 고쳐서 기문의 근위병들을 호분랑으로 임명하고 그 위에 虎賁中郎將을 두어 宿衛를 주관하게 하였다.

28) 老成人 : 나이가 많고 덕망이 높아 政事를 도모할 만한 옛 신하를 이른다.

29) 典刑 : 옛 법도를 뜻하는데, 여기서는 蔡邕의 생전 모습을 이른다.

與共坐曰 雖無老成人이나 且有典刑①이로다하다

① ≪시경≫ 〈大雅 蕩〉의 구절[30]이다.
(小)〔大〕[31]雅蕩詩.

27-5 王仲宣(王粲)은 〈생전에〉 나귀 울음소리를 좋아하였다. 〈그의〉 장례식을 치른 뒤에 〈魏(三國)나라〉 文帝(曹丕)가 그의 喪次(상주가 머무는 방)에 나아가 〈그와 생전에〉 함께 교유했던 이들[32]을 돌아보며 말하였다.

"왕중선은 나귀 울음소리를 좋아했으니, 각자 한 차례 그 소리를 내어 그를 보내주는 것이 좋겠오."

조문객들이 모두 한 차례 나귀 울음소리를 내었다.

王仲宣은 好驢鳴①이러니 既葬에 文帝臨其喪하여 顧語同遊曰 王은 好驢鳴하니 可各作一聲하여 以送之하라하니 赴客이 皆一作驢鳴②이라

① ≪三國志≫ 〈魏書 王粲列傳〉에 말하였다. "王粲(177~217)은 字가 仲宣으로, 山陽高平 사람이다. 증조부 王龔과 부친 王暢은 모두 漢나라 三公[33]을 역임하였다. 왕찬이 長安에 이르러 蔡邕을 만났는데, 채옹은 그를 뛰어난 인재라고 여겨 〈기쁜 나머지〉 신발을 거꾸로 신고 맞이하면서 '이 王公의 손자는 뛰어난 재주를 지니고 있으니 내가 미치지 못한다. 우리 집의 서적을 모두 이 사람에게 주는 것이 마땅하다.'라고 하였다. 〈왕찬이〉 荊州로 피난을 가서 劉表에게 의탁했는데, 〈유표는〉 왕찬의 외모가 못생기고 제멋대로라고 여겨 그다지 존중하지 않았다. 〈魏(三國)나라〉 太祖(曹操)가 吳나라 정벌에 종군하게 했는데 도중에 세상을 떠났다.[34]"

---

30) 시경……구절 : "노성인은 없다 해도 전형은 아직 있는데, 한 번도 따르지 않다가 국가의 운명 기울었네.〔雖無老成人 尙有典刑 曾是莫聽 大命以傾〕"라고 하였다.
31) (小)〔大〕: 저본에는 '小'로 되어 있으나, ≪시경≫의 편차에 의거하여 '大'로 바로잡았다.
32) 함께……이들 : 王粲의 벗들로 孔融・徐幹・陳琳・阮瑀・應瑒・劉楨 등인데, 이들을 '建安七子'라고 한다.
33) 三公 : 고대에 조정에서 가장 높은 세 관직으로, 시대에 따라 명칭이 달랐다. 周나라 때에는 太師・太傅・太保, 前漢 때에는 丞相・大司馬・御史大夫 또는 대사마・大司空・大司徒, 後漢 이후에는 太尉・사공・사도, 元・明・淸 시대에는 주나라와 같이 태사・태부・태보를 가리켰다.
34) 太祖(曹操)가……떠났다 : 建安 21년(216)에 조조가 吳나라를 정벌했는데, 王粲은 이듬해 봄 도중에 병이 들어 41세의 나이로 세상을 떠났다.(≪後漢書≫ 〈王粲列傳〉)

魏志曰 "王粲, 字仲宣, 山陽高平人. 曾祖龔·父暢, 皆爲漢三公. 粲至長安, 見蔡邕, 邕奇之, 倒屣迎之曰 '此王公孫, 有異才, 吾不及也. 吾家書籍, 盡當與之.' 避亂荊州, 依劉表, 以粲貌寢通脫, 不甚重之. 太祖以從征吳, 道中卒."

② 살펴보건대, 戴叔鸞(戴良)[35]의 모친이 나귀 울음소리를 좋아하니, 대숙란이 매번 나귀 울음소리를 내어 그 모친을 기쁘게 하였다. 사람들이 좋아하는 바는 아마 역시 같은 듯하다.

按戴叔鸞母好驢鳴, 叔鸞每爲驢鳴, 以說其母. 人之所好, 儻亦同之.

【頭註】

○ 王世懋 : ≪세설신어≫에서 오직 〈傷逝〉편만 유독 오묘하니, 어떤 말이라도 상심하지 않을 수 없다.

王云 "世說唯傷逝獨妙, 無一語不解損神."

○ 劉辰翁 : 영결하는 손님이 모두 나귀 울음소리를 내지는 못한다.

劉云 "不應送客盡能驢鳴."

○ 王世懋 : 劉辰翁의 말은 너무 어리석다.

王云 "劉語太癡."

27-6 王濬沖(王戎)[36]이 尙書令이었을 때 관복을 입은 채 軺車[37]를 타고 黃公의 주막 아래를 지나가면서 뒷 수레에 탄 손님들을 돌아보며 말하였다.

"나는 예전에 嵇叔夜(嵇康)[38]와 阮嗣宗(阮籍)[39]과 더불어 이 주막에서 함께 즐겁

35) 戴良 : 後漢 汝南 愼陽 사람으로, 字는 叔鸞이다. 증조부 戴遵은 平帝 때에 侍御史가 되었고, 집안이 부유했는데 남에게 베풀기를 좋아하여 항상 3~4백 명의 식객이 있었다. 孝廉에 천거되고 司空府의 관원으로 초빙되었으나 모두 나아가지 않았다.

36) 王戎 : 234~305. 晉(魏晉)나라 瑯琊 臨沂 사람으로, 字는 濬沖이다. 涼州刺史 王渾의 아들인데, 어릴 때부터 영특하여 명성이 자자했고, 후에 竹林七賢의 일원이 되었다. 많은 관직을 역임하고, 趙王 司馬倫이 반란을 일으켜 惠帝의 황후였던 賈氏와 그 일파를 죽였는데, 왕융의 사위 裴頠(배외)가 이에 연루되어 죽임을 당했고, 왕융 또한 이에 연좌되었지만 죽지 않고 면직당했다.

37) 軺車 : 말 한 필이 끄는 가볍고 빠른 수레로, 魏晉시대에 품계가 높은 관리가 타던 公車의 일종이다.

38) 嵇康 : 224~263. 魏(三國)나라 譙國 銍縣(질현) 사람으로, 字는 叔夜이며, 竹林七賢의 한 사람이다. 曹操의 증손녀 長樂亭主에 장가들고, 魏나라의 郎中에 임명되고 中散大夫가 되었다가 이후에 은거했는데, 司隷校尉 鍾會의 참소로 죽임을 당하였다.

39) 阮籍 : 210~263. 魏(三國)나라 陳留 尉氏 사람으로, 字는 嗣宗이며, 竹林七賢의 한 사람이다. 제자백가를 널리 읽되 특히 老莊을 좋아하였으며, 禮敎를 무시하였다. 평소

게 마시고 竹林의 연회에도 그 말석에 참여했었는데, 嵇生(혜숙야)이 요절하고 阮公(완사종)이 죽은 뒤로는 곧장 時務에 얽매이게 되었소. 오늘 이곳을 보건대, 비록 가까이 있으나 〈멀리 있는〉 산하처럼 아득하게 느껴지는구료."

王濬沖이 爲尙書令에 著(착)公服하고 乘軺車하여 經黃公酒壚下過①라가 顧謂後車客하되 吾昔與嵇叔夜와 阮嗣宗으로 共酣飮於此壚하고 竹林之遊에 亦預其末이러니 自嵇生夭하고 阮公亡以來로 便爲時所羈紲이라 今日視此컨대 雖近이나 邈若山河②로다하다

① 韋昭[40]의 ≪漢書≫ 주석[41]에 말하였다. "壚는 주막이다. 흙으로 쌓아올려 사변이 화로처럼 높다."
韋昭漢書注曰 "壚, 酒肆也. 以土爲墮, 四邊高似壚也."

② 戴逵[42]의 〈竹林七賢論〉에 말하였다. "세속에 전해진 내용은 이와 같다. 潁川 사람 庾爰之가 일찍이 이 일에 대해 그의 백부 庾文康(庾亮)[43]에게 물었더니, 유문강이 '中朝[44]에서는 듣지 못했던 내용인데 江左[45]에서 느닷없이 이런 논의가 생겼으니, 이는

술을 너무 좋아하여 步兵廚에 술이 1백 斛이나 저장되어 있다는 말을 듣고 步兵校尉 벼슬을 구하여 부임한 뒤에 매일 술에 취하여 업무를 폐할 정도였으며, 모친상을 당해서는 술에 취해 통곡하다가 피를 쏟고 기절할 정도로 행동이 예절을 벗어났다.

40) 韋昭 : 204~273. 吳(三國)나라 吳郡 雲陽 사람으로, 字는 弘嗣이다. 晉(魏晉)나라 司馬昭의 이름을 피해 韋曜라고도 하였다. 문장력이 있고, 太子中庶子를 거쳐 侍中에 이르렀다. 저서로 ≪孝經注≫, ≪論語注≫, ≪國語注≫, ≪官職訓≫, ≪辯釋名≫ 등이 있다.

41) 韋昭의……주석 : ≪史記≫ 〈司馬相如列傳〉의 '사마상여가 탁문군과 함께 임공으로 가서 그들의 수레를 모두 팔아 주막 하나를 사서 술을 팔고 탁문군에게 부엌을 담당하게 했다.〔相如與俱之臨邛 盡賣其車騎 買一酒舍酤酒 而令文君當鑪〕'라는 구절에 대해 裴駰의 ≪集解≫에서 吳(三國)나라 위소의 말을 인용하여 "鑪는 주막이다. 흙으로 쌓아올려 사변이 화로처럼 높다.〔鑪 酒肆也 以土爲墮 邊高似鑪〕"라고 했다. ≪한서≫의 주석이라고 한 것은 오류이다.

42) 戴逵 : 326~396. 晉(魏晉)나라 譙郡 銍縣(질현) 사람으로 字는 安道이다. 琴의 명인으로 이름을 떨쳤으나 결코 왕이나 제후를 위해 연주하지 않으며, 인품이 고상하여 당시 유명 인사인 謝安・謝玄・王詢・王徽之 등에게 존경을 받았다. 나라에서 여러 번 불렀으나 벼슬하지 않고 책과 琴을 즐기면서 살았다.

43) 庾亮 : 289~340. 晉(魏晉)나라 潁川 鄢陵 사람으로, 字는 元規이고, 시호는 文康이다. 東晉시대 權臣이자 外戚으로, 그의 누이동생이 明帝(司馬紹)의 皇后 庾文君이다. 조카인 成帝가 즉위하자 中書令으로서 정권을 장악하고, 咸和 2년(327)에 발생한 蘇峻의 반란을 토벌했으나, 패배하여 潯陽으로 달아났다가 陶侃을 맹주로 추대하여 반란을 평정했다. 함화 9년(334)에 도간이 죽자 征西將軍이 되어 병권을 장악하고 나라를 보위하였다.

44) 中朝 : 魏晉시대에 建康(南京)에 도읍을 정한 東晉과 宋元 교체기에 臨安(杭州)에 도읍을 정한 南宋과 대비하여 중원지역에 도읍을 정했던 西晉과 北宋을 이르는데, 여기서

호사자가 만들어낸 것일 뿐이다.'라고 하였다."
竹林七賢論曰 "俗傳若此, 潁川庾爰之, 嘗以問其伯文康, 文康云 '中朝所不聞, 江左忽有此論, 蓋好事者爲之耳.'"

27-7【補】[46] 羊太傅(羊祜)[47]는 산수를 좋아하여 매번 풍경이 좋을 때마다 반드시 峴山에 가서 술자리를 마련하고 시를 읊으며 온종일 지치지 않았다. 한 번은 개연히 탄식하고 從事中郎 鄒湛을 돌아보면서 말하였다.

"우주가 생겼을 때부터 바로 이 산이 있었네. 옛날부터 재주와 덕이 뛰어난 선비들이 이곳에 올라 멀리 바라보았네. 나와 그대 같은 자가 많았을 텐데 모두 인멸되어 알려지지 않으니 나를 슬프게 하네. 만일 백 년 뒤에 〈나를〉 알아주는 자가 있다면 나의 혼백이 응당 이곳에 오를길세."

羊太傅는 好山水하여 每風景에 必造峴山①하여 置酒言詠하고 終日不倦이라 嘗慨然歎息하고 顧謂從事中郎鄒湛②曰 自有宇宙로 便有此山이라 由來賢達勝士가 登此遠望하니 如我與卿者가 多矣로되 皆湮滅無聞하니 使人悲傷이라 如百歲後에 有知면 吾魂魄이 猶應登此③리라하다

① 王韶의 ≪南雍州記≫[48]에 말하였다. "峴山은 漢水에 임하고 있는데, 〈현산〉 위에서 바라보면 우뚝 솟아 여러 작은 산들을 덮고 있어 그 이름이 특히 유명해졌다.
南雍州記曰 "峴山, 臨漢水, 上望之, 隱然蓋諸山之小者, 而其名特著."

는 서진을 가리킨다.

45) 江左 : 江東으로, 長江 하류 동쪽 지역인데, 東晉과 南朝의 왕조 宋·齊·梁·陳이 이곳에 근거했기 때문에 당시 사람들이 이 다섯 왕조 및 그들의 통치 지역을 '강좌'라고 불렀다.

46)【補】: 저본에는 '補'가 없으나, 이 일화는 ≪世說新語≫가 아닌 ≪何氏語林≫에 있으므로 이에 의거하여 '補'를 보충하였다.

47) 羊祜 : 221~278. 晉(魏晉)나라 泰山 南城 사람으로, 字는 叔子이다. 司馬氏의 대장으로 조서를 받아 吳나라와의 국경을 지켰는데 군기가 엄숙하고 인의로써 다스렸다. 오나라 장군 陸抗과 대립된 자리에 있었으나, 서로 志氣가 상통하여 늙어서 致仕하기까지 서로 공경했다. 병이 위독해지자 司馬炎이 직접 병문안을 오며, 征南大將軍에 임명하고 南城侯에 봉하며, 죽은 뒤에는 太傅에 추증하였다.

48) 王韶의 南雍州記 : 왕소는 魏晉시대 인물인데, 관향과 행적이 자세하지 않다. ≪남옹주기≫는 남옹주의 명승지를 기록한 책으로, 全書는 일실되었다. 東晉 때에 前趙에게 옹주를 빼앗겨 襄陽에 다시 옹주를 설치했기 때문에 '남옹주'라고 한 것이다.

②〈鄒湛은〉 다른 곳에 보인다.
別見.

③ 梁載言의 ≪十道四蕃志≫[49]에 말하였다. "羊祜가 세상을 떠나자 襄陽 사람들이 그의 은덕에 감동하여 〈峴山 위에〉 사당을 세우고 비석에 〈그의 공덕을〉 새겼는데, 〈그곳을〉 지나가는 자들이 모두 눈물을 흘렸다. 〈양호 대신 荊州刺史가 된〉 杜預가 그 비석을 '墮淚碑'라고 명명하였다."
十道志曰 "祜沒, 襄人感其德, 立祠刻碑其上, 過者莫不流涕, 杜預名其碑, 爲墮淚碑."

27-8 孫子荊(孫楚)[50]은 〈자신이〉 재능을 지녔다고 여겨 존경하여 복종하는 대상이 적었으나, 오직 王武子(王濟)[51]만은 평소에 존경하였다. 왕무자가 세상을 떠났을 때 명사 가운데 〈조문하러〉 오지 않은 자가 없었고, 손자형이 나중에 와서 시신을 앞에 두고 통곡하니 빈객들이 모두 눈물을 흘렸다. 〈손자형이〉 곡을 마치고 靈床(영상)[52]을 향해 말하였다.

"그대는 내가 흉내 내는 나귀 울음소리를 평소에 좋아했으니 지금 그대를 위해 해보겠네."

그 모습이 〈나귀와〉 비슷하고 울음소리가 진짜 같아 빈객들이 모두 웃자, 손자형이 머리를 들고 말하였다.

"〈하늘이 왜〉 그대들을 생존하게 하고, 이 사람을 죽게 하였는가."

---

49) 梁載言의 十道四蕃志 : 양재언은 唐나라 博州 聊城 사람이다. 武則天의 周나라 때에 鳳閣舍人・知制誥를 역임하고, 中宗 때에 懷州刺史를 역임하며, 저서로 ≪具員故事≫ 10권이 있다. ≪십도사번지≫는 16권으로, 무측천의 주나라 때에 찬술된 책이다.(≪舊唐書≫〈文苑傳〉) 이 책은 당나라의 각 州・府의 수효와 위치, 명칭과 특산물, 명승고적과 민족풍속 등을 기술하고, 州마다 고대의 어떤 郡이 당나라 때에는 어떤 縣이었는지 밝혀 놓았기에 당나라의 강역과 지리를 연구하는 데에 중요한 사료이다.

50) 孫楚 : 220~293. 晉(魏晉)나라 太原 中都 사람으로, 字는 子荊이다. 魏(三國)나라 驃騎將軍 孫資의 손자이자 南陽太守 孫宏의 아들이다. 40여 세에 鎭東參軍이 되고 著作佐郎・驃騎參軍으로 옮기며, 西晉 惠帝 초반에 馮翊太守가 되었다.

51) 王濟 : ?~?. 晉(魏晉)나라 太原 晉陽 사람으로, 字는 武子이다. 魏(三國)나라 司空 王昶의 손자이자 司徒 王渾의 둘째 아들이며, 西晉 文帝(司馬昭)의 딸 常山公主의 남편이다. 여러 관직을 역임하고, 驍騎將軍・侍中이 되었다. ≪周易≫, ≪老子≫, ≪莊子≫ 등에 해박하고, 시문이 당대에 유명하여 姊夫인 和嶠와 裴楷와 명성이 나란했다.

52) 靈床(영상) : 大斂을 마친 뒤 入棺하기 전까지 시신을 안치한 곳을 이르는데, 이때까지는 망자를 살아 있는 것처럼 대한다.

孫子荊은 以有才라하여 少所推服이나 唯雅敬王武子라 武子喪時에 名士無不至者하고 子荊後來하여 臨屍慟哭하니 賓客莫不垂涕라 哭畢에 向靈床曰 卿常好我作驢鳴하니 今爲卿作이라하다 體似眞聲하여 賓客皆笑하니 孫擧頭曰 使君輩存하고 令此人死①아하다

① 裴啓의 ≪裴子語林≫[53]에 말하였다. "王武子(王濟)의 장례 때에 孫子荊(孫楚)이 매우 슬프게 곡하니 빈객 가운데 눈물을 흘리지 않는 자가 없었다. 〈손자형이〉 나귀 울음소리를 내어 빈객들이 모두 웃자, 손자형이 '그대들은 죽지 않고 왕무자를 죽게 하는가.'라고 하니 빈객들이 모두 화를 냈다."
語林曰 "王武子葬, 孫子荊哭之甚悲, 賓客莫不垂涕. 旣作驢鳴, 賓客皆笑, 孫曰 '諸君不死, 而令武子死乎?' 賓客皆怒."

27-9 王戎이 그 아들 王萬子(王綏)[54]를 잃었을 때 山簡[55]이 조문하러 갔는데, 왕융이 슬픔을 스스로 가누지 못하자 산간이 말하였다.

"품 안의 물건이거늘 어찌 이 지경에 이르시오?"

왕융이 말하였다.

"성인은 〈천지처럼〉 감정을 잊고 가장 하등인 자는 〈목석처럼〉 감정을 느끼지 못하는 법이니, 감정이 일어나는 것은 바로 〈보통 사람인〉 우리의 일이오."

산간은 그 말에 탄복하여 더욱 그를 위해 심하게 통곡하였다.

王戎이 喪兒萬子에 山簡이 往省之한대 王이 悲不自勝이라 簡曰 孩抱中物이어늘 何至於

---

53) 裴啓의 裴子語林 : 배계는 晉(魏晉)나라 河東 聞喜 사람으로, 또 다른 이름은 榮이고 字는 榮期이다. ≪배자어림≫은 漢魏시대부터 동진에 이르기까지 유명 인사들의 일화를 기록하고 있는데, 당시에 사람들 사이에서 裴氏學이 유행할 정도로 널리 傳誦되었으나 隋나라 때 일실되었고, 현재 周楞伽의 輯本이 있다. ≪世說新語≫에 82조의 일화가 수록되어 있다.

54) 王綏 : ?~?. 晉(魏晉)나라 琅琊 臨沂 사람으로, 字는 萬子이고, 王萬이라고도 불리며, 王戎의 아들이다. 젊을 때부터 훌륭한 명성을 지녔는데, 매우 뚱뚱하여 왕융이 쌀겨를 먹으라고 했으나 그는 더욱 뚱뚱해졌다. 太尉掾에 임명되었는데, 임명장을 받기 전 19세의 나이로 세상을 떠났다.

55) 山簡 : 253~312. 晉(魏晉)나라 河內 懷縣 사람으로, 字는 季倫이고, 山濤의 다섯째 아들이다. 성품이 온화하고 고상하며, 젊을 때 嵇紹·劉漠·楊淮 등과 명성이 나란했다. 太子舍人·青州刺史·鎭西將軍 등을 역임한 뒤에 征南將軍과 都督荊·湘·交·廣四州諸軍事가 되어 襄陽을 鎭守하다가 督寧·益二州軍事가 되었다.

此오하니 王曰 聖人忘情하고 最下不及情하나니 情之所鍾은 正在我輩①라하니 簡服其言하여 更爲之慟②이라

① 王隱의 ≪晉書≫[56]에 말하였다. "王戎의 아들 王綏가 裵遁의 딸에게 장가들려고 했는데, 왕수가 요절한 뒤에 왕융이 심하게 애통하여 다른 사람이 그녀에게 장가드는 것을 허락하지 않았다. 결국 〈그녀가〉 노년에 이르도록 감히 장가들려는 자가 없었다."[57]
王隱晉書曰 "戎子綏, 欲取裵遁女, 綏旣蚤亡, 戎過傷痛, 不許人求之, 遂至老, 無敢取者."

② 일설[58]에는 王夷甫(王衍)[59]가 아들을 잃었을 때 山簡이 조문했다고 한다.
一說是王夷甫喪子, 山簡吊之.

【頭註】

○ 王世懋 : 〈王戎의 대답은〉 오묘한 말이니, 실로 찬란하다.
王云 "妙語實境."

27-10 어떤 사람이 和長輿(和嶠)[60]를 위해 곡한 뒤에 말하였다.
"천 길 높이 소나무가 우지끈[61] 쓰러진 듯하구나."

有人이 哭和長輿하고 曰 峩峩若千丈松이 崩이로다하다

---

56) 王隱의 晉書 : 왕은은 晉(魏晉)나라 陳郡 陳縣 사람으로, 字가 處叔이다. 元帝 때 활동했으며 王敦의 난을 평정하는데 공적을 세워 平陵鄕侯에 봉해졌다. ≪진서≫는 著作郎인 왕은과 그 부친인 王銓이 공동 편찬한 紀傳體 역사서이다. 본래 93권이었으나 隋나라 때는 86권이 남았고, 지금은 湯球가 집록한 輯本 11권이 남아있다.
57) 다른……없었다 : 다른 사람들이 왕융의 권세를 두려워하여 감히 장가들지 못한 것이다.(≪世說箋本≫)
58) 일설 : ≪晉書≫ 〈王衍列傳〉에 보인다.
59) 王衍 : 256~311. 晉(魏晉)나라 瑯琊 臨沂 사람으로, 字는 夷甫이며, 平北將軍 王乂의 아들이자 司徒 王戎의 사촌 아우이다. 黃門侍郎 · 尙書令 · 司空 · 司徒 등을 역임하였다. 懷帝 永嘉 5년(311) 에 東海王(司馬越)이 세상을 떠났는데, 그의 영구를 호송하여 동해로 돌아오는 도중에 石勒(後趙의 건국자)에게 잡혀 西晉의 舊臣들과 함께 생매장당했다.
60) 和嶠 : ?~292. 晉(魏晉)나라 汝南 西平 사람으로, 字는 長輿이고, 시호는 簡이다. 魏(三國)나라 太常 和洽의 손자이자 吏部尙書 和逌(화유)의 아들이다. 부친의 작위 上蔡伯을 이어받고 太子舍人으로 벼슬을 시작하여 여러 관직을 역임한 뒤에 中書令이 되었다.
61) 우지끈 : 원문 '峩峩'에 대해 ≪世說啓微≫에서는 '아무도 생각하지 못한 상황에서 기울고 무너지는 모양', ≪世說講義≫에서는 '무너지는 모양', ≪世說箋本≫에서는 '드높아 위태로운 모양'이라고 하였다.

27-11 衛洗馬(衛玠)[62]가 〈西晉 懷帝〉 永嘉 6년(312)에 세상을 떠나니 謝鯤[63]이 그를 위해 곡을 하여 길 가는 사람들을 감동시켰다. 〈成帝〉 咸和 연간(326~334)에 丞相 王公(王導)[64]이 명하였다.

"위세마는 〈그 묘소를〉 마땅히 이장해야 한다. 이분은 걸출한 명사로서 천하 사람들이 우러러보는 바이니, 검소한 제사나마 올려 옛 우호를 돈독히 해야 한다."

衛洗馬가 **以永嘉六年喪**하니 **謝鯤哭之**하여 **感動路人**①이라 **咸和中**에 **丞相王公**이 **教曰 衛洗馬**는 **當改葬**이라 **此君**은 **風流名士**라 **海內所瞻**이니 **可修薄祭**하여 **以敦舊好**②라하다

① 衛禹의 ≪永嘉流人名≫[65]에 말하였다. "衛玠는 〈西晉 懷帝 永嘉〉 6년(312) 6월 20일에 세상을 떠나 〈豫章郡〉 南昌城에 있는 許徵君(許劭)[66]의 묘소 동쪽에 매장하였다. 위개가 세상을 떠나자 謝幼輿(謝鯤)가 武昌에서 애도 의식을 거행했는데, 애통함을 스스로 가누지 못하였다. 어떤 사람이 '그대는 무엇이 걱정스러워 이처럼 지나치게 하게 슬퍼하시오?'라고 물으니, 〈사유여가〉 '동량이 부러졌으니 어찌 슬퍼하지 않을 수 있겠소.'라고 대답하였다."

---

62) 衛玠 : 286~312. 晉(魏晉)나라 河東 安邑 사람으로, 字는 叔寶이고, 어릴 때 이름은 虎이다. 어려서부터 풍모가 맑고 빼어나 그를 보러 오는 사람이 많았으며, 현묘한 이론을 좋아하고 언론이 유창하여 名士로 알려졌다.

63) 謝鯤 : 281~324. 晉(魏晉)나라 陳郡 陽夏 사람으로, 字는 幼輿이고, 시호는 康이다. 國子祭酒(국자좨주) 謝衡의 맏아들이자 太常卿 謝裒(사부)의 형이자 太保 謝安의 백부이다. 성품이 활달하고 ≪老子≫와 ≪周易≫을 탐독하였다. 西晉 말엽에 太傅參軍이 되고, 강동으로 피난한 뒤에 江州長史가 되며 咸亭侯에 봉해졌다. 東晉 건국 이후에 豫章太守를 역임하여 세상에서 그를 '謝豫章'이라고 불렀다.

64) 王導 : 276~339. 晉(魏晉)나라 瑯琊 臨沂 사람으로, 字는 茂弘이고, 어릴 때 이름은 赤龍이며, 시호는 文獻이다. 여러 관직을 역임하고, 東晉이 건국된 뒤에 丞相이 되어 조야에서 '仲父'라고 부를 정도로 신망을 얻었다. 王敦의 반란 때에 明帝를 옹립하며, 太保・司徒로 승진하고 始興郡公에 책봉되었다. 명제가 세상을 떠나자 외척인 庾亮과 연합하여 함께 정국을 주도하고, 蘇峻의 반란을 평정한 뒤에 정국의 안정을 위해 힘을 쏟았다.

65) 永嘉流人名 : ≪晉永嘉流士≫로, ≪舊唐書≫ 〈經籍志〉에는 13권, ≪新唐書≫ 〈藝文志〉에는 2권이라고 하고 全書는 일실되었다.

66) 許劭 : 150~195. 後漢 汝南 平輿 사람으로, 字는 子將이다. 젊을 때부터 명성과 절조를 지니고, 인물 품평에 뛰어났다. 孝廉으로 천거되어 汝南郡功曹가 되며, 司空 楊彪의 초빙을 거절하고 揚州牧 劉繇에게 의탁했다가 유요가 孫策에게 격파당한 뒤에 豫章郡으로 달아나 그곳에서 세상을 떠났다.

永嘉流人名曰 "玠以六年六月二十日亡, 葬南昌城許徵〔君〕[67]墓東. 玠之薨, 謝幼輿發哀於武昌, 感慟不自勝, 人問 '子何邮而致哀如是?' 答曰 '棟樑折矣, 何得不哀.'"

② 〈衛玠別傳〉에 말하였다. "衛玠는 〈그 묘소가 東晉 成帝〉 咸和 연간(326~334)에 〈丹陽郡〉 江寧縣으로 이장되었다. 丞相 王公(王導)이 '衛洗馬(위개)는 조만간 〈그 묘소를〉 이장하는 것이 마땅하다. 이분은 걸출한 명사로서 천하 백성들의 희망이었으니, 三牲[68]을 갖춘 제사를 올려 옛 우호를 돈독히 해야 한다.'라고 명하였다."

玠別傳曰 "玠咸和中, (故)〔改〕[69]遷於江寧. 丞相王公教曰 '洗馬, 明當改葬. 此君, 風流名士, 海內民望, 可修三牲之祭, 以敦舊好.'"

27-12 顧彦先(顧榮)[70]은 평소 琴을 좋아했기 때문에 〈그가〉 세상을 떠났을 때 집안사람들이 항상 琴을 靈牀 위에 두었다. 張季鷹(張翰)[71]이 〈조문하러〉 가서 곡할 때 그 애통함을 가누지 못하고 마침내 곧장 영상에 올라 琴을 탔는데, 몇 곡조를 끝내고는 琴을 어루만지면서 말하였다.

"고언선이여, 자못 다시 이 곡을 감상하였는가?"

그러고는 또 대성통곡하고 결국 孝子(상주)의 손을 잡지도 못한 채 떠났다.

顧彦先은 平生好琴하니 及喪에 家人이 常以琴置靈牀上이라 張季鷹이 往哭之할새 不勝其慟하고 遂徑上牀하여 鼓琴하여 作數曲竟에 撫琴曰 顧彦先이여 頗復賞此不아하고 因又大慟하고 遂不執孝子手而出하다

---

67) 〔君〕: 저본에는 '君'이 없으나, 許劭를 徵君으로 불렀던 사실에 의거하여 보충하였다.
68) 三牲 : 희생에 쓰는 소·양·돼지 등 세 가지 가축으로, 성대한 음식을 이른다.
69) (故)〔改〕: 저본에는 '故'로 되어 있으나, ≪世說新語≫ 주석에 인용된 〈玠別傳〉과 ≪晉書≫ 〈衛玠列傳〉에 의거하여 '改'로 바로잡았다.
70) 顧榮 : ?~312. 晉(魏晉)나라 吳郡 吳中 사람으로, 字는 彦光이고, 시호는 元이며, 顧雍의 손자이다. 弱冠의 나이에 吳(三國)나라에서 벼슬했으나 오나라가 망하자 陸機·陸雲과 함께 洛陽으로 들어가서 '三俊'으로 불리었다. 八王의 난 때 越王·齊王·長沙王이 번갈아 불렀으나 술을 함부로 먹고 거짓 취한 체하여 재앙을 피했다. 晉 惠帝 때에 발생한 陳敏의 반란을 丹陽內司로서 진압하고, 懷帝 때에 散騎常侍가 되었다.
71) 張翰 : ?~359?. 晉(魏晉)나라 吳郡 吳中 사람으로, 字는 季鷹이다. 평소 맑은 절조를 지니고 문장을 잘 지으며, 예법에 구애받지 않아 당시에 江東의 阮步兵(阮籍)이라고 불리었다. 齊王 司馬冏(사마경)이 大司馬의 東曹掾으로 초빙했는데, 사마경이 패배할 줄 미리 알고는 가을바람이 불어오자 오중의 菰菜와 순채국과 농어회가 그립다고 하면서 오중으로 돌아갔다.

27-13 庾亮의 아들(庾會)이 蘇峻[72]의 반란을 만나 살해당했는데,[73] 諸葛道明(諸葛恢)의 딸이 유량의 아들의 아내였다. 〈그녀가〉 과부가 된 뒤에 장차 개가하려고 할 때 〈제갈도명이〉 유량에게 편지를 보내 〈이 일을〉 언급하니, 유량이 답장에서 말하였다.

"따님이 아직 젊으니 개가하는 것이 정말 당연합니다만, 죽은 아들을 생각하니 이제 막 죽은 때처럼 느껴집니다."

庾亮兒가 遭蘇峻難하여 遇害라 諸葛道明女가 爲庾兒婦①니 旣寡에 將改適할새 與亮書하여 及之하니 亮答曰 賢女尙少하니 故其宜也로되 感念亡兒하니 若在初沒이라하다

①〈諸葛恢別傳〉에 말하였다. "諸葛恢(284~345)는 字가 道明으로, 瑯琊 陽都 사람이다. 조부 諸葛誕은 司空을 역임하였고 부친 諸葛靚도 이름이 알려졌다. 제갈회는 젊을 때부터 훌륭한 명성을 지녀 名賢이라고 칭송되었다. 江左(江南)로 피난을 온 뒤에 中宗(元帝 司馬睿)이 불러 主簿에 보임하고, 여러 관직을 역임한 뒤에 尙書令에 이르렀다."

恢別傳曰 "恢, 字道明, 瑯琊陽都人. 祖誕司空, 父靚亦知名. 恢少有令聞, 稱爲名賢. 避難江左, 中宗召補主簿, 累遷尙書令."

≪庾氏譜≫에 말하였다. "庾亮의 아들 庾會는 諸葛恢의 딸에게 장가들었는데, 〈그녀의〉 이름은 文虎이다."

庾氏譜曰 "庾亮子會, 娶恢女, 名文虎."[74]

【頭註】

○ 王世懋 : 〈庾亮의〉 목소리에는 비통함이 넘친다.

王云 "聲有餘痛."

---

72) 蘇峻 : ?~28. 晉(魏晉)나라 長廣 掖縣 사람으로, 字는 子高이다. 長廣主簿로 벼슬을 시작하고, 永嘉의 난 이후에 장광에서 민중을 모아 통솔하자 元帝가 鷹揚將軍에 임명하고 淮陵內史를 제수하였다. 王敦의 반란을 토벌하는 데 참여하여 冠軍將軍·歷陽內史·散騎常侍에 제수되고 邵陵郡公에 봉해졌다. 明帝 사후에 외척인 庾亮이 정권을 장악하여 소준의 兵權을 회수하려고 大司農에 임명하여 소환했는데, 소준은 불안하여 반란을 일으킬 마음을 품었다. 成帝 咸和 3년(328)에 유량을 토벌한다는 명분으로 祖約과 연합하여 建康을 함락한 뒤에 정권을 장악하였으나, 溫嶠와 陶侃에게 전패하여 피살되었다.

73) 庾亮의……살해당했는데 : 유량의 아들 庾會는 東晉 成帝 咸和 6년(331) 19세의 나이로 蘇峻에게 살해당했다.

74) 虎 : ≪세설신어≫ 주석에 인용된 ≪庾氏譜≫에는 '彪'로 되어 있다.

27-14 庾文康(庾亮)이 세상을 떠나니, 何揚州(何充)[75]가 장례식에 참석하여 말하였다.

"玉樹를 땅속에 묻으니 사람의 슬픈 감정을 어찌 억제할 수 있겠는가."

庾文康이 **亡**하니 **何揚州**가 **臨葬云 埋玉樹箸**(착)**土中**하니 **使人情何能已已**①아하다

① 干寶의 ≪搜神記≫[76]에 말하였다. "처음 庾亮이 병들었을 때, 방술사 戴洋[77]이 '예전 蘇峻의 〈반란〉 사건 때 공은 白石祠에서 〈승리를 기원하며〉 수레에 매인 소를 제물로 삼아 보답하는 제사를 올리기로 약속했는데, 지금까지 보답하는 제사를 올리지 않았습니다. 〈그래서〉 이 귀신에게 형벌을 받은 것이니 구원할 수 없습니다.'라고 하였다. 이듬해에 유량은 과연 세상을 떠났다."

搜神記曰 "初庾亮病, 術士戴洋曰 '昔蘇峻事, 公於白石祠中, 許賽車下牛, 從來未解. 爲此鬼所考, 不可救也.' 明年亮果亡."

≪荀氏靈鬼志≫[78] 〈謠徵〉에 말하였다. "庾文康(庾亮)이 처음 武昌을 진무하기 위해 石頭城을 나섰을 때, 구경하던 백성들이 언덕 위에서 '庾公(유문강)이 무창으로 올라갈 때는 훨훨 나는 새와 같았는데, 유공이 楊州[79]로 돌아갈 때는 흰 말이 旒旐(명정)

75) 何充 : 292~346. 晉(魏晉)나라 廬江 灊縣(첨현) 사람으로, 字는 次道이고, 시호는 文穆이다. 江州主簿로 벼슬을 시작하여 東海王 司馬沖의 문학이 되었다. 蘇峻의 반란을 평정할 때 큰 공로를 세워 散騎常侍에 임명되고 都鄕侯에 봉해지고, 東陽·會稽二郡太守가 되었다가 丹陽尹·吏部尙書로 옮겼다. 成帝가 임종할 때 顧命大臣이 되고, 康帝가 즉위한 뒤에 徐州都督이 되어 庾冰의 北伐을 반대하고 揚州都督으로 옮겼다. 穆帝가 즉위한 뒤에 侍中·錄尙書事가 되어 桓溫이 庾氏 가족을 대신해 荊州를 鎭守하는 것을 지지하니, 이는 桓氏가 굴기하는 중요한 기점이 되었다.

76) 干寶의 搜神記 : 간보(280~351)는 晉(魏晉)나라 汝南 新蔡 사람으로, 字는 令升이다. 元帝 때에 著作郎이 되어 칙명을 받아 國史 편찬의 책임을 맡았다. 이후에 司徒右長史가 되었다가 散騎常侍로 승진하였다.(≪晉書≫ 〈干寶列傳〉) ≪수신기≫는 대표적인 志怪小說集으로, 30권인데 宋代 이후에 일실되었고, 明나라 胡應麟이 모아 20권을 만들었다. 여기에는 方士와 점술 및 민간신앙과 前兆, 효자와 열녀, 인간과 동물과의 교섭, 再生과 幽鬼 등 464편의 이야기가 수록되어 있다.

77) 戴洋 : ?~?. 晉(魏晉)나라 吳興 長城 사람으로, 字는 國流이다. 12세에 병들어 죽었는데, 5일 뒤에 소생한 뒤에 "죽었을 때 天使를 만났는데, 그가 符籙을 주고 蓬萊山 등 여러 산을 유람했다."라고 하고, 장성한 뒤에는 風角·道術·占候·卜數 등에 뛰어났다.

78) 荀氏靈鬼志 : 志怪小說集으로 3권인데, 원서는 대략 北宋시대에 일실되었다. 순씨의 이름과 관향 및 행적은 미상이다. 여기에는 귀신에 의해 발생한 괴이한 사건과 불교와 관련된 영험한 이야기가 수록되어 있다.

를 끄네.'라고 노래하고, 또 '유공이 처음 올라올 때는 훨훨 나는 까마귀 같았는데, 유공이 양주로 돌아갈 때는 흰 말이 旐車(銘旌을 실은 수레)를 끄네.'라고 하였다. 이후에 〈조정에서〉 연달아 〈관리로〉 초빙했으나 〈그는 도성에〉 들어가지 않고, 얼마 뒤 세상을 떠나자 〈그의 시신을 운반해〉 도성으로 내려와 장례를 치렀다."

靈鬼志謠(故)〔徵〕[80]曰 "文康初鎭武昌, 出石頭, 百姓看者, 於岸歌曰 '庾公上武昌, 翩翩如飛鳥. 庾公還楊州, 白馬牽旒旐.'" 又曰 '庾公初上時, 翩翩如飛鴉. 庾公還楊州, 白馬牽旐車.' 後連徵不入, 尋薨, 下都葬焉."

【頭註】

○ 劉辰翁 : 〈주석의 내용은〉 모두 근거가 없는데, 유독 이런 내용을 남겨둔 것은 후인들이 작문의 소재로 이용하게 한 것이다.

劉云 "皆無據, 獨遺此策, 資後人筆墨耳."

27-15 王長史(王濛)[81]가 병이 위독했을 때 등불 아래 누워 麈尾(주미)[82]를 돌려보고는 탄식하였다.

"나 같은 사람이 일찍이 40세를 산 사람은 없었다."

〈왕장사가〉 세상을 떠났을 때 劉尹(劉惔)[83]이 殯斂[84]에 참석하여 무소뿔 자루가 달린 주미를 관속에 넣어주고는 매우 애통해하다가 기절하였다.

王長史가 病篤에 寢臥燈下하여 轉麈尾視之하고 歎曰 如此人은 曾不得四十이라하다 及亡에 劉尹臨殯하여 以犀柄麈尾로 箸(착)柩中하고 因慟絶①이라

79) 楊州 : 도성이었던 建康은 당시에 양주 丹陽郡에 속해 있었다.

80) (故)〔徵〕 : 저본에는 '故'로 되어 있으나, ≪세설신어≫ 주석에 의거하여 '徵'으로 바로잡았다.

81) 王濛 : 309~347. 晉(魏晉)나라 太原 晉陽 사람으로, 字는 仲祖이고, 어릴 때 이름은 阿奴이다. 司徒 王導의 掾으로 벼슬을 시작하여 長山縣令을 지내고 司徒左西屬이 되었다가 中書郎·司徒左長史가 되었다.

82) 麈尾(주미) : 가늘고 긴 나무 끝에 사슴의 꼬리털을 달아 부채 비슷하게 만든 것으로, 처음에는 먼지떨이나 파리채로 썼으나 魏晉시대에 淸談을 하는 사람들이 이것을 손에 쥐고 휘두르면서 청담을 나누고, 훗날 佛徒들이 威儀를 정돈하는 기구로 사용하였다.

83) 劉惔 : 晉(魏晉)나라 沛國 相縣 사람으로, 字는 眞長이고, 劉恢라고도 한다. 晉陵太守 劉耽의 아들로, 丞相 王導의 知遇를 입어 당시에 荀粲에 비견되었다. 司徒左長史·侍中·丹陽尹 등을 역임하고, 36세에 세상을 떠났다.

84) 殯斂 : 죽은 사람을 염습하여 草殯하는 것을 이른다.

①〈王濛別傳〉에 말하였다. "王濛은 〈東晉 穆帝〉 永和 연간(345~356) 초반에 세상을 떠났으니, 나이 39세였다. 沛國의 劉惔은 왕몽과 친밀히 교유했는데, 〈왕몽이〉 세상을 떠났을 때 유담이 깊이 애도했으니 비록 友于의 우애[85]라도 이보다 더할 수는 없을 정도였다."

濛別傳曰 "濛以永和初卒, 年三十九. 沛國劉惔, 與濛至交, 及卒, 惔深悼之, 雖友于之愛, 不能過也."

27-16 支道林(支遁)[86]은 法虔이 세상을 떠난 뒤에 정신도 쇠약해지고 풍채도 점차 시들해졌으니, 한번은 사람들에게 말하였다.

"옛날에 匠石은 郢땅 사람이 〈죽자〉 도끼질을 그만두었고 牙生(伯牙)은 鍾子期가 〈죽자〉 〈琴의 연주를〉 그만두었다네. 〈법건에 대한〉 나의 마음을 미루어 밖으로 〈그들의 일을〉 헤아려보니 〈그들의 마음은〉 진실로 거짓이 아니오. 冥契[87]가 세상을 떠난 뒤로는 말을 해도 품평해줄 사람이 없어 마음속이 꽉 막혀 있으니 나는 장차 죽을 것이오."

1년 뒤에 지도림은 결국 세상을 떠났다.

支道林은 **喪法虔之後**에 **精神霣喪**하고 **風味轉墜**①라 **常謂人曰 昔匠石**은 **廢斤於郢人**②하고 **牙生**은 **輟弦於鍾子**③하니 **推己外求**컨대 **良不虛也**라 **冥契旣逝**에 **發言莫賞**하여 **中心蘊結**하니 **余其亡矣**라하다 卻後一年에 **支遂殞**이라

①〈支遁別傳〉에 말하였다. "法虔은 支道林(支遁)의 동학이다. 〈그는〉 준수하고 명철하며 〈佛法의〉 이치와 의미를 꿰뚫고 있었으니, 지둔이 그를 매우 존중하였다."

支遁傳曰 "法虔, 道林同學也. 儁朗有理義, 遁甚重之."

② ≪莊子≫ 〈徐無鬼〉에 말하였다. "郢땅 사람이 자신의 코끝에 파리의 날개처럼 얇게 白土를 바르고, 匠石에게 도끼를 휘둘러 그것을 깎아내게 했는데 백토는 말끔히 다 깎

---

85) 友于의 우애 : 형제간의 우애를 이른다. ≪書經≫ 〈周書 君陳〉에 "효도하며 형제간에 우애하여 정사에 시행했다.〔惟孝 友于兄弟 施於有政〕"라고 하였다.

86) 支遁 : 314~366. 晉(魏晉)나라 陳留 사람으로, 字는 道林이고, 本姓은 關이며, 林公·林法師·支公·支硎으로도 불리었다. 建康에서 講經하면서 謝安·王羲之 등과 교유하며, 玄理에 대해 담론하기를 좋아하였다. ≪莊子≫ 〈逍遙游〉를 註解하면서 독창적인 견해를 보였고, 〈卽色游玄論〉을 저술하여 '卽色本空' 사상을 주장했다.(慧皎 ≪高僧傳≫)

87) 冥契 : 암암리에 의기투합하고 마음을 잘 알아주는 벗을 이른다.

였으나 코는 다치지 않았다. 그런데도 영땅 사람은 선 채로 안색조차 변하지 않았다."
莊子曰 "郢人堊漫其鼻端, 若蠅翼, 使匠石運斤斲之, 堊盡而鼻不傷, 郢人立不失容."

③ ≪韓詩外傳≫에 말하였다. "伯牙가 琴을 연주하면 鍾子期가 그것을 들었다. 〈백아가〉 한창 琴을 연주할 때 그 뜻이 泰山에 있으면, 종자기가 '훌륭하구나, 琴의 연주여. 태산처럼 우뚝하도다.'라고 하였다. 저물녘에 〈연주할 때〉 그 뜻이 흐르는 물에 있으면, 종자기가 '훌륭하구나, 琴의 연주여. 흐르는 물처럼 성대하도다.'라고 하였다. 종자기가 세상을 떠나자 백아는 琴을 부수고 줄을 끊고는 죽을 때까지 다시는 연주하지 않았으니, 〈이는〉 살아 있는 사람들 중에는 琴을 연주해줄 만한 이가 없다고 여겼기 때문이다."
韓詩外傳曰 "伯牙鼓琴, 鍾子期聽之. 方鼓琴, 志在泰山, 子期曰 '善哉乎鼓琴, 巍巍乎若泰山.' 莫(모)景之間[88], 志在流水, 子期曰 '善哉乎鼓琴, 洋洋乎若流水.' 鍾子期死, 伯牙擗琴絶絃, 終身不復鼓之, 以爲在者無足爲之鼓琴也."

【頭註】

○ 王世懋 : 支公이 이와 같았단 말인가. 名理[89]는 어디에 있는가?
王云 "支公乃爾邪(야)? 名理何在?"

27-17 戴公(戴逵)이 林法師(支遁)의 무덤을 보고 말하였다.

"훌륭한 말씀이 아직 멀어지지 않았는데 拱木[90]이 이미 빽빽해졌으니, 신묘한 法理가 면면히 이어져 氣運(命運)과 함께 사라지지 않기를 바랄 뿐이다."

戴公이 見林法師墓①하고 曰 德音未遠이어늘 而拱木已積하니 冀神理緜緜하여 不與氣運俱盡耳②라하다

① 〈支遁別傳〉에 말하였다. "支遁은 〈東晉 廢帝〉 太和 원년(366)에 剡縣(섬현)의 石城山에서 세상을 떠났는데, 그곳에 장사 지냈다."
支遁傳曰 "遁太和元年終于剡之石城山, 因葬焉."

② 王珣[91]의 〈林法師墓下詩序〉에 말하였다. "나는 〈東晉 孝武帝〉 寧康 2년(374)에 수레

---

88) 莫(모)景之間 : ≪韓詩外傳≫에는 이 네 글자가 없다.
89) 名理 : 명칭과 이치라는 뜻으로, 魏晉시대 및 그 이후의 淸談家들이 사물의 명칭과 이치가 같은지 다른지, 옳은지 그른지를 변별하고 분석하였다.
90) 拱木 : 둘레가 한 아름이 넘는 큰 나무로, 무덤 가에 자라는 나무를 이른다.
91) 王珣 : 349~400. 晉(魏晉)나라 瑯琊 臨沂 사람으로, 字는 元琳이고, 어릴 때 이름은 法護이며, 시호는 獻穆이다. 丞相 王導의 손자이자 中領軍 王洽의 아들이다. 大司馬 桓

를 타고 剡縣(섬현)의 石城山으로 갔으니, 바로 法師(支遁)의 무덤이 있는 곳이다. 높은 봉분은 무성한 잡초가 자라는 곳이 되고 무덤은 우거진 풀숲으로 변했으니, 유적은 아직 사라지지 않았는데 그분은 이미 멀리 떠나셨다. 지난날을 생각하니 눈에 보이는 물건마다 슬픈 생각이 든다."

지둔이 당시의 현자에게 아낌을 받은 것이 이와 같았다.

王珣法師墓下詩序曰 "余以寧康二年, 命駕, 之剡石城山, 卽法師丘也. 高墳鬱爲荒楚, 丘隴化爲宿莽, 遺跡未滅, 而其人已遠. 感想平昔, 觸物悽懷." 其爲時賢所惜如此.

27-18 王子敬(王獻之)[92]은 羊綏와 사이가 좋았다. 양수는 고결하고 순박하며 소탈하고 고귀하였다. 中書郞이 되었는데 젊을 때 세상을 떠났다. 왕자경이 깊이 애통해하면서 王東亭(王珣)에게 말하였다.

"그는 국가 차원에서 아낄 만한 사람입니다."

王子敬은 **與羊綏善**이라 **綏**는 **淸淳簡貴**하고 **爲中書郞**한대 **少亡**하니 **王**이 **深相痛悼**하고 **語東亭云 是**는 **國家可惜人**①이라하다

① ≪羊氏譜≫에 말하였다. "羊綏는 字가 仲彦으로, 泰山 사람이다. 부친 羊楷는 尙書郞을 역임하였고, 양수는 관직이 中書侍郞에 이르렀다."

羊氏譜曰 "綏, 字仲彦, 泰山人. 父楷尙書郞, 綏仕至中書侍郞."

27-19 王東亭(王珣)은 謝公(謝安)[93]과 사이가 좋지 않았다. 왕동정이 동쪽(會稽)에

溫의 主簿로 벼슬을 시작했는데, 환온에게 매우 중시되어 瑯琊王友 · 中軍長史 · 給事黃門侍郞 · 尙書令 등을 역임하고 東亭侯에 봉해지며, 司馬道子가 王恭을 토벌할 때에 衛將軍 · 都督瑯琊水陸軍事가 되어 공적을 세워 散騎常侍가 되었다.

92) 王獻之 : 344~386. 晉(魏晉)나라 琅琊 臨沂 사람으로, 字는 子敬이고, 어릴 때 이름은 官奴이며, 王羲之의 일곱 번째 아들이며, 族弟인 王珉과 구분하기 위해 사람들이 王大令이라고 불렀다. 재상인 謝安의 知遇를 입고, 秘書郞 · 司徒左長史 · 吳興太守 · 中書令 등을 역임하였다. 여러 가지 서체에 정통했는데, 그중에서도 특히 行書와 草書로 명성을 떨쳤다.

93) 謝安 : 320~385. 晉(魏晉)나라 河南 陳郡 사람으로, 字는 安石이며, '謝東山'이라 불리었다. 젊은 시절에는 출사하지 않고 會稽의 東山에 은거하면서 명필로 유명한 王羲之 등과 깊은 교분을 나누며 淸談만 탐구했으나, 40세에 벼슬길에 나와 당시 東晉의 최고 권력자 桓溫의 司馬가 되었다. 환온이 황위를 찬탈하려 하자 王坦之 등과 함께 이를 저지하고 동진의 실권을 잡았다. 383년 화북을 통일한 前秦이 前燕을 멸망시키고 백

있을 때 사공이 세상을 떠났다는 소식을 듣고는 곧장 도성으로 나와 〈族弟인〉 王子敬(王獻之)을 찾아가 말하였다.

"사공을 위해 곡을 하고 싶네."

왕자경이 처음에는 누워 있다가 그 말을 듣고는 깜짝 놀라 벌떡 일어나 말하였다.

"王法護(왕순)에게 바라는 바입니다."

왕동정이 이에 곡을 하기 위해 〈사공의 집에〉 갔는데, 督帥(독수) 刁約(조약)이 들어가는 것을 허락하지 않으며 말하였다.

"나리께서는 생전에 평소 이런 손님을 만나지 않았습니다."

왕동정도 〈그와〉 얘기하지 않고 곧장 앞으로 나아가 매우 애통해하면서 곡을 하고는 〈상주인〉 謝末婢(謝琰)의 손을 잡지도 않고 물러났다.

王東亭은 與謝公交惡①이라 王在東에 聞謝喪하고 便出都하여 詣子敬하여 道하되 欲哭謝公이라하니 子敬始臥러니 聞其言하고 便驚起曰 所望於法護라하다 王이 於是에 往哭하니 督帥刁約이 不聽前하고 曰 官은 平生在時에 不見此客이라하니 王도 亦不與語하고 直前하여 哭甚慟하고 不執末婢手而退②하다

① 何法盛의 ≪晉中興書≫[94]에 말하였다. "王珣 형제는 모두 謝氏에게 장가들었는데[95] 〈두 집안이 서로〉 질투하고 의심했기 때문에 혼인 관계를 끊었다. 謝太傅(謝安)는 〈아우 謝萬에게〉 왕순과의 혼인 관계를 끊게 한 뒤에 또 〈왕순의 아우 王珉의〉 아내도 이혼시켰다. 이 때문에 두 가문은 마침내 원수가 되었다."

中興書曰 "珣兄弟皆壻謝氏, 以猜嫌離婚, 太傅旣與珣絶婚, 又離妻, 由是二族遂成仇釁."

만 대군으로 남하하자 征討大都督이 되어 아우 謝石, 조카 謝玄 등과 함께 전진에 맞서 싸워 승리했다. 이 여세를 몰아 사안은 계속 북벌을 주장했지만 그의 성장을 경계한 황족 司馬道子의 방해로 좌절되었고, 중앙 정계에서 퇴출되어 廣陵步丘로 좌천되었다가 66세에 病死했다.

94) 何法盛의 晉中興書 : 하법성은 宋(南朝)나라 孝武帝 때 奉朝請・校書東宮・湘東太守를 역임했다. ≪진중흥서≫는 東晉의 事跡을 기록한 紀傳體 史書로, 78권이다. 劉知幾는 이 책이 東晉의 史書 중에 가장 뛰어나다고 평가했는데, 원본은 산실되고 黃奭의 輯本 등 여러 종류의 집본이 있다. 李延壽의 ≪南史≫에서는 이 책의 편찬자가 하법성이 아니라 郗紹(치소)라고 하였다.

95) 王珣……장가들었는데 : 王珣은 謝安의 아우 謝萬의 딸에게, 그 아우 王珉은 사안의 딸에게 장가들었다.

② 末婢는 謝琰(352~400)의 어릴 때 이름이다. 사염은 字가 瑗度로, 謝安의 막내아들이다. 진솔하고 큰 도량을 지녔는데, 孫恩에게 살해당하였다.[96] 侍中과 司空에 추증되었다.

末婢, 謝琰小字. 琰, 字瑗度, 安少子. 開率有大度, 爲孫恩所害. 贈侍中・司空.

【頭註】

○ 劉應登 : 刁約은 바로 謝公(謝安)의 하급 관리이다.
應登云 "刁乃謝公部下吏."

27-20【補】[97] 羊曇은 어릴 때부터 〈외숙부인〉 謝太傅(謝安)의 인정을 받았다. 사태부가 세상을 떠난 뒤에 양담은 1년 동안 음악을 끊고 길을 갈 때에도 西州[98]의 길을 경유하지 않았다. 한 번은 石頭에서 만취하여 길에서 부축을 받으면서 노래를 부르다가 자신도 모르게 서주의 성문에 이르니, 좌우의 시종이 아뢰었다.

"이곳은 서주의 성문입니다."

양담은 슬픈 감정이 그치지 않아 말채찍으로 문짝을 두드리며 曹子建(曹植)[99]의 시를 읊었다.

"살아서는 화려한 집에서 살더니, 죽어서는 산언덕으로 돌아가는구나."

〈그러고는〉 통곡하고 떠났다.

---

96) 孫恩에게 살해당하였다 : 謝琰은 손은을 토벌하러 나섰다가 千秋亭에 이르러 패배하고, 손은의 부하인 都督 張孟에게 두 아들과 함께 살해당했다.(≪晉書≫ 〈謝琰列傳〉)

97)【補】: 저본에는 '補'가 없으나, 이 일화는 ≪世說新語≫가 아닌 ≪何氏語林≫에 있으므로 이에 의거하여 '補'를 보충하였다.

98) 西州 : 揚州刺史의 治所가 있는 곳으로, 江蘇省 南京市에 옛터가 남아있다. 東晉의 謝安이 新城을 지키면서 東山으로 돌아가고자 했으나 병이 들어 부득이 서울로 돌아오게 되었는데, 자신의 수레가 西州의 성문으로 들어와야 한다는 말을 듣고는 동산으로 가지 못하는 것을 한탄하고, 서울로 들어온 지 얼마 지나지 않아 세상을 떠났다.(≪晉書≫ 〈謝安列傳〉)

99) 曹植 : 192~232. 魏(三國)나라 沛國 譙縣 사람으로, 字는 子建이고, 시호는 思이며, 陳思王이라고도 불린다. 曹操의 아들이자 文帝 曹丕의 아우이다. 뛰어난 文才로 조조의 사랑을 받아 한때 후계자의 물망에 올랐으나 분방한 성격 때문에 내쳐졌다. 조비가 황제가 되자 鄄城王에 봉해지고 다음 해 雍丘王으로 옮겨 봉해졌지만, 조식의 재주와 인품을 시기한 문제가 해마다 새로운 封地에 옮겨 살도록 강요하고 엄하게 감시하자, 신변의 위험을 느끼며 불우한 나날을 보내다가 세상을 떠났다.

羊曇은 少爲謝太傅所知①러니 太傅亡後에 羊은 輟樂(악)彌年하고 行不由西州路라 嘗因石頭大醉하여 扶路唱樂이라가 不覺至州門하니 左右白曰 此는 西州門이니이다하니 羊은 悲感不已하여 以馬策叩扉하고 詠曹子建詩曰 生存華屋處러니 零落歸山丘②로다하고 慟哭而去하다

① ≪晉書≫ 〈謝安列傳〉에 말하였다. "羊曇은 泰山 사람으로, 이름이 알려진 선비였다. 謝公(謝安)에게 사랑을 받고 존중을 받았다."
晉書曰 "羊曇者, 泰山人, 知名士也. 爲謝公所愛重."

② 曹子建(曹植)의 〈箜篌引〉[100]의 구절이다.
曹子建箜篌引.

27-21 羊孚[101]가 나이 31세에 세상을 떠나니 桓玄[102]이 〈그의 6촌 아우〉 羊欣에게 편지를 보내 말하였다.

"〈그대의〉 훌륭한 6촌 형님[103]은 〈내가〉 마음으로 믿고 의지했던 분인데, 갑자

---

100) 箜篌引 : 樂府 〈相和六引〉의 하나로, 〈公無渡河〉라고도 한다. 曹植이 지은 〈공후인〉의 全文은 다음과 같다. "높은 전각 위에 술상 차려 놓으니, 친한 벗들이 나와 함께 노니누나. 부엌에선 풍성한 음식 마련하고, 양 삶고 살진 소를 잡네. 진나라 아쟁은 어째서 비분강개했던가, 제나라 비파는 부드럽고 조화로웠지. 양아곡은 멋진 춤에 맞춰 연주되고, 낙양에서는 유명한 노래 나오지. 즐거운 술 석 잔을 넘기고, 허리띠 느슨히 풀고 여러 안주 즐기누나. 주인이 손님들의 천년 장수 축원하니, 손님들은 주인의 만년 장수의 축배 받드네. 오랜 교제 잊지 말아야 하니, 끝이 안 좋은 건 의리상 탓할 바이지. 겸손한 군자의 덕 지녔으니, 허리 굽혀 무엇을 구하려고 하겠는가. 대낮에 거센 바람 휘몰아치니, 햇빛은 서쪽으로 달려가네. 젊은 시절 다시 오지 않고, 죽을 날은 문득 내게 다가오네. 살아서는 화려한 집에서 살더니, 죽어서는 산언덕으로 돌아가는구나. 옛사람 누군들 죽지 않았으랴, 운명을 알고 있으니 다시 무엇을 근심하랴.〔置酒高殿上 親友從我遊 中廚辦豐膳 烹羊宰肥牛 秦箏何慷慨 齊瑟和且柔 陽阿奏奇舞 京洛出名謳 樂飮過三爵 緩帶傾庶羞 主稱千金壽 賓奉萬年酬 久要不可忘 薄終義所尤 謙謙君子德 磬折欲何求 驚風飄白日 光景馳西流 盛時不可再 百年忽我遒 生存華屋處 零落歸山丘 先民誰不死 知命復何憂〕" (≪曹子建集≫)

101) 羊孚 : 晉(魏晉)나라 泰山 南城 사람으로, 字는 子道이며, 中書郎 羊綏의 아들이다. 太常博士·兗州別駕를 역임하고, 桓玄이 태위였을 때 그의 記室參軍이 되었다.

102) 桓玄 : 369~404. 晉(魏晉)나라 譙國 龍亢 사람으로, 字는 敬道이고, 어릴 때 이름은 靈寶이다. 大司馬 桓溫의 아들로, 安帝(司馬德宗) 元興 원년(402)에 거병하여 도성 建康을 공격해 조정을 장악하였고, 이듬해 스스로 제위에 올라 국호를 '楚'라고 하였다.

103) 6촌 형님 : 羊忱은 羊楷와 羊權을 낳았는데, 양해는 羊綏를 낳고 양수는 羊孚를 낳으

기 병들어 세상을 떠나셨으니 '나를 끊는다'라는 탄식을 어찌 말로 표현할 수 있겠소."

羊孚가 **年三十一**에 **卒**①하니 **桓玄**이 **與羊欣書曰 賢從**은 **情所信寄**러니 **暴疾而殞**②하니 **祝予之歎**을 **如何可言**③가하다

① ≪羊氏譜≫에 말하였다. "羊孚는 나이 41세에 세상을 떠났다."
羊氏譜曰 "孚年四十一而卒."

② ≪宋書≫ 〈羊欣列傳〉에 말하였다. "羊欣(370~442)은 字가 敬元으로, 泰山 南城 사람이다. 젊을 때부터 침착하고 과묵한 성품에 절조를 지키면서 다투지 않으며, 자태와 용모가 훌륭하고 담소를 잘하며, 초서와 예서에 뛰어났다."
宋書曰 "欣字敬元, 泰山南城人. 少懷靜默, 秉操無競, 美姿容, 善笑言, 長於草・隸."
≪羊氏譜≫曰 "羊孚는 바로 羊欣의 從祖兄(6촌 형님)[104)]이다."
羊氏譜曰 "孚卽欣從祖."

③ ≪春秋公羊傳≫ 哀公 14년 條목에 말하였다. "顔淵이 죽자 공자께서 '아, 하늘이 나를 버리시는구나.'라고 하시고, 子路가 죽자 공자께서 '아, 하늘이 나를 끊으시는구나.〔祝〕'라고 하셨다." 何休[105)]의 주석에 "祝은 斷〔끊는다〕의 뜻이니, 하늘이 장차 선생님을 버리려 한다는 말이다."라고 하였다.
公羊傳曰 "顔淵死, 子曰 噫, 天喪予. 子路亡, 子曰 噫, 天祝予." 何休曰 "祝者斷也. 天將亡夫子耳."

27-22【補】 王東亭(王珣)이 세상을 떠난 뒤에 桓敬道(桓玄)가 會稽王 司馬道子[106)]

며, 양권은 羊不疑를 낳고 양불의는 羊欣을 낳았기 때문에 양부와 양흔은 再從(6촌) 관계이다.(≪世說敍錄≫ 〈人名譜 太山南城羊氏譜〉)

104) 從祖兄(6촌 형님) : 원문은 '從祖'인데, 羊孚는 羊欣의 6촌 형님이기 때문에 '兄'을 넣어 해석하였다.

105) 何休 : 129~182. 後漢 任城樊 사람으로, 字는 邵公이며, 議郞・諫議大夫 등을 역임하였다. 羊弼에게 ≪春秋公羊傳≫을 배우고, 五經 및 天文・曆算 등에 뛰어나며, 동중서의 뒤를 이어 今文經學을 집대성하였다. ≪公羊墨守≫, ≪左氏膏肓≫, ≪穀梁廢疾≫을 저술하여 賈逵로 대표되는 당시 古文經學을 반대하고 논박했는데, 이후에 鄭玄이 ≪發公羊墨守≫, ≪鍼左氏膏肓≫, ≪起穀梁廢疾≫을 지어 이를 반박했다. ≪孝經≫과 ≪論語≫ 등에도 주해했으나 모두 일실되었고, ≪春秋公羊傳解詁≫와 唐나라 徐彦의 疏를 합한 ≪春秋傳注疏≫가 十三經注疏에 포함되어 전해진다. 그밖의 저서로 ≪春秋漢議≫, ≪冠禮約制≫, ≪春秋文謚例≫, ≪駁春秋釋痾≫, ≪論語何氏注≫ 등이 있다.

106) 司馬道子 : 364~403. 晉(魏晉)나라 河內 溫縣 사람으로, 字도 道子이다. 황실의 종실

에게 편지를 보내 말하였다.

"王元琳(왕동정)은 본성이 명민하고 경서와 역사서에 정통하며 모습이 아름다워 공적으로나 사적으로나 의지했던 분인데, 갑자기 세상을 떠나 탄식과 슬픔이 깊으니, 어찌 단지 〈그의〉 모습만 슬퍼할 뿐이겠습니까."

王東亭이 **亡後**에 **桓敬道**가 **與會稽王道子書曰 元琳**은 **神情朗悟**하고 **經史明徹**하며 **風流之美**하여 **公私所寄**어늘 **忽爾喪失**하여 **歎悼之深**하니 **豈惟風流相悼而已**리잇가하다

27-23 孝武帝(司馬曜)[107]의 山陵[108]이 있는 저녁에 王孝伯(王恭)[109]이 〈도성으로〉 들어가 〈장례식에〉 참석하여 그의 여러 아우들에게 말하였다.

"비록 시까래가 새롭지만[110] 절로 黍離의 슬픔[111]이 있구나."

孝武山陵夕에 **王孝伯**이 **入臨**하여 **告其諸弟曰 雖榱桷惟新**이나 **便自有黍離之哀**①로다하다

① 何法盛의 ≪晉中興書≫에 말하였다. "〈東晉〉 烈宗(孝武帝)이 세상을 떠나자, 會稽王 司馬道子가 정권을 장악했는데, 王國寶[112]를 총애하여 중요한 직무를 맡겼다. 王恭이

이자 권신으로, 簡文帝(司馬昱)의 일곱 번째 아들이자 孝武帝(司馬曜)의 同母弟이다.

107) 司馬曜 : 362~396. 晉(魏晉)나라 孝武帝로, 字는 昌明이고, 東晉의 9대 황제이다. 簡文帝(司馬昱)의 셋째 아들이고, 모친은 李陵容이다.

108) 山陵 : 천자의 무덤을 秦나라에서는 '山', 漢나라에서는 '陵'이라고 불렀기 때문에 제왕이나 황후의 陵寢을 가리키나, 여기서는 제왕의 장례식을 이른다.

109) 王恭 : ?~398. 晉(魏晉)나라 太原 晉陽 사람으로, 字는 孝伯, 어릴 때 이름은 阿寧이다. 司徒左長史 王濛의 손자이자 會稽內史 王蘊의 아들이며, 孝武帝(司馬曜)의 定皇后(王法慧)의 오빠이다. 관직이 前將軍・青兗二州刺史에 이르렀다. 두 차례 거병하여 조정의 신하를 토벌했는데, 2차 토벌에서 劉牢의 배반으로 실패하여 사형당하였다. 桓玄이 정권을 잡았을 때 侍中・太保로 추증하였고, 忠簡이라는 시호를 내렸다.

110) 서까래가 새롭지만 : 서까래는 중요한 임무를 담당하는 인물을 비유하는 말로, 조정에 새로운 인물이 득세하고 있는 것을 비유한 것이다.

111) 黍離의 슬픔 : 榮枯盛衰의 무상함이나 나라가 망한 것에 대한 슬픔으로, 여기서는 東晉 왕조가 붕괴의 위험에 처해 있음을 비유한 것이다. ≪시경≫ 〈王風〉에 "저 기장의 열매가 드리웠거늘, 저 피의 이삭이 자랐도다.〔彼黍離離 彼稷之苗〕"라고 했는데, 이 시는 周 나라가 멸망해 동쪽으로 도읍을 옮긴 뒤에 주나라 대부가 행역을 가는 길에 주나라 옛터를 들러 보니, 옛 宗廟와 宮室의 터가 모두 기장밭이 된 것을 탄식하여 부른 노래이다.

112) 王國寶 : 350~397. 晉(魏晉)나라 太原 晉陽 사람으로, 字는 國寶이며, 中書令 王坦之

〈도성으로〉 들어가 〈효무제의〉 장례식에 참석했기 때문에 이러한 탄식을 한 것이다.”
中興書曰“烈宗喪, 會稽王道子執政, 寵幸王國寶, 委以機任. 王恭入赴山陵, 故有此歎.”

27-24 王子猷(王徽之)[113)]와 王子敬(王獻之)이 모두 병이 위독했는데 왕자경이 먼저 세상을 떠났다. 왕자유가 좌우의 사람들에게 물었다.

“어째서 도무지 소식이 들려오지 않는가? 자경은 이미 세상을 떠났구나.”

〈왕자유는 이렇게〉 물을 때도 전혀 슬퍼하지 않고, 즉시 수레를 준비하여 서둘러 문상하러 가서도 전혀 곡하지 않았다. 〈왕자유는〉 왕자경이 평소에 琴을 좋아했기 때문에 즉시 곧바로 들어가서 靈牀 위에 앉아 왕자경의 琴을 가져와 연주했는데, 줄의 음정이 고르지 않자 〈琴을〉 땅에 내던지면서 말하였다.

“자경이여, 자경이여, 사람과 琴이 모두 세상을 떠났구나.”

그러고는 슬픔이 지나쳐 한참 동안 정신을 잃었다. 한 달 남짓 뒤에 〈왕자유도〉 세상을 떠났다.

王子猷와 子敬이 俱病篤이러니 而子敬先亡①이라 子猷問左右하되 何以都不聞消息가 此已喪矣로다하다 語時에도 了不悲하고 便索(색)輿하여 來奔喪에도 都不哭이라 子敬素好琴일새 便徑入하여 坐靈牀上하여 取子敬琴彈한대 絃既不調하니 擲地云 子敬아 子敬아 人琴俱亡이로다하고 因慟絶良久하고 月餘에 亦卒②이라

① 王獻之는 〈東晉 孝武帝〉 泰元 13년(388)에 세상을 떠났으니, 나이 45세였다.
獻之以泰元十三年卒, 年四十五.

② 劉義慶의 ≪幽明錄≫[114)]에 말하였다. “〈東晉 孝武帝〉 泰元 연간(376~396)에 어떤

의 셋째 아들이다. 太保 謝安의 사위인데, 품행이 방정하지 않아 그에게 중용되지 못하다가 385년에 瑯琊王 司馬道子가 권력을 잡은 뒤에 秘書丞·中書令·中領軍·左僕射·丹陽尹 등을 역임하였다. 당시에 병권을 장악하고 있던 외척 王恭이 왕국보의 專政을 매우 미워하니, 왕국보가 왕공의 병권을 해제하자고 사마도자에게 極諫하였다. 왕공이 진노하여 왕국보를 토벌하니, 사마도자는 왕국보를 체포하고 얼마 뒤에 賜死했다.

113) 王徽之 : 338~386. 晉(魏晉)나라 瑯琊 臨沂 사람으로, 字는 子猷이다. 東晉의 명사이자 서법가로, 右軍將軍 王羲之의 다섯 번째 아들이다. 徐州騎曹參軍·大司馬參軍·黃門侍郎 등을 역임했는데, 성품이 오만하며, 예법에 얽매이지 않고 자유분방하며, 공무를 등한시하면서 항상 곳곳으로 유람을 다니다가 결국 사직하고 본성에 맞게 山陰縣에서 유유자적했다. 〈承嫂病不減帖〉과 〈新月帖〉 등이 전해진다.

法師가 먼 지역에서 왔는데, 아무도 〈그가〉 어디 출신인지 몰랐다. 〈그 법사가〉 '사람의 수명이 끝나게 되었을 때 살아 있는 사람 가운데 즐거이 〈그 죽음을〉 대신할 자가 있으면 죽을 자가 살 수 있다. 만약 대신해 달라고 다른 사람을 압박하여 대신하게 한다면 단지 짧은 시간만 연장하는 데에 그칠 것이다.'라고 하였다. 사람들이 이 말을 듣고는 모두 그 황당무계함을 괴이하게 여겼다.

王子猷(王徽之)와 王子敬(王獻之) 형제는 남달리 화목하였다. 왕자경이 병들어 屬纊[115]할 때에 왕자유가 그 법사에게 '저는 재주가 아우만 못하고 지위도 아우는 높고 저는 낮으니 〈저의〉 남은 수명으로 아우의 수명을 대신하고자 합니다.'라고 하니, 법사가 '살아 있는 자가 죽을 자를 대신하려면 자신의 수명에 여분이 있어야 죽을 자의 수명에 보탤 수 있습니다. 지금 당신 아우의 수명은 이미 끝나게 되었고 君侯의 수명도 다하게 되었으니 다시 어찌 대신할 바이겠습니까.'라고 하였다.

왕자유는 먼저 등창이 나 있었는데 왕자경의 병이 위독해지자 항상 〈소식을〉 주고받는 것을 억제하였다.[116] 〈왕자경의〉 사망 소식을 듣자마자 가슴을 치며 비통해하여 외마디 소리조차 전혀 낼 수 없는 상태에서 등창이 즉시 터졌다. 법사의 말을 추론해보건대 실제적으로 믿을 만하다."

幽明錄曰 "泰元中, 有一師從遠來, 莫知所出, 云 '人命應終, 有生樂代者, 則死者可生. 若逼人求代, 亦復不過少時.' 人聞此, 咸怪其虛誕. 王子猷・子敬兄弟, 特相和睦. 子敬疾, 屬纊, 子猷謂之曰 '吾才不如弟, 位亦通塞, 請以餘年代弟.' 師曰 '夫生代死者, 以己年限有餘, 得以足亡者耳. 今賢弟命既應終, 君侯算亦當盡, 復何所代?' 子猷先有背疾, 子敬疾篤, 恒禁來往, 聞亡, 便撫心悲惋, 都不得一聲, 背卽潰裂. 推師之言, 信而有實."

27-25【補】 范蔚宗(范曄)이 감옥에 갇힌 뒤, 매우 아름다운 白團扇을 가지고 있던 황상(宋(南朝) 文帝)이 〈그것을 범위종에게〉 보내 아름다운 구절을 뽑아 쓰라고 명하였다. 범엽이 붓을 잡고 썼다.

"대낮의 밝음이 사라지고, 긴 밤의 아득함이 엄습하네."[117]

---

114) 幽明錄 : 宋(南朝)나라 劉義慶이 편찬한 30권 분량의 志怪小說集으로, ≪幽冥錄≫, ≪幽冥記≫라고도 한다. 원서는 일실되었고, 실려 있는 일화 가운데 ≪列異傳≫, ≪搜神記≫, ≪搜神後記≫의 내용과 같은 것이 적지 않다.

115) 屬纊 : 임종할 때 하는 절차의 하나로, 햇솜을 입과 코에 대어 숨이 끊어졌는지의 여부를 확인하는 것이다.

116) 항상……억제하였다 : 王徽之와 王獻之가 모두 병이 들었기 때문에 소식을 전하면 상심할까 우려하여 서로의 위독함을 알리지 않게 한 것이다.(≪世說箋本≫)

117) 대낮의……엄습하네 : 宋玉의 〈九辯〉에 보이는 구절이다.

황상이 〈이 글을〉 두루 살펴보면서 슬퍼하였다.

范蔚宗이 **旣被繫**한대 **上**이 **有白團扇甚佳**하여 **送令出詩賦美句**라 **曄**이 **攬筆書曰 去白日之昭昭**하고 **襲長夜之悠悠**라하니 **上**이 **爲循覽悽然**①하다

① 沈約[118]의 ≪宋書≫ 〈范曄列傳〉에 말하였다. "范曄(398~445)은 字가 蔚宗으로, 順陽 사람이다. 어릴 때부터 배움을 좋아하고 문장을 잘 지으며 음률에 밝았다. 宋(南朝) 高祖(武帝 劉裕)가 〈東晉의〉 相國이었을 때 그의 보좌관이 되었다가 얼마 뒤에 太子詹事로 전임되었다. 孔熙先 등과 역모를 모의한 사건에 연루되어 주살되었으니[119] 그 일은 다른 곳에 보인다."

沈約宋書曰 "范曄, 字蔚宗, 順陽人也. 少好學, 善爲文章, 曉音律. 爲高祖相國掾, 稍遷太子詹事. 坐與孔熙先等謀逆誅, 事別見(현)."

27-26【補】 張思曼(張緖)[120]이 세상을 떠난 뒤에 從弟(4촌 아우) 張融[121]이 술을 가지고 와서 靈筵 앞에 술을 따르고 매우 슬프게 곡하면서 말하였다.

"형님이시여, 훌륭하던 모습이 순식간에 사라졌습니다."

張思曼이 **亡後**에 **從弟融**이 **齎酒**하여 **於靈前酌酒**하고 **慟哭曰 阿兄**이여 **風流頓盡**이로다하다

27-27【補】 王威明(王規)이 세상을 떠난 뒤에 昭明太子(蕭統)[122]가 〈형님인〉 湘東

118) 沈約 : 441~513. 梁(南朝)나라 吳興 武康 사람으로, 字는 休文이고, 시호는 隱이다. 벼슬은 左光祿大夫에 이르렀는데 武帝의 노여움을 산 일로 파직되어 벼슬 없이 죽었다. 謝朓 등과 함께 永明體를 주창하고, 聲韻八病說을 주창하였다. 저서로 ≪宋書≫, ≪齊記≫, ≪梁武記≫ 등이 있었으나 전해지지 않고, 明나라 사람이 輯佚한 ≪沈隱侯集≫이 있다.

119) 孔熙先……주살되었으니 : 范曄은 宋(南朝)나라 文帝(劉義隆) 元嘉 22년(445)에 孔熙先 함께 彰城王 劉義康을 황제로 옹립하려다가 사전에 계획이 누설되어 체포되어 사형당했다.(≪宋書≫ 〈范曄列傳〉)

120) 張緖 : ?~?. 宋(南朝)나라 吳郡 사람으로, 字는 思曼이고, 조부 張茂度는 會稽太守, 부친 張演은 太子中舍人을 역임했다. 秀才로 추천되어 司空主簿·尙書倉部郎를 역임한 뒤에 巴陵王文學·太子洗馬·北中郎參軍·太子中舍人·中書郎·黃門郎 등이 되었다.

121) 張融 : 444~497. 宋(南朝)나라 吳郡 사람으로, 字는 思光이다. 會稽太守 張暢의 아들로, 송나라에서 封溪縣令儀과 曹郎郎을 역임하고, 齊나라가 건국된 뒤에 長沙王(蕭晃)의 鎭軍, 竟陵王(蕭子良)의 征北諮議·領記室을 역임한 뒤에 黃門郎·太子中庶子·司徒左長史에 이르렀기 때문에 세상에서 그를 '張長史'라고 불렀다.

王(蕭繹)[123]에게 편지를 보내 말하였다.

"왕위명은 풍모가 훌륭하고 단정하며 품격이 매우 빼어나 천 리에 〈뒤따라간〉 흔적이 끊어지고[124] 백 척의 나무에 〈잡고 올라갈〉 가지가 없으니[125] 실로 걸출한 인물입니다. 〈흰 말이〉 틈을 지나듯 잠깐 사이에 영원히 긴 밤으로 돌아갔으니, 칼이 서슬을 감추고[126] 길게 뻗은 淮水가 말라 버린 듯[127]합니다. 지난해 한겨울(음력 11월)에 이미 劉子(劉冉)[128]를 잃었는데 올해 초겨울(음력 10월)에 또 王生(왕위명)을 애도하니, '모두 가 버렸다'는 상심[129]은 정말 헛된 말이 아닙니다."

昭明太子

122) 蕭統 : 501~531. 梁(南朝)나라 武帝(蕭衍)의 맏아들로, 字는 德施이다. 어릴 때 이름은 維摩이고, 시호는 昭明이다. 태자가 되었으나 즉위하기 전에 세상을 떠났다 秦漢 시대로부터 양나라에 이르까지의 시문을 모아 ≪文選≫을 편찬하고, 저서로 ≪昭明太子集≫이 있다.

123) 蕭繹 : 508~554. 梁(南朝)나라 元帝로, 字는 世誠이고, 호는 金樓子이며 어릴 때 이름은 七符이다. 武帝蕭衍의 일곱 번째 아들로, 侯景의 난을 평정한 뒤에 建康을 버리고 江陵에서 황제에 즉위하였다. 즉위 후에 동생인 蕭紀가 蜀 땅에서 황제를 자칭함으로써 혈육 간의 싸움이 벌어졌고 소기가 원제에게 패하여 피살되고, 이후에 원제는 조카인 蕭詧(소찰)에게 시해당하였다.

124) 천……끊어지고 : 멀어서 미치지 못한다는 뜻이다.(≪世說講義≫)

125) 백……없으니 : 높아서 오르지 못한다는 뜻이다.(≪世說講義≫) 枚乘 〈七發〉에 "용문의 나무는 높이가 백 척인데 가지가 없다.〔龍門之桐 高百尺而無枝〕"라고 했는데, 보기 드물게 거대하고 유용한 인재를 비유한다.

126) 칼이……감추고 : 劉冉에 대한 비유이니, 빛나야 하는데 빛나지 않는다는 뜻이다.(≪世說講義≫)

127) 길게……듯 : 王規에 대한 비유이니, 마르지 말아야 하는데 말랐다는 뜻이다.(≪世說講義≫)

128) 劉冉 : 481~539. 梁(南朝)나라 徐州 彭城 사람으로, 字는 孝綽이고, 어릴 때 이름은 阿士이며 大司馬의 從事中郎 劉繪의 아들이다. 7세에 문장을 잘 짓고, 초서와 예서에 뛰어나 신동으로 불렸다. 著作佐郎으로 벼슬을 시작하여 水部郎中·太子洗馬·員外散騎常侍·廷尉卿 등을 역임하고, 모친의 병환으로 사직했다가 黃門侍郎·吏部郎·秘書監 등이 되었다. 저서로 ≪劉秘書集≫이 있다.

129) 모두……상심 : 한꺼번에 사망한 벗들에 대한 상심이다. 魏(三國)나라 文帝(曹丕)가 전염병으로 벗들을 한꺼번에 잃고 상심하여 "지난해에 전염병이 돌아 많은 친척과 벗들이 그 재앙을 만났다. 徐幹·陳琳·應瑒·劉楨이 일시에 세상을 떠났으니, 비통

王威明이 亡後에 昭明이 與湘東王繹書曰 威明은 風韻遒正하고 神峰標映하여 千里絶迹하고 百尺無枝하니 實俊人也니이다 一爾過隙에 永歸長夜하니 金刀掩鋩하고 長淮絶涸이니이다 去歲冬中에 已傷劉子[①]어늘 今玆寒孟에 復悼王生하니 俱往之傷이 信非虛說[②]이니이다하다

① 〈劉子는〉 劉孝綽(劉冉)을 이른다.
謂孝綽也.

② ≪南史≫ 〈王規列傳〉에 말하였다. "王規(487~536)는 字가 威明으로, 尙書 王騫(왕건)의 아들이다. 어릴 때 孝童이라고 칭찬을 받았고, 나이 12세에 五經에 통달하였다. 秘書郞으로 벼슬을 시작하여 〈梁(南朝)나라 武帝〉 天監 연간(502~519)에 中書黃門侍郞에 제수되고, 東宮(昭明太子)을 모실 때 태자에게 예우를 받으며, 관직이 太子中庶子에 이르렀다."
南史曰 "王規, 字威明, 尙書騫之子也. 幼稱孝童, 年十二通五經. 起家秘書郞, 天監中, 除中書黃門侍郞, 侍東宮, 爲昭明太子所禮, 仕至太子中庶子."

27-28【補】 梁(南朝)나라 簡文帝(蕭綱)가 侯景에 의해 유폐되었을 때 벽에 글을 써서 자신에 대해 서술하였다.

"양나라의 바른 선비인 蘭陵의 蕭世纘(소강)은 몸을 〈바르게〉 세우고 〈바른〉 도를 행하는 것이 처음부터 끝까지 한결같았다. 비바람이 몰아쳐 그믐처럼 어두우나 닭 울음소리는 그치지 않고,[130] 어두운 방에서도 〈스스로를〉 속이지 않았으니 하물며 〈밝은〉 三光[131] 아래에서랴. 운수가 이런 지경에 이르렀으니 천명을 어쩌겠는가."

梁簡文[①]이 爲侯景幽縶[②]할새 題壁自敍云 有梁正士 蘭陵蕭世纘은 立身行道가 終始如一이라 風雨如晦나 鷄鳴不已요 弗欺暗室하니 豈況三光은여 數至於此하니 命也如何[③]리오하다

① ≪梁書≫ 〈簡文帝本紀〉에 말하였다. "〈梁(南朝)나라〉 簡文帝(503~551)는 이름이 綱이고, 字가 世纘으로, 武帝(蕭衍)의 셋째 아들이다. 侯景이 建康을 함락하여 군대를 이끌

함을 어찌 말로 표현할 수 있겠는가.〔昔年疾疫 親故多離其災 徐陳應劉 一時俱逝 痛可言邪〕"라고 하였다.(≪魏文帝集≫ 〈與吳質書〉)

130) 비바람이……않고 : 혼탁하고 어지러운 시대를 만나서도 바른 도리를 잘 지켰다는 뜻이다. ≪시경≫ 〈鄭風 風雨〉에 "비바람이 몰아쳐 그믐처럼 어두우나 닭 울음소리는 그치지 않네. 이미 군자를 만났으니 어찌 기쁘지 않겠는가.〔風雨如晦 鷄鳴不已 旣見君子 云胡不喜〕"라고 하였다.

131) 三光 : 세 가지 밝게 빛나는 것으로, 해·달·별을 이른다.

고 궁정으로 들어가고, 〈간문제를〉 永福省[132]에 유폐했다가 얼마 뒤에 시해하였다."

梁書曰"帝諱綱, 字世纘, 武帝第三子. 侯景克建康, 帥兵入殿, 幽於永福省, 尋弑之."

② ≪南史≫ 〈侯景列傳〉에 말하였다. "侯景(503~552)은 字가 萬景으로, 北魏의 懷朔鎭 사람이다. 처음에는 爾朱榮[133]을 섬겼는데, 高歡[134]이 爾朱氏를 주살한 뒤에 마침내 고환에게 등용되었고, 고환이 죽자 반란을 일으켰다가 梁(南朝)나라에 귀순하였다. 〈武帝(蕭衍)〉 太淸 2년(548)에 石頭城을 함락하고 스스로 漢王이라고 칭했으나, 湘東王 蕭繹이 군대를 일으켜 그를 참수하였다."

南史曰"侯景, 字萬景, 魏之懷朔鎭人也. 初事爾朱榮, 高歡誅爾朱氏, 遂爲歡用, 歡死, 叛歸於梁. 太淸二年, 陷石頭城, 自稱漢王, 湘東王繹, 起兵斬之."

③ 丘悅의 ≪三國典略≫[135]에 말하였다. "〈梁(南朝)나라〉 簡文帝(蕭綱)가 侯景에 의해 유폐되었을 때 連珠文[136]을 지어 '내가 들으니, 도가 행해지면 五福[137]이 모두 모이고

132) 永福省 : 梁(南朝)나라의 관청 이름이다. 皇子들이 교육을 받은 곳으로, 궁궐 안에 설치되었는데 西省이라고도 한다.

133) 爾朱榮 : 493~530. 北魏 北秀容 사람으로, 字는 天寶이다. 孝明帝(元詡) 孝昌 2년(526)에 거병하여 肆州를 습격하고 점령한 뒤에 점차 강성해졌다. 武泰 1년(528)에 효명제가 胡太后에게 독살당했다는 소식을 접하고는 군대를 거느리고 남하하여 長樂王(元子攸)을 황제(孝莊帝)로 세우고 스스로 侍中・都督中外諸軍事・大將軍・尙書令・太原王이 되어 정권을 독단하였다. 변방인 晉陽에 주둔하면서 조정에 심복들을 심어서 정사를 좌지우지했는데, 효장제 永安 3년(530) 9월에 洛陽에 들어갔다가 살해당하였다.

134) 高歡 : 496~547. 원적은 渤海 蓨縣이고 懷朔鎭 출신으로, 어릴 때 이름은 賀六渾이고, 시호는 獻武・神武이며, 東魏의 권신이자 北齊의 시조이다. 北魏 孝莊帝(元子攸)가 시해된 뒤에 孝武帝(元修)를 세우고 정승이 되어 권력을 전횡했는데, 효무제가 서쪽으로 도망가서 宇文泰에게 의탁하자 따로 孝靜帝(元善見)를 세워 위나라가 동서로 나뉘게 되었다.

135) 丘悅의 三國典略 : 구열(?~714?)은 당나라 河南 陸渾 사람으로, 中宗(李顯) 景龍(707~710) 연간에 相王府의 관속으로서 裴耀卿과 함께 王府直學士가 되었는데, 번진에 있었던 睿宗(李旦)이 매우 중시하였다. 저서로 ≪문집≫ 10권, ≪兩唐書志≫ 등이 세상에 전해진다. ≪삼국전략≫은 10권 분량의 편년체 역사서로 西魏 및 北周, 東魏 및 北齊, 南朝의 梁과 陳 등 세 방면의 중요한 역사 사실을 기록한 책이다.

136) 連珠文 : 連珠體로, 옛날 文體의 하나인 演連珠로 지은 문장이다. 後漢 章帝 때 시작된 문체로, 班固・賈逵・傅毅 등이 모두 연주체 작품을 남겼다. 작자가 의도하는 사물을 구체적으로 말하지 않고 화려한 문사를 사용하여 비유법으로 완곡하게 표현하되, 서로 관련된 내용을 연이어 엮어 놓아서 구슬을 꿰어놓은 듯하여 '연주'라고 한 것이다. 연주체는 짝을 맞추고 운자를 사용하는 騈儷體의 일종이며, ≪시경≫의 比・興과 같은 기법으로 시작한 다음 역사서의 傳처럼 지나간 일을 진술하는 순서로 구성하였다.(≪文心雕龍≫ 〈雜文〉14) 인용된 내용은 梁(南朝)나라 簡文帝(蕭綱)의 〈被幽連珠〉 3수 가운데 첫번째 수이다.

137) 五福 : 인간이 누릴 수 있는 다섯 가지 행복으로, 壽(장수함), 富(부유함), 康寧(편안

운수가 막히면 六極[138]이 모인다고 한다. 그러므로 기린이 출현했을 때 슬퍼한 사람이 어찌 단지 孔子뿐이겠으며[139], 길이 막히자 통곡한 사람이 어찌 단지 阮嗣宗(阮籍)뿐이었겠는가.'[140]라고 하였다."

三國典略曰"簡文爲侯景所幽, 作連珠曰'吾聞道行則五福俱湊, 運閉則六極所鍾. 是以獜出而悲, 豈唯孔子, 途窮則慟, 寧止嗣宗.'"

27-29【補】 崔浩[141]가 주살된 뒤에 眭夸(휴과)가 그를 위해 상복을 입고 고을 사람들의 조문을 받다가 탄식하였다.

"崔公(최호)이 세상을 떠났으니 누가 다시 나를 용납해 줄 수 있겠는가."

崔浩誅後①에 眭夸가 **爲之素服**하고 **受鄕人弔唁**이라가 **歎曰 崔公死**하니 **誰能更容**眭夸②아하다

① ≪北史≫ 〈崔浩列傳〉에 말하였다. "崔浩가 ≪國書≫[142]를 찬술하고 비석을 세워 〈그 내용을〉 새김으로써 直筆을 드러내었다.[143] 北人(北魏의 귀족)들이 매우 분노하여 황

함), 攸好德(덕을 좋아함), 考終命(천수를 누림)이다.(≪書經≫ 〈周書 洪範〉)

138) 六極 : 여섯 가지 크게 불길한 일로, 凶短折(비명횡사와 요절), 疾(질병), 憂(우환), 貧(가난), 惡(악함), 弱(나약함)이다. 洪範九疇의 아홉 번째로 "사모하여 이르게 하는 것을 오복으로 하고, 위엄을 보이기를 육극으로 한다.〔嚮用五福 威用六極〕"라고 하였다.(≪書經≫ 〈周書 洪範〉)

139) 기린이……孔子뿐이겠으며 : 孔子가 ≪춘추≫를 저술했는데, 노나라 哀公 14년 봄에 기린이 잡히자, 기린은 본디 聖王의 아름다운 상서인데 성왕이 없는 세상인데도 기린이 나온 것을 한탄하고 "14년 봄에 서쪽으로 사냥 가서 기린을 잡다.〔十四年春 西狩獲麟〕"라는 구절로 ≪춘추≫를 마감하였다.(≪春秋公羊傳≫ 哀公 14년 條)

140) 길이……阮嗣宗(阮籍)뿐이었겠는가 : 곤경에 처한 어려운 상황을 비유한 말이다. 晉(魏晉)나라 阮籍은 늘 마음 닿는 대로 수레를 타고 가다가 길이 막힌 곳에 이르면 통곡하고 돌아왔다.(≪晉書≫ 〈阮籍列傳〉)

141) 崔浩 : 381~450. 北魏 淸河 東武城 사람으로, 字는 伯淵이고, 어릴 때 이름은 桃簡이다. 명문 漢族 가문 출신으로, 道武帝(拓跋珪)·明元帝(拓跋嗣)·太武帝(拓跋燾) 3대를 섬겼는데 태무제에게 크게 신임을 받았다. 여러 관직을 역임한 뒤에 한족으로서 오를 수 있는 최고 지위인 司徒에 임명되고 東郡公에 봉해졌다. 태무제 太平眞君 11년(450)에 國史의 獄事에 연좌되어 멸문지화를 당했다.

142) 國書 : 北魏의 역사서 ≪國記≫이다. 北魏 太祖(拓拔珪)가 尙書 鄧淵에게 찬술하라고 명했는데 완성하지 못하자, 世祖(拓跋燾)가 다시 崔浩와 中書侍郞 鄧穎에게 이어서 찬술하라고 명하여 30권으로 완성하였다.(≪世說新語補觽≫)

143) 直筆을 드러내었다 : 崔浩가 北魏의 역사서인 ≪國記≫를 찬술하면서 拓跋氏의 역사를 거리낌 없이 자세히 서술하였다. 그 가운데 탁발씨에게 불리한 내용도 사실대로 기록하고, 그 내용을 새긴 비석을 사통팔달의 길거리에 세워 행인들의 의론을 야기

제(太武帝 拓跋燾)에게 최호를 모함하자, 〈황제가〉 有司(담당 관리)에게 〈진상을〉 조사하게 하고 주살하였다."

北史曰"浩作國書, 立石銘, 以彰直筆. 北人忿毒, 構浩於帝, 使有司案誅之."

② ≪北史≫ 〈隱逸傳〉에 말하였다. "眭夸는 일명 眭旭[144]으로, 趙郡 高邑 사람이다. 부친 眭邃는 〈後燕〉 慕容寶[145]의 中書令을 역임하였다. 휴과는 젊을 때부터 큰 도량을 지니고 ≪書傳≫을 탐독하며, 한 번도 세상일에 마음을 쓴 적이 없고 고결한 절조를 지닌 채 벼슬하지 않았다. 〈휴과는〉 崔浩와 막역한 벗이었다.

최호가 司徒로 재직할 때 〈황제에게〉 상주하여 〈휴과를〉 中郎으로 초빙하자 州郡에서 〈휴과를〉 억지로 보냈다. 〈휴과는〉 도성에 들어가 최호를 만났지만, 단지 술을 마시면서 평소의 일만 얘기하였지 세상의 이익(벼슬)에 대해서는 언급하지 않았다. 최호가 〈임명〉 조서를 휴과의 가슴에 던지자, 휴과가 '어찌 이것으로 國士를 수고롭게 할만하겠나. 나는 곧장 떠나겠네.'라고 하였다. 최호는 휴과가 타고 온 나귀를 마구간에 넣으니, 〈휴과를〉 붙잡아 두길 바랐기 때문이다. 휴과는 마침내 조세를 운반하는 고향 사람에게 의탁하여 御車라고 속여 관문을 벗어났다. 당시에는 조정의 법이 매우 준엄하였다.

휴과는 이미 〈조정의 허락이 없이〉 사사로이 귀향하여 장차 '사사로이 귀향했다'는 죄를 입게 되었는데, 최호가 예전처럼 돕고 보호해주어 비로소 〈죄에〉 연루되지 않을 수 있었다. 한 해가 지난 뒤에 최호는 휴과가 타고 왔던 본래의 나귀를 보내고 아울러 탈 말을 보내주면서 편지를 써서 사과하였으나, 휴과는 그 나귀와 말을 받지 않고 답장도 하지 않았다. 최호가 세상을 떠났을 때, 〈휴과는〉 그를 위해 상복을 입고 고을 사람들의 조문을 받았는데, 3개월이 지나서야 멈추었다."

北史隱逸傳曰"眭夸, 一名旭, 趙郡高邑人. 父邃, 慕容寶中書令. 夸少有大度, 耽好書傳, 未嘗以世務經心, 高尙不仕. 與崔浩爲莫逆之交, 浩爲司徒, 奏徵爲中郎, 州郡逼遣. 入京, 與浩相見, 惟飮酒談敍平生, 不及世利. 浩投詔書於夸懷, 夸曰'何足以此勞國士也? 吾便將別.' 浩以夸所乘騾, 內之廏中, 冀相維縶. 夸遂託鄕人輸租者, 謬爲御車出關. 時朝法甚峻, 夸旣私還, 將有私歸之咎, 浩仍相左右, 始得無坐. 經年, 浩送夸本騾, 兼遺以所乘馬, 爲書謝之, 夸不受其騾・馬, 亦不復書. 及浩沒, 爲之素服, 受鄕人弔唁, 經一時乃止."

하였다.(≪魏書≫ 〈崔浩列傳〉)

144) 旭 : ≪魏書≫ 〈崔浩列傳〉에는 '昶'으로 되어 있다.

145) 慕容寶 : 355~398. 昌黎 棘城 사람으로, 字는 道祐이고, 어릴 때 이름은 庫勾이다. 後燕 2대 임금 烈宗으로, 世祖(慕容垂)의 넷째 아들이다.

27-30【補】 咸陽王(元禧)[146]은 극도로 오만하고 사치를 부려 첩이 수십 명이었는데도 멀리서 〈미녀를〉 뽑아 와서 첩으로 삼아 자신의 욕정을 마음 내키는 대로 풀었다. 이후에 모반죄로 주살되자 宮人이 그에 대하여 노래하였다.

"가련하구나, 함양왕이여. 어찌하여 일을 그르쳤나. 황금 침상과 옥 안석에서도 잠들지 못하더니, 밤에 서리와 이슬을 밟게 되었구나.[147] 깊고 깊은 洛水가 기슭까지 가득 차오르니, 나그네가 어찌 건널 수 있겠는가."[148]

그 노래가 유행하여 江表(강남)까지 전해지자, 강남에 있던 北人들은 매우 부귀하더라도 현악기를 타면서 그 노래를 부르면 눈물을 흘리지 않는 자가 없었다.

咸陽王은 窮極驕奢하여 姬妾數十이로되 猶遠有簡娉하여 以恣其情이라 後에 以叛誅하니 宮人이 爲之歌曰 可憐咸陽王이여 奈何作事悞아 金牀玉几不能眠이러니 夜蹋霜與露라 洛水湛湛彌岸長하니 行人那得渡리오하다 其歌流傳江表하니 北人在南者는 雖至富貴라도 弦歌奏之하면 莫不灑泣①이라

① ≪北史≫ 〈咸陽王禧列傳〉에 말하였다. "咸陽王 元禧는 北魏 獻文皇帝(拓拔弘, 454~497)의 아들이다."
北史曰"咸陽王禧, 魏獻文皇帝子也."

27-31【補】 雷宣徽(雷有終)는 道書[149]를 적지 않게 읽고, 이어서 역사서를 읽다가 책을 덮고 눈물을 흘리면서 말하였다.

"功名이라는 것은 탐욕스러운 사내를 유혹하는 미끼[150]이니, 창을 비껴든 채

---

146) 元禧 : ?~501. 北魏 河南 洛陽 사람으로, 字는 思永이다. 獻文帝(拓拔弘)의 아들이자 孝文帝(元宏)의 아우이며, 모친은 封昭儀이다. 효문제 太和 9년(485)에 侍中·驃騎大將軍·中都坐大官이 되고 咸陽郡王에 봉해졌다. 교만과 사치가 몸에 배고 뇌물을 공공연히 받는 등 악행을 일삼자, 宣武帝(元恪)가 매우 싫어하여 冀州刺史로 내보냈다. 景明 2년(501)에 정권을 전횡하는 외척에 대항하여 거병했는데, 사전에 발각되어 주살되었다.

147) 밤에……되었구나 : ≪世說啓微≫에서는 '반란을 비유한 것'이라고 하고, ≪世說講義≫에서는 '반란을 일으켜 고초를 겪음을 비유한 것'이라고 하였다.

148) 깊고……있겠는가 : 결국 반란을 성공시킬 수 없었음을 비유한 것이다.(≪世說啓微≫)

149) 道書 : 道家나 佛家의 서적을 이르는데, ≪世說箋本≫에서는 도가의 서적이라고 하였다.

150) 미끼 : 죽음을 초래하는 미끼이다.(≪世說講義≫)

변방을 개척하고 칼을 지탱하여 모반을 토벌할 때 삶과 죽음, 밥 먹는 것과 숨 쉬는 것도 돌아보지 않는다. 그러나 죽음에 이르러 관 하나에 몸을 거두게 되면 만사가 모두 끝나버리니, 슬프구나."

雷宣徽는 **頗涉道書**하고 **因讀史**라가 **廢書流涕曰 功名者**는 **貪夫之鉤餌**니 **橫戈開邊**하고 **杖劒討叛**할새 **死生食息之不顧**로되 **及其死也**하여 **一棺戢身**하면 **萬事都已**니 **悲夫**①인저하다

① 王稱의 ≪東都事略≫[151]에 말하였다. "雷有終(947~1005)은 〈北宋〉 同州 郃陽 사람으로, 殿中御史 雷德驤의 〈둘째〉 아들이다. 부친 덕분에 〈蔭補로〉 棠蕪縣尉가 되고, 叛賊을 토벌한 공적으로 保信軍 留後[152]에 제수되었다. 거란이 침입했을 때 眞宗(趙恒)이 澶淵(전연)으로 행차하자 뇌유종이 달려가 구원하니 위엄과 명성이 크게 진동하고, 〈이후에 조정으로〉 불러 宣徽北院使에 제수하였다."
東都事略曰 "雷有終, 同州郃陽人, 殿中御史德驤子也. 以父任爲棠蕪尉, 有平賊功, 授保信軍留後. 契丹入寇, 眞宗幸澶淵, 有終赴援, 威聲甚震, 召拜宣徽北院使."

151) 王稱의 東都事略 : 왕칭은 南宋 眉州 사람으로, 字는 季平이고, 아버지 王賞은 實錄修撰을 역임하였다. 寧宗 慶元 연간(1195~1200)에 吏部郎中・承政郎・龍州知州를 역임하고 直秘閣에 이르고, 저서로 ≪西夏事略≫, ≪柳文評論≫, ≪張邦昌事略≫ 등이 있다. ≪동도사략≫은 北宋의 역사에 대한 紀傳體 역사서로, 太祖(趙匡胤)에서 시작하여 欽宗(趙桓)에서 끝나고, 帝紀 12권, 世家 5권, 列傳 105권, 부록 8권 등 총 130권이다. 북송이 汴梁에 수도를 두었기 때문에 제목에 변량을 뜻하는 '東京'을 넣은 것이다.(≪四庫全書總目提要≫)

152) 留後 : 일반적으로 왕이 王城을 떠났을 때 수도에 남아 정사를 총괄하는 관리로 留守・留臺라고도 하는데, 여기서는 節度使가 조정에 朝覲하러 갈 때 자신의 관할지에 설치한 관직이다.(≪通典≫)

28. 은거한 사람들 棲逸*

*서일편은 은거한 사람들의 일화를 기술하고 있다. ≪世說新語≫에서 13항목, ≪何氏語林≫에서 28항목을 뽑아 총 41항목으로 구성하였다. 은둔자가 자연과 벗하는 내용(28-2·26·35·38), 은둔자를 칭찬하는 내용(28-8·19), 은둔하다가 출사한 사람을 비판한 내용(28-11·41), 벼슬의 권유를 거부한 내용(28-7·25), 방문을 회피하거나 예물을 사양한 내용(28-18·27) 및 이름을 감추었으나 들통 나서 탄식한 내용(28-5)과 명승지를 유람한 내용(17) 등을 싣고 있다.

28-1【補】 王君公은 난리[1]를 만났으나 떠나지 않고, 소〔牛〕를 사고파는 거간꾼 노릇을 하면서 자신을 숨기니, 당시 사람들이 그에 대해 말하였다.

"담장 동쪽[2]으로 난세를 피한 왕군공이네."

王君公은 遭亂不去하고 儈(쾌)牛自隱①하니 時人이 爲之語曰 避世墻東王君公②이라하다

① 儈(쾌)는 두 사람이 사고파는 값을 알맞게 조정하는 〈거간꾼〉이다.
儈謂平會兩家賣買之價.

② 嵇康의 ≪聖賢高士傳贊≫[3]에 말하였다. "王君公은 ≪주역≫에 밝았다. 郎官이 되었을 때 여러 차례 정사에 대해 건의했으나 채택되지 않자, 자신을 더럽히기 위해 官婢와 사통함으로써 면직되어 귀향하였다. 거짓으로 미친 척하고 소〔牛〕를 사고파는 거간꾼 노릇을 하였는데, 한입으로 두 값을 말하지 않았다."

---

1) 난리 : 王莽이 前漢을 찬탈하여 세상이 어지러워진 것을 이른다.
2) 담장 동쪽 : 멀리 피난하지 않고 가까운 곳에 있었다는 뜻이다.(≪世說新語補考≫)
3) 聖賢高士傳贊 : 혜강의 형 嵇喜가 혜강의 전기를 쓰면서 "상고시대 이래 성현과 은둔자로 이름을 남긴 자들을 찬록했는데, 混沌으로부터 管寧에 이르기까지 모두 119명이다."라고 하고, ≪수서≫ 〈經籍志〉에 "≪성현고사전찬≫은 3권으로 嵇康이 찬술하고 周續之가 주석을 달았다."라고 하였다.

嵇康高士傳曰"君公明易, 爲郎, 數言事, 不用, 乃自汚, 與官婢通, 免歸. 詐狂儈牛, 口無二價也."

≪後漢書≫〈逄萌列傳〉에 말하였다. "逄萌(방맹)[4]은 平原 사람 王君公과 사이가 좋았다."

後漢逄萌傳曰"萌與平原王君公友善."

28-2【補】 蔣元卿(蔣詡)[5]은 집안에 세 개의 오솔길을 내고 오직 羊仲과 求仲[6]과 종유하였다. 二仲(양중과 구중)은 모두 날카로운 언행을 삼가고 名利를 추구하지 않는 선비였다.

蔣元卿은 **舍中三徑**하고 **唯羊仲**과 **求仲**을 **從之遊**하니 **二仲**은 **皆挫廉逃名之士**①라

① 司馬彪의 ≪續漢書≫[7]에 말하였다. "蔣詡는 字가 元卿이다. 부친이 세상을 떠났을 때 조문객이 문에 가득했는데, 계모가 그를 미워하여 옛집에 머물 수 없게 되자 그 옆에 작은 초막을 스스로 짓고 예전처럼 왕래하였다."

司馬彪續漢書曰"蔣詡, 字元卿. 父喪, 吊者盈門, 後母疾之, 不得止舊廬, 自作小菴於側, 往如舊."

28-3【補】 張仲蔚(장중울)은 平陵에서 은거하였는데, 쑥이 집에 가득하고 오직 다니는 오솔길 하나만 열어놓았다.

張仲蔚은 **隱居平陵**한대 **蓬蒿滿宅**하고 **唯開一行徑**①이라

4) 逄萌(방맹) : 後漢 北海 都昌 사람으로, 字는 子康·子慶이다. 王莽의 시대에 인륜이 끊어졌다고 탄식하면서 冠을 벗어 東都門에 걸어 놓고는 가족들을 데리고 바다로 나가 遼東에 정착하고, 光武帝 즉위 후에도 계속 부름을 받았으나 모두 응하지 않았다.

5) 蔣詡 : B.C. 69~B.C. 17. 前漢 杜陵 사람으로, 字는 元卿이다. 兗州刺史가 되었는데 청렴과 정직으로 유명해지고, 王莽이 한나라를 찬탈하고 新나라를 세우자 사직하고 낙향하여 두문불출하였다.(≪三輔決錄≫)

6) 羊仲과 求仲 : 단정하고 청렴하기로 이름난 한나라의 은사들이다.

7) 司馬彪의 續漢書 : 사마표(240~306)는 晉(魏晉)나라 河內 溫縣 사람으로, 字가 紹統이다. 젊을 때 독학하여 여러 전적을 널리 섭렵하고, 秘書丞을 역임하며, 저서로 ≪莊子註≫, ≪九州春秋≫ 등이 있다.(≪晉書≫〈司馬彪列傳〉) ≪속한서≫는 紀傳體 역사서로, 帝紀 9권, 志 8권, 列傳 65권, 餘篇 1권 등 총 83권이었으나 모두 일실되고, 輯本이 남아있다.

① 趙岐의 ≪三輔決錄≫[8] 〈逃名〉에 말하였다. "張仲蔚(장중울)은 扶風 사람이다. 젊을 때 같은 郡의 魏景卿과 함께 은거하면서 벼슬하지 않았다. 天官(天文)에 밝고 박학다식하며 詩와 賦의 창작을 좋아하였다. 거처하는 곳은 쑥이 〈크게 자라〉 사람을 덮을 정도였다."

三輔決錄曰 "仲蔚, 扶風人. 少與同郡魏景卿, 隱身不仕. 明天官博物, 好爲詩賦. 所居, 蓬蒿沒人."

28-4【補】[9] 向子平(상자평)이 ≪주역≫을 읽다가 損卦(䷨)와 益卦(䷩)에 이르러 한숨을 쉬면서 탄식하였다.

"나는 부유한 것보다 가난한 것이 낫고[10] 〈지위가〉 높은 것보다 낮은 것이 낫다[11]는 사실을 이미 알고 있지만, 죽음을 삶과 비교하면 어떤지는 모르겠구나."

자녀를 모두 결혼시킨 뒤에 〈아내에게〉 집안일을 처리하라 당부하고는 단언하였다.

"마땅히 나를 이미 죽은 사람으로 여기시오."

〈그러고는〉 의기투합하는 禽子夏(禽慶)와 함께 五嶽[12]의 명산을 유람했는데, 〈어떻게〉 세상을 떠났는지는 모른다.

向子平이 讀易이라가 至損益卦①하여 喟然歎曰 吾已知富不如貧하고 貴不如賤이나 但不

---

8) 趙岐의 三輔決錄 : 조기(?~201)는 後漢 京兆 長陵 사람으로, 字는 邠卿이고, 처음 이름은 嘉인데 피난하느라 岐로 개명하며, 獻帝 때 관직이 太常에 이르렀다. 당시의 학풍과 달리 ≪논어≫와 ≪맹자≫를 높이 평가하여 ≪孟子章句≫를 지었다. ≪삼보결록≫은 長安을 포함한 삼보 지역의 古蹟과 인물을 기록한 책으로 2권이다.

9)【補】: 저본에는 '補'가 없으나, 이 일화는 ≪世說新語≫가 아닌 ≪何氏語林≫에 있으므로 이에 의거하여 '補'를 보충하였다.

10) 부유한……낫고 : 損卦는 하급자의 것을 덜어 상급자에게 보태는 형상으로, 상급자에게 이익이 되지만 결국 상하가 서로 그 손해를 입으니, 하급자의 것을 빼앗아 상급자를 봉양하는 것은 위험해지는 방법이다. 이것이 부유한 것보다 가난한 것이 나은 이유이다.(≪世說新語補觿≫)

11) 높은……낫다 : 益卦는 상급자의 것을 덜어 하급자에게 보태는 형상으로, 상급자에게 손해가 되지만 결국 상하가 서로 그 이익을 얻으니, 지위가 높은 신분으로서 하급자에게 낮추는 것은 편안해지는 방법이다. 이것이 높은 것보다 낮은 것이 나은 이유이다.(≪世說新語補觿≫)

12) 五嶽 : 중국에 있는 다섯 개의 명산으로, 東嶽인 泰山, 西嶽인 華山, 南嶽인 衡山, 北嶽인 恒山, 中嶽인 嵩山을 이른다.

知死何如生耳로다하다 **爲子嫁娶畢**에 **敕家事**하고 **斷之云 當如我已死**하라하고 **與同好禽子夏**로 **俱遊五嶽名山**한대 **不知所終**②이라

① ≪주역≫ 損卦의 〈彖傳〉에 "제물 두 그릇만 가지고도 제사를 지낼 수 있다. 〈……〉 덜고 더하고 채우고 비움을 때에 맞게 행해야 한다."라고 하고, 益卦 〈단전〉에 "위를 덜어 아래에 더하니 백성의 기뻐함이 끝이 없다."라고 하였다.
易損卦曰 "二簋可用享, 損益盈虛, 與時偕行." 益卦曰 "損上益下, 民說無疆也."

② 嵇康의 ≪聖賢高士傳贊≫에 말하였다. "向長(상장)은 字가 子平이고, 禽慶은 字가 子夏로, 두 사람은 서로 친밀하였다. 금경은 은거한 채 王莽에게 벼슬하지 않고, 〈상장은〉 ≪노자≫와 ≪주역≫에 통달하고 안빈낙도하였다. 호사자들이 번갈아 〈음식과 물건을〉 보내주면 〈상장은〉 번번이 그것을 받아 스스로 〈필요한 만큼만〉 받고 나머지는 돌려주니 마치 취하지 않은 듯하고, 행동거지를 中和의 도리에 〈맞도록〉 기필하였다. 司空 王邑[13]이 해마다 〈그를 관리로〉 초빙하였으니 이는 왕망에게 천거하고자 한 것인데, 〈그가〉 완강히 사양하자 그만두었다."
(魏隸)〔嵇康〕[14]高士傳曰 "向長, 字子平, 禽慶, 字子夏, 二人相善. 慶隱避, 不仕王莽. 〔長〕[15]通老・易, 安貧樂道. 好事者更(경)饋遺, 輒受之, 自足還餘, 如有不取也, 擧措必於中和. 司空王邑, 辟之連年, 乃欲薦之於莽, 固辭乃止."
≪後漢書≫ 〈向長列傳〉에 말하였다. "向長(상장)은 河內 朝歌 사람이다."
後漢書曰 "向長, 河內朝歌人."

28-5【補】[16] 韓伯休(韓康)는 명산에서 약초를 캐어 長安의 시장에서 팔았는데, 30여 년 동안 값을 다르게 하지 않았다. 당시에 〈어떤〉 여자가 한백휴에게 약초를 사는데, 〈한백휴가〉 값을 고수하면서 깎아주지 않자 여자가 화를 내면서 말하였다.

---

13) 王邑 : ?~23. 成都侯 王商의 둘째 아들이자 新나라를 세운 王莽의 사촌 아우이다. 왕망이 한나라를 찬탈하여 신나라를 세우는 데 공적을 세워 大司空에 제수되고 隆新公에 봉해졌다. 綠林軍이 劉玄을 황제로 세우자, 왕읍과 王尋이 정예병 42만 명을 징집하여 공격했으나 昆陽에서 대패하여 달아났다. 녹림군이 長安을 공격하여 왕망이 피살되고 왕읍도 전사하였다.
14) (魏隸)〔嵇康〕 : 저본에는 '魏隸'로 되어 있으나, ≪藝文類聚≫ 〈隱逸〉에 의거하여 '嵇康'으로 바로잡았다.
15) 〔長〕 : 저본에는 '長'이 없으나, ≪藝文類聚≫ 〈隱逸〉에 의거하여 보충하였다.
16) **【補】** : 저본에는 '補'가 없으나, 이 일화는 ≪世說新語≫가 아닌 ≪何氏語林≫에 있으므로 이에 의거하여 '補'를 보충하였다.

"당신이 한백휴요? 값을 깎아주지 않는군."

한백휴가 탄식하면서 말하였다.

"나는 본래 이름을 숨겨왔는데, 지금 여자까지도 모두 내가 존재한다는 것을 알고 있으니 어찌 약초를 팔겠는가."

그러고는 灞陵(파릉)의 산속으로 숨어버렸다.

韓伯休는 **采藥名山**하여 **賣於長安市**한대 **口不二價**가 **三十餘年**이라 **時**에 **女子從韓買藥**한대 **守價不移**하니 **女子怒曰 公是韓伯休那**(내)[17]아 **乃不二價**로다하니 **伯休歎曰 我本避名**이어늘 **今女子**도 **皆知有我**하니 **何用藥爲**아하고 **乃遁入灞陵山中**①이라

① 范曄의 ≪後漢書≫ 〈韓康列傳〉에 말하였다. "韓康은 字가 伯休로, 京兆 灞陵 사람이다. 〈後漢〉 桓帝(劉志)가 安車[18]를 보내 그를 초빙했는데, 한강은 안거를 사양하고 스스로 柴車[19]를 타고 새벽에 使者보다 먼저 출발하였다. 〈어떤〉 亭[20]에 도착하니, 亭長은 韓徵君[21](한강)이 틀림없이 〈이 곳을〉 지날 것이라고 여겨 백성의 소를 징발하여 한창 도로를 보수하고 있었는데, 한강이 탄 시거와 머리에 쓴 幅巾[22]을 보고는 시골 노인이라고 여겨 그의 소를 빼앗게 하

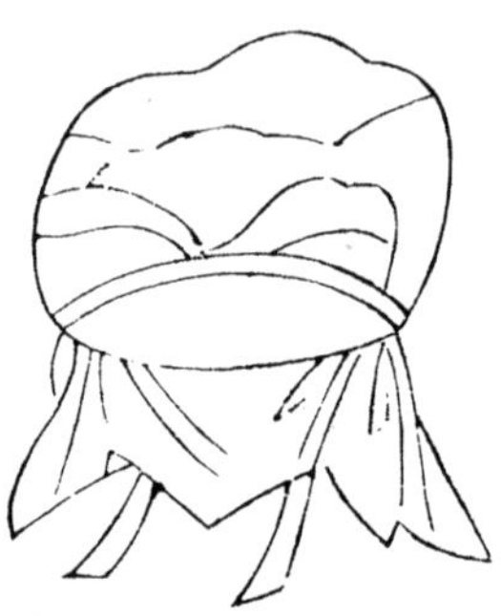
幅巾

17) 那(내) : ≪後漢書≫ 〈韓康列傳〉의 이 구절에 대해 李賢의 주석에서 "'내'는 어조사이다.〔那 語餘聲也〕"라고 하였다. ≪何氏語林≫에는 '耶'로 되어 있다.

18) 安車 : 앉아서 타는 편한 수레로, 말 한 마리가 끄는데 '安輿'라고도 한다. 수레는 서서 타는 것이 보통이나 은퇴한 국가의 원로나 重望이 있는 인사를 부를 때에 안거를 내려서 예우했다. ≪禮記≫ 〈曲禮 上〉에 "대부는 일흔 살에 직책을 임금께 돌려준다. 만약 사직을 허락할 수 없으면 반드시 궤장을 하사한다. 공무로 외출할 때는 부인을 대동하며 사방을 다닐 때는 안거를 탄다.〔大夫七十而致事 若不得謝 則必賜之几杖 行役以婦人 適四方 乘安車〕"라고 하였다.

19) 柴車 : 가시나무와 대나무를 엮어 만들고 아무런 장식을 하지 않은 초라한 수레이다.

20) 亭 : 秦漢시대에 里 이상, 鄕 이하에 있던 행정 단위이다. ≪漢書≫ 〈百官公卿表 上〉에 "대체로 10리에 1정이 있고 정에는 정장이 있다. 10정이 1향이 되는데 향에는 삼로·유질·색부·유요가 있다.〔大率十里一亭 亭有長 十亭一鄕 鄕有三老有秩嗇夫游徼〕"라고 하였다.

21) 韓徵君 : '징군'은 학덕이 높은 선비로서 임금의 조서로 부름을 받은 사람으로, 徵士·聘君이라고도 한다.

22) 幅巾 : 한 폭의 천으로 만든 두건으로, 隱士 등이 썼는데, 관리나 선비가 한거할 때에 쓰기도 하였다. 머리 쪽은 대체로 둥글고 이마 부근에서 같은 천의 끈으로 뒤로 묶고 목 뒤로는 천이 늘어지게 되어 있다.

니 〈한강은〉 즉시 멍에를 풀어 그에게 〈소를〉 주었다. 잠시 뒤에 사자가 도착하여 보니 소를 빼앗긴 노인은 바로 한징군이었다. 사자가 〈조정에〉 상주하여 정장을 죽이려고 하자, 한강이 '이 소는 노인이(내가) 스스로 준 것이니, 정장에게 무슨 죄가 있겠소.'라고 하니, 〈사자가〉 그제야 그만두었다. 한강은 이로 인해 도중에 도망쳐 천수를 누리다가 세상을 떠났다."

范曄後漢書曰 "韓康, 字伯休, 京兆灞陵人. 桓帝以安車聘之, 康辭安車, 自乘柴車, 冒晨先使者發. 至亭, 亭長以韓徵君當過, 方發人牛修道, 及見康柴車幅巾, 以爲田叟也. 使奪其牛, 卽釋駕與之. 有頃, 使者至, 奪牛翁乃徵君也. 使者欲奏殺亭長, 康曰 '此自老子與之, 亭長何罪?' 乃止. 康因道遁, 以壽終."

28-6 阮步兵(阮籍)은 휘파람을 불면 〈그 소리가〉 수백 보 거리까지 들렸다. 蘇門山[23] 안에 갑자기 眞人[24]이 나타나니 나무꾼들이 모두 함께 〈그 소식을〉 전파하였다. 완적이 만나러 가서 그 사람을 〈멀리서〉 보니 〈그는〉 바위 옆에서 무릎을 끌어안고 앉아있었는데, 완적이 산마루에 올라 그에게 다가가 〈거만하게〉 다리를 쭉 뻗고 앉은 채로 마주하였다. 완적이 古來의 역사를 품평하면서 위로는 黃帝와 神農의 현묘하고 고요한 도리를 진술하고 아래로는 三代(夏殷周)의 성대한 덕성의 훌륭함을 자세히 밝혀 질문했으나, 〈그는〉 꼿꼿이 앉은 채 대답하지 않았다. 〈완적이〉 다시 有爲의 가르침[25] 및

蘇門山

23) 蘇門山 : 河南省 輝縣 서북쪽에 있는 산으로, 蘇嶺・百門山이라고도 하는데, 晉(魏晉)나라 孫登이 이 산에 은거했기 때문에 孫登을 가리키기도 한다.
24) 眞人 : 道家에서 말하는, 깨달음을 얻은 道의 체득자로, 보통 신선이 된 사람을 일컫는데, 여기서는 孫登을 이른다.
25) 有爲의 가르침 : '유위'는 큰일을 해낸다는 뜻으로, 보통 유가의 仁義禮智를 가리킨다.

정신을 집중하는 방법과 導引行氣術[26]을 피력하면서 그를 살펴보았으나, 그도 역시 전과 변함 없는 태도로 주시하면서 눈길조차 돌리지 않았다. 그래서 완적이 그를 마주한 채 길게 휘파람을 불자, 한참 뒤에 그가 웃으면서 말하였다.

"다시 불어 보시오."

완적이 다시 〈실컷〉 휘파람을 불고 나서 흥취가 다하자, 물러나 산의 중턱쯤 내려왔을 때 위에서 여러 소리가 섞여 울리는 것이 들렸는데, 마치 여러 악대의 음악이 합주하는 것처럼 숲과 골짜기에 울려 퍼졌다. 〈완적이〉 돌아보니 바로 조금 전 그 사람이 휘파람을 분 것이었다.

阮步兵嘯면 **聞數百步**라 **蘇門山中**에 **忽有眞人**하니 **樵伐者**가 **咸共傳說**이라 **阮籍往觀**하여 **見其人**한대 **擁膝巖側**하니 **籍**이 **登嶺就之**하여 **箕踞相對**라 **籍**이 **商略終古**하여 **上陳黃農玄寂之道**하고 **下考三代盛德之美**하여 **以問之**어늘 **仡然不應**하니 **復敍有爲之教**[27]와 **棲神導氣之術**하여 **以觀之**어늘 **彼猶如前**하여 **凝矚不轉**이라 **籍**이 **因對之長嘯**하니 **良久**에 **乃笑曰 可更作**이라하다 **籍**이 **復嘯**하고 **意盡**에 **退還半嶺許**할새 **聞上嘈**[28]**然有聲**한대 **如數部鼓吹**하여 **林谷傳響**이라 **顧看**하니 **迺向人嘯也**①라

① 孫盛의 ≪魏氏春秋≫[29]에 말하였다. "阮籍은 항상 마음 내키는 대로 혼자 수레를 몰았는데 지름길로 다니지 않고, 수레의 자취가 끊어진 곳에서는 번번이 목놓아 통곡한 뒤에 돌아왔다. 한 번은 蘇門山을 유람했는데, 〈그곳에〉 성명을 알 수 없는 은둔자가 있고 〈그는〉 대나무 열매 몇 斛(곡)[30] 및 절굿공이와 절구만 소유할 뿐이었다.

완적이 그에 대해 듣고는 찾아가서 태고적 無爲의 도리[31]를 담론하고 五帝[32]와 三

---

26) 導引行氣術 : 도가의 양생술의 하나로, '도인'은 관절을 굽히고 펴서 근육과 피의 순환를 순조롭게 하는 체조법이고, '행기'는 체내의 濁氣를 내뱉고 체외의 淸氣를 들이마시는 호흡법이다.
27) 教 : 宋本 ≪世說新語≫에는 '外'로 되어 있다.
28) 嘈 : 字書에 이 글자가 없는데, 아마 啾(여러 소리)와 같은 뜻인 듯하다.(≪世說音釋≫)
29) 孫盛의 魏氏春秋 : 손성(302~373)은 晉(魏晉)나라 太原 中都 사람으로, 字가 安國이다. 東晉시대 征西大將軍 桓溫 막하에서 參軍이 되었는데, 환온이 제3차 북벌에서 前燕을 공격할 때 枋頭에서 패전한 사실을 있는 그대로 ≪晉陽秋≫에 기록하였다. ≪위씨춘추≫는 魏(三國)나라의 역사를 기술한 史書로 20권인데, 원본은 일실되고 ≪弘明集≫, ≪全晉文≫, ≪世說新語≫ 및 ≪三國志≫ 裴松之 주석에 일부 내용이 실려 있다.
30) 斛(곡) : 곡물의 양의 단위로, 고대에는 1곡이 10말이었는데, 南宋 말엽에 5말로 변경되었다.

王[33]의 의리를 논의했으나, 소문 선생은 무심한 태도로 한 번도 눈길을 주지 않았다. 그래서 완적이 큰 소리로 오래도록 휘파람을 불었는데 그 소리가 청아하고 낭랑하자, 소문 선생이 그제야 빙그레 웃음을 띠었다. 완적이 산을 내려간 뒤에 소문 선생이 숨을 몰아 크게 휘파람을 불었는데 봉황의 울음소리와 같았다.

완적은 평소 음악에 식견이 있었기 때문에 소문 선생의 논리를 빌려 자신의 소회를 의탁하였다. 그 노래[34]에 '해는 不周山[35] 서편으로 지고, 달은 丹淵[36] 속에서 떠오르네. 太陽의 정기가 어두워져 보이지 않으니, 太陰의 광채가 그 대신 으뜸이 되네. 휘영청 빛나는 달빛은 잠시뿐, 미약해진 햇빛은 장차 다시 강렬해지네. 부귀는 잠깐 사이에 있는 것, 빈천이 어찌 꼭 영원히 가겠는가.'라고 하였다."

魏氏春秋曰 "阮籍常率意獨駕, 不由徑路, 車跡所窮, 輒慟哭而反. 嘗遊蘇門山, 有隱者, 莫知姓名, 有竹實數斛・杵臼而已. 籍聞而從之, 談太古無爲之道, 論五帝・三王之義, 蘇門先生, 翛然曾不眄之. 籍乃嘐然長嘯, 韻響寥亮, 蘇門先生, 乃逌爾而笑. 籍既降, 先生喟然高嘯, 有如鳳音. 籍素知音, 乃假蘇門先生之論, 以寄所懷. 其歌曰 '日沒不周西, 月出丹淵中. 陽精晦不見, 陰光代爲雄. 亭亭在須臾, 厭厭將復隆. 富貴俛仰間, 貧賤何必終.'"

〈竹林七賢論〉에 말하였다. "阮籍은 〈蘇門山에서〉 돌아온 뒤에 마침내 〈大人先生論〉을 지었는데 그 내용은 모두 가슴속에 있는 본뜻으로, 내의는 소문 선생이 자신과 다르지 않다는 것이었다. 그들이 길게 휘파람을 불어 서로 화답한 것을 보면 역시 '눈빛만 마주쳐도 道가 존재함을 〈안다.〉'[37]는 경우에 가깝다."

竹林七賢論曰 "籍歸, 遂著〈大人先生論〉, 所言皆胸懷間本趣, 大意謂先生與己不異也. 觀其長嘯相和, 亦近乎目擊道存矣."

---

31) 無爲의 도리 : 인위적인 노력을 하지 않고 자연의 理法에 따라 자연스럽게 진행되는 도리이다. ≪道德經≫ 2장에 "성인은 무위의 일을 처리하고 불언의 가르침을 시행한다. [聖人處無爲之事 行不言之敎]"라고 하였다.

32) 五帝 : 전설 속 다섯 명의 제왕으로, 여러 가지 설이 있으나 대체로 黃帝(軒轅)・顓頊(高陽)・帝嚳(高辛)・唐堯・虞舜을 가리킨다.(≪史記≫ 〈五帝本紀〉)

33) 三王 : 夏나라의 禹王, 殷나라의 湯王, 周나라의 文王과 武王을 이른다.

34) 그 노래 : 魏(三國)나라 阮籍의 〈見大人先生傳〉에 보인다.

35) 不周山 : 崑崙山의 서북쪽에 있다고 하는 전설상의 산이다.

36) 丹淵 : 전설상의 못 이름이다.

37) 눈빛만……안다 : 말없이 서로 쳐다보는 순간에 상대방의 마음을 이해하는 知己의 관계가 된다는 뜻이다. 孔子가 楚나라의 賢人인 溫伯雪子를 만나 보고는 아무런 말이 없자, 子路가 그 까닭을 물으니, 공자가 "그런 사람은 눈으로 한 번만 보고도 도가 있음을 아니 굳이 말할 필요가 없다.[若夫人者 目擊而道存矣 亦不可以容聲矣]"라고 하였다.(≪莊子≫ 〈田子方〉)

【頭註】

○ 王世懋 : '有爲之教(仁義禮智의 가르침)' 네 글자는 매우 의미심장하다.
王云 "'有爲之教'四字, 甚深."

28-7 李廞(이흠)은 李茂曾(李重)의 다섯째 아들이다. 맑고 곧으며 고원한 지조가 있었으나 어려서부터 몸이 병약하여 혼인도 하지 않고 벼슬도 하지 않은 채 臨海縣에 살면서 형님 李侍中(李式)의 묘소 아래에 머물렀다. 〈그가〉 이미 훌륭한 명성을 지녔기 때문에 王丞相(王導)이 그를 불러 예우하려고 일부러 승상부의 속관으로 초빙했는데, 이흠이 牋命(임명장)을 받고는 웃으면서 말하였다.

"王茂弘(왕도)이 또 벼슬자리 하나로 사람을 빌리려 하는구나."

李廞은 是茂曾第五子니 清貞有遠操로되 而少羸病하여 不肯婚宦하고 居在臨海하여 住兄侍中墓下라 既有高名하니 王丞相이 欲招禮之하여 故辟爲府掾이어늘 廞이 得牋命하고 笑曰 茂弘이 乃復以一爵假人①이로다하다

① 王愔의 ≪文字志≫[38]에 말하였다. "李廞은 字가 宗子로, 江夏 鍾武 사람이다. 조부 李康은 秦州刺史를, 부친 李重은 平陽太守를 역임하고, 〈집안〉 대대로 명망이 있었다. 이흠은 학문을 좋아하고 초서와 예서에 뛰어났으며, 형님 李式과 명성이 막상막하였다. 躄疾[39]로 걷거나 앉을 수 없었으나, 항상 누운 채로 琴을 연주하고 소리 내어 책을 읽는 것을 그치지 않았다.

河間王(司馬顒)이 太尉掾으로 초빙했으나 병 때문에 나아가지 않았다. 훗날 난리를 피해 형을 따라 강남으로 건너왔을 때 司徒 王導가 다시 초빙하자, 이흠은 '王茂弘(왕도)이 또 관직 하나를 사람에게 덧씌우려고 하는구나.'라고 하였다. 〈東晉 穆帝〉 永和 연간(345~356)에 세상을 떠났다.

이흠은 일찍이 二府(太尉府와 司徒府)의 초빙을 받은 적이 있기 때문에 '李公府'라고

38) 王愔의 文字志 : 왕음은 宋(南朝)나라 사람인데, 立傳되지 않아 자세한 사적은 알 수 없다. ≪문자지≫는 3권으로 이루어진 書法 이론서로, ≪文字志目≫ 또는 ≪古今文字志目≫이라고도 한다. 원본은 일실되고 목록만 남아있는데, 상권은 古書體 36종, 중권은 秦·漢·吳 시기 서법가 59인, 하권은 魏·晉 시기 서법가 58인에 대해 기록하였다.

39) 躄疾 : 다리를 펼 수 없어 걷지 못하는 병이다. ≪素問≫ 〈痿論〉에 "폐에 열이 나서 폐엽이 바싹 마르면 피부와 털이 약해지는데, 피부와 털이 동시에 팽팽히 붙으려고 하여 위벽의 병이 발생한다.〔肺熱葉焦 則皮毛虛弱 急薄著 則生痿躄也〕"라고 했는데, 王冰의 주석에 "벽은 연벽으로, 다리를 펴지 못해 걸을 수 없다.〔躄 謂攣躄 足不得伸以行也〕"라고 하였다.

불리었다. 이식은 字가 景則(경칙)으로, 이흠의 큰형이다. 생각하여 변별하는 능력이 뛰어나고 유학자로서 은둔을 좋아하여 평소에 칭송을 받았다. 강남으로 건너와서 여러 관직을 역임한 뒤에 臨海太守와 侍中이 되었고, 54세에 세상을 떠났다."

文字志曰"廞, 字宗子, 江夏鍾武人. 祖康, 秦州刺史, 父重, 平陽太守, 世有名望. 廞好學, 善草隸, 與兄式齊名. 躄疾不能行坐, 常仰臥彈琴, 讀誦不轍. 河間王辟太尉掾, 以疾不赴. 後避難, 隨兄南渡, 司徒王導復辟之. 廞曰 茂弘乃復以一爵加人. 永和中卒. 廞嘗爲二府辟, 故號李公府也. 式, 字景則, 廞長兄也. 思理儒隱, 有平素之譽. 渡江, 累遷臨海太守・侍中, 年五十四而卒."

【頭註】

○ 劉辰翁 : 〈본문의 假는〉 '빌린다'라고 말하는 것과 같다.

劉云"如云借着."

28-8 阮光祿(阮裕)[40]은 東山에 머물면서 한가로운 채 일삼는 바가 없고, 항상 마음속으로 자족하였다. 어떤 사람이 〈그에 대해〉 王右軍(王羲之)[41]에게 물으니 왕우군이 말하였다.

"그 사람은 총애와 모욕에 놀리지 않는 경지[42]에 가까우니 비록 옛날의 沈冥(은둔자)이라도 어찌 이 사람보다 뛰어나겠는가."

阮光祿은 在東山하여 蕭然無事하고 常內足於懷①라 有人이 以問王右軍하니 右軍曰 此君은 近不驚寵辱②하니 雖古之沉冥이라도 何以過此③리오하다

①〈阮裕別傳〉에 말하였다. "阮裕는 會稽 剡山(섬산)에 거주하니 은둔에 뜻을 두었기 때문이다."

阮裕別傳曰"裕居會稽剡山, 志存肥遁."

② ≪老子≫ 13장에 말하였다. "총애와 모욕에 놀란 듯이 한다. 총애를 얻어도 놀란 듯

40) 阮裕 : ?~?. 晉(魏晉)나라 河南 陳留 사람으로, 字는 思曠이다. 阮籍의 族弟로, 臨海太守・散騎常侍・侍中 등을 역임하였다. 처음에 王敦의 主簿가 되었는데, 왕돈이 찬탈의 마음을 품자 온종일 술에 빠져 식무를 수행하지 않자, 왕돈은 그가 실제 재주가 없고 허명만 있다고 여겨 溧陽縣令으로 내보냈다.

41) 王羲之 : 307~365. 晉(魏晉)나라 瑯邪 臨沂 사람으로, 자는 逸少이고, 書聖으로 불리며, 부친 王曠은 東晉 건국에 공을 세운 王導의 사촌 동생이다. 秘書郎을 시작으로 회계 351년(永和7) 右軍將軍・會稽內史에 임명되어 會稽郡 山陰縣에 부임했기 때문에 王右軍으로 불린다.

42) 총애와……경지 : 벼슬이나 명예의 득실 때문에 마음이 움직이지 않는 경지이다.

이 하고 잃어도 놀란 듯이 한다."

老子曰"寵辱若驚, 得之若驚, 失之若驚."

③ 揚雄의 ≪法言≫ 〈問明〉에 말하였다. "蜀郡의 莊遵[43]은 沉冥하다." 李軌의 주석에 말하였다. "침명은 玄寂(텅 비고 고요함)과 같으니, 완전히 자취가 없는 모양이다."

揚子曰"蜀莊沉冥." 李軌注曰"沉冥, 猶玄寂, 泯然無迹之貌."

28-9 何驃騎(何充)의 아우인 何準이 고상한 마음으로 세상을 피했는데, 하표기가 그에게 벼슬하라고 권하자 〈이렇게〉 대답하였다.

"〈하씨네〉 다섯째라는 저의 명칭[44]이 어찌 반드시 〈형님의 관직의 이름인〉 驃騎만 못하다고 하겠습니까."

何驃騎弟가 以高情避世한대 而驃騎가 勸之令仕하니 答曰 予第五之名이 何必減驃騎①리잇가하다

① 何法盛의 ≪晉中興書≫에 말하였다. "何準은 字가 幼道로, 廬江 灊縣(첨현) 사람이며, 驃騎將軍 何充의 다섯째 아우이다. 평소 고상함을 좋아하여 〈관리로〉 초빙되었으나 한 번도 나아간 적이 없었다. 하충은 재상의 지위에 있으면서 권세가 군주를 능가하였으나 하준은 벼슬하지 않고 누추한 집에 살면서 세상일을 언급하지 않으니, 당시 명망과 덕행을 지닌 이들이 모두 칭송하였다. 40세에 세상을 떠났다. 〈何法倪라는〉 딸이 있었는데 〈東晉〉 穆皇帝(司馬聃)의 황후(穆章何皇后)가 되었다. 光祿大夫에 추증되었으나 아들 何恢가 사양하고 받지 않았다."

中興書曰"何準, 字幼道, 廬江灊人, 驃騎將軍充第五弟也. 雅好高尙, 徵聘, 一無所就. 充位居宰相, 權傾人主, 而準散帶衡門, 不及世事, 于時名德皆稱之. 年四十七卒. 有女, 爲穆皇帝后. 贈光祿大夫, 子恢讓不受."

【頭註】

○ 劉辰翁 : 옛날에는 〈다섯째라는 명칭 같은〉 이런 말이 없었다.

劉云"古無此語."

---

43) 莊遵 : ?~?. 前漢의 術士로, 자는 君平이다. 蜀郡 成都 시내에서 점을 쳐서 생활했는데, 늘 충효와 신의를 사람들에게 전파하고, 하루에 100錢만 벌면 문을 닫고 방 안에 들어앉아 ≪道德經≫의 강의와 저술에 전념했다. 이후에는 後漢 明帝의 이름인 莊을 피하여 '嚴遵'이라고 하였다.

44) 다섯째라는……명칭 : 중국에서는 같은 항렬의 친족 형제간에 나이순으로 첫째・둘째라는 칭호를 붙였는데, 여기서는 何準이 다섯째라는 말이다.

28-10 南陽 사람 劉驎之는 고상하고 진솔하며 역사책에 정통했는데 陽岐村[45]에서 은거하였다. 당시에 符堅이 장강에 이르자,[46] 荊州刺史 桓沖은 국익을 위한 원대한 계책을 다하려고 그를 長史로 초빙하고, 사람과 배를 보내 그를 영접하게 하면서 매우 많은 예물을 보냈다.

유인지는 명령을 듣자마자 곧장 배에 올랐으나, 보내준 예물은 모두 받지 않고 가는 길에 궁핍한 사람들에게 나누어주니 上明城[47]에 이르렀을 때 역시 〈예물이〉 바닥났다. 일단 환충을 만나고는 〈자신이〉 쓸모없다고 진술한 뒤에 미련 없이 물러났다.

여러 해 동안 양기에 머물면서 의복과 음식이 충분하거나 부족할 때도 항상 마을 사람들과 함께하니, 자신이 궁핍하게 되었을 때 마을 사람들도 역시 도와주고, 〈그가〉 매우 후덕했기 때문에 마을 사람들은 〈그를〉 편안하게 여겼다.

南陽劉驎之는 高率하고 善史傳이어늘 隱於陽岐라 于時에 符堅이 臨江하니 荊州刺史桓沖이 將盡訏謨之益하여 徵爲長史하고 遣人船往迎하며 贈貺甚厚하니 驎之가 聞命하고 便升舟하되 悉不受所餉[48]하고 緣道以乞(기)窮乏하니 比至上明에 亦盡이라 一見沖하여 因陳無用하고 翛然而退라 居陽岐積年에 衣食有無를 常與村人共하니 値己匱乏이면 村人도 亦如之하고 甚厚하니 爲鄉閭所安①이라

① 鄧粲의 ≪晉紀≫[49]에 말하였다. "劉驎之는 字가 子驥로, 南陽 安衆 사람이다. 젊을 때부터 질박함을 숭상하여 겸허하고 욕심이 적으며, 산수에서 유람하기를 좋아하여 은둔에 뜻을 두었다. 桓沖이 한 번은 그의 집에 갔는데 유인지는 한창 뽕잎을 따고 있었다. 〈유인지가〉 환충에게 '使君(刺史)께서 기왕에 왕림해 주셨으니 먼저 家君(부친)에

45) 陽岐村 : 楊岐라고도 한다. ≪增續韻府≫에 "양기는 萍鄉縣에 있는데, 楊朱가 갈림길에서 울었던 곳이라고 전해진다."라고 하였다.(≪世說箋本≫)
46) 符堅이……이르자 : 前秦의 부견이 中原을 차지하고 있다가 383년에 襄陽을 급습한 일을 이른다.
47) 上明城 : ≪晉書≫에 "南平 孱陵縣 경계에 있는 지명이다."라고 하였다.(≪世說音釋≫) 당시 桓沖은 襄陽에서 퇴각하여 이곳에 수눈하고 있었다.(≪世說新語補考≫)
48) 不受所餉 : 不은 불필요한 글자이다. 혹자는 "受가 辭가 되어야 한다."라고 하였다.(≪世說箋本≫)
49) 鄧粲의 晉紀 : 등찬은 晉(魏晉)나라 湖南 長沙 사람으로, 字는 長眞이며, 湘州主簿 鄧騫의 아들이다. ≪진기≫는 西晉시대, 특히 元帝와 明帝의 역사를 다루어 ≪元明紀≫라고도 하는데, 名臣·文人·處士·列女·清談家의 舊聞과 軼事에 대한 내용이 많다. 원본은 일실되고, 청나라 湯球의 輯本과 陳運溶의 집본이 있다.

게 가셔야 할 듯합니다.'라고 하니, 환충이 결국 그의 부친에게 갔다. 부친이 유인지를 부른 뒤에야 〈유인지가〉 돌아와 허름한 옷을 털고 환충과 대화를 나누었다. 부친이 유인지에게 직접 탁주와 나물 안주를 가지고 와서 손님에게 대접하라고 했는데 환충이 〈자신의〉 부하에게 대신하게 하니, 부친이 사양하면서 '관리를 부리는 것은 촌사람의 본마음이 아닙니다.'라고 하였다. 환충은 감개무량한 심정으로 저녁이 되어서야 돌아가고, 〈이 일로 인해〉 長史가 되어 달라고 요청했으나 〈유인지는〉 극구 사양하였다.

〈유인지는〉 陽岐에 거주했는데 〈그 집이〉 도로에서 매우 가까웠기 때문에 왕래하는 인사들이 반드시 그의 집에서 묵었다. 유인지는 자신이 직접 〈손님을〉 대접하고 〈손님이〉 보내준 예물은 받은 바가 없었다. 〈그의〉 집에서 100리 떨어진 곳에 홀로 사는 어떤 노파가 병들어 장차 죽으려 할 때 사람들에게 '오직 劉長史(유인지)가 나를 묻어 줘야 한다.'라고 하였다.

유인지가 직접 〈그 노파를〉 찾아가 문병하고, 〈그 노파가〉 세상을 떠나자 棺槨을 마련하여 장례를 치러 주었다. 그의 어질고 자애로움이 모두 이와 같았다. 천수를 누리다가 세상을 떠났다."

鄧粲晉紀曰"麟之, 字子驥, 南陽安衆人. 少尙質素, 虛退寡欲, 好遊山澤間, 志存遁逸. 桓沖嘗至其家, 麟之方條桑, 謂沖'使君旣枉駕光臨, 宜先詣家君.' 沖遂詣其父. 父命麟之, 然後乃還, 拂短褐, 與沖言. 父使麟之自持濁酒・葅菜, 供賓, 沖敕人代之, 父辭曰'若使官人, 則非野人之意也.' 沖爲慨然, 至昏乃退, 因請爲長史, 固辭. 居陽岐, 去道斥[50]近, 人士往來, 必投其家, 麟之身自供給, 贈致無所受. 去家百里, 有孤嫗疾將死, 謂人曰'唯有劉長史, 當埋我耳.' 麟之身往候之, 値終, 爲治棺殯, 其仁愛皆如比. 以壽卒."

【頭註】

○ 劉辰翁 : 〈乞窮乏의〉 乞은 발음이 氣이다.
劉云"乞, 音氣."

○ 王世懋 : 주석의 내용이 더욱 훌륭하다.
王云"註尤佳."

28-11 南陽의 翟道淵(翟湯)과 汝南의 周子南(周邵)[51]은 젊을 때부터 서로 벗하여 潯陽(심양)에서 함께 은거하였다. 庾太尉(庾亮)가 당대의 급선무로 주자남을 설득

50) 斥 : 혹자는 "在가 되어야 한다."라고 하고, 혹자는 "집에서 가깝다는 뜻이니, 斥은 불필요한 글자이다."라고 하였다. ≪晉書≫ 〈劉麟之傳〉에 '在官道之側'이라고 하였다.(≪世說箋本≫)

51) 周邵 : ?~?. 晉(魏晉)나라 汝南 사람으로, 字는 子南이다. 은거하다가 庾亮의 추천으로 西陽太守가 되었다.

하니 주자남은 마침내 벼슬을 하였으나, 적도연은 더욱 굳게 뜻을 지켰다. 이후에 주자남이 적도연을 찾아갔으나[52] 적도연은 〈그와〉 대화하지 않았다.

南陽翟道淵과 **與汝南周子南**은 **少相友**하여 **共隱于潯陽**이라 **庾太尉**가 **說**(세)**周以當世之務**하니 **周**는 **遂仕**나 **翟**은 **秉志彌固**라 **其後**에 **周詣翟**한대 **翟不與語**①라

① 孫盛의 ≪晉陽秋≫[53]에 말하였다. "翟湯(272~344)은 字가 道淵으로 南陽 사람이며, 한나라 翟方進[54]의 후손이다. 신실하게 행동하고 평소의 뜻을 지키며, 大義를 기반으로 겸양하고 청렴결백하여 〈남이 준〉 예물은 하나도 받은 것이 없었다. 〈당시에〉 난리로 많은 도적을 만났으나, 적탕의 명망과 덕행을 듣고는 모두 감히 침범하지 못하였다."
晉陽秋曰 "翟湯, 字道淵, 南陽人, 漢方進之後也. 篤行任素, 義讓廉潔, 饋贈一無所受. 值亂多寇, 聞湯名德, 皆不敢犯."

張僧鑒의 ≪潯陽記≫[55]에 말하였다. "처음에 庾亮이 江州刺史로 부임하여 翟湯의 풍모를 듣고는 관복 차림에 나막신을 신고 찾아갔다. 유량이 매우 공손히 예의를 차리니, 적탕이 '使君(자사)께서는 단지 말라버린 나무와 썩은 그루터기[56] 같은 자를 공경하실 뿐입니다.'라고 하였다. 유량은 그의 훌륭한 말을 칭송하고 〈조정에〉 表文을 올려 추천하니, 〈조정에서〉 國子博士로 초빙했으나 〈그는〉 나아가지 않았다. 主簿 張玄이 '이분은 누워 있는 용이니 움직일 수 없습니다.'라고 하였다. 〈적탕은 벼슬하지 않고〉 집에서 세상을 떠났다."
潯陽記曰 "初庾亮臨江州, 聞翟湯之風, 束帶躡屐而詣焉. 亮禮甚恭, 湯曰 '使君直敬其枯木朽株耳.' 亮稱其能言, 表薦之, 徵國子博士, 不赴. 主簿張玄曰 '此君臥龍, 不可動也.' 終于家."

---

52) 주자남이……찾아갔으나 : 翟道淵(翟湯)에게 관직에 나아가라고 설득하기 위한 것이다.(≪世說講義≫)
53) 晉陽秋 : 東晉의 孫盛이 편찬한 책으로 32권이며, 서진과 동진의 역사를 기술하였다. 원본은 일실되고 輯本이 남아있다.
54) 翟方進 : ?~?. 前漢 上蔡 사람으로, 字는 子威이고, 시호는 恭이다. 경학에 밝았으며, 朔方刺史를 거쳐 成帝 永始 연간(B.C. 16~B.C. 13)에 丞相이 되고 高陵侯에 봉해졌다.
55) 張僧鑒의 潯陽記 : 장승감은 東晉의 역사가인데 이력이 자세하지 않다. ≪심양기≫는 심양 일대의 인물과 史蹟에 대한 기록이다.
56) 말라버린……그루터기 : 늙고 쇠약하여 능력이 없는 사람을 비유하는 말이다. 鄒陽의 〈獄中上梁王書〉에 "추천하는 사람이 없이 앞에 나타나면 비록 隨侯珠나 和氏璧을 꺼내더라도 단지 원한만 맺은 채 고맙게 여겨지지 않는다. 누군가 먼저 좋게 칭찬해주면 말라버린 나무와 썩은 그루터기 같은 사람이라도 공적을 세워 세상에 잊히지 않는다. 〔無因而至前 雖出隨珠和璧 祇怨結而不見德 有人先游 則枯木朽株 樹功而不忘〕"라고 하였다.

【頭註】

○ 王世懋 : 살펴보건대, '말라버린 나무와 썩은 그루터기〔枯木朽株〕'라는 말은 심오한 듯하기도 하고 천박한 듯하기도 하니, 이는 鄒陽이 梁王에게 보낸 편지에 있는 말을 사용한 것이다. 비록 겸손하게 〈자신은〉 이미 무능력한데 타인의 추천으로 잘못 알려졌다고 하였으나, 암암리에 庾公(庾亮)이 스스로 夜光珠를 판별할 수 없음을 풍자한 것이다.

王云 "按此語似深似淺, 蓋用鄒陽書中語. 雖謙已無能爲, 先容誤知, 而陰刺庾公不能自別夜光也."

28-12 孟萬年(孟嘉)과 그 아우 孟少孤(孟陋)는 武昌 陽新縣에서 살았는데, 맹만년은 벼슬하여 당대에 명성이 높았고, 맹소고는 한 번도 문밖을 나서지 않았다. 도성의 인사들이 맹소고를 만나보고 싶어 심부름꾼을 파견하여 맹소고에게 〈이렇게〉 알렸다.

"형의 병이 위독합니다."

〈그러자 맹소고가〉 허둥지둥 도성으로 왔다. 그를 만난 당시의 명현들이 모두 감탄하면서 〈그를〉 존중하고는 서로 말하였다.

"맹소고가 이와 같으니 맹만년은 죽어도 괜찮겠구나."[57)]

孟萬年과 及弟少孤는 居武昌陽新縣이러니 萬年은 遊宦하여 有盛名當世나 少孤는 未嘗出이라 京邑人士가 思欲見之하여 乃遣信하여 報少孤云 兄病篤이라하니 狼狽至都라 時賢見之者가 莫不嗟重하고 因相謂曰 少孤如此하니 萬年可死①로다하다

① 袁宏[58)]의 〈孟處士銘〉에 말하였다. "처사는 이름이 陋, 字가 少孤로, 武昌 陽新 사람이며, 吳(三國)나라 司空 孟宗의 후손이다. 젊을 때부터 옛날 훌륭한 분들을 우러러보며, 베옷 차림에 거친 음식을 먹으면서 허름한 집에서 한가히 지내며, 인간사를 끊었고, 친족들이 그의 효성을 흠모하였다. 大將軍(桓溫)이 명하여 會稽王(司馬昱)이 그를 초빙했는데, 〈그는〉 병을 핑계로 나아가지 않았다. 相王府(사마욱)에서 여러 해 동안 〈그를 위해〉 자리를 비워두었으나, 〈그는〉 담담히 걱정하지 않고 끝내 뜻을 굽히지 않으니, 당시 사람들이 그를 훌륭하게 여겼다.

---

57) 맹소고가……괜찮겠구나 : 孟少孤(孟陋)의 현명함이 이와 같으니, 孟萬年(孟嘉)은 애석해하지 않아도 된다는 뜻이다.(≪世說新語補觽≫) 맹만년이 비록 실제로 病死하더라도 이와 같은 아우가 있으니 죽어도 괜찮다는 뜻이다.(≪世說新語補考≫)

58) 袁宏 : 328~376. 晉(魏晉)나라 陳郡 陽夏 사람으로, 字는 彦伯이고, 어릴 때 이름은 虎이다. 동진의 문학가이자 역사가로, 〈三國名臣頌〉 등 뛰어난 詩賦를 지었다.

袁宏孟處士銘曰"處士, 名陋, 字少孤, 武昌陽新人, 吳司空孟宗後也. 少而希古, 布衣蔬食, 棲遲蓬蓽之下, 絶人間之事, 親族慕其孝. 大將軍命會稽王辟之, 稱疾不至. 相府歷年虛位, 而澹然無悶, 卒不降志, 時人奇之."

【頭註】

○ 劉辰翁 : 少孤라는 字와 陋라는 이름은 모두 괴상하다. 孟萬年(孟嘉)이 무슨 죄를 지었는가.
劉云"少孤名陋, 皆怪, 萬年何辜?"

○ 劉辰翁 : 〈맹만년은 죽어도 괜찮다고 했으나〉 꾀병이니 어찌 죽겠는가.
又云"僞病, 何死?"

28-13【補】[59] 王右軍(王羲之)은 관직을 그만둔 뒤에 東土[60]의 인사들과 함께 산에서 사냥하고 강에서 낚시하는 즐거움을 영위하였다. 또 도사 許邁와 함께 服食法[61]을 수련하고 명약을 두루 채취하며, 천 리를 멀다 여기지 않은 채 東中[62]의 여러 군에 있는 명산을 유람하고 바다에 배를 띄우고 노닐었는데, 〈이렇게〉 탄식하였다.

"나는 결국 즐거움을 누리다가 죽으리라."[63]

王羲之

王右軍은 旣去官에 與東土人士로 營山水弋釣之娛라 又與道士許邁로 共修服食하며 徧采名藥하며 不遠千里하여 遊東中諸郡名山하며 泛滄海러니 歎曰 我卒當以樂死①리라하다

① 〈道學傳〉에 말하였다. "許邁는 字가 叔玄이다. 청정하고 텅 빈 마음으로 진리를 접하고, 아득히 세

59)【補】: 저본에는 '補'가 없으나, 이 일화는 ≪世說新語≫가 아닌 ≪何氏語林≫에 있으므로 이에 의거하여 '補'를 보충하였다.
60) 東土 : 東晉과 南朝시대에 蘇南(강소 남부)과 浙江 일대를 가리키는 말이다.
61) 服食法 : 道家의 양생술의 하나로, 丹藥을 복용하는 것이다.
62) 東中 : 晉나라 왕실이 강남으로 건너온 뒤에 浙江의 會稽 일대를 가리키거나 전적으로 회계를 가리키는 말이다.
63) 나는……죽으리라 : 다시는 관직에 나아갈 뜻이 없다는 뜻이다.(≪世說講義≫)

상 밖에 노닐려는 뜻을 품으며, 어디든 가면 돌아오지 않았기 때문에 '遠遊'라고 개명하였다. 王右軍(王羲之) 부자와 세속을 초탈한 친교를 맺었다."

道學傳曰 "許邁, 字叔玄. 淸虛接眞, 遐棲表志, 所在往而不返, 故改名遠遊. 與王右軍父子, 爲世外之交."

28-14 康僧淵[64]이 豫章에 있을 때 성곽에서 수십 리 떨어진 곳에 精舍를 지었는데, 옆으로 산봉우리가 이어지고 긴 내를 끼고 있으며, 아름다운 나무가 정원에 늘어서 있고 맑은 냇물이 집에 흘러들었다. 이곳에 한가히 거처하면서 연구・강습하여 佛理의 맛에 심취하였다. 庾公(庾亮) 등 여러 명사들이 많이 그를 만나러 가서 보니, 그는 吐納術[65]을 운용하여 풍모가 더욱 훌륭해졌고, 게다가 편안히 처신하여 역시 유유자적했기 때문에 명성이 높아졌다. 이후에는 〈많은 손님을〉 견디지 못하여 마침내 〈그곳을〉 떠났다.

康僧淵이 在豫章할새 去郭數十里에 立精舍한대 旁連嶺하고 帶長川하며 芳林列於軒庭하고 淸流激於堂宇하니 乃閒居硏講하여 希心理味라 庾公諸人이 多往看之하여 觀其運用吐納하여 風流轉佳하고 加已處之怡然하여 亦有以自得하니 聲名乃興이라 後不堪하여 遂出①이라

① 康僧淵의 씨족은 내력이 자세하지 않으니, 아마 胡人인 듯하다. 尙書令 沈約이 ≪晉書≫를 수찬할 때도 그가 불교의 敎義에 밝다고 칭찬하였다.

僧淵氏族, 所出未詳, 疑是胡人. 尙書令沈約撰晉書, 亦稱其有義學.

28-15 戴安道(戴逵)는 이미 東山에서 지조를 굳게 지키고 있었는데, 그의 형(戴逯)[66]은 式遏[67]의 공적을 세우고자 하였다. 謝太傅(謝安)가 〈대록에게〉 말하였다.

---

64) 康僧淵 : ?~?. 본래 西域 사람으로, 晉(魏晉)나라 長安에서 생장했다. 외모는 서역 사람이지만 언어는 중국어를 사용하였고, 행동거지가 바르고 뜻이 크며 학업이 고매하여, 항상 〈放光般若波羅蜜經〉과 〈道行般若經〉을 암송하였다.(慧皎, ≪高僧傳≫)

65) 吐納術 : 道家 양생술의 하나로, 호흡을 통해 묵은 기운을 토해내고 새로운 기운을 받아들이는 것이다. 嵇康의 〈養生論〉에 "호흡을 통하여 토납하고 단약을 복용하여 몸을 수양함으로써 몸과 정신이 서로 가깝게 하면 표리가 모두 구제될 것이다.〔呼吸吐納 服食養身 使形神相親 表里俱濟也〕"라고 하였다.

66) 그의 형(戴逯) : ≪晉書≫ 〈謝安列傳〉과 〈隱逸列傳〉에서는 戴逵가 형이고, 대록이 아우라고 하였다.

67) 式遏 : 式遏寇虐의 준말로, 악인의 발호를 막는다는 뜻이다. ≪詩經≫ 〈大雅 民勞〉에

"그대의 형제는 뜻과 사업이 어찌 그리 크게 다른가?"

대록이 말하였다.

"저는 그 근심을 견디지 못하고, 저의 아우는 그 즐거움을 바꾸지 못하기 때문입니다."[68)]

戴安道는 **旣厲操東山**①이어늘 **而其兄**은 **欲建式遏之功**이라② **謝太傅曰 卿兄弟**는 **志業**이 **何其太殊**아하니 **戴曰 下官**은 **不堪其憂**하고 **家弟**는 **不改其樂**일새니이다하다

① 檀道鸞의 ≪續晉陽秋≫[69)]에 말하였다. "戴逵는 당대의 세상을 좋아하지 않아 琴을 타고 책을 읽으며 스스로 즐기면서 會稽의 剡山(섬산)에 은거하였다. 國子博士로 초빙되었으나 나아가지 않았다."

續晉陽秋曰 "逵不樂當世, 以琴書自娛, 隱會稽剡山. 國子博士徵, 不就."

② ≪戴氏譜≫에 말하였다. "戴逯은 字가 安丘로, 譙國 사람이다. 조부 戴碩과 부친 戴綏는 명성과 지위가 있었다. 대록은 武勇으로 〈이름이〉 알려지고, 공적을 세워[70)] 廣陵侯[71)]에 봉해지며 관직이 大司農에 이르렀다."

戴氏譜曰 "逯字安丘, 譙國人. 祖碩父綏, 有名位. 逯以武勇顯, 有功, 封廣陵侯, 仕至大司農."

28-16 范宣[72)]은 한 번도 관청에 들어간 적이 없었는데 韓康伯(韓伯)이 〈그와〉 함

"남을 해치고 포악하게 구는 자를 막아서, 백성들이 근심하게 하지 말지어다.〔式遏寇虐 無俾民憂〕"라고 하였다.

68) 저는……때문입니다 : 孔子가 顔回를 평가한 "한 그릇의 밥과 한 표주박의 물로 누추한 시골에 있는 것을 다른 사람들은 그 근심을 견뎌 내지 못하는데, 안회는 그 즐거움이 변치 않으니, 어질구나, 안회여.〔一簞食一瓢飮 在陋巷 人不堪其憂 回也不改其樂 賢哉 回也〕"라는 구절을 원용한 것이다.(≪論語≫ 〈雍也〉)

69) 檀道鸞의 ≪續晉陽秋≫ : 단도란은 宋(南朝)나라 高平 金鄕 사람으로, 字는 萬安이며, 國子博士와 永嘉太守를 역임하였다. ≪속진양추≫는 20권으로 東晉의 역사를 기술했는데, ≪新唐書≫ 〈藝文志〉에서는 ≪晉陽秋≫라고 하였다. 원본은 일실되고 黃奭의 집일본이 있다.

70) 공적을 세워 : 戴逯은 384년 謝玄을 따라 종군하여 淝水(비수) 전투에서 前秦의 苻堅을 격파하는 데 일조하였다.

71) 廣陵侯 : ≪晉書≫ 〈謝安列傳〉에는 廣信侯라고 되어 있다.

72) 范宣 : ?~?. 晉(魏晉)나라 陳留 사람으로, 일명 范宜이다. 字는 子宣이다. 東晉의 유학자로, 광범위하게 독서하고, 조정에서 불러도 모두 나아가지 않았다. 戴逵가 그를 모범으로 삼았다.

께 수레를 타고 가다가 마침내 〈그를〉 데리고 함께 관청에 들어가려 하니, 범선이 즉시 수레 뒤편에서 서둘러 내렸다.

范宣은 **未嘗入公門**이러니 **韓康伯**이 **與同載**라가 **遂誘俱入郡**하니 **范**이 **便於車後趨下**①하다

① 檀道鸞의 ≪續晉陽秋≫에 말하였다. "范宣은 젊을 때부터 은둔을 숭상하여 豫章에 집을 짓고 살면서 청렴결백으로 스스로를 지켰다."
續晉陽秋曰 "宣少尙隱遁, 家于豫章, 以淸潔自立."

28-17 許掾(許詢)[73]은 산수를 유람하기 좋아했는데 신체 조건이 등산하기에 적당하니, 당시 사람들이 말하였다.

"허연은 단지 명승지를 좋아하는 마음을 지녔을 뿐만 아니라 실제로 명승지를 답사할 수 있는 몸도 가지고 있다."

許掾은 **好遊山水**한대 **而體便登陟**하니 **時人云 許**는 **非徒有勝情**이요 **實有濟勝之具**라하다

28-18 【補】[74] 張廌(장치)[75]는 은거하면서 〈자신의〉 뜻을 함양하였다. 집에 수십 이랑의 참대나무 숲을 소유하고 있었는데, 장치는 대나무 숲 안에 집을 짓고 항상 그곳에서 거주하였다. 王右軍(王羲之)이 〈그런 소식을〉 듣고 찾아갔으나, 장치는 대나무 숲속으로 피하여 그를 만나주지 않았다.

張廌는 **隱居頤志**라 **家有苦竹數十頃**한대 **張**이 **於竹中爲屋**하여 **常居其中**이라 **王右軍**이 **聞而造之**어늘 **張**이 **逃避竹中**하여 **不與相見**①이라

① 鄭緝之의 ≪永嘉郡記≫[76]曰 "樂成縣의 백성 張廌(장치)는 은거하면서 뜻을 함양하고

73) 許詢 : ?~?. 晉(魏晉)나라 會稽 山陰 사람으로, 字는 玄度이고, 어릴 때 이름은 阿訥이며, 會稽內史 許皈(허귀)의 둘째 아들이다. 東晉의 徵士로, 王羲之・孫綽・支遁 등과 함께 담론과 의리가 당대에 으뜸이었다. 종신토록 출사하지 않고 산수를 유람하기 좋아하며, 蘭亭의 모임에도 참석하였다.

74) 【補】 : 저본에는 '補'가 없으나, 이 일화는 ≪世說新語≫가 아닌 ≪何氏語林≫에 있으므로 이에 의거하여 '補'를 보충하였다.

75) 張廌(장치) : ?~?. 晉(魏晉)나라 樂成 사람으로, 字는 子雁이고, 호는 文君이며, 일명 張薦이다. 丹霞山에 은거하면서 도를 닦고 뜻을 함양하며 鍊丹을 일삼았다.

76) 鄭緝之의 永嘉郡記 : 정집지는 宋(南朝)나라의 역사가인데 이력은 자세하지 않다. ≪영

초빙하는 명령에 부응하지 않으니, 永嘉郡의 모든 사람들이 '高士'라고 불렀다."
永嘉郡記曰 "樂成縣民張廌, 隱居頤志, 不應辟命, 一郡號爲高士."

28-19 郗尙書(郗恢)가 謝居士(謝敷)와 사이가 좋았는데, 항상 〈이렇게 그를〉 칭찬하였다.

"謝慶緖(사부)는 식견이 비록 남들보다 월등히 뛰어나지는 않지만, 마음에 누가 되는 名利는 모두 없앨 수 있다."

郗尙書①가 與謝居士善이러니 常稱하되 謝慶緖는 識見이 雖不絶人이나 可以累心處를 都盡②이라하다

① 何法盛의 ≪晉中興書≫에 말하였다. "郗恢(치회, ?~398)는 字가 道胤으로, 高平 사람이다. 부친 郗曇(치담)은 北中郎將을 역임하였다. 치회는 키가 8척에 수염이 아름다우며 풍채가 건장하였다. 〈東晉〉 烈宗(孝武帝)이 그를 인재로 여겨 藩伯[77]의 명망이 있다고 하였다. 太子左衛率로 있다가 雍州刺史로 발탁되었다."
中興書曰 "郗恢, 字道胤, 高平人. 父曇, 北中郎將. 恢長八尺, 美鬚髯, 風神魁梧, 烈宗器之, 以爲藩伯之望. 自太子左率, 擢爲雍州刺史."

② 檀道鸞의 ≪續晉陽秋≫에 말하였다. "謝敷는 字가 慶緖로, 會稽 사람이며, 불교를 신봉하였다. 처음에는 太平山[78]에 들어가 10여 년의 긴 시간 동안 素食[79]하면서 禮佛하는 것을 〈자신의〉 일로 삼고, 동료들을 인도하여 불교에 귀의하게 하는 데 게으르지 않았는데, 모친이 연로했기 때문에 南山[80]의 若邪溪(약야계)[81]로 돌아갔다. 會稽內史 郗愔(치음)이 표문을 올려 추천하여 〈조정에서〉 博士로 초빙했으나 나아가지 않았다.
　한 번은 處士星이라고 하는 少微星[82]에 달이 침범했을 때, 점술가가 '처사가 〈액운을〉 당한다.'라고 하였다. 당시 戴逵가 剡縣(섬현)에 거주했는데 이미 재주가 훌륭하고 신분

가군기≫는 영가 지역의 인물과 史蹟에 대한 기록으로, 원본은 일실되고 王謨의 輯佚本이 있다.

77) 藩伯 : 고대에 제후 가운데 우두머리를 지칭하는 말인데, 牧伯·邊將·刺史 등을 이른다.
78) 太平山 : 浙江省 紹興縣 동남쪽 70리 거리에 있는 산이다.
79) 素食 : 고기나 생선 등이 없이 채소 반찬으로 밥을 먹는 것이다.
80) 南山 : 浙江省 金華縣 동남쪽 35리 거리에 있는 산이다.
81) 若邪溪(약야계) : 若耶溪라고도 한다. 浙江省 紹興縣 남쪽에 있는 若耶山에서 발원하여 북쪽으로 흘러 운하로 들어가는 시내이다. 西施가 이곳에서 비단을 세탁했다는 浣紗石이 있기 때문에 '浣紗溪'라고도 한다.
82) 少微星 : 太微星 서편에 있는 별로 處士와 大夫를 상징하는데, 천자를 보좌하는 사람의 위치라고도 한다.(≪晉書≫ 〈天文志〉)

이 높은 사람들과 교유하여 사부보다 먼저 명성이 드러났기 때문에 당시 사람들은 〈대규를〉 걱정하였다. 얼마 뒤에 사부가 세상을 떠나자, 회계의 인사들이 이 일로써 吳中 사람들을 조롱하여 '오중의 高士[83]는 그야말로 죽으려고 해도 죽을 수 없지.'라고 하였다."
檀道鸞續晉陽秋曰 "謝敷, 字慶緖, 會稽人, 崇信釋氏. 初入太平山中, 十餘年, 以長齋供養爲業, 招引同事, 化納不倦, 以母老, 還南山若邪(야)中. 內史郗愔表薦之, 徵博士, 不就. 初月犯少微星, 一名處士星, 占云 '以處士當之.' 時戴逵居剡, 旣美才藝, 而交遊貴盛, 先敷著名, 時人憂之. 俄而敷死, 會稽人士, 以嘲吳人云 '吳中高士, 便是求死不得.'"

【頭註】

○ 王世懋 : 〈郗尙書(郗恢)의〉 이런 말은 본래 얻기 쉽지 않다.
王云 "此語故未易得."

28-20 王子猷(王徽之)가 한 번은 남의 빈집에 잠시 기거하는데도 즉시 대나무를 심게 하였다. 어떤 사람이 물었다.

"잠시 머무는데 어찌 번거롭게 합니까?"

왕자유가 오랫동안 휘파람을 불더니 대나무를 똑바로 가리키면서 말하였다.

"어찌 하루라도 이분(대나무)이 없을 수 있겠소?"

王子猷가 常蹔寄人空宅住할새 便令種竹이라 或問 蹔住어늘 何煩爾잇가하니 王이 嘯詠良久하고 直指竹曰 何可一日無此君①이리오하다

① 何法盛의 ≪晉中興書≫에 말하였다. "王徽之는 재주가 탁월하여 구속받지 않았는데, 傲達[84]하고자 하여 음악과 여색에 빠진 것이 자못 과도하니, 당시 사람들이 그의 재주는 존중하였으나 그의 행실은 멸시하였다."
中興書曰 "徽之卓犖不羈, 欲爲傲達, 放肆聲色, 頗過度, 時人欽其才, 穢其行也."

28-21 【補】 郭元瑜(郭瑀)는 젊을 때부터 세속을 초탈한 운치를 지니고 있었다. 張天錫[85]이 사신을 파견하여 예를 갖추어 그를 초빙하니, 곽원유가 날고 있는 기러

---

83) 오중의 高士 : 戴逵를 이른다. 대규는 吳 지역인 譙國 사람인데, 훗날 會稽郡 剡縣(섬현)으로 이주하였다.
84) 傲達 : 예법을 경시하고 자유분방한 삶을 추구하는 태도이다.
85) 張天錫 : 346~406. 前涼의 9대 군주로, 安定 烏氏 사람으로, 字는 純嘏이다. 본래의 字는 公純嘏이고 어릴 때 이름은 獨活이며 시호는 悼이다. 升平 7년(363) 정변을 일으

기를 가리켜 사신에게 보라고 하면서 말하였다.

"저 새를 어찌 새장에 가둘 수 있겠습니까."

郭元瑜는 少有拔俗之韻①이라 張天錫이 遣使하여 備禮徵之하니 元瑜가 指翔鴻하여 示使人曰 此鳥를 安可籠哉②잇가하다

① ≪晉書≫ 〈郭瑀列傳〉에 말하였다. "郭瑀(?~386)는 字가 元瑜로, 燉煌 사람이며, 臨松郡의 薤谷(해곡)에 은거하였다."

晉書曰 "郭瑀, 字元瑜, 燉煌人, 隱於臨松薤谷."

② 張天錫이 郭瑀에게 보낸 편지에 말하였다. "선생께서는 九皐[86]에 은거하면서 진리를 품고 홀로 고원한 경지에 나아가며, 마음은 至人의 경지와 암암리에 부합하고 뜻은 네 계절과 더불어 변화하니, 어찌 백성들의 삶이 곤궁하고 천하 사람들이 구원을 기다린다는 것을 알겠습니까. 孔子는 수레를 멈추지 않았고 墨子는 아침까지 마차가 준비되기를 기다리지 않았으니, 〈이는〉 모두 黔首(백성)들의 재앙을 구원하지 않을 수 없었기 때문입니다. 선생께서는 세상을 구원할 재주를 품고 있기 때문에 사신[87]을 보내니, 〈조정의〉 윗자리를 비워두고 〈수레의〉 손잡이 줄을 드립니다."

天錫遺瑀書曰 "先生潛光九皐, 懷眞獨遠, 心與至境冥符, 志與四時消息, 豈知蒼生倒懸, 四海待拯? 孔子車不停軌, 墨子駕不俟旦, 皆以黔首之禍, 不可不救. 先生懷濟世之才, 故遣使者, 虛左授綏."

28-22【補】[88] 陶徵士(陶潛)가 일찍이 말하였다.

"오뉴월에 북쪽 창가 아래에 누워 있을 때 서늘한 바람이 잠시 불어오면 스스로 伏羲氏 이전 시절[89] 사람이라고 생각하게 된다."

陶徵士嘗言 五六月에 北窓下臥할새 遇凉風暫至면 自謂是羲皇上人이라하다

켜 張玄靚을 죽이고 즉위하고, 승평 20년 前秦에 투항하자 苻堅이 尙書로 임명하고 歸義侯에 책봉하였다.

86) 九皐 : '구'는 가장 큰 숫자이고, '고'는 못 가운데 물이 넘쳐 나와 웅덩이가 된 곳으로, 매우 멀고 깊숙한 곳을 뜻하는데, 賢者는 비록 깊숙한 곳에 은거하여도 남들이 그의 德行을 다 알게 됨을 비유한다. ≪詩經≫ 〈小雅 鶴鳴〉에 "학이 구고에서 울면 그 소리가 하늘에까지 들린다.〔鶴鳴于九皐 聲聞于天〕"라고 하였다.

87) 사신 : ≪晉書≫ 〈郭瑀列傳〉에는 孟公明이라고 하였다.

88)【補】: 저본에는 '補'가 없으나, 이 일화는 ≪世說新語≫가 아닌 ≪何氏語林≫에 있으므로 이에 의거하여 '補'를 보충하였다.

89) 伏羲氏 이전 시절 : 태고적 아무런 作爲가 없던 시절을 이른다.(≪世說新語補觿≫)

28-23【補】 宗少文(宗炳)은 산수를 좋아하고 멀리 유람하는 것을 즐겨 서쪽으로 荊山과 巫山에 오르며 남쪽으로 衡山에 오르고는 형산에 집을 짓고 살면서 尙平(尙長)[90]의 뜻을 품었다. 병이 들어 江陵으로 돌아온 뒤에 탄식하였다.

"늙음과 질병이 모두 이르렀기 때문에 명산을 두루 유람하기 어려울 듯하니, 단지 마음을 맑게 하고 道를 관조하며 누워서 유람해야겠구나."

〈이전에〉 유람했던 곳을 모두 방안에 그려 놓고 사람들에게 말하였다.

"琴을 타서 곡조를 울리라. 여러 산이 모두 메아리치게 하고 싶구나."

宗少文은 好山水하고 愛遠遊하여 西陟荊巫하며 南登衡嶽하고 因結宇衡山하여 欲懷尙[91]平①之志라 有疾하여 還江陵하고 嘆曰 老疾俱至일새 名山을 恐難徧覩하니 唯當澄懷觀道하며 臥以遊之리라하고 凡所遊履를 皆圖之於室하고 謂人曰 撫琴動操하라 欲令衆山皆響②이라하다

① 向平(상평)은 嵇康의 ≪聖賢高士傳贊≫에 尙平으로 되어 있다.
向平, 高士傳作尙平.

② ≪宋書≫ 〈宗炳列傳〉에 말하였다. "宗炳은 字가 少文으로, 南陽 涅陽(열양) 사람이다. 조부 宗承은 宜都太守를, 부친 宗繇之는 湘鄉縣令을 역임하였다. 모친은 남양군의 師氏인데, 총명하고 달변이며 학식을 지녀 여러 아들을 가르쳤다. 종병은 상례를 치를 때 예법에 지나칠 정도로 슬퍼하여 남양군의 〈모든〉 고을에서 칭찬받았다. 宋(南朝)나라 高祖(劉裕)가 主簿로 초빙하자, '산에 살면서 계곡물을 마신 지 30여 년이 되었습니다.'라고 대답하였다. 刺史 殷仲堪과 桓玄이 여러 번 초빙했으나 모두 나아가지 않았다."
宋書曰"宗炳, 字少文, 南陽涅陽人. 祖承, 宜都太守, 父繇之, 湘鄉令. 母同郡師氏, 聰辯有學義, 教授諸子. 炳居喪過禮, 爲郡閭所稱. 宋高祖辟主簿, 答曰'棲丘飲谷, 三十餘年.' 刺史殷仲堪·桓玄屢辟, 竝不就."

28-24【補】 孔淳之는 會稽郡 剡縣(섬현)에 살았다. 성품이 산수를 좋아하여 매양 유람하는 곳에서는 기어코 그 그윽하고 험한 곳까지 다 살펴보았는데, 간혹 10일 동안 돌아오지 않기도 하였다. 한번은 산을 유람하다가 法崇이라는 승려를 만나 그대로 머물러 지내다 보니 결국 3년을 머물게 되었다. 법숭이 〈이렇게〉 감탄하였다.

---

90) 尙長 : 28-4 원주② 참조
91) 尙 : 주석 ①에 의거하면 '向'이 되어야 할 듯하다.

"아득히 인간 세상의 밖을 생각한 지 30년이나 되었는데, 이제 이 사람에게 마음이 쏠려 속내를 털어놓다 보니 늙음이 이르는 것조차 느끼지 못했구나."[92]

공순지는 돌아갈 때 〈자신의〉 성씨도 알려주지 않았다

孔淳之는 居會稽剡縣이라 性好山水하여 每有所遊에 必窮其幽峻하고 或旬日忘歸①라 嘗遊山이라가 遇沙門釋法崇하고 因留共止하니 遂停三載라 法崇歎曰 緬想人外가 三十年矣러니 今乃傾蓋於玆하니 不覺老之將至로다하다 淳之還反에 不告以姓②이라

① ≪宋書≫ 〈孔淳之列傳〉에 말하였다. "孔淳之는 字가 彦深으로, 魯郡 사람이다. 조부 孔惔(공담)은 尙書祠部郎을 역임하였고, 부친 孔粲은 秘書監으로 초빙되었으나 나아가지 않았다. 공순지는 젊을 때부터 고상하고 옛날 〈성현들의〉 전적을 좋아하며, 徵士인 戴顒과 王弘之 및 王敬弘 등과 함께 세상을 초탈한 교유를 맺었다. 〈宋(南朝) 文帝〉 元嘉 연간(424~453) 초반에 散騎郎으로 초빙되었으나 나아가지 않았다."
宋書曰"孔淳之, 字彦深, 魯郡人. 祖惔, 尙書祠部郎, 父粲, 秘書監, 徵不就. 淳之少高尙, 愛好墳籍, 與徵士戴顒·王弘之, 及王敬弘等, 共爲人外之遊. 元嘉初, 徵散騎郎, 不到."

② ≪會稽舊志≫에 말하였다. "승려 法崇은 律學[93]에 뛰어나고 ≪法華經≫에 정통하였다. 剡縣(섬현)의 葛峴山에 머물면서 초가집을 짓고 계곡물을 마시며 살았다. 孔淳之가 그를 방문하여 이틀 밤이 지나도 떠나지 않았으니, 정신과 마음이 잘 통해 기뻤기 때문이다."
會稽舊志曰"竺法崇有律學, 精於法華經. 居剡之葛峴山, 茅茨澗飮. 孔淳之訪之, 信宿不去, 神思傾豁."

28-25【補】〈吏部尙書〉江湛[94]이 王景玄(王微)[95]을 吏部郎으로 천거하니, 왕경현

92) 늙음이……못했구나 : 孔子가 자신의 삶의 자세를 표현하면서 "분발하면 먹는 것도 잊고, 이치를 깨달으면 즐거워 근심을 잊어 늙음이 장차 닥쳐오는 줄도 모른다[發憤忘食 樂以忘憂 不知老之將至]"라고 하였다.(≪論語≫ 〈述而〉)
93) 律學 : 佛法을 수행하는 자들이 지켜야 할 계율인 律藏을 연구하는 학문이다.
94) 江湛 : 407~453. 宋(南朝)나라 濟陽 考城 사람으로, 字는 徽淵이고, 시호는 忠簡이며, 東晉의 湘州刺史 江夷의 아들이다. 著作佐郎·吏部郎中·南徐州長史·南東海太守 등을 역임한 뒤에 文帝 元嘉 25년(448) 侍中이 되고, 左衛將軍·國子博士·豫州大中正을 거쳐 吏部尙書가 되며, 원가 30년 태자 劉劭(유소)에게 살해당하였다.
95) 王微 : 415~453. 宋(南朝)나라 琅琊 臨沂 사람으로, 字는 景玄이고, 光祿大夫 王孺의 아들이다. 어릴 때부터 학문을 좋아하여 보지 않은 책이 없고, 문장을 잘 짓고 글씨와

이 강담에게 편지를 보내 말하였다.

"嚴君平(嚴遵)이 '나의 이름을 드러내는 것은 나의 몸을 죽이는 것이다.'라고 하였소. 天爵도 오히려 명성 때문에 사라질 수 있으니,[96] 어디에 이부랑을 쓴단 말이오. 그 천거가 하찮고 그 일이 옳지 않으니,[97] 단지 관리들이 거론하지 않을 뿐만 아니라 종복이나 처첩도 모두 비웃소."

그러고는 강담에게 절교하겠다고 알렸다. 〈왕경현은〉 10여 년 동안 문턱을 넘어가지 않은 채 담으로 둘러싸인 〈좁은〉 집에서 여유롭게 지내니, 이끼와 풀이 계단을 뒤덮었다.

江湛이 **擧王景玄**하여 **爲吏部郎**하니 **王與湛書曰 君平有言**하되 **生我名者**는 **殺我身**이라하니 **天爵猶滅名**하니 **安用吏部郎哉**아 **其擧可陋**하고 **其事不經**하니 **非獨縉紳者不道**요 **僕妾皆笑之**라하고 **因與湛告絶**이라 **足不踰閾十餘年**에 **棲遲環堵之室**하니 **苔草沒堦**①라

① 皇甫謐의 ≪高士傳≫에 말하였다. "嚴遵은 字가 君平으로, 蜀郡 사람이며, 은거하면서 벼슬하지 않은 채 成都의 시장에서 점치는 일을 하며 하루에 100錢을 벌어 자급자족하고, 점치는 일이 끝나면 가게를 닫고 발을 내린 채 저술을 일삼았다. 羅冲이라는 부자가 〈그를〉 위해 거마·의복·양식을 마련해주자, 엄군평이 '나는 부족하지 않으니, 그대는 어찌 부족한 사람인데 여유 있는 나를 돕는 것이오?'라고 하였다.

나충이 '나에게는 만금이 있으나 그대는 한두 섬의 곡식도 없으면서 여유롭다고 하니, 역시 틀린 말이 아니오?'라고 하니, 엄군평이 '그렇지 않소. 내가 그대의 집에 묵은 적이 있었는데, 人定[98]이 되어도 일이 그치지 않아 밤낮으로 허둥지둥 바빴으

그림에도 뛰어나며, 音律·醫方·陰陽術數에도 정통하였다. 司徒의 祭酒(좨주)·主簿와 太子中舍人을 역임하고, 부친의 상으로 관직을 떠난 뒤 여러 관직으로 초빙했으나 모두 나아가지 않았다.

96) 天爵도……있으니 : '천작'은 사람이 주는 작위라는 뜻의 人爵과 상대되는 말로, 아름다운 덕행과 같은 天然의 작위라는 뜻이다. ≪孟子≫ 〈告子 上〉에 "인의와 충신과 선을 좋아하여 게을리하지 않는 것이 천작이고, 공·경·대부가 인작이다.〔仁義忠信樂善不倦 此天爵也 公卿大夫 此人爵也〕"라고 하였다. ≪世說新語補觿≫에서는 "지금 仁義禮智와 같은 德을 지녀 명성이 드러나는 것은 천작이 명성을 초래한 것이지만, 명성이 몸을 죽인다면 천작도 사라질 것이다."라고 하고, ≪世說講義≫에서는 "하늘이 내려준 尊爵이라는 명칭에 대해서도 오히려 그 명성을 없앨 수 있기 때문에 자처하지 않는다."라고 했는데, ≪世說新語補觿≫의 견해에 따라 번역했다.

97) 그……않으니 : 내가 天爵을 소멸시킨 뒤에는 사람들이 틀림없이 "그 천거가 하찮고 그 일이 옳지 않았다."라고 할 것이다.(≪世說新語補觿≫)

니 한 번도 충분한 적이 없었소. 지금 나는 점치는 일을 생업으로 삼아 평상을 내려가지 않아도 돈이 절로 들어와 수백 전이 남아돌아도 쓸 곳을 모르오. 이것은 내가 여유롭고 그대가 부족한 것이 아니오?'라고 하자, 나충이 매우 부끄러워하였다.

엄군평이 탄식하면서 '나에게 재물을 보태주는 것은 나의 정신을 손상하는 것이고, 나의 이름을 드러내주는 것은 나의 몸을 죽이는 것이다.'라고 하니, 당시 사람들이 탄복하였다."

皇甫謐高士傳曰"嚴遵, 字君平, 蜀人. 隱居不仕, 賣卜於成都市. 日得百錢自給, 卜訖則閉肆下簾, 以著書爲事. 有富人羅冲, 爲具車馬衣糧, 君平曰'吾非不足也, 子奈何以不足助有餘?' 冲曰'吾有萬金, 子無儋石, 乃云有餘, 不亦謬乎?' 君平曰'不然. 吾宿子家, 人定而役未息, 晝夜汲汲, 未嘗有足. 今我以卜爲業, 不下床而錢自至, 猶餘數百, 不知所用. 此非我有餘而子不足耶?' 冲大慚. 君平嘆曰'益我貨者損我神, 生我名者殺我身.' 時人服之."

28-26【補】 顧長孺(顧黯)는 은거의 절조를 지녀 顧景怡(顧歡)와 더불어 두사람 모두 초빙에 나아가지 않았다. 고경이는 만년에 〈道家의 양생술인〉 服食(丹藥 복용)을 행하고 사람들과 만나지 않았는데, 매일 아침 문을 나서면 산새들이 그의 손바닥에 모여 모이를 먹었다.[99]

顧長孺는 有隱操①하여 與顧景怡②로 俱不就徵이라 景怡는 晩節에 服食하고 不與人通이러니 每旦出戶면 山鳥集其掌하여 取食이라

① ≪南齊書≫ 〈顧黯列傳〉에 말하였다. "顧黯은 字가 長孺로, 吳郡 사람이며 은거의 절조를 지니고 있었다."

齊書曰"顧黯, 字長孺, 吳郡人, 有隱操."

② ≪南史≫ 〈顧歡列傳〉에 말하였다. "顧歡(420~483)은 字가 景怡, 또 다른 字가 玄平으로, 吳興 鹽官 사람이다. 黃老學을 좋아하고 陰陽의 이치에 통달하여 術數를 행하면 대부분 효험이 있었다. 은거하면서 벼슬하지 않고, 天台山에 학관을 열어 학생을 모았는데 학생이 항상 100명이었다."

南史曰"顧歡, 字景怡, 一字玄平, 吳興鹽官人. 好黃老, 通陰陽, 爲術數多驗. 隱居不仕, 於天台山, 開館聚徒, 受業者常百人."

---

98) 人定 : 야간의 통행을 금지하기 위해 종을 28번 치는 亥時(二更, 21~23시)로, 이때 성문을 닫았다.

99) 산새들이……먹었다 : 機心이 완전히 소멸된 상태이다.(≪世說講義≫)

28-27【補】 魚復侯(蕭子響)가 江州를 다스릴 때 宗敬微(宗測)에게 많은 곡물을 보내주니, 종경미가 사양하면서 말하였다.

"〈저는〉 젊을 때부터 狂疾(정신병)이 있어 산을 찾아다니면서 약초를 캐다가 멀리 이곳까지 오게 되었는데, 뱃속을 헤아려 잣과 삽주[100)]를 먹고 신체를 재서 薜蘿衣(벽라의)[101)]를 입어[102)] 욕심 없이 이미 만족하게 지내고 있으니, 어찌 이런 부당한 시혜[103)]를 감당할 수 있겠습니까."

魚復侯①가 **爲江州**할새 **厚餉**을 **遺宗敬微**하니 **宗辭曰 少有狂疾**하여 **尋山採藥**이라가 **遠來至此**한대 **量腹而進松朮**(출)하고 **度**(탁)**形而衣薜蘿**하여 **淡然已足**하니 **豈容當此橫施**②리잇가하다

① ≪南史≫ 〈魚復侯子響列傳〉에 말하였다. "魚復侯 蕭子響(469~490)은 〈齊(南朝)〉 武帝(蕭賾)의 넷째 아들로, 처음에 巴東王에 봉해졌다가 〈사후에〉 어복후로 강등되었다."
南史曰 "魚復侯子響, 武帝第四子. 初封巴東王, 貶爲魚復侯."

② ≪南史≫ 〈宗測列傳〉에 말하였다. "宗測은 字가 敬微로, 南陽 涅陽(열양) 사람이며, 宗炳의 손자이다. 성품이 고요하고 겸손하며 인간 세상을 좋아하지 않았다. 江陵에 거주했는데 명산을 유람하고 싶어 〈하인에게〉 ≪노자≫와 ≪장자≫를 지니고 자신을 따르게 하니, 자손들이 절을 올리고 이별하면서 슬피 울었다. 종측은 〈그들을〉 보지도 않은 채 길게 휘파람을 불고 마침내 廬山으로 떠났다."
南史曰 "測字敬微, 南陽涅人, 炳之孫也. 性靜退, 不樂人間. 居江陵, 欲遊名山, 齎老子・莊子自隨, 子孫拜辭悲泣, 測長嘯不視, 遂往廬山."

28-28【補】 庾杲之(유고지)는 청빈한 삶을 스스로 영위하여 식사할 때 단지 부추절임, 데친 부추, 생 부추잡채만 있었는데, 어떤 사람[104)]이 농담으로 〈이렇게〉

---

100) 잣과 삽주 : 산에서 수도하는 사람들이 즐겨 먹었던 음식이다. '삽주'는 엉겅퀴과에 속하는 다년생 식물로, 그 뿌리는 약재로 쓰인다.

101) 薜蘿衣(벽라의) : 薜荔와 女蘿로 만든 옷이라는 뜻으로, 보통 산에 사는 隱者의 복장을 이른다. ≪楚辭≫ 〈九歌 山鬼〉에 "벽려로 옷을 지어 입고 여라의 띠를 둘렀네.〔被薜荔兮帶女蘿〕"라고 하였다.

102) 뱃속을……입어 : ≪文子≫에 "옛날에 도를 닦는 자는 뱃속을 헤아려 먹고 신체를 재서 옷을 지어 입었다.〔古之爲道者 量腹而食 制形而衣〕"라고 하였다.

103) 부당한 시혜 : 시혜를 베풀 이유가 없는데 베풀었기 때문에 '부당하다〔橫〕'고 한 것이다.(≪世說講義≫)

104) 어떤 사람 : ≪南史≫ 〈庾杲之列傳〉에 任昉이라고 하였다.

말하였다.

"庾郎(유고지)이 청빈하다고 누가 말했는가. 魚菜를 먹을 때 항상 27가지[105]나 있는데."

庾杲之는 清素自業하여 食唯有韮菹와 瀹[106]韮와 生韮雜菜하니 或戲之曰 誰謂庾郎貧가 食鮭(해)에 常有二十七種①이라하다

① 蕭子顯의 ≪南齊書≫ 〈庾杲之列傳〉에 말하였다. "庾杲之(441~491)는 字가 景行으로, 新野 사람이다. 조부 庾深之는 雍州刺史를, 부친 庾粲은 司空參軍을 역임하였다. 유고지는 젊을 때부터 정직하고 단정하며, 용모가 준수하고 음성이 조화로우며, 시문의 낭독에 뛰어나며, 학문은 〈다방면의〉 시문을 섭렵하였다. 奉朝請으로 관직을 시작하여 太子右衛率을 역임하였다."
蕭子顯齊書曰 "杲之, 字景行, 新野人. 祖深之, 雍州刺史, 父粲, 司空參軍. 杲之少貞立, 韶令和潤, 善於音吐, 學涉文義. 起家奉朝請, 太子右衛率."

28-29【補】 孔稚圭는 풍모가 맑고 소탈하였다. 정원에서 〈자라는〉 풀을 베지 않아 그 가운데 개구리가 우니 공치규가 말하였다.

"이것으로 두 鼓吹(악대)[107]를 삼는다."

孔稚圭는 風韻清踈라 門庭之內에 草萊不剪하야 中有蛙鳴하니 稚圭曰 以此로 當兩部鼓吹①라하다

① ≪南齊書≫ 〈孔稚圭列傳〉에 말하였다. "孔稚圭(447~501)는 字가 德璋으로, 會稽 사람이다. 젊을 때부터 〈여러〉 학문을 섭렵하여 훌륭한 명성을 지니고, 관직이 太子詹事에 이르렀다."
南齊書曰 "孔稚圭, 字德璋, 會稽人. 少涉學有美譽, 仕至太子詹事."

---

105) 27가지 : 韮(구)의 발음이 九와 같기 때문에 부추로 만든 韮菹와 瀹韮와 生韮 세 가지〔三韭〕를 三九로 이해한 것이다.

106) 瀹 : 淪과 통용자로, 익히다〔煮〕의 뜻이다.(≪世說講義≫)

107) 두 鼓吹(악대) : '고취'는 본래 말 위에서 북을 치고 나팔을 부는 軍樂이었는데, 한나라 이후로 고취라는 명칭이 생기고 천자가 이 연주로 신하들을 즐겁게 하였다. 또한 공적을 세운 제후에게 하사하기도 했는데, 보통 하나의 고취를 내려주었으니 두 개의 고취를 내려주는 것은 항상 있던 일은 아니었다.(≪世說新語補考≫)

28-30【補】 王弘之는 태생적으로 낚시를 좋아하였다. 上虞江에 '三石頭'라고 불리는 장소가 있었는데, 왕홍지가 항상 그곳에서 낚싯줄을 드리웠다. 어떤 사람이 〈그에게〉 물었다.

"어부는 물고기를 잡으면 팝니까?"

왕홍지가 대답하였다.

"낚시를 해도 잡지도 못하지만 잡더라도 팔지는 않습니다."

해가 저물면 〈잡은〉 물고기를 〈수레에〉 싣고 上虞城으로 들어가 벗들의 집에 들러 각각 한두 마리씩 대문 안에 놓아두고 갔다.

王弘之는 性好釣魚라 上虞江에 有一處名三石頭한대 弘之가 常垂綸於此①라 或問 漁師得魚면 賣否잇가하니 弘之答曰 釣亦不得이어니와 得復不賣니이다하다 日夕에 載魚하여 入上虞郭하여 經親故門하여 各以一兩頭로 置門內而去②하다

① 施宿의 ≪嘉泰會稽志≫[108]에 말하였다. "上虞江은 근원이 剡縣(섬현)에서 나와 동쪽으로 長江에 들어가고, 또 북쪽으로 흘러 三江[109]에 이르러 바다에 들어간다."
會稽志曰 "上虞江, 源出剡縣, 東流入江, 又北流, 至三江入海."

② 沈約의 ≪宋書≫ 〈王弘之列傳〉에 말하였다. "王弘之는 字가 方平으로, 瑯琊 사람이며, 宣訓宮衛尉 王鎭之의 아우이다. 어릴 때 부친을 여의고 가난하여 외조부 何準에게 양육되었다. 5촌 숙부인 王獻之와 太原 사람 王恭이 그를 매우 소중하게 여겼다.
훗날 謝靈運과 顔延之가 모두 그를 존중했는데, 사영운이 廬陵王 劉義眞에게 편지를 보내 말하였다. '會稽郡의 경내는 옛날부터 산수의 경치가 풍부하니 江左(江南)의 의로운 은자들이 대부분 그곳에 거주했습니다. 그러나 후대에는 〈사람들이〉 부귀영화를 흠모하기 때문에 은둔하는 사람이 적고, 혹은 다시 〈그런 사람이〉 있더라도 곧 세상의 소환 때문에 뜻한 대로 은둔하지도 못합니다.
예를 들면 왕홍지는 옷자락을 떨치고 돌아가 밭을 간 지 36년이 지났고, 孔淳之는 처음부터 지금까지 궁벽한 산속 굴에서 검소하게 살고 있으며, 阮萬齡[110]은 직무를

---

108) 施宿의 嘉泰會稽志 : 시숙(1164~1222)은 南宋 長興 사람으로, 字는 武子이고, 光宗 紹熙 4년(1193) 진사에 합격하여 餘姚縣令・紹興府通判・提擧淮東常平 등을 역임하였다. 부친 施元之는 翰林學士를 역임하고 蘇軾의 시에 주석을 달며, 시숙은 주석을 보충하고 ≪東坡年譜≫를 지었다. ≪가태회계지≫는 寧宗 가태 원년(1201)에 완성된 지방지로, 남송의 紹興府인 회계 지역에 대해 성씨・고택・기물・遺書・藏書 등 117개 조목으로 나누어 자세히 설명했는데, 陸游도 수정 작업에 참여하고 서문을 썼다.

109) 三江 : 浙江省 杭州市 부근의 吳淞江・錢塘江・浦陽江을 가리키는 듯하다.

그만두고 한적한 생활을 하면서 선대의 가업을 계승・발전시켰으니, 浙河(浙江)의 밖으로 나가 자연 속에서 은거하는 자는 이와 같을 뿐입니다. 〈그들은〉 이미 멀리 伏羲氏와 陶唐氏(堯)의 無爲自然의 행실과 같으니, 역시 탐욕스럽고 벼슬에 안달이 난 자들을 깨우쳐 경계시킵니다.

전하께서는 소박함과 예스러움을 좋아하여 늘 평민과 같으시며, 매번 옛날 현인들을 생각할 때마다 허심탄회하게 은자들을 떠올리시니, 만일 사신 한 명을 보내 그들의 안부를 물어 주신다면 진실로 천년의 〈보기 드문〉 훌륭한 일이라고 할 만합니다.' 〈왕홍지는〉 처음에 衛軍參軍이 되고, 이후에 여러 번 太子庶子와 散騎常侍로 초빙되었으나 나아가지 않은 채 세상을 떠났다."

沈約宋書曰"王弘之, 字方平, 瑯琊人, 宣訓衛尉鎭之弟. 少孤貧, 爲外祖何準所養. 從叔獻之及太原王恭, 甚貴重之. 後謝靈運・顔延之, 竝相欽重, 靈運與廬陵王義眞牋曰'會境旣豊山水, 江左嘉遁, 竝多居之. 但季世慕榮, 幽棲者寡, 或復, 才爲時求, 弗獲從志. 若王弘之, 拂衣歸耕, 踰歷三紀. 孔淳之, 隱約窮岫, 自始迄今, 阮萬齡, 辭事就閒, 纂戎(光)〔先〕[111]業, 浙河之外, 棲遲山澤, 如斯而已. 旣遠同羲・唐, 亦激貪厲競. 殿下愛素好古, 常若布衣, 每意昔聞, 虛想巖穴, 若遣一介, 有以相存, 眞可謂千載盛美也.' 初爲衛軍參軍, 後屢徵太子庶子・散騎常侍, 不就, 卒."

28-31【補】 陶貞白(陶弘景)은 어릴 때부터 남다른 절조를 지녔으니, 10세에 葛洪의 ≪神仙傳≫을 얻어 밤낮으로 연구하고는 養生의 뜻을 지닌 뒤에 사람들에게 말하였다.

"푸른 구름을 우러르고 밝은 해를 바라보니 〈신선이 되는 것이〉 멀다고 느껴지지 않습니다."

陶貞白은 **幼有異操**하니 **年十歲**에 **得葛洪神仙傳**하여 **晝夜硏尋**하고 **便有養生之志**라 **謂人曰 仰靑雲**하고 **覩白日**하니 **不爲遠矣**①라하다

① 葛洪의 ≪神仙傳≫ 〈序文〉에 말하였다. "葛洪의 제자 滕升(등승)이 한 번은 갈홍에게 '옛날의 신선이라는 분들, 어찌 그런 사람들이 있었겠습니까?'라고 묻자, 갈홍이 '秦

110) 阮萬齡 : 377~448. 宋(南朝)나라 陳留 尉氏 사람으로, 조부 阮思曠은 左光祿大夫를, 부친 阮寧은 黃門侍郎을 역임하였다. 그는 젊을 때부터 명성이 자자하고, 通直郎으로 있다가 孟昶의 建威長史가 되었다.

111) (光)〔先〕: 저본에는 '光'으로 되어 있으나, ≪何氏語林≫ 주석에 인용된 沈約의 ≪宋書≫에 의거하여 '先'으로 바로잡았다.

나라 〈大夫〉 阮倉이 기록한 ≪列仙圖≫에 수백 명이 있고 劉向이 편찬한 ≪列仙傳≫에 또 71명이 있으니, 지금 〈이〉 책에서 〈신선들을〉 모아 앎이 참되고 식견이 원대한 선비[112)]에게 전할 것이다.'라고 하였다."

神仙傳曰 "洪弟子滕升, 常問洪曰 '古之仙者, 豈有其人乎?' 洪曰 '秦阮倉所記, 數百人, 劉向所纂, 又七十一人, 今錄集以傳眞識之士.'"

28-32【補】 王沙彌(王晞)는 모친이 세상을 떠난 뒤에 鞏縣(공현)과 洛陽에서 맘껏 유람하다가 그곳의 산수를 좋아하여 范陽 사람 盧元明, 鉅鹿 사람 魏季景과 더불어 벗이 되어 의기투합하고, 天陵山에 가서는 미련 없이 〈그곳에서〉 삶을 마치려는 뜻을 세웠다.

王沙彌①는 母終後에 遨遊鞏洛이라가 悅其山水②하여 與范陽盧元明③과 鉅鹿魏季景과 結侶同契하고 往天陵山하여 浩然有終焉之志④라

① 沙彌는 王晞의 어릴 때 이름이다.

沙彌, 王晞小字也.

≪北史≫ 〈王晞列傳〉에 말하였다. "王晞는 字가 叔朗으로, 北海 劇縣 사람이다. 고아하고 기량을 지녔으며, 학문을 좋아하여 게으르지 않고, 용모와 행동거지가 훌륭하여 법도에 맞았다. 北齊가 멸망한 뒤에 北周 武帝(宇文邕)가 〈그를〉 儀同大將軍으로 삼았다."

北史曰 "晞字叔朗, 北海劇人. 淹雅有器度, 好學不倦, 美容儀, 有風則(칙). 齊亡, 周武帝以爲儀同大將軍."

② ≪圖經≫에 말하였다. "洛水는 洛南縣의 冢嶺山에서 발원하여 鞏縣을 경유하여 황하로 들어간다."

圖經曰 "洛水, 出洛南縣冢嶺山, 經鞏縣, 入於河."

蘇軾의 〈洛陽李氏園池詩記〉에 말하였다. "洛陽은 옛날 제왕의 도읍으로, 산천의 풍모가 맑고 밝으며 성대하고 아름다우니 거주하면서 즐길 만하다. 잔잔한 시내가 넓게 펴져 동서로 수백 리에 이르고, 嵩山과 少室山, 天壇山과 王屋山의 봉우리가 구불구불 이어지니 사방을 둘러보면 만질 수 있을 듯하며, 伊水·洛水·瀍水의 계곡물이 흘러 평지로 나온다. 그러므로 그 아름다운 산천과 청명한 시냇물은 비록 일반 백성

112) 앎이……선비 : 원문은 '眞識之士'인데, ≪神仙傳≫ 〈序文〉의 '知眞識遠之士'에 의거하여 번역하였다.

이라도 公侯와 공유한다. 허름한 집 한 채에 위로 푸른 산이 보이고 아래로 흐르는 물소리가 들리며, 기이한 꽃과 긴 대나무가 좌우에 펼쳐져 있으니, 부귀한 집에 있는 정원과 정자의 아름다움은 실로 천하의 으뜸이다."

蘇軾曰 "洛陽, 古帝都, 山川風氣, 淸明盛麗, 居之可樂. 平川廣衍, 東西數百里, 嵩山·少室, 天壇·王屋, 岡巒靡迤, 四顧可挹, 伊·洛·瀍澗, 流出平地. 故其山川之勝·泉流之潔, 雖其閭閻之人, 與公侯共之. 一畝之宮, 上矚靑山, 下聽流水, 奇花修竹, 布列左右, 而其貴家巨室, 園圃·亭觀之盛, 實甲天下."

③ ≪北史≫ 〈盧元明列傳〉에 말하였다. "盧元明은 字가 幼章으로, 范陽 涿縣(탁현) 사람이다. 여러 서적을 섭렵하고 아울러 문장력을 지니며, 풍채가 우아하고 온화하며, 행동거지가 훌륭하였다. 中山의 王熙는 박식한 선비인데, 〈그를〉 만난 뒤에 감탄하면서 '盧郎(노원명)은 이와 같은 풍채를 지녔으니, 단지 〈離騷〉를 외고 맛 좋은 술을 마시기만 하면 절로 훌륭한 선비가 될 것이다.'라고 하였다.

〈東魏 孝靜帝〉 天平 연간(534~537)에 李諧의 副使가 되어 梁(南朝)나라에 사신으로 갔는데 남쪽 사람들이 그를 칭찬하였다."

北史曰 "元明, 字幼章, 范陽涿人. 涉歷群書, 兼有文義, 風采閑潤, 進退可觀. 中山王熙, 博識之士, 見而嘆曰 '盧郎有如此風神, 唯須誦〈離騷〉, 飮美酒, 自爲佳士.' (太)〔天〕[113]平中, 副李諧使梁, 南人稱之."

④ ≪北齊書≫ 〈魏季景列傳〉에 말하였다. "魏季景은 魏收의 族叔이다. 부친 魏鸞(위란)은 용모와 행동거지가 훌륭하였고 奉車都尉를 역임하였다. 위계경은 어릴 때 부친을 여의었으나 가난한 생활 속에 자립하고 문장의 재주를 지니며, 관직이 大司農卿에 이르렀다."

北齊書曰 "魏季景, 收族叔也. 父鸞, 有容儀, 爲奉車都尉. 季景少孤, 淸苦自立, 有文才, 官至大司農卿."

28-33【補】 王無功(王績)[114]은 강가에 16頃의 농토를 소유하고 있었다. 노비 몇 명이 스스로 계획하여 기장을 심어 봄가을로 술을 빚으며, 오리와 거위를 기르며, 약초를 심어서 자급자족할 수 있었다. 〈은둔자인〉 仲長子光[115]과 함께 丹藥

113) (太)〔天〕: 저본에는 '太'로 되어 있으나, ≪世說音釋≫에 의거하여 '天'으로 바로잡았다.
114) 王績 : 589?~644? 당나라 絳州 龍門 사람으로, 字는 無功, 호는 東皐子이고, 文中子 王通의 아우이다. 수나라 말엽에 孝廉에 천거되어 秘書正字와 六合縣丞을 역임했는데, 혼란한 세상을 보고는 사직하고 낙향하였다. 당나라 고조 때 待詔門下省이 되었는데 태종 때 병을 핑계로 사직한 뒤에 東皐山에서 농사일을 하면서 살았다. 술을 좋아하여 ≪酒經≫과 ≪酒譜≫를 저술하고 〈醉鄕記〉를 지었다.

을 복용하면서 본성을 기르고,[116] 형제가 보고 싶으면 즉시 강을 건너 집으로 돌아가곤 하였다. 北山의 동쪽 언덕에서 노닐었기 때문에 저술할 때 '東皐子'라고 자호하였다.

王無功은 有田十六頃이 在河渚間이라 奴婢數人이 自課種黍하여 春秋釀酒하며 養鳧鴈하며 蒔藥草하여 自供이라 與仲長子光으로 服食養性하며 欲見兄弟면 輒渡河還家라 遊北山東皐하니 著書에 自號東皐子라

28-34【補】 朱桃椎는 은거하면서 벼슬하지 않고, 갖옷을 걸치고 새끼줄을 〈허리에〉 두른 채 인간 세상에서 살아갔다. 竇益州(竇軌)가 의복을 보내면서 鄕正[117]이 되라고 다그치자, 주도추는 말없이 물러나서 산속으로 달아나가 여름에는 알몸으로 지내고 겨울에는 나무껍질로 몸을 덮으며, 〈남이 보내준〉 물건은 하나도 받지 않았다. 매번 짚신을 짜서 길가에 두었는데 〈그 짚신을〉 본 사람들이 모두 "朱居士(주도추)의 짚신이다."라고 하고는 짚신을 가져가고 대신 쌀을 짚신이 있던 곳에 두면, 주도추가 저녁이 되어 그 쌀을 가져가면서 끝내 사람들을 만나지 않았다.

朱桃椎는 隱居不仕하고 披裘帶索(삭)하고 浮沉人間①한대 竇益州가 遺以衣服하여 逼爲鄕正②하니 桃椎는 不言而退하여 逃入山中하여 夏則裸形하며 冬則樹皮自覆(부)하고 贈遺는 一無所受라 每織芒屩(갹)하여 置路傍이어든 見者皆言朱居士屩也라하고 易米置本處하면 桃椎가 至夕取之하고 終不見人이라

① 宋祁의 ≪唐書≫에 말하였다. "朱桃椎는 益州 成都 사람이다. 〈성품이〉 담박하고 억지로 하는 바가 없으며, 은거하면서 벼슬하지 않았다. 高士廉[118]이 益州長史였을 때

115) 仲長子光 : 隋末唐初의 은자로, 企羨 26-14 항목에 보인다.
116) 본성을 기르고 : 일반적으로 心身을 수양하여 天性을 함양하는 것을 이르는데, 여기서는 道士의 수행법의 하나로 방에서 고요히 거처하면서 정신을 맑게 하고 사념을 가라앉히는 것이다.
117) 鄕正 : 隋唐시대에 500戶를 1鄕으로 삼았는데, 이곳에서 벌어지는 소송을 처리했던 관원이다.
118) 高士廉 : 575~647. 당나라 渤海 郡蓨 사람으로, 이름은 儉이고, '사렴'은 그의 자이다. 高祖 때 益州大都督長史가 되어 백성을 잘 교화한 공로로 吏部尙書가 되고 許國公에 봉해졌다.

자주 사람을 보내 안부를 물었는데, 〈주도추는 사자를 보자마자〉 숲속으로 달아나 몸을 숨겼다."

宋祁唐書曰"桃椎, 益州成都人. 澹泊無爲, 隱居不仕. 高士廉在益州, 屢遣人存問, 見輒走林草自匿."

② 劉昫의 ≪唐書≫에 말하였다. "竇軌(?~630)는 字가 士則(사칙)으로, 北周에서 雍州牧을 역임한 鄭國公 竇恭의 아들이다. 〈唐 高祖〉 武德 3년(620) 益州道의 行臺左僕射(행대좌복야)가 되었다."

劉昫唐書曰"竇軌, 字士則, 周雍州牧鄭國公恭之子也. 武德三年, 爲益州道行臺左僕射."

28-35【補】[119] 孔極[120]이 侍郎이었을 때 조회를 마치고 돌아오다가 비를 만나 어떤 노인의 집 처마 아래에서 〈비를〉 피하고 있었는데, 〈노인이〉 대청으로 맞아들였다. 노인은 烏紗帽[121]에 비난 두선 차림으로 매우 공손하게 맞이하고, 이어서 술과 음식을 차려왔는데 하나하나 정갈하고 훌륭하였다. 孔公(공극)이 油衣(비옷)를 빌리자고 하니, 노인이 말하였다.

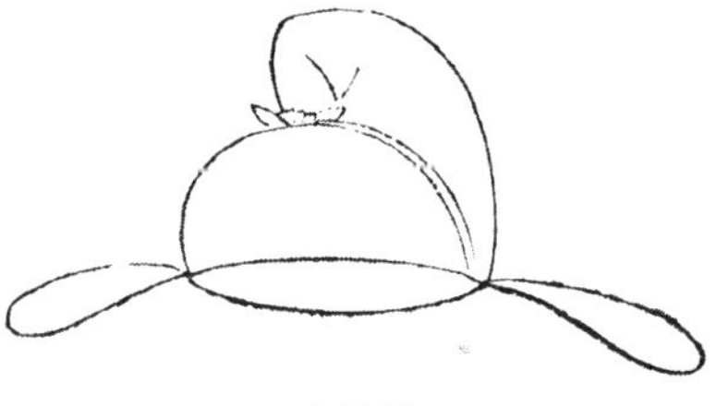

烏紗帽

"저는 추워도 나가지 않고 더워도 나가지 않으며, 바람이 불어도 나가지 않고 비가 내려도 나가지 않기 때문에 한 번도 비옷을 둔 적이 없습니다."

〈그러자〉 공공은 자기도 모르게 벼슬살이의 마음을 깜빡 잊어버렸다.

孔極이 侍郎에 朝廻遇雨하여 避於一叟之廡下한대 延入廳事라 叟는 烏帽紗巾에 逢迎甚恭하고 因備酒饌한대 一一精好라 孔公이 借油衣하니 叟曰 某는 寒不出하며 熱不出하고 風不出하며 雨不出하니 未嘗置油衣也니이다하니 孔公은 不覺頓忘宦情이라

28-36【補】[122] 王摩詰(王維)은 蕙蘭을 심되 황색의 자기로 만든 네모 화분을 사용

119) 【補】: 저본에는 '補'가 없으나, 이 일화는 ≪世說新語≫가 아닌 ≪何氏語林≫에 있으므로 이에 의거하여 '補'를 보충하였다.

120) 孔極 : ≪太平廣記≫에는 孔掾으로 되어 있다.(≪世說音釋≫)

121) 烏紗帽 : 검은 비단의 모자로, 원래 귀족이 쓰던 모자였는데, 隋唐시대 이후로 서민이나 은자의 모자로 사용되었다.

122) 【補】: 저본에는 '補'가 없으나, 이 일화는 ≪世說新語≫가 아닌 ≪何氏語林≫에 있으므

하고 아름다운 돌을 〈덮어〉 기르니, 해가 지날수록 더욱 잘 자랐다.

王摩詰은 貯蕙蘭하되 用黃磁斗하고 養以綺石하니 累年彌盛①이라

① 劉昫의 ≪唐書≫에 말하였다. "王維는 字가 摩詰로, 太原 祁縣 사람이다. 아우 王縉과 더불어 모두 뛰어난 재주를 지니며, 박학다식하고 기예가 많으며, 집 안에서 형제간에 우애가 좋았다. 형제가 불교를 신봉하여 평소에 채식을 하고 葷茱[123]와 고기를 먹지 않으며, 만년에는 오랫동안 재계하면서[124] 화려한 옷을 입지 않았다.

宋之問[125]의 藍田 별장을 얻어 輞川[126] 어구에 거주했는데 망천의 물결이 집 아래로 휘감아 흐르고, 대나무가 자라는 섬과 꽃이 피어 있는 둑에 道友 裵迪[127]과 함께 배를 타고 왕래하면서 琴을 타고 시를 지으면서 온종일 노래하였다. 도성에 있을 때는 날마다 십여 명의 훌륭한 승려에게 공양하면서 〈그들과〉 玄談을 나누는 것을 즐거움으로 삼았다.

서재에는 〈별다른 물건이〉 없고 오직 차를 끓이는 솥〔茶鐺〕, 약을 빻는 절구〔藥臼〕,[128] 불경을 두는 책상〔經案〕, 노끈을 엮어 만든 접이식 의자〔繩牀〕만 있었다. 조정에서 퇴근한 뒤에는 향을 사르고 홀로 앉아 불경을 외는 것을 일삼았다. 아내가 사망한 뒤에 다시 장가들지 않은 채 30년 동안 한집에서 홀로 지내며 세속의 번잡함을 완전히 끊어버렸다."

劉昫唐書曰"王維, 字摩詰, 太原祁人. 與弟縉俱有俊才, 博學多藝, 閨門友悌. 兄弟奉佛, 居常疏食, 不茹葷血, 晩年長齋, 不衣文綵. 得宋之問藍田別墅, 在輞口, 輞水周於舍下, 竹洲花塢, 與道友裵迪, 浮舟往來, 彈琴賦詩, 嘯詠終日. 在京師, 日飯十數名僧,

---

로 이에 의거하여 '補'를 보충하였다.

123) 葷茱 : 마늘이나 파같이 강한 향이 나는 채소류를 가리킨다.

124) 오랫동안 재계하면서 : 원문은 '長齋'로, ≪世說音釋≫에서 인용한 ≪資治通鑑≫의 주석처럼 '불교의 교리에 의거하여 채식을 하고 훈채와 고기를 먹지 않는 것'이라는 뜻인데, 이 앞의 '평소에 채식을 하고 葷茱와 고기를 먹지 않았다〔居常疏食 不茹葷血〕'는 구절과 뒤의 '화려한 옷을 입지 않았다〔不衣文綵〕'는 구절을 보면 ≪世說音釋≫의 해설은 여기서는 타당하지 않은 듯하다.

125) 宋之問 : 656~712. 당나라 汾州 隰城 사람으로, 字는 延淸, 또 다른 이름은 少連이다. 尙方監丞・鴻臚主簿・考功員外郎 등을 역임하고, 睿宗 때 武三思의 黨이라고 지목되어 欽州로 유배되고 桂州로 이배되었다가 玄宗이 즉위한 뒤에 賜死되었다.

126) 輞川 : 輞谷水로, 陝西省 藍田縣 남쪽에 있다. 王維가 이곳에 별장을 짓고 주위의 아름다운 경관 20곳을 골라 각각 이름을 붙인 뒤에 시를 짓고 〈輞川圖〉라는 그림을 직접 그렸는데, 세상에서는 이를 '輞川二十景'이라고 한다.(≪王右丞集≫ 권14)

127) 裵迪 : 716?~?. 당나라 關中 사람으로, 蜀州刺史와 尙書省郎을 역임하였다. 盛唐시대 山水와 田園을 읊은 저명한 시인이다.

128) 차를……절구 : '차를 빻는 절구〔茶臼〕, 약을 달이는 솥〔藥鐺〕'이라고 해야 한다.(≪世說箋本≫)

以玄譚爲樂. 齋中無所有, 唯茶鐺(쟁)・(酒)〔藥〕[129]臼・經案・繩牀而已. 退朝之後, 焚香獨坐, 以禪誦爲事. 妻亡不再娶, 三十年孤居一室, 屛絶塵累."

【頭註】

○ 王世懋 : 이는 지금 사람들이 창포를 심는 방법의 기원이다.
王云 "此爲今人種菖蒲之祖."

28-37【補】顔眞卿이 湖州刺史로 재직할 때 張志和가 뵈러 왔는데, 안진경은 그의 배가 낡아 물이 새기 때문에 〈새로운 배로〉 바꾸어주겠다고 하니 장지화가 말하였다.

"배를 집으로 삼아 물 위에 떠다니면서 苕溪(초계)와 霅溪(잡계) 사이를 오가고 싶습니다."

顔眞卿이 **爲湖州刺史**①에 **張志和**가 **來謁**한대 **眞卿**이 **以其舟敝漏**라하여 **請更之**[130]하니 **志和曰 願爲浮家泛宅**하여 **往來苕霅間**②이니이다하다

顔眞卿

① ≪舊唐書≫ 〈顔眞卿列傳〉에 말하였다. "顔眞卿은 字가 淸臣으로, 瑯琊 臨沂 사람이다. 5대조 顔之推(531~597?)는 北齊의 黃門侍郎을 역임하였다. 안진경은 젊을 때부터 문장력이 있고 서예에 뛰어났다. 〈唐 玄宗〉 開元 연간(713~741)에 進士가 되고 四命으로 監察御史가 되며,[131] 지방으로 나가 平原太守가 되고,[132] 安祿山(703~757)이

---

129) (酒)〔藥〕 : 저본에는 '酒'로 되어 있으나, ≪舊唐書≫ 〈王維列傳〉에 의거하여 '藥'으로 바로잡았다.

130) 請更之 : 이 본문을 인용한 명나라 陸應陽의 ≪廣輿記≫에는 '欲館之(그대를 관사에 머물게 하고자 한다)'로 되어 있으니, 이것이 옳은 듯하다.(≪世說箋本≫)

131) 四命으로……되며 : '사명'은 九命의 하나로, ≪周禮≫ 〈春官 大宗伯〉에 "1명에 직책을, 2명에 官服을, 3명에 작위를, 4명에 제기를 받고, 5명에 법칙을, 6명에 관작을, 7명에 제후국을 하사받으며, 8명에 제후의 목이, 9명에 세후의 패가 된다.〔壹命受職 再命受服 三命受位 四命受器 五命賜則 六命賜官 七命賜國 八命作牧 九命作伯〕"라고 했는데, '제기를 받는 것'은 왕의 上大夫나 下大夫가 되는 것이다. 당나라 때 감찰어사는 察院에 소속된 관원으로, 품계는 높지 않으나 권한은 광범위했다. ≪新唐書≫ 〈百官志〉에 "감찰어사는 15명이고 정8품이다."라고 했는데, 정8품이 ≪주례≫의 4명에 해당하는 듯하다.

132) 지방으로……되고 : 顔眞卿은 당나라 玄宗 天寶 11년(752) 武部員外郎에 임명되었는데, 재상 楊國忠의 배척으로 753년에 平原太守로 좌천되었다.(≪新唐書≫ 〈顔眞卿列傳〉)

반란을 일으키자 사촌형 顔杲卿(692~756)과 함께 역적을 토벌하였다. 代宗이 즉위한 뒤에 尙書右丞으로 전임되고 魯郡公에 봉해졌다. 바르고 올곧은 언행으로 조정에서 벼슬하여 楊炎(727~781)과 盧杞(?~785)에게 미움을 받았다.[133] 李希烈을 설득하라고 파견되었다가 〈뜻을〉 굽히지 않아 피살되었다."[134]

唐書曰"眞卿, 字淸臣, 瑯琊臨沂人. 五代祖之推, 北齊黃門侍郎. 眞卿少有詞藻, 工書. 開元中, 進士, 四命爲監察御史, 出爲平原太守, 祿山反, 與從父兄杲卿討賊. 代宗立, 改尙書右丞, 封魯郡公. 以正直立朝, 爲楊炎·盧杞所忌, 遣諭李希烈, 不屈遇害."

② ≪輿地志≫에 말하였다. "苕溪의 한 근원은 天目山에서 발원하고 또 다른 근원은 獨松嶺에서 발원하는데, 浮玉山에서 합류하여 그 물결이 吳興에 이르러 太湖로 들어간다. 霅溪(잡계)는 초계와 前溪, 餘不溪와 北流 등 네 강물이 하나가 되기 때문에 '잡'이라고 명명한 것이다. 또는 '네 강물이 세차게 부딪쳐 요란한 소리를 내기 때문에 「잡계」라고 한다.'고 하였다."

輿地志曰"苕溪, 一源自天目, 一源自獨松嶺, 合浮玉山, 水至吳興, 入于太湖. 霅溪者, 以其合苕溪·前溪·餘不溪·北流, 四水爲一溪, 故曰霅也. 又云'四水激射, 霅然有聲, 謂之霅溪.'"

28-38【補】 許謹選은 자유분방하여 자잘한 예절에 구애받지 않았다. 벗들과 화원에서 연회를 열 때 한 번도 장막을 치거나 좌석을 마련한 적이 없고, 단지 僮僕에게 떨어진 꽃을 모아 자리 아래에 깔게 하고는 말하였다.

"나는 본래 꽃 방석을 가지고 있다."

許謹選은 放曠하여 不拘小節이라 與親友로 結宴花圃中할새 未嘗張幄設坐하고 只使僮僕으로 聚落花하여 鋪坐下하고 曰 吾自有花裀①이라하다

① 살펴보건대, 王仁裕의 ≪開元天寶遺事≫[135]에 이 일화를 싣고 있는데, 이 사람은 學

133) 楊炎과……받았다 : 당나라 代宗 大歷 14년(779) 吏部尙書·禮儀使로 있던 顔眞卿은 바르고 올곧은 언행 때문에 재상 楊炎에게 미움을 받아 太子少師로 좌천되고, 간신 盧杞가 재상이 된 뒤에 노기는 더욱 안진경의 강직함을 미워하여 太子太師로 전임시키고 예의사를 면직하였다.(≪新唐書≫ 〈顔眞卿列傳〉)

134) 李希烈을……피살되었다 : 顔眞卿은 당나라 德宗 建中 4년(783) 太子太師로 재직하고 있었는데, 淮西節度使 이희열이 汝州를 함락하고 모반할 기미를 보이자 평소에 안진경을 미워하던 盧杞가 안진경을 보내 이희열을 회유하자고 건의하였다. 안진경이 마침내 이희열의 진영에 가서 설득하다가 반란군의 온갖 회유와 협박에도 굴복하지 않고 충절을 지키다가 784년에 살해당했다.(≪新唐書≫ 〈顔眞卿列傳〉, 〈盧杞列傳〉)

士 許愼選으로 되어 있다. 그런데 ≪何氏語林≫에는 許謹選이라고 했으니 어디에 근거했는지 모르겠다.

按開元天寶遺事載此, 是學士許愼選, 而語林作謹選, 未知何據.

【頭註】

○ 王世懋 : 송나라 사람들은 愼字를 피해[136] 매번 '謹'자로 대신하였으니, 何元郞(何良俊)이 본 것은 바로 宋刻本인데 하원랑은 애초에 이를 수정하지 않았다. 장씨는 또 어디에 근거했는지 모르겠다고 하였으니, 이는 단지 〈이를〉 끄집어내어 독자들의 의심을 풀어주기 위한 것이다.
王云 "宋人諱愼, 每以謹代, 何元郞所見, 乃宋刻本. 何旣不爲改訂, 張又謂未知何據, 特爲拈出, 以釋觀者之疑"

28-39【補】 种明逸(种放)은 타고난 성품이 술을 좋아하니, 항상 찰기장을 심어 스스로 술을 빚을 때마다 번번이 말하였다.
"텅 빈 산이 맑고 고요하니 애오라지 이 술로 몸의 元氣를 보양한다."

种(충)明逸은 至性嗜酒하니 嘗種秫(출)自釀하고 每曰 空山淸寂하니 聊以養和①라하다

① 王聖塗의 ≪澠水燕談錄≫[137]에 말하였다. "种放(충방)은 字가 明逸[138]로, 진사 시험에 응시했으나 낙방하여 〈長安에 있는〉 南山의 豹林谷에 은거하였다. 학문이 고아하고 행실이 예스러우며, 술을 자못 좋아하는 성품이어서 몸소 경작하고 찰기장을 심어 스스로 술을 빚었다. 거처하는 곳에는 산수의 명승이 있었다. 〈北宋 眞宗〉 景德 연간(1004~1007)에 〈조정의〉 부름으로 대궐에 이르니, 진종이 크게 쓰려고 했으나 〈그

135) 王仁裕의 開元天寶遺事 : 왕인유(880~956)는 당나라 秦州 上邽 사람으로, 字는 德輦이다. 前蜀·後唐·後晉·後漢에서 벼슬하여 翰林學士·戶部尙書·兵部尙書·太子少保 등을 역임하고, 문학에 힘써 만 여수의 시를 지었다. ≪개원천보유사≫는 당나라 개원 연간과 천보 연간의 일화를 싣고 있는데, 기이한 물품, 전설적인 사적 등을 위주로 하였다.
136) 송나라에서는……피해 : 宋 孝宗의 이름이 眘(愼의 古字)이기 때문에 避諱한 것이다.
137) 王聖塗의 澠水燕談錄 : '성도'는 北宋 王闢之(1031~?)의 字로, 그는 齊州 臨淄 사람이다. 英宗 治平 4년(1067) 진사에 합격하고, 哲宗 元佑 연간(1086~1094)에 河東縣 知縣이 되었는데, 淫祠의 건물을 부수고 伯夷와 叔齊의 사당을 지은 일로 덕이 있는 현자를 존숭했다고 이름이 알려지고 忠州刺史로 전임되었다. 紹聖 4년(1097) 벼슬을 그만두고 낙향하여 저술을 일삼다가 세상을 떠났다. ≪승수연담록≫은 960년 북송 개국부터 철종 소성 연간에 이르는 140여 년의 일화를 帝德·讜論·名臣·知人·奇節·忠孝·才識·高逸·官制·貢擧·文儒·先兆·歌咏·書畵·事志·雜錄·諧謔 등 17개 항목으로 분류하여 360여 개의 항목을 기록한 책이다.
138) 明逸 : ≪讀史快編≫에는 名逸로 되어 있다.(≪世說音釋≫)

는〉 한사코 사양하고 남산으로 돌아갔다."

王聖塗澠水燕談曰 "种放, 字明逸, 擧進士不第, 隱於南山豹林谷. 學行高古, 性頗嗜酒, 躬耕種秫, 以自釀. 所居有林泉之勝. 景德中, 召至闕, 眞宗欲大用, 固辭還山."

28-40【補】 林逋는 孤山에서 은거할 때 항상 학 두 마리를 길렀는데, 학을 놓아주면 날아올라 구름 속으로 들어가 한참 동안 선회하다가 다시 새장 안으로 들어왔다. 임포는 늘 작은 나룻배를 타고 西湖의 여러 사찰을 다녔는데, 손님이 임포의 거처에 찾아오는 일이 있으면 동자 한 명이 대문에서 손님을 맞이하고 〈집안으로 들여〉 앉게 한 뒤에 새장을 열어 학을 놓아주면 한참 뒤에 임포가 어김없이 작은 배를 저어 돌아왔으니, 이는 항상 학이 나는 것으로 손님이 방문했다는 징표로 삼았기 때문이다.

林逋는 **隱居孤山**할새 **嘗畜**(휵)**兩鶴**한대 **縱之**면 **則飛入雲霄**하여 **盤旋久之**에 **復**(부)**入籠中**이라 **逋**는 **常泛小艇西湖諸寺**한대 **有客至逋所居**하면 **則一童子**가 **應門延客坐**하고 **爲開籠縱鶴**하면 **良久**에 **逋**가 **必棹小船而歸**하니 **蓋常以鶴飛爲客至之驗**①이라

① 歐陽脩의 ≪歸田錄≫에 말하였다. "林逋는 字가 君復(군복)으로, 杭州에 있는 西湖의 孤山에 거주하였다. 〈北宋〉 眞宗(趙恒)이 그의 명성을 듣고 和靖處士라는 호를 하사하고, 조칙을 내려 長吏[139]에게 명절마다 위문하게 하였다. 〈임포는〉 그림 그리기에 뛰어나고 시를 잘 지었는데, '진펄에는 게가 옆걸음질치고, 산의 나무에는 자고새[140]가 우네.'[141]라는 구절은 사대부들에게 적지 않게 칭송받았다."

歸田錄曰 "林逋, 字君復(군복), 居杭州西湖之孤山. 眞宗聞其名, 賜號和靖處士, 詔長吏歲時勞問. 逋工畫, 善爲詩, 如'草泥行郭索(색), 山木叫鉤輈', 頗爲士夫所稱."

28-41【補】 蘇養直(蘇庠)이 京口[142]에서 은거하고 있을 때 〈南宋 高宗〉 紹興 연간(1131~1162)에 徐師川(徐俯)과 함께 동시에 〈조정의〉 부름을 받았는데 소양직은 출

139) 長吏 : 지위가 비교적 높은 관원이나 知州나 知縣의 보좌관을 이르는데, 여기서는 杭州知州를 가리킨다.

140) 자고새 : 이 새는 항상 남쪽으로 가려는 뜻을 지니고 북쪽으로 가려 하지 않기 때문에 懷南이라고도 하고, 江東 지역에서는 逐影이라고 부른다. 그 울음소리는 '鉤輈格磔(gōu zhōu gé zhé)'라고 들리니, "가면 안돼, 형.〔行不得也 哥哥〕"이라는 의미이다. (≪埤雅≫)

141) 진펄에는……우네 : 현존 ≪林和靖先生詩集≫에 없는 逸詩이다.

142) 京口 : 江蘇省 鎭江市의 옛 이름이다.

사하지 않았다. 서사천이 조정에 나아갈 때 지름길로 소양직의 집에 들러 매우 즐겁게 술을 마셨다. 두 公이 평소에 바둑을 둘 때 서사천이 소양직보다 더 잘 두었는데, 이날 소양직이 바둑돌 하나를 집어 들고는 웃으면서 서사천을 바라보고 말하였다.

"오늘은 아무래도 이 늙은이(소양직)로 하여금 한 점을 두도록 해야겠소."

서사천이 부끄러운 기색을 띠었다.

蘇養直이 **隱京口**①러니 **紹興間**에 **與徐師川**으로 **同召**한대 **養直不起**라 **師川造朝時**에 **便**(편)**道過養直**하여 **留飮甚歡**이라 **二公**이 **平日對奕**에 **徐高於蘇**러니 **是日**에 **養直拈一子**하고 **笑視師川曰 今日**엔 **還須讓老夫下此一着**이라하니 **師川有愧色**②이라

① 荃翁의 ≪貴耳集≫[143]에 말하였다. "蘇庠(1065~1147)은 字가 養直이다. 부친 蘇伯固(蘇堅)는 蘇東坡(蘇軾)와 종유했는데, 소동파의 '나는 꿈에 조각배 타고 震澤(太湖)에서 노닐었네〔我夢扁舟遊震澤〕'[144]라는 詞는 소백고를 위해 지은 것이다. 소양직의 '물 가득한 못에 屬玉(촉옥)[145]이 쌍쌍이 나네〔屬玉雙飛水滿塘〕'[146]라는 구절은 또한 소동파에게 칭찬을 받았고, 소동파가 〈그를〉 '우리 집안의 양직'[147]이라고 불렀다."
荃翁貴耳集曰 "蘇庠, 字養直. 父伯固從東坡遊, 東坡'我夢扁舟遊震澤'之詞, 爲伯固作也. 養直'屬玉雙飛水滿塘'之句, 亦見賞于坡, 坡呼爲'吾家養直'."

② ≪宋史≫ 〈徐俯列傳〉에 말하였다. "徐俯(1075~1141)는 字가 師川으로, 洪州 分寧 사람이다. 부친 徐禧가 나라를 위해 죽은 일[148] 때문에 通直郎에 제수되고, 張邦昌[149]이

143) 荃翁의 貴耳集 : '전옹'은 南宋 張端義(1179~1248)의 자호로, 그는 河南 鄭州 사람이고, 字는 正夫이며, 蘇州에 거주하였다. 眞州錄事參軍을 역임하고, 理宗 端平 연간(1234~1236)에 왕의 명령에 따라 세 차례 글을 올렸다가 왕의 심기를 건드려 韶州에 유배되었다. ≪귀이집≫은 상·중·하 3권으로 나누어 당나라 李頎와 黃巢, 北宋 蘇軾과 黃庭堅, 남송 李淸照·陸游·楊萬里·辛棄疾, 금나라 汪世顯과 吳澈, 西夏國 張元 등 시인·문인과 관련한 논평 100개 조항을 실은 필기집이다.

144) 나는……노닐었네 : 哲宗 紹聖 원년(1094) 6월에 蘇軾이 귀양지 惠州로 출발하여 7월에 九江에 들러 蘇堅과 이별하면서 지은 〈歸朝歡 和蘇伯固本詞〉의 첫 구절로, ≪蘇東坡集≫에는 '遊'가 '浮'로 되어 있다.

145) 屬玉(촉옥) : 司馬相如의 〈上林賦〉 주석에 "새 이름으로, 오리와 비슷하게 생겼는데 오리보다 크고, 부리가 길고 눈이 붉으며, 몸이 자주빛이다."라고 하였다.(≪世說新語補考≫)

146) 물……나네 : 蘇庠의 칠언율시 〈淸江曲〉의 첫 구절이다.

147) 우리……양직 : 蘇軾은 蘇庠의 성씨가 자기와 같았기 때문에 이렇게 불러서 친족처럼 친근하게 여긴 것이다.(≪世說箋本≫)

148) 徐禧가……일 : 서희(1035~1082)는 北宋 洪州 分寧 사람으로, 字는 德占이고, 黃庭堅의 姊兄이다. 이 일은 神宗의 명령으로 西夏國을 토벌하다가 永樂城에서 전사한 일

帝位를 참칭하자 마침내 벼슬을 그만두었다. 당시에 工部侍郎 何昌言[150]과 그의 아우 何昌辰이 장방창의 이름을 피하여 모두 개명했는데, 서부는 여종을 사서 '昌奴'라고 명명하고 손님이 찾아오면 즉시 〈창노를〉 앞에 불러놓고 일을 시켰다. 高宗(趙構) 때에 胡直孺[151]와 汪藻[152]가 번갈아 그를 천거하니, 〈고종이〉 불러 諫議大夫로 삼았다."

宋史曰 "徐俯, 字師川, 洪州分寧人. 以父禧死事, 授通直郎. 張邦昌僭位, 遂致仕. 時工部侍郎何昌言, 與弟昌辰, 避邦昌諱, 皆改名, 俯買婢爲昌奴, 客至, 卽呼前, 驅使之. 高宗朝, 胡直孺·汪藻迭薦之, 召爲諫議大夫."

周煇의 ≪淸波襍志≫[153]에 말하였다. "徐師川(徐俯)은 紹興 연간(1131~1161) 초반에 諫垣(司諫院)에서 재직하다가 翰苑(翰林院)으로 전임되어 천자의 중요한 詔命을 작성하였다."

周煇淸波襍志曰 "師川, 紹興初, 由諫垣遷翰苑, 贊機命."

을 이른다.

149) 張邦昌 : 1081~1127. 北宋 永靜軍 東光縣 사람으로, 字는 子能이다. 북송 말엽의 재상으로, 금나라와의 관계에서 화친을 주장한 대표적인 인물이다. 欽宗 靖康 원년(1126)에 金軍이 수도 汴京을 포위했을 때 河北路割地使로서 투항하자고 강하게 주장하였다. 1127년 금군이 변경으로 들어가 그를 황제로 책립하여 楚나라를 세웠는데, 금군이 물러가자 황위에서 물러나고, 高宗 建炎 원년(1127)에 반역의 죄명으로 賜死되었다.

150) 何昌言 : 1067~1127. 北宋 吉州 峽江 사람으로, 字는 忠孺이다. 哲宗 紹聖 4년(1097) 會試와 殿試에서 장원급제하자, 철종이 특별히 〈壯元何昌言還鄕歌〉라는 시를 하사했다. 簽書武臨軍節度判官을 시작으로 여러 관직을 역임하고, 欽宗 靖康 원년(1126)에 工部尙書侍郎·太子詹事가 되었다. 정강의 변란이 발생했을 때 몸을 숨겨 목숨을 부지하고, 高宗이 즉위한 뒤에 복직하라고 명했으나 나아가지 못하고 장기간 울분에 차고 정신병이 생겨 세상을 떠났다.

151) 胡直孺 : 1073~1131. 北宋 江西 奉新 사람으로, 字는 少汲이고, 호는 西山老人이다. 靖康 연간(1126~1127)에 知南京으로 있다가 金軍에게 체포되었으나 굴복하지 않고 한참 뒤에야 귀환할 수 있었다. 高宗 때 龍圖閣學士·知隆興府·兵部尙書를 역임하였다.

152) 汪藻 : 1079~1154. 北宋 饒州 德興 사람으로, 字는 彦章이고, 호는 浮溪·龍溪이다. 胡伸과 더불어 文名이 높아 당시에 '江左二寶(강동 출신의 두 보물)'라고 불렸다. 徽宗 崇寧 2년(1103)에 진사에 합격하여 婺州觀察推官과 宣州敎授 등을 역임한 뒤에 顯謨閣大學士·左大中大夫에 이르고, 新安郡侯에 봉해졌다.

153) 周煇의 淸波襍志 : 주휘(1126~1198)는 南宋 泰州 海陵 사람으로, 字는 昭禮이고, 周邦彦의 아들이다. 高宗 紹興 연간(1131~1161)에 博學鴻詞科에 응시하고, 만년에는 錢塘의 淸波門에서 은거하면서 서적을 수장하는 것을 일삼았는데, 당시 많은 관원이 몸을 낮추어 예우하였다. ≪청파잡지≫는 12권으로, 송나라 사람들의 다양한 일화를 수록한 필기체 저작인데, 송나라 문인의 逸詩와 逸文이 많이 수록되고 당시의 제도와 풍속 및 물산도 기록되어 있다.

29. 훌륭한 여인들 賢媛*

* 현원편은 여인의 훌륭한 언행과 관련된 일화를 기술하고 있다. ≪世說新語≫에서 30항목, ≪何氏語林≫에서 11항목을 뽑아 총 41항목으로 구성하였다. 자녀를 바른길로 이끌거나 훈계한 어머니(29-8·22), 학식이 많거나 명민하거나 품행이 방정한 여인(29-6·18·38), 청렴결백한 태도를 지닌 여인(29-1·2), 재치 있는 언변을 지닌 여인(29-5·28), 위기에 의연하게 대처한 여인(29-11·40), 남편을 경계하여 목숨을 구한 여인(29-10), 가문을 위해 희생한 여인(29-17) 등에 대한 일화를 싣고 있다.

29-1【補】 樂羊子가 유학하는 7년 동안 그 아내가 항상 몸소 부지런히 일하여 시어머니를 봉양하고, 또 멀리 악양자에게 음식이나 물건을 보냈다. 한번은 다른 집의 닭이 정원으로 날아들자 시어머니가 몰래 잡아 〈요리로 만들어〉 먹게 했는데, 그 아내가 닭고기를 마주하고는 울면서 먹지 않았다. 시어머니가 이상하게 생각하면서 그 이유를 물으니 그 아내가 대답하였다.

"가난하게 사는 것이 본래 슬프지만, 음식에 남의 고기가 있게 하겠습니까."

시어머니도 감동하여 〈잘못을〉 깨달아 〈닭고기를〉 버렸다.

樂羊子가 遊學七年에 妻가 常躬勤養母하고 又遠饋羊子라 常有他舍鷄가 飛[1]入園中한대 姑가 盜殺而食(사)之어늘 妻가 對鷄하고 泣而不餐이라 姑가 怪問其故하니 對曰 自傷居貧이나 使食有他肉이니잇가하니 姑亦感悟하여 棄去①하다

① ≪後漢書≫ 〈列女傳〉에 말하였다. "河南 사람 樂羊子의 아내는 어느 집안의 딸인지 모른다. 도적이 그녀를 겁탈하려고 하면서 먼저 그 시어머니를 협박하자 그녀는 칼

---

1) 飛 : ≪後漢書≫ 〈列女傳〉에는 '謬'로 되어 있다.

을 들어 스스로 목을 베어 죽었다. 태수가 〈이 일을〉 듣고는 예를 갖추어 장례를 치러 주고 '貞義'라는 호를 내렸다."

列女傳曰 "河南樂羊子之妻, 不知何氏之女. 有盜欲犯之, 先劫其姑, 妻擧刀自刎而死. 太守以聞, 以禮葬之, 號曰貞義."

29-2【補】 樂羊子가 한 번은 길을 가다가 〈누군가〉 잃어버린 황금 한 덩이〔餠〕[2]를 줍고는 〈집에〉 돌아와서 아내에게 주니, 아내가 말하였다.

"제가 듣건대, 뜻 있는 선비는 盜泉[3]의 물을 마시지 않고 꿋꿋한 사람은 불쌍하게 여겨 무례하게 주는 음식을 받지 않는다고 하니, 하물며 〈남들이〉 잃어버린 물건을 주워 이익을 도모함으로써 그 행실을 더럽히는 것은 말할 것도 없습니다."

악양자가 매우 부끄러워하고 곧장 황금을 들판에 버렸다.

樂羊子가 嘗行路에 得遺金一餠하고 還以與妻하니 妻曰 妾聞컨대 志士는 不飮盜泉之水①하고 廉者는 不受嗟來之食②이라하니 況拾遺求利하여 以汙其行乎이리잇가하다 羊子가 大慚하고 乃捐金於野하다

① ≪論語撰考讖≫[4]에 말하였다. "샘물의 이름이 盜泉이기 때문에 仲尼(孔子)께서 마시지 않으셨다."

論語(傳)〔撰〕[5]考讖曰 "水名盜泉, 仲尼不漱."

② ≪禮記≫ 〈檀弓 下〉에 말하였다. "제나라에 큰 흉년이 들자, 黔敖가 길가에서 밥을 지어 굶주린 자들을 기다렸다. 어떤 사람이 소매로 얼굴을 가리고 신발을 질질 끌며[6] 축 처진 채 걸어왔다. 〈검오가〉 '쯧쯧, 불쌍하구나. 와서 먹으라.'고 하자, 그 사람이 '나는 오직 불쌍하게 여기면서 무례하게 주는 음식을 먹지 않았기 때문에 이 지

2) 덩이〔餠〕: 餠은 鉼과 통용자이다. ≪正字通≫에 "금이나 은을 녹여 떡처럼 만든 것이다." 라고 하였다.(≪世說音釋≫)

3) 盜泉 : 山東省 泗水縣에 있는 샘 이름이다. ≪淮南子≫ 〈說林訓〉에 "공자가 도천을 지나가면서 목이 말라도 마시지 않았으니, 그 이름을 싫어했기 때문이다.〔孔子過於盜泉 渴矣而不飮 惡其名也〕"라고 하였다.

4) 論語撰考讖 : 저자를 알 수 없는 한나라 때의 讖緯類 저작이다. 한나라 때에 ≪論語緯≫ 8종이 있었는데 宋均이 주해했으나, 당나라 이후로 일실되고, 10여 조목의 佚文이 孫瑴의 ≪古微書≫, 馬國翰의 ≪玉函山房輯佚書≫, 喬松年의 ≪緯捃≫에 남아있다.

5) (傳)〔撰〕: 저본에는 '傳'으로 되어 있으나, 서명으로 '撰'으로 바로잡았다.

6) 소매로……끌며 : '소매로 얼굴을 가린 것'은 남이 알아볼까 걱정했기 때문이고, '신발을 질질 끈 것'은 힘이 빠져 신발을 제대로 신을 수 없었기 때문이다.(≪世說新語補觿≫)

경에 이르렀소.'라고 하였다. 〈검오가〉 따라가면서 사죄하였으나 〈그는〉 먹지 않고 죽었다. 曾子께서 '불쌍하다고 말했을 때는 떠나갈 만하지만, 사죄했을 때는 먹어도 된다.'라고 하였다."

禮記曰"齊大飢, 黔敖爲食(사)于路, 以待餓者. 有蒙袂戢屨, 貿貿而來, 曰'嗟來食.' 曰'余唯不食嗟來之食, 以至於斯.' 從而謝之, 不食而死. 曾子曰'其嗟也可去, 其謝也可食.'"

29-3 陳嬰이라는 사람은 東陽縣 사람이니 젊을 때부터 덕행을 닦아 고을에서 명성이 높았다. 秦나라 말엽에 〈세상이〉 크게 혼란할 때 동양현 사람들이 진영을 군주로 받들고자 하니, 〈진영의〉 모친이 말하였다.

"안 된다. 내가 너의 집안으로 시집온 이래로 젊을 때부터 빈천하게 살아왔는데 하루아침에 부귀해지는 것은 상서롭지 않으니, 병사를 데리고 가서 남의 수하가 되는 것이 낫다. 일이 이루어지면 적게나마 그 이익을 받을 것이고 실패하면 재앙을 받을 자가 〈따로〉 있을 것이다."

陳嬰者는 東陽人이니 少修德行하여 著稱鄕黨이라 秦末大亂할새 東陽人이 欲奉嬰爲主하니 母曰 不可라 自我爲汝家婦로 少[7] 見貧賤이러니 一旦富貴는 不祥이니 不如以兵屬人이라 事成이면 少受其利하고 不成이면 禍有所歸①리라하다

① ≪史記≫ 〈項羽本紀〉에 말하였다. "陳嬰은 본래 東陽縣의 令史[8]였는데, 동양현에 살면서 평소 은혜를 베풀고 신의를 지켜 〈사람들이〉 長者[어르신]라고 불렀다. 동양현 사람들이 〈그를〉 군주로 세우고자 하여 진영에게 요청했는데 진영의 모친이 만류하자, 마침내 병사를 데리고 가서 項梁의 부하가 되고, 〈이후에〉 항량이 진영을 上柱國[9]으로 삼았다."

史記曰"嬰, 故東陽令史, 居縣, 素信爲長者. 東陽人欲立長, 乃請嬰, 嬰母(見)〔止〕[10]之, 乃以兵屬項梁, 梁以嬰爲上柱國."

29-4 한나라 成帝(劉驁)가 趙飛燕을 총애했는데 婕妤(첩여)[11] 班氏가 〈천자를〉 지

7) 少 : '常'이 되어야 한다.(≪世說箋本≫)
8) 令史 : 중앙이나 州郡의 하급 관리로, 문서 등을 관리하였다.
9) 上柱國 : 戰國시대 초나라의 벼슬 이름으로, 큰 戰功을 세운 공신에게 수여했는데, 명나라에 이르기까지 최고의 勳位였다.
10) (見)〔止〕 : 저본에는 '見'으로 되어 있으나, ≪漢書≫ 〈敍傳〉에 의거하여 '止'로 바로잡았다.

주했다고 조비연이 참소하였다. 그래서 〈반씨를〉 심문하니, 〈반씨가〉 진술하였다. "제가 듣건대, '죽고 사는 것에는 천명이 있고 부귀는 하늘에 달려 있다.[12)]〔死生有命 富貴在天〕'고 합니다. 선행을 닦더라도 오히려 복을 받지 못하는데 무슨 바람으로 악행을 저지르겠습니까. 만약 귀신에게 지각이 있다면 사악하고 바르지 않은 저주를 받아들이지 않을 것이고, 만약 〈귀신에게〉 지각이 없다면 저주한들 무슨 도움이 되겠습니까. 그러므로 〈저는 저주를〉 하지 않았습니다."

漢成帝가 幸趙飛燕한대 飛燕이 讒班婕妤呪(주)詛라 於是考問하니 辭曰 妾聞컨대 死生有命이요 富貴在天이라하니 修善이라도 尙不蒙福이어늘 爲邪를 欲以何望이리잇가 若鬼神有知인댄 不受邪佞之訴요 若其無知인댄 訴之何益이리잇가 故不爲也①니이다하다

① ≪漢書≫ 〈外戚傳〉에 말하였다. "成帝의 趙皇后(趙飛燕)는 본래 長安의 宮女[13)]였다. 처음 태어났을 때 부모가 거두지 않았는데, 3일 동안 죽지 않자 그제야 거두어 길렀다. 장성해서는 陽阿公主의 집에서 일하면서 노래와 춤을 배웠는데, '비연'이라고 불렀다.[14)] 성제가 微行[15)]하여 양아공주의 집에 들렀다가 그녀를 보고 좋아하여 궁으로 불러들이고 크게 총애하여 황후에 책봉하였다. 班婕妤는 鴈門 사람이다. 성제 초년에 〈후궁으로〉 선발되어 궁에 들어가 크게 총애를 받아 첩여에 책봉되었다.

성제가 후원에서 노닐 때 항상 함께 수레를 타려고 하였지만 반첩여는 사양하였다. 조비연이 許皇后[16)]와 반첩여를 참소했을 때 반첩여의 대답이 논리정연하니 성제가 그녀를 불쌍히 여겨 황금 백 근을 하사하였다. 조비연이 교만하고 투기하니 반첩여는 위기가 닥칠까 두려워하여 長信宮에서 太后[17)]를 봉양하겠다고 자청하였다. 성제가 붕어하자 반첩여는 園陵(皇陵)을 돌보는 일을 하고, 세상을 떠난 뒤에 원릉에 묻혔다."

---

11) 婕妤(첩여) : 上卿에 해당하는 女官名으로, 한나라 武帝 때에 처음 설치되었다.
12) 죽고……있다 : ≪論語≫ 〈顔淵〉에 보이는 내용이다.
13) 長安의 宮女 : ≪漢書≫ 〈外戚傳〉 顔師古 주석에 "관청에서 일하는 官婢를 궁인이라고 하니, 천자의 掖庭(後宮)에 속한 자가 아니다."라고 하였다. '장안'이라고 한 것은 甘泉宮 등 여러 궁과 구별하기 위한 것이다.(≪世說音釋≫)
14) 비연이라고 불렀다 : 〈趙后外傳〉에 "몸이 가볍고 행동거지가 하늘하늘 나는 듯했기 때문에 사람들이 나는 제비〔飛燕〕라고 불렀다."라고 하였다.(≪世說音釋≫)
15) 微行 : 왕이나 권력자가 신분을 숨기고 무엇인가를 몰래 살피기 위해 옷을 바꾸어 입고 남모르게 다니는 것을 이른다.
16) 許皇后 : 한나라 孝成許皇后(?~B.C. 8)로, 昌邑 사람이다. 平恩侯 許嘉의 딸이고 한나라 成帝의 첫 번째 황후이다.
17) 太后 : 한나라 孝元王皇后 王政君(B.C. 71~B.C. 13)으로, 魏郡 元城 사람이다. 陽平侯 王禁의 딸이고 元帝의 황후이자 成帝의 모친이다.

漢書外戚傳曰"成帝趙皇后, 本長安宮人. 初生, 父母不擧, 三日不死, 乃收養之. 及壯, 屬(河陽)〔陽阿〕[18]主家, 學歌舞, 號曰飛燕. 帝微行過主, 見而說之, 召入宮, 大得幸, 立爲后. 班婕好者, 鴈門人. 成帝初, 選入宮, 大得幸, 立爲婕好. 帝遊後庭, 嘗欲與同輦, 婕好辭之. 趙飛燕譖許皇后及婕好, 婕好對有辭致, 上憐之, 賜黃金百斤. 飛燕嬌妬, 婕好恐見危中, 求供養太后於長信宮. 帝崩, 婕好充奉園陵, 薨葬園中."

29-5【補】 袁隗의 아내 馬倫은 馬季長(馬融)의 딸로 어릴 때부터 재치 있는 말재주가 있었다. 마융의 집안은 대대로 부유했으니 〈그녀를 시집보낼 때〉 혼수가 매우 성대하였다. 원외가 〈마륜에게〉 물었다.

"부인은 집안 살림을 할 뿐인데, 어째서 〈혼수가〉 지나치게 화려하오?"

〈마륜이〉 대답하였다.

"자애로운 부모님께서 사랑을 내려주셨으니 감히 명을 거역하지 못했습니다. 당신께서 만약 鮑宣[19]과 梁鴻[20]의 고상함을 흠모하고자 하신다면 저도 〈그들의 아내인〉 少君과 孟光의 일을 따르고자 합니다."

원외가 또 물었다.

"아우가 형보다 먼저 벼슬하는 것[21]은 세상 사람들이 비웃는 일이오. 지금 〈그대의〉 언니가 아직 시집가지 않았는데, 먼저 시집온 것이 타당하오?"

---

18) (河陽)〔陽阿〕: 저본에는 '河陽'으로 되어 있으나, ≪漢書≫ 〈外戚傳〉에 의거하여 '陽阿'로 바로잡았다. '양아'에 대한 顔師古의 주석에 "양아는 평원군에 속한 현이다. 지금 세속에서 '아'자를 '하'로 쓰고, 또 간혹 '하양'이라고도 하는데 이는 모두 후인이 함부로 고친 것일 뿐이다.〔陽阿 平原之縣也 今俗書阿字作河 又或爲河陽 皆後人所妄改耳〕"라고 하였다.

19) 鮑宣 : B.C. 30~B.C. 3. 西漢 渤海 高城 사람으로, 字는 子都이다. 哀帝 때에 諫議大夫가 되어 과감히 직언을 올렸다. 이후에 司隸校尉와 豫州牧을 역임하였다. 王莽이 정권을 잡았을 때 포선이 자기의 편이 되지 않는다고 하여 하옥시키자 자살하였다.

20) 梁鴻 : ?~?. 東漢 扶風 平陵 사람으로, 字는 伯鸞이다. 가난하면서도 학문을 좋아하고 벼슬을 구하지 않고, 아내 孟光과 함께 霸陵 산골에서 농사짓고 살다가 〈五噫歌〉를 지어 나라의 정사를 비방한 일로 재앙을 피해 吳 땅으로 도망가 남의 집에서 고용살이했다. 그가 집에 돌아오면 맹광은 남편을 극진히 공경한 나머지 남편의 밥상을 눈썹 높이로 받쳐 들고 들어왔다.

21) 아우가……것 : 여기서는 아우가 언니보다 먼저 시집가는 것을 이른다. 원문의 '弟先兄擧'에 대해 ≪世說箋本≫에서 "장씨 판본에는 '弟先兄行(아우가 언니보다 먼저 시집가다)'이라고 되어 있으나, 이는 옳은 듯하지만 옳지 않다. '제선형거'는 당시의 일상적인 말로, 관리로 선발되는 자를 위해 하던 말인데, 袁隗가 이 말로 아내를 놀린 것이다."라고 하였다.

〈마륜이〉 대답하였다.

“저의 언니는 고상한 품행이 매우 훌륭한데도 아직 훌륭한 배필을 만나지 못했으니, 저처럼 비루하고 천박하여 구차히 지내는 자와는 다를 뿐입니다.”

〈원외가〉 또 물었다.

“馬南郡(마융)은 학문이 지극하고 도덕이 심오하며 문장이 문단의 으뜸이지만, 맡는 직분마다 번번이 재물 때문에 비난을 받은 것은 무엇 때문이오?”

〈마륜이〉 대답하였다.

“孔子는 위대한 성인이신데도 叔孫武叔의 비난을 피하지 못하셨고[22] 子路는 지극한 현인인데도 公伯寮의 참소를 받았으니,[23] 家君께서 그런 비난을 받은 것은 정말 당연한 일입니다.”

원외가 〈그녀를〉 꺾을 수 없자 입을 다물었다.

袁隗妻①馬倫은 是季長女②니 少有才辯이라 融家는 世豐豪하니 裝遣甚盛이라 隗問曰 婦는 奉箕帚而已니 何乃過珍麗乎아하니 對曰 慈親垂愛하니 不敢逆命이니이다 君若欲慕鮑宣梁鴻之高인댄 妾亦請從少君孟光之事矣③리이다하다 隗又曰 弟先兄擧는 世以爲笑어늘 今處姊未適에 先行이 可乎아하니 對曰 妾姊는 高行殊邈이나 未遭良匹하니 不似鄙薄苟然而已니이다하다 又問 南郡은 學窮道奧하고 文爲辭宗④이로되 而所在之職에 輒以貨財爲損은 何邪(야)오하니 對曰 孔子는 大聖이로되 不免武叔之毁하고 子路는 至賢이로되 猶有伯寮之愬하니 家君獲此도 固其宜耳니이다하니 隗가 默然不能屈이라

① ≪後漢書≫ 〈袁安列傳〉에 말하였다. “袁隗는 字가 次陽이다. 젊을 때부터 높은 관직을 역임하고, 獻帝(劉協) 초반에 太傅가 되었다.”

---

22) 孔子는……못하셨고 : 叔孫武叔은 春秋시대 노나라 대부로, 이름은 州仇이고, 武는 시호이다. 그가 조정에서 어떤 대부에게 子貢이 孔子보다 훌륭하다고 하자, 자공이 “궁궐 담장에 비유하자면 나의 담장은 어깨에 닿을 정도여서 집 안의 좋은 것들을 다 엿볼 수 있지만, 선생님의 담장은 여러 길이나 되어서 그 문을 통하여 들어가지 않으면 종묘의 아름다움과 백관의 많음을 볼 수 없다.〔譬之宮牆 賜之牆也及肩 窺見室家之好 夫子之牆數仞 不得其門而入 不見宗廟之美 百官之富〕”라고 하였다.(≪論語≫ 〈子張〉)

23) 子路는……받았으니 : 公伯寮는 春秋시대 노나라 사람으로, 孔子의 제자이다. 그가 선배인 子路를 季孫氏에게 참소하자, 子服景伯이 공자에게 “계손께서 진실로 공백료의 말에 현혹되었는데, 저의 힘이 그래도 공백료의 시신을 거리에 널 수 있습니다.〔夫子固有惑志於公伯寮 吾力猶能肆諸市朝〕”라고 하였다.(≪論語≫ 〈憲問〉)

後漢書袁安傳曰 "隗, 字次陽. 少歷顯官, 獻帝初爲太傅."

② ≪後漢書≫ 〈列女傳〉에 말하였다. "班姬(班昭)가 ≪女誡≫ 7편을 지었는데, 馬融이 훌륭히 여겨 부인과 딸들에게 〈그 내용을〉 익히게 하였다. 馬倫은 세상에 명성이 있었고 여동생 馬芝도 학문과 도의를 지녔다."

列女傳曰 "班姬作女誡七篇, 馬融善之, 令妻女習焉. 倫有名於世, 妹芝亦有才義."

③ ≪後漢書≫ 〈列女傳〉에 말하였다. "鮑宣의 아내는 桓氏의 딸이고, 字가 少君이다. 포선이 일찍이 소군의 부친에게 수학했는데, 〈소군의〉 부친이 그의 청빈함을 기특하게 여겨 〈자신의〉 딸을 시집보냈는데 혼수가 매우 성대하였다.

포선이 불쾌해하면서 아내에게 '그대는 부유하고 사치스러운 환경에서 생장하여 아름답게 꾸미는 일이 익숙하겠지만, 나는 실로 빈천하니 감히 이러한 예를 감당하지 못하겠소.'라고 하니, 아내가 '부친께서는 당신이 덕을 닦고 검약함을 지키기 때문에 저에게 수건과 빗을 들고 시중들게 한 것[24]입니다. 이미 군자를 받들어 모시게 되었으니 오직 〈당신의〉 명령을 따르겠습니다.'라고 하였다. 포선이 웃으면서 '그렇게 할 수 있다면, 그것이 바로 나의 뜻이오.'라고 하였다.

아내는 즉시 시종 및 의복과 장신구를 모두 돌려주고 짧은 상의와 하의로 갈아입은 뒤에 포선과 함께 鹿車[25]를 끌고 〈포선의〉 고을로 돌아왔다. 시어머니에게 절을 올리는 예를 마친 뒤에 항아리를 안고 나가 물을 길었다. 부인의 도리를 제대로 실천하자 고을에서 칭찬하였다."

列女傳曰 "鮑宣妻, 桓氏女也, 字少君. 宣嘗就少君父學, 父奇其淸苦, 以女妻之, 裝送甚盛. 宣不悅, 謂妻曰 '少君生富驕, 習美飾, 而吾實貧賤, 不敢當禮.' 妻曰 '大人以先生修德守約, 故使賤妾侍執巾櫛, 旣奉承君子, 唯命是從.' 宣笑曰 '能如是, 是吾志也.' 妻乃悉歸侍御·服飾, 更(경)着短衣裳, 與宣共挽鹿車, 歸鄕里, 拜姑禮畢, 提甕出汲. 修行婦道, 鄕邦稱之."

④ 馬融은 南郡太守를 역임하였다.

融爲南郡太守.

29-6【補】 曹公(曹操)이 蔡文姬(蔡琰)에게 물었다.

"부인의 집에는 본래 서적이 많았다[26]는 말을 들었는데, 아직도 그 내용을 기

---

24) 수건과……것 : 아내가 남편을 공경히 받들어 모신다는 뜻이다. 春秋시대 秦나라에 인질로 잡힌 晉나라 太子 圉의 부인이 남편에게 "저의 부친인 이 나라 왕이 저를 당신의 아내로 삼아서 수건과 빗을 들고 모시게 한 것은 당신을 이곳에 묶어 놓기 위한 것입니다.〔寡君之使婢子侍執巾櫛 以固子也〕"라고 하였다.(≪春秋左氏傳≫ 僖公 22년)

25) 鹿車 : 사슴이 끄는 작은 수레이다.

억할 수 있소?"

채문희가 말하였다.

"예전에 작고하신 부친이 〈저에게〉 4천여 권의 책을 주셨는데, 이리저리 떠돌며 고생하느라 남아있는 것이 없습니다. 지금 외울 수 있는 것은 겨우 4백여 편뿐입니다."

조공이 말하였다.

"열 명의 관리를 부인에게 보내 베끼게 해야겠소."

채문희가 말하였다.

"제가 듣건대, 남자와 여자는 구별이 있어 예법상 직접 주고받지 않는다고 합니다. 청컨대 종이와 붓을 주시면 眞書(楷書)든 草書든 명에 따르겠습니다."

이에 〈전적의 내용을〉 베껴 바쳤는데, 문장에 빠지거나 잘못된 부분이 없었다.

曹公이 問蔡文姬하되 聞夫人家에 先多墳籍이라하니 猶能憶識之不아하니 文姬曰 昔에 亡父가 賜書四千許卷한대 流離塗炭하여 罔有存者니 今所誦憶은 裁四百餘篇이니이다하다 曹公言 當使十吏로 就夫人寫之리이다하니 文姬曰 妾聞컨대 男女之別하여 禮不親授라하니 乞給紙筆하면 眞草唯命하리이다하다 於是에 繕寫送上한대 文無遺誤①라

① 范曄의 ≪後漢書≫ 〈列女傳〉에 말하였다. "蔡伯喈(蔡邕)의 딸은 이름이 琰이고 字가 文姬이다. 박학다식하고 재치 있는 말재주가 있으며 음률에 정통하였다. 河東 사람 衛仲道에게 시집갔는데 남편이 죽고 아들도 없었다. 〈獻帝〉 興平 연간(194~195)에 난리를 만나 흉노의 기병에게 붙잡혀 南凶奴의 左賢王[27]의 수중에 떨어져 12년 동안 두 아들을 낳았다. 曹公(曹操)은 평소 채백개와 사이가 좋았기 때문에 사신을 파견해 황금과 보옥을 주고 그녀를 데리고 온 뒤에 董祀에게 시집보냈다."

范曄後漢書曰"蔡伯喈女, 名琰, 字文姬. 博學有才辨, 妙于音律. 適河東衛仲道, 夫亡無子. 興平中喪亂, 爲胡騎所獲, 沒于南凶奴左賢王, 十二年生二子. 曹公素與伯喈善, 遣使, 以金璧贖之, 嫁與董祀."

26) 부인의……많았다 : 원문 '夫人家先多墳籍'에 대해 ≪世說新語補觿≫에서는 "家先은 蔡文姬(蔡琰)의 작고한 부친을 가리킨다."고 하여 "부인의 작고한 부친에게는 서적이 많았다."고 하고, ≪世說新語補考≫에서는 "家와 先은 같은 뜻이다."라고 하여 "부인의 집에는 서적이 많았다."라고 하였는데, ≪世說新語補考≫의 견해에 의거하여 번역하였다.

27) 左賢王 : 흉노의 최고 통치자인 單于(선우) 다음으로 높은 封號로, 右賢王도 있었다.

29-7 魏(三國)나라 武帝(曹操)가 붕어하자 文帝(曹丕)가 무제의 궁녀를 모두 데려와 자신을 모시게 하였다. 문제의 병이 심각해졌을 때 〈생모인〉 卞太后가 병문안하러 갔다. 변태후가 문에 들어섰을 때 시종하는 시녀를 보니 모두 옛날 〈무제에게〉 총애를 받던 사람들이었다. 변태후가 물었다.

"언제 〈이곳에〉 왔느냐?"

〈시녀가〉 대답하였다.

"바로 〈무제의〉 招魂禮[28]를 거행할 때 왔습니다."[29]

이 때문에 〈변태후는〉 더 이상 들어가지 않고 탄식하였다.

"개나 쥐도 네가 남긴 음식을 먹지 않을 것[30]이니, 죽는 것이 정말 당연하다."

〈문제의〉 山陵(國葬) 때도 〈변태후는〉 결국 臨哭[31]하지 않았다.

魏武帝崩하니 **文帝**가 **悉取武帝宮人**하여 **自侍**라 **及帝病困**에 **卞后**가 **出看疾**한대 **太后入戶**에 **見値**(직)**侍**하니 **竝是昔日所愛幸者**라 **太后問 何時來邪**(야)아하니 **云 正伏魄時過**니이다하다 **因不復前**하고 **而歎曰 狗鼠不食汝餘**리니 **死故應爾**라하고 **至山陵**하여도 **亦竟不臨**①이라

① ≪三國志≫ 〈魏書 后妃傳〉에 말하였다. "武宣卞皇后는 瑯琊 開陽 사람이다. 後漢 〈桓帝〉 延熹 3년(160)에 齊郡의 白亭에서 태어났는데, 황색 기운이 며칠 동안 방에 가

---

28) 招魂禮 : 사람이 죽었을 때 거행하는 첫 번째 의식으로, 亡者의 혼을 부르는 것이다. 망자가 생전에 입었던 저고리를 왼손에 들고 오른손은 허리에 댄 채 지붕에 올라서거나 마당에 서서 북쪽을 향하여 '돌아오시오〔復〕'라고 세 번 외쳤다. ≪儀禮≫ 〈士喪禮〉의 '부르는 이 한 사람〔復者一人〕'에 대한 鄭玄의 주석에 "부르는 사람은 有司로, 혼을 부르고 백을 부르는 사람이다.〔復者 有司 招魂復魄也〕"라고 하였다

29) 바로……왔습니다 : 武帝(曹操)가 죽어 文帝(曹丕)가 태자로서 居喪하고 있을 때이다. (≪世說新語補觿≫)

30) 개나……것 : 품행이 극도로 비천하여 개나 쥐라도 부끄러워할 행실이라는 뜻으로, 매우 심한 욕이다. 元后가 王莽을 꾸짖으면서 "남의 어린아이를 부탁받았는데 유리한 틈을 타 그 나라를 탈취하고는 더 이상 은혜와 의리를 돌아보지 않는구나. 이와 같은 사람은 개나 돼지도 그가 남긴 음식을 먹지 않을 것이다.〔受人孤寄 乘便利時 奪取其國 不復顧恩義 人如此者 狗猪不食其餘〕"라고 하였다.(≪漢書≫ 〈元后傳〉) ≪世說音釋≫에서는 '狗鼠不食汝餘'라고 구두를 떼고 "개나 쥐 같은 놈아, 〈사람들이〉 네가 남긴 음식을 먹지 않을 것이다."라고 했는데, 이는 ≪春秋左氏傳≫ 莊公 6년 조목에서 鄧侯가 스스로를 비평하여 "내가 남긴 음식은 사람들이 먹으려 하지도 않을 것이다.〔人將不食吾餘矣〕"라고 한 내용에 근거한 것이다.

31) 臨哭 : 조문객이 亡者의 관에 나아가 哭泣하는 절차이다.

득하였다. 부친 敬侯(卞遠)가 이상하게 여겨 점쟁이 王越에게 묻자, 왕월이 '이는 좋은 징조입니다.'라고 하였는데, 20세에 太祖(曹操)가 譙 땅에서 그녀를 맞아들였다. 성품이 검소하여 화려함을 숭상하지 않고, 母儀[32]와 덕행을 지녔다."

魏書曰"武宣卞皇后, 瑯琊開陽人. 以漢延熹三年, 生齊郡白亭, 有黃氣滿室移日. 父敬侯怪之, 以問卜者王越[33], 越曰'此吉祥也.' 年二十, 太祖納於譙. 性約儉, 不尙華麗, 有母儀德行."

【頭註】

○ 劉辰翁 : 〈銅雀臺賦〉에 다시 이 내용이 빠졌으니, '咄咄' 안타깝다.
劉云"賦銅雀, 復少此, 咄咄."

○ 王世懋 : 동작대의 기녀도 다시 〈여기에〉 있었을 것이다.
王云"銅雀臺上妓, 亦復在耶."

29-8 趙母(趙姬)가 딸을 시집보내는데 딸이 막 떠나려고 할 때 훈계하였다.

"삼가 좋은 일을 하지 말거라."

딸이 말하였다.

"좋은 일을 하지 않으면 나쁜 일은 해도 되나요?"

조모가 말하였다.

"좋은 일도 하면 안 되는데 더구나 나쁜 일은 말할 것도 없지."

趙母嫁女한대 女臨去에 敕之曰 愼勿爲好라하다 女曰 不爲好면 可爲惡邪(야)잇가하니 母曰 好도 尙不可爲온 其況惡乎①아하다

① ≪列女傳≫[34]에 말하였다. "趙姬는 桐鄕令을 역임한 東郡 사람 虞韙의 아내로, 潁川 趙氏의 딸인데 재주 있고 명민하며 박학다식하였다. 우위가 죽은 뒤에 大皇帝(孫權)가 그녀의 文才를 존중하여 조서를 내려 궁성으로 들어오게 하였다. 대황제가 직접 公孫淵을 정벌하려고 하자, 조희가 상소를 올려 〈안 된다고〉 간언하였다. 수십만 자

32) 母儀 : 어머니로서의 모범이라는 뜻으로, 대체로 황후에게 쓰는 표현이다. 劉向의 ≪古列女傳≫ 〈小序〉에 "모의의 경우는 현명하고 성스러우며 지혜를 지녀 행실은 법도가 되고 언사는 의리에 맞는다.〔惟若母儀 賢聖有智 行爲儀表 言則中義〕"라고 하였다.

33) 越 : ≪靜≫ 〈魏書 后妃傳〉에는 '旦'으로 되어 있다.

34) 列女傳 : 어떤 사람은 "이 ≪열녀전≫은 皇甫謐이 지은 ≪열녀전≫이다."라고 하였다. (≪世說箋本≫)

분량의 ≪列女傳解≫를 지었는데 '趙母의 주석'이라고 불렀다. 〈吳나라 대황제〉 赤烏 6년(243)에 세상을 떠났다."

列女傳曰 "趙姬者, 桐鄉令東郡虞韙妻, 潁川趙氏女也, 才敏多覽. 韙旣沒, 大皇帝敬其文才, 詔入宮省. 上欲自征公孫淵, 姬上疏以諫. 作列女傳解, 號趙母注, 賦數十萬言. 赤烏六年卒."

≪淮南子≫ 〈說山訓〉에 말하였다. "어떤 부인이 그 딸을 시집보내면서 '네가 착한 일을 하면 착한 사람들이 너를 미워할 것이다.'라고 훈계하였다. 〈그 딸이〉 '그렇다면 착하지 않은 일을 해야 하나요?'라고 대답하니, 〈그 부인이〉 '착한 일도 하면 안 되는데, 더구나 착하지 않은 일은 말할 것도 없지.'라고 하였다."

淮南子曰 "人有嫁其女而教之者曰 '爾爲善, 善人疾之.' 對曰 '然則當爲不善乎?' 曰 '善尙不可爲, 而況不善乎?'"

景獻羊皇后[35]가 말하였다. "이 말은 비록 비루하지만, 세상 사람들을 가르칠 만하다."

景獻羊皇后曰 "此言雖鄙, 可以命世人."

【頭註】

○ 王世懋 : 〈이 내용이〉 어찌 꼭 ≪莊子≫보다 뒤지겠는가.

王云 "何必減莊子?"

29-9 許允의 부인은 阮衛尉(阮共)의 딸이자 阮德如(阮侃)의 여동생인데 매우 못생겼다. 交拜禮가 끝났는데 허윤이 전혀 관심을 두지 않으니[36] 집안사람들이 매우 걱정하였다. 마침 허윤을 찾아온 손님 있었는데, 부인이 하녀에게 〈누구인지〉 살펴보게 하였다. 〈하녀가〉 돌아와서 대답하였다.

"桓郎입니다."

환랑은 桓範이다. 부인이 말하였다.

"걱정이 없구나. 환랑이 틀림없이 들어가라고 권할 것이다."

환랑이 과연 허윤에게 말하였다.

---

35) 景獻羊皇后 : 214~278. 晉(魏晉)나라 泰山 南城 사람으로, 이름은 徽瑜이다. 부친은 上黨太守 羊衜(양도), 모친은 蔡邕의 딸이고, 景皇帝(司馬師)의 세 번째 후비이다.

36) 관심을……않으니 : 원문 '入理'에 대해 ≪世說音釋≫에서는 '다스리다〔治〕'의 뜻이라고 하고, ≪世說箋本≫에서는 '마음에 든다〔入心〕'는 말과 같다고 했다. ≪三國志≫ 〈魏書 夏侯玄列傳〉의 주석에서 인용한 ≪魏氏春秋≫에는 '理'가 '意'로 되어 있기 때문에 ≪世說箋本≫의 설명에 의거하여 번역하였다.

"완씨 집안이 기왕에 추녀를 그대에게 시집보낸 것에는 본래 〈어떤〉 뜻이 있는 게 틀림없으니, 그대는 마땅히 살펴보아야 할 것이네."

허윤이 곧장 〈마음을〉 바꾸어 내실로 들어갔으나, 부인을 보자마자 당장 나오려고 하였다. 부인은 그가 이번에 나가면 다시는 관심을 두지 않을 것이라고 여겨 즉시 〈그의〉 옷자락을 잡고 만류하였다. 그러자 허윤이 〈부인에게〉 말하였다.

"부인에게는 네 가지 덕이 있으니, 그대에게는 몇 가지가 있소?"

부인이 말하였다.

"저에게 부족한 것은 오직 용모뿐입니다. 그러나 선비에게는 백 가지 품행이 있으니, 당신께서는 몇 가지를 갖추고 있습니까?"

허윤이 말하였다.

"모두 갖추고 있소."

부인이 말하였다.

"백 가지 품행은 德을 최고로 여깁니다. 당신께서는 여색을 좋아하고 덕을 좋아하지 않으니, 어찌 모두 갖추었다고 하겠습니까."

허윤이 부끄러운 기색을 띠고, 마침내 서로 존중하게 되었다.

許允婦는 是阮衛尉女요 德如妹①니 奇醜라 交(理)〔禮〕[37]竟이로되 允이 無復入理하니 家人이 深以爲憂라 會允有客至한대 婦가 令婢視之하니 還答曰 是桓郎이니이다하다 桓郎者는 桓範也②라 婦云 無憂라 桓이 必勸入이리라하다 桓이 果語許云 阮家가 旣嫁醜女與卿은 故當有意니 卿宜察之어다하다 許가 便回入內나 旣見婦에 卽欲出하니 婦가 料其此出하면 無復入理하여 便捉裾停之라 許가 因謂曰 婦有四德하니 卿有其幾③오하니 婦曰 新婦所乏은 惟容爾니이다 然士有百行하니 君有幾잇가하다 許云 皆備라하니 婦曰 夫百行은 以德爲首하나니 君은 好色하고 不好德하니 何謂皆備잇가하다 允이 有慚色하고 遂相敬重이라

① 魚豢(어환)의 ≪魏略≫[38]에 말하였다. "許允은 字가 士宗으로, 高陽 사람이다. 젊을 때 淸河 사람 崔贊과 함께 冀州에서 이름을 날리고, 관직이 領軍將軍에 이르렀다."

---

37) (理)〔禮〕: 저본에는 '理'로 되어 있으나, ≪世說新語≫에 의거하여 '禮'로 바로잡았다.
38) 魚豢의 魏略 : 어환은 京兆 사람으로, 魏(三國)나라 郎中을 역임한 역사가이다. ≪위략≫은 삼국 시대 위나라의 역사를 기록한 역사서로, 紀·志·列傳의 체제로 되어 있다. 원문은 일실되고, 청나라의 張鵬一이 편찬한 ≪魏略輯本≫이 있다.

魏略曰 "允字士宗, 高陽人. 少與淸河崔贊, 俱發名於冀州, 仕至領軍將軍."

≪陳留志≫에 말하였다. "阮共은 字가 伯彦으로, 尉氏 사람이다. 순수하고 소박하게 道를 지키고 겸양으로 행동하며, 魏(三國)나라에서 벼슬하여 衛尉卿에 이르렀다. 막내아들 阮侃은 字가 德如로, 뛰어난 재주를 지니고 명분과 도리로 신칙하였다. 풍모가 우아하고 온화하며, 嵇康과 벗으로 지내며, 관직이 河內太守에 이르렀다."

陳留志曰 "阮共, 字伯彦, 尉氏人. 淸眞守道, 動以禮讓, 仕魏至衛尉卿. 少子侃, 字德如, 有俊才, 而飭以名理. 風儀雅潤, 與嵇康爲友, 仕至河內太守."

② 魚豢의 ≪魏略≫에 말하였다. "桓範은 字가 允明으로, 沛郡 사람이다. 관직이 大司農에 이르렀는데, 宣王(司馬懿)에게 주살되었다."[39)]

魏略曰 "範字允明, 沛郡人. 仕至大司農, 爲宣王所誅."

③ ≪周禮≫ 〈天官〉에 말하였다. "〈궁중의 女官인〉 九嬪[40)]은 부인들이 배워야 할 법도를 관장하니, 九御[41)]에게 婦德·婦言·婦容·婦功을 가르친다." 鄭玄의 주석에 "부덕은 바르고 순종함을, 부언은 응대하는 말을, 부용은 유순한 모습을, 부공은 베 짜는 일을 이른다."라고 하였다.

周禮 "九嬪掌婦學之法, 以教九御婦德·婦言·婦容·婦功." 鄭注曰 "德(是)〔謂〕[42)] 貞順, 言謂辭令, 容謂婉娩, 功謂絲枲(시)."

29-10 許允이 吏部郎으로 재직할 때 자기 고향 사람들을 많이 등용하니 魏(三國)나라 明帝(曹叡)가 虎賁郎을 파견하여 잡아 오게 하였다. 〈허윤이 잡혀갈 때〉 그 부인이 나와서 허윤에게 경계하였다.

"현명한 군주는 이치로 설득할 수는 있지만, 인정으로 호소하기는 어렵습니다."

〈허윤이〉 도착한 뒤에 명제가 심문하니 허윤이 대답하였다.

"〈孔子께서〉 '네가 아는 사람을 등용하라.'[43)]라고 하셨으니, 저의 고향 사람들은

---

39) 宣王(司馬懿)에게 주살되었다 : 사마의가 249년에 曹爽을 토벌하기 위해 군대를 일으켰을 때, 桓範은 何晏 등과 함께 조상의 편에 있다가 주살되었다.

40) 九嬪 : 周나라 때 천자가 둘 수 있는 아홉 사람의 嬪이다. ≪禮記≫ 〈昏義〉에 "옛날에 천자의 왕후는 六宮에 3명의 부인, 9명의 빈, 27명의 세부, 81명의 어처를 세워서 천하의 內治를 다스린다.〔古者天子后 立六宮三夫人九嬪二十七世婦八十一御妻 以聽天下之內治〕"라고 하였다.

41) 九御 : 궁중의 女官으로, 女工과 侍御의 일을 담당한다. 전체 81명인데 9조로 나누어 순서대로 시어하였다.(≪周禮≫ 〈天官〉)

42) (是)〔謂〕 : 저본에는 '是'로 되어 있으나, ≪周禮≫ 〈天官〉에 의거하여 '謂'로 바로잡았다.

43) 네가……등용하라 : 仲弓이 孔子에게 政事에 대해 묻자, 공자가 賢才를 등용하라고 하

孔子

제가 잘 아는 바입니다. 폐하께서 〈그들이〉 직분에 적합한지 여부를 조사하여 만약 직분에 적합하지 않다면 저는 그 죄를 인정하겠습니다."

조사한 결과 모두 그 관직에 합당하였다. 그래서 바로 허윤을 석방하고, 〈허윤의〉 의복이 낡고 떨어져 있으니 어명으로 새 옷을 하사하였다. 처음에 허윤이 잡혀갈 때 집안 사람 모두 울부짖었으나 신부 阮氏는 태연자약한 태도로 말하였다.

"걱정하지 마라. 이내 돌아오실 것이다."

〈완씨가〉 좁쌀죽을 쑤어 놓고 기다리니, 잠시 뒤에 허윤이 도착하였다.

許允이 爲吏部郎에 多用其鄕里하니 魏明帝가 遣虎賁하여 收之라 其婦出하여 誡允曰 明主는 可以理奪이어니와 難以情求니이다하다 旣至에 帝覈問之하니 允對曰 擧爾所知라하시니 臣之鄕人은 臣所知也니이다 陛下檢校爲稱職與不하여 若不稱職인댄 臣受其罪리이다하다 旣檢校에 皆官得其人하니 於是에 乃釋允하고 衣服敗壞하니 詔賜新衣라 初允被收할새 擧家號哭이나 阮新婦는 自若하고 云 勿憂하라 尋還이리이다하고 作粟粥待하니 頃之에 允至①라

① 孫盛의 ≪魏氏春秋≫에 말하였다. "처음에 許允이 吏部郎이 되어 〈아무개〉 郡의 태수를 골라 〈조정에〉 등용했는데, 明帝는 그가 등용한 것이 등급을 뛰어넘는 파격이라고 의심하여 장차 벌을 주려고 하였다. 허윤의 부인 阮氏가 맨발로 나와 〈허윤에게〉 '현명한 군주는 이치로 설득할 수는 있지만, 인정으로 호소하기는 어렵습니다.'라고 하자, 허윤이 고개를 끄덕인 뒤에 〈조정에〉 들어갔다. 명제가 분노하여 나무라니, 허윤이 '아무개 郡의 태수는 비록 임기가 다 차지 않았으나 〈조정으로 오라는〉 문서가 먼저 도착했으니, 〈그의 임기〉 年限은 뒤에 있고 〈그 문서의〉 日限은 앞에 있었기 때문입니다.'[44]라고 대답하였다. 명제가 앞으로 나아가 사안을 취하여 보고는 그제야 〈의심이〉 풀렸다. 〈허윤을〉 보내줄 때 그의 낡은 의복을 바라보고는 청렴한 관리로다.'라고 하였다."

였다. 중궁이 "어떻게 현재인 줄 알고 등용합니까?〔焉知賢才而擧之〕"라고 묻자, 공자가 "네가 알고 있는 사람을 등용하면 네가 알지 못한 사람을 다른 이들이 그냥 놔두겠느냐.〔擧爾所知 爾所不知 人其舍諸〕"라고 하였다.(≪論語≫ 〈子路〉)

44) 年限은……때문입니다 : 許允이 선발한 태수의 임기가 다 차지 않았으나 그를 조정으로 소환하는 문서가 임기 완료 전에 먼저 도착했기 때문에 오해가 생겼다는 뜻이다.

魏氏春秋曰 "初允爲吏部, 選遷郡守, 明帝疑其所用非次, 將加其罪. 允妻阮氏跣出, 謂曰 '明主可以理奪, 不可以情求.' 允頷之而入. 帝怒詰之, 允對曰 '某郡太守, 雖限〔未〕[45]滿, 文書先至, 年限在後, 日限在前.' 帝前取事[46]視之, 乃釋然. 遣出, 望其衣敗曰 '淸吏也.'"

【頭註】

○ 王世懋 : 이러한 부인을 얻었으니 매우 못생긴 용모를 감내해야 한다.
王云 "得婦如此, 故當耐其奇醜."

29-11 許允이 晉(魏晉)나라 景王(司馬師)에게 주살당하자 문하생들이 달려 들어가 그 부인에게 알렸더니, 한창 베를 짜고 있던 부인은 얼굴색조차 변치 않은 채 말하였다.

"진즉에 알고 있습니다."

문하생들이 그의 아들들을 숨기려고 하자부인이 말하였다.

"아이들의 일에 관여하지 마시오."

이후에 〈부인은 허윤의〉 묘소로 옮겨 살았는데, 경왕이 鍾會를 보내 〈허윤의 아들들을〉 살펴보게 하면서 만약 재주와 지혜가 부친에 버금간다면 잡아들이라고 하였다. 아들들이 모친에게 물으니 모친이 말하였다.

"너희들이 비록 훌륭하지만 재능이 많지 않으니, 솔직한 마음으로 〈종회와〉 얘기한다면 걱정할 바가 없을 것이다. 〈종회가 弔哭할 때〉 군이 너무 슬퍼할 필요는 없고 종회가 〈哭泣을〉 그치면 바로 그치도록 해라. 또 조정의 일에 대해서는 조금 물어봐도 괜찮다."[47]

아들들은 모친의 말대로 하였다. 종회가 돌아가 사실대로 보고하니 〈아이들이〉 결국 〈재앙을〉 피하였다.

許允이 爲晉景王所誅하니 門生走入하여 告其婦어늘 婦가 正在機中이라가 神色不變하고 曰 蚤知爾耳①니이다하다 門人이 欲藏其兒하니 婦曰 無豫諸兒事어다하다 後에 徙居墓所한대 景王이 遣鍾會看之하되 若才流及父하면 當收하라하다 兒以咨母하니 母曰 汝等雖佳나 才具

45) 〔未〕: 저본에는 '未'가 없으나, ≪世說箋本≫에 의거하여 보충하였다.
46) 事 : ≪世說箋本≫에서는 "書의 오류인 듯하다."라고 하였다.
47) 조정의……괜찮다 : 이렇게 한 것은 벼슬할 뜻을 가지고 있고, 복수의 의지가 없음을 보이기 위한 것인데, 질문을 많이 하면 의심할 수 있으니 적게 하라고 한 것이다.(≪世說箋本≫)

不多하니 率胸懷與語하면 便無所憂리라 不須極哀하고 會止면 便止하고 又可少問朝事라하다 兒從之한대 會反하여 以狀對하니 卒免②이라

① ≪三國志≫ 〈魏書 夏侯玄列傳〉에 말하였다. "처음에 領軍將軍(許允)은 夏侯玄·李豐과 친밀하였다. 어떤 자가 尺一[48]의 조서를 위조하여 하후현을 대장군으로, 허윤을 太尉로 삼고 둘 다 尙書事에 임명한다고 하였다. 얼마 지나지 않아 어떤 사람이 날이 밝기 전에 말을 타고 와서 허윤의 문지기에게 조칙을 주면서 '조서입니다.'라고 하고는 곧바로 말을 몰아 달아났다. 허윤은 조칙을 던져 불태우고 〈이 일을〉 景王(司馬師)에게 통지하지 않았다."

魏志曰 "初領軍與夏侯玄·李豐親善, 有詐作尺一詔書, 以玄爲大將軍, 允爲太尉, 共錄尙書事. 無何, 有人天未明乘馬, 以詔版付允門吏曰 '有詔.' 因便驅走. 允投書燒之, 不以關呈景王."

魚豢의 ≪魏略≫에 말하였다. "이듬해에 李豐이 체포당하니 許允이 대장군(司馬師)을 만나러 가려고 하였다. 이미 문을 나섰으나 허윤은 머뭇대며 불안해하다가 도중에 돌아와 〈예장용〉 바지를 가지고 왔다. 대장군이 이를 듣고 괴이하게 여기면서 '나는 그저 이풍을 잡아들였을 뿐인데, 어째서 사대부가 허둥대는가.'라고 하였다.

마침 鎭北將軍 劉靜이 죽자 허윤으로 유정을 대신하게 하려고 대장군이 허윤에게 편지를 보내 '진북장군은 비록 일이 적지만 한 지방을 전체적으로 다스리는 자리오. 생각건대 그대가 〈수레 위에서〉 북을 울리며 붉은 깃발을 세우게 하고 고향을 지나간다면 이는 이른바 대낮의 금의환향이오.'라고 하였다.

때마침 〈어떤〉 관리가 허윤이 이전에 제멋대로 수라간의 돈과 곡식을 배우들과 자신의 속관들에게 주었다고 상주했는데, 사형에서 감형되어 변방으로 유배가다가 도중에서 죽었다."

魏略曰 "明年李豐被收, 允欲往見大將軍. 已出門, 允回遑不定, 中道還取袴. 大將軍聞而怪之曰 '我自收李豐, 士大夫何爲忽忽乎?' 會鎭北將軍劉靜卒, 以允代靜, 大將軍與允書曰 '鎭北雖少事, 而都典一方, 念足下震華鼓, 建朱節, 歷本州, 此所謂著繡晝行也.' 會有司奏允前擅以廚錢穀, 乞諸俳及其官屬, 減死徙邊, 道死."

孫盛의 ≪魏氏春秋≫에 말하였다. "許允이 鎭北將軍이 되자 기뻐하면서 아내에게 '나는 〈재앙을〉 피하리란 것을 알겠소.'라고 하니, 그 아내가 '재앙이 이곳에서 드러날 것이니 어찌 피할 수 있겠습니까.'라고 하였다."

魏氏春秋曰 "允之爲鎭北, 喜謂其妻曰 '吾知免矣.' 妻曰 '禍見於此, 何免之有?'"

---

48) 尺一 : 황제의 조서를 의미하는 말로, 漢나라 때 길이 一尺一寸의 목판에 조서를 기록하였다.

傅暢의 ≪晉諸公敍贊≫[49)]에 말하였다. "許允은 바른 성정을 지녔기 때문에 〈西晉〉 文帝(司馬昭)와 사이가 좋지 않았으니, 〈문제가〉 마침내 구금하여 살해하였다."
晉諸公贊曰"允有正情, 與文帝不平, 遂幽殺之."

≪婦人集≫[50)]에 실려 있는, 阮氏가 許允에게 보낸 편지에 許允이 재앙을 받은 연유를 진술했는데 내용이 매우 비통하다. 글이 길어 기록하지 않는다.
婦人集載阮氏與允書, 陳允禍患所起, 辭甚酸愴, 文多不錄.

② 郭頒의 ≪魏晉世語≫[51)]에 말하였다. "許允의 두 아들 가운데 許奇는 字가 子太이고 許猛은 字가 子豹인데, 모두 치적이 있었다."
世語曰"允二子, 奇字子太, 猛字子豹, 竝有治理."

傅暢의 ≪晉諸公敍贊≫에 말하였다. "許奇는 〈西晉 武帝〉 泰始 연간(265~274)에 太常丞이 되었다. 世祖(무제 司馬炎)가 한 번은 사당에서 제사를 올릴 때 허기가 그 행사에 참여하게 되었는데, 조정에서는 허기가 죄를 받은 가문의 사람이라는 이유로 접근하지 못하게 하고, 長史로 전출시켰다. 세조는 조서를 내리면서 許允의 옛 명망을 서술하고, 또 허기의 재능을 칭찬하고는 尙書祠部郎으로 발탁하였다. 許猛은 禮學에 뛰어나고 박학다식하며, 게다가 재능과 식견을 갖추어 幽州刺史가 되었다."
晉諸公贊曰"奇, 泰始中, 爲太常丞. 世祖嘗祠廟, 奇應行事, 朝廷以奇受害之門, 不令接近, 出爲長史. 世祖下詔, 述允宿望, 又稱奇才, 擢爲尙書祠部郎. 猛, 禮學儒博, 加有才識, 爲幽州刺史."

【頭註】

○ 王世懋 : 〈阮氏가 許允에게 보낸〉 편지를 싣지 않은 것이 아쉽다.
王云"惜不載其書."

○ 王世懋 : 〈阮氏의〉 뛰어난 식견이 이런 경지에 이르렀으니 거의 司馬宣王(司馬懿)과 맞먹는다.

---

49) 傅暢의 晉諸公敍贊 : 부창(?~330)은 晉(魏晉)나라 北地 泥陽 사람으로, 字는 世道이다. 조부는 魏(三國)나라의 太常 傅嘏이고, 부친은 靈州公 傅祗이다. 그는 西晋에서 司徒를 역임한 뒤 秘書丞에 이르고 封武鄕亭侯에 봉해지며, 後趙의 石勒이 서진을 멸망시킨 뒤에 그를 大將軍右司馬로 삼았다. ≪진제공서찬≫은 진나라 王公과 大臣의 傳記이며 뒤에 論贊하는 말이 있다. 원본은 일실되고, 청나라 黃奭의 輯本과 傅以禮의 집본이 있다.

50) 婦人集 : 南朝 시대에 편찬된 ≪부인집≫은, 저자를 밝히지 않은 ≪부인집≫ 20권, ≪부인집≫ 11권, ≪婦人集鈔≫ 2권 및 송나라 殷淳의 ≪부인집≫ 30권이 있다.(≪隋書≫ 〈經籍志〉) 또한 ≪梁書≫ 〈徐勉列傳〉에 장면이 ≪부인집≫ 10권을 편찬했다고 하였다. 여기에 인용된 ≪부인집≫이 어느 책인지는 확인할 수 없다.

51) 郭頒의 魏晉世語 : 곽반은 晉(魏晉)나라 역사가로, 字는 長公이다. 처음에 令史가 되고, 지방으로 나가 襄陽縣令이 되었다. ≪위진세어≫는 위진시대 명사들의 일화를 기록한 책인데, ≪三國志≫의 裴松之 주석에 여러 차례 인용되고, 全書는 일실되었다.

又云 "高識至此, 幾可與司馬宣王對."

29-12 〈王陵의 아들〉 王公淵(王廣)이 諸葛誕의 딸에게 장가들었는데, 방에 들어가 처음 대화를 나눌 때 왕공연이 부인에게 말하였다.

"부인은 안색이 비천하니 公休(제갈탄)와 전혀 다르오."

부인이 말하였다.

"대장부(왕공연)께서는 彦雲(왕릉)과 비슷할 수 없으면서 제가 영웅호걸과 대등하기를 바라시나요."

王公淵이 **娶諸葛誕女**한대 **入室**하여 **言語始交**에 **王謂婦曰 新婦**는 **神色卑下**하니 **殊不似公休**로다하니 **婦曰 大丈夫**는 **不能彷彿彦雲**이어늘 **而令婦人**으로 **比蹤英傑**①잇가하다

① 孫盛의 ≪魏氏春秋≫에 말하였다. "王廣은 字가 公淵으로, 王陵의 아들이다. 풍모와 기량, 재주와 학문을 지녀 당대에 명성이 높았다. 傅嘏 등과 才性(재주와 본성)의 同異[52]에 대해 토론했는데, 〈그 내용이〉 세상에 유행하였다."
魏氏春秋曰 "王廣, 字公淵, 王陵子也. 有風量才學, 名重當世. 與傅嘏等, 論才性同異, 行於世."
≪三國志≫ 〈魏書 王陵列傳〉에 말하였다. "王廣은 의지・학문・덕행을 지녔는데, 王陵이 주살 당했을 때 함께 죽었다."[53]
魏志曰 "廣有志尙學行, 陵誅并死."
臣이 생각건대, 王廣은 名士이니 어찌 장인어른에 대해 농담을 했겠는가. 이 말은 잘못되었다.
臣謂王廣名士, 豈以妻父爲戱? 此言非也.

52) 才性(재주와 본성)의 同異 : 傅嘏는 才性同의 입장으로, 밖으로 드러나는 재주가 바로 하늘로부터 부여받은 본성이고, 이 외에 따로 주체적인 본성은 없다고 하고, 李豐은 才性異의 입장으로, 재주와 본성은 각각 별개로, 본성은 근본적인 것이고 재주는 부차적인 것이기 때문에 결코 동일하지 않다고 하며, 鐘會는 才性合의 입장으로, 비록 본성이 근본적인 것이고 재주가 부차적인 것이지만 서로 어울려 서로의 단점을 보완할 수 있다고 하고, 王廣은 才性離의 입장으로, 비록 재주가 본성으로부터 나오는 것이지만, 일단 나온 뒤에는 그 자체로 독자적인 것이 되어 스스로 발전해 나가기 때문에 본성과 분리된다고 하였다.(≪中華百科全書≫ 電子版, 中華民國, 1983)
53) 王陵이……죽었다 : 왕릉은 令狐愚 등과 함께 齊王(曹芳)을 폐하고 楚王(曹彪)을 옹립하려 했으나, 少帝 嘉平 3년(251)에 司馬懿에게 발각되어 도성으로 호송되던 도중에 약을 먹고 자살하고, 그 일에 연루된 자들은 三族이 처형되었다.

【頭註】

○ 王世懋 : 주석('臣이 생각건대' 이하)의 반박이 매우 우활하다. 게다가 뜬금없이 '臣'자를 썼으니, 어찌 이것이 劉孝標의 말이겠는가.

王云"註駁大迂, 且忽下臣字, 詎是孝標語?"

29-13 王經은 어릴 때부터 가난으로 고생하였지만 관직이 2천 石[54]에 이르렀다. 모친이 그에게 말하였다.

"너는 본래 가난한 집의 자식인데, 〈지금〉 관직이 2천 석에 이르렀으니 여기서 멈추어야 한다."

왕경은 〈모친의 말을〉 따를 수 없었다. 〈왕경은〉 尙書가 되어 魏(魏晉)나라를 돕고 晉나라에 충성하지 않다가 체포되니, 울면서 모친에게 사죄하며 말하였다.

"어머니의 타이르던 〈말씀을〉 따르지 않아 지금 이 지경이 되었습니다."

모친은 전혀 슬퍼하는 기색이 없이 그에게 말하였다.

"자식으로서는 효성스럽고 신하로서는 충성스러워야 하는 법이다. 〈너는〉 효성스럽고 충성스러우니 어찌 나를 저버렸겠느냐."

王經은 少貧苦나 仕至二千石이라 母語之曰 汝는 本寒家子라 仕至二千石하니 此可以止乎인저하나 經은 不能用이라 爲尙書하여 助魏하고 不忠於晉이라가 被收하니 涕泣辭母曰 不從母敕하여 以至今日이니이다하니 母都無慽容하고 語之曰 爲子則孝요 爲臣則忠하나니 有孝有忠하니 何負吾邪(야)①아하다

① 郭頒의 ≪魏晉世語≫에 말하였다. "王經은 字가 彦偉로, 淸河 사람이다. 高貴鄕公(曹髦)의 난리[55]가 발생했을 때 王沈(왕침)과 王業은 文王(司馬昭)에게 달려가 보고했으나, 왕경은 강직함으로 나아가지 않은 채 왕침과 왕업을 통해 〈자신의〉 뜻을 〈문왕에게〉 진술하였다. 이후에 〈문왕이〉 왕경과 그의 모친을 주살하였다."

世語曰"經字彦偉, 淸河人. 高貴鄕公之難, 王沈·王業馳告文王, 經以正直不出, 因沈·業申意. 後誅經及其母."

---

54) 2천 石 : 漢나라 九卿의 郎將과 郡守의 봉록 등급이었는데, 이후에 낭장과 군수를 부르는 호칭이 되었다.

55) 高貴鄕公(曹髦)의 난리 : 司馬昭가 相公과 晉公이 되어 정권을 좌지우지하자 魏(三國)나라 廢帝(曹髦)가 甘露 5년(260)에 거병하여 토벌했으나 실패하고 피살되었다.

傅暢의 ≪晉諸公敍贊≫에 말하였다. "王沈(왕침)과 王業이 장차 〈문왕에게〉 나아가려고 할 때 王經을 불렀으나, 〈왕경은〉 따르지 않은 채 '그대들이나 가시오.'라고 하였다." 晉諸公贊曰 "沈·業將出, 呼經, 不從曰 '吾子行矣.'"

習鑿齒의 ≪漢晉春秋≫[56]에 말하였다. "처음에 曹髦(조모)가 장차 직접 司馬昭를 토벌하려고 할 때 王經이 간언을 올려 '옛날 魯나라 昭公이 季孫氏를 참지 못했다가 패주하여 나라를 잃고는[57] 세상의 비웃음을 받았습니다. 지금 권력이 그 〈司馬氏〉 가문에 있은 지 오래되었고, 조정과 사방에서 모두 그를 위해 목숨을 바치려 하니, 逆順의 이치[58]를 염두에 두지 않은 것이 어제오늘의 일이 아닙니다. 게다가 宿衛兵도 전혀 없고 한 치의 무기도 없으니, 폐하께서는 어디에 의지하시겠습니까? 일단 이렇게 토벌하면 병을 제거하려다가 더욱 심각하게 만드는 경우가 아니겠습니까.'라고 하였으나, 조모가 따르지 않았다.

이후에 〈사마소가〉 왕경을 주살할 때 그 모친도 죽였다. 〈왕경이〉 장차 죽게 되었을 때 눈물을 흘리면서 모친에게 사죄하자, 모친은 안색조차 변치 않은 채 웃으면서 '사람이 누군들 죽지 않겠느냐. 예전에 너를 만류한 이유는 〈네가〉 제자리를 얻지 못할까 걱정했기 때문이었다. 〈그러나〉 이로써[59] 함께 죽게 되었으니 무슨 아쉬움이 있겠느냐.'라고 하였다."

---

56) 習鑿齒의 漢晉春秋 : 습착치(317~384)는 晉(魏晉)나라 襄陽 사람으로, 字는 彦威이다. 東晉시대 桓溫의 從事·西曹主簿가 되었는데, 환온의 簒位 계획에 반대하여 戶曹參軍으로 좌천되었고, 이후에 滎陽太守를 역임하였다. 그는 玄學·佛學·史學에 정통하였고, 저서로 ≪한진춘추≫, ≪襄陽耆舊記≫, ≪逸人高士傳≫, ≪習鑿齒集≫ 등이 있다. ≪한진춘추≫는 漢 光武帝로부터 晉 愍帝에 이르는 281년 동안의 역사를 기록했는데, 蜀漢을 정통으로 인정하여 魏나라를 배제하고 진나라가 한나라를 계승했다고 하였다.

57) 魯나라……잃고는 : '季孫氏'는 춘추시대 노나라 莊公의 아우인 季友의 후손으로, 대대로 대부의 벼슬을 계승하고 정권을 독점하여 막대한 권세와 부를 누렸다. 昭公 때 실권을 잡고 있던 季平子와 대부 郈昭伯 사이에 닭싸움이 붙었는데 후소백이 이겼다. 계평자가 화가 나서 후소백을 공격하자, 후소백이 다른 사람들과 연합하여 계씨를 공격했는데, 소공은 후소백의 편을 들었다가 패배하여 제나라로 도망쳤다. 제나라 景公이 소공을 乾侯에 있게 하였는데, 소공은 끊임없이 복위를 꾀했으나 끝내 복위하지 못하고 그곳에서 죽었다.(≪春秋左氏傳≫ 昭公 25년)

58) 逆順의 이치 : 天道에 순응하면 살아남고 역행하면 망하는 이치이다. ≪孟子≫ 〈離婁上〉에 "천하에 도가 있을 때는 小德이 大德에게 부림을 당하고 小賢이 大賢에게 부림을 당한다. 천하에 도가 없을 때는 소국이 대국에게 부림을 당하고 약자가 강자에게 부림을 당한다. 이 두 가지는 天理이니, 천리에 순응하는 자는 보존되고 천리에 역행하는 자는 망한다.〔天下有道 小德役大德 小賢役大賢 天下無道 小役大 弱役强 斯二者天也 順天者存 逆天者亡〕"라고 하였다.

59) 이로써 : 제자리를 얻은 것이다.(≪世說箋本≫)

漢晉春秋曰"初曹髦將自討司馬昭, 經諫曰'昔魯昭不忍季氏, 敗走失國, 爲天下笑. 今權在其門久矣, 朝廷四方, 皆爲之致死, 不顧逆順之理, 非一日也. 且宿衛空闕, 寸刃無有, 陛下何所資用? 而一旦如此, 無乃欲除疾, 而更深之邪(야)?' 髦不聽. 後殺經, 并及其母. 將死, 垂泣謝母, 母顔色不變, 笑而謂曰'人誰不死? 往所以止汝者, 恐不得其所也. 以此并命, 何恨之有?'"

干寶의 ≪晉紀≫[60]에 말하였다. "王經은 〈魏나라에〉 절의를 지키고 우리(晉나라)에게 충성하지 않았기 때문에 주살되었다."

干寶晉紀曰"經正直, 不忠於我, 故誅之."

살펴보건대, 傅暢과 干寶가 기록한 내용은 王經이 실로 魏나라에 충성했다고 하였다. ≪魏晉世語≫에서는 이미 '그가 절의를 지켰다.'고 하고는 또 '王沈과 王業을 통해 〈자신의〉 뜻을 진술했다.'라고 하였으니 어째서 〈내용이〉 상반되는가? 그러므로 〈부창과 간보의〉 말이 매우 타당한 것이다.

按傅(瑒)〔暢〕[61]·干寶所記, 則是經實忠貞於魏, 而世語旣謂'其正直', 復云'因沈·業申意', 何其相反乎? 故二家之言深得之.

【頭註】

○ 王世懋 : 역사책을 읽다가 王章의 아내이자 王經의 모친의 일에 이르면 눈물을 흘리지 않은 적이 없었다.

王云"讀史, 至王章妻王經母, 未嘗不流涕也."

○ 王世懋 : 〈劉孝標의 按語가〉 옳다.

王云"是."

29-14 山公(山濤)은 嵇康(혜강)과 阮籍(완적)을 처음 만났을 때 金蘭의 우정[62]을 맺었다. 산공의 부인 韓氏는 산공과 두 사람의 관계가 일반적인 교제와 다르다는 것을 알아차리고 산공에게 물으니, 산공이 말하였다.

60) 干寶의 晉紀 : 간보(?~336)는 晉(魏晉)나라 汝南 新蔡 사람으로, 字는 令升이다. 佐著作郎을 역임하고, 東晉 건국 뒤에 국사인 ≪진기≫ 편찬의 임무를 맡고, 司徒(王導)의 右長史가 되었다가 散騎常侍가 되었다. 저서로 ≪搜神記≫ 등이 있다. ≪진기≫는 20권 분량의 편년체 역사서로, 사실대로 기록하면서도 완곡하게 표현하여 당시에 良史라고 일컬어지고, 후대 역사가들의 존중을 받았다.

61) (瑒)〔暢〕: 저본에는 '瑒'으로 되어 있으나, 인명으로 '暢'으로 바로잡았다.

62) 金蘭의 우정 : 마음을 함께 하는 깊은 우정을 이른다. 同人卦에 대한 孔子의 설명에 "두 사람이 마음을 함께 하니 그 예리함이 쇠붙이를 끊고, 마음을 같이 하는 말은 그 향기가 난초와 같다.〔二人同心 其利斷金 同心之言 其臭如蘭〕"라고 하였다.(≪周易≫ 〈繫辭傳 上〉)

"내가 당세에 벗으로 삼을 만한 사람은 오직 이 두 사람뿐이오."

부인이 말하였다.

"僖負羈(희부기)의 아내도 狐偃과 趙衰(조최)를 직접 관찰했으니, 〈저도〉 그들을 엿보고 싶은데 괜찮겠어요?"

훗날 두 사람이 오자, 부인이 산공에게 권하여 그들을 유숙하게 하고 술과 고기를 차려주었다. 〈부인이〉 밤중에 담장을 〈조금〉 뚫어 그들을 살펴보면서 아침이 되도록 돌아가는 것을 잊었다. 산공이 들어와 말하였다.

"두 사람은 어떻소?"

부인이 말하였다.

"당신의 재주는 아무래도 그들만 못하니, 바로 식견과 도량으로써 해야 그들과 벗할 수 있습니다."[63)]

산공이 말하였다.

"그들도 항상 나의 도량을 장점으로 생각하고 있소."

山公은 與嵇阮一面에 契若金蘭이라 山妻韓氏가 覺公與二人이 異於常交하고 問公한대 公曰 我當年에 可以爲友者는 唯此二生耳라하다 妻曰 負羈之妻도 亦親觀狐趙하니 意欲窺之어늘 可乎①잇가하다 他日에 二人來하니 妻가 勸公止之宿하고 具酒肉하며 夜에 穿墉以視之하여 達旦忘反이라 公入曰 二人何如오하니 妻曰 君才致가 殊不如하니 正當以識度라야 相友耳니이다하다 公曰 伊輩도 亦常以我度爲勝②이라하다

① ≪春秋左氏傳≫ 僖公 23년 條에 말하였다. "晉(春秋)나라 公子 重耳가 曹나라에 도착하니, 曹나라 共公은 그의 갈비가 통뼈라는 말을 들었던 터라 그의 알몸을 보고 싶어 그가 목욕할 때 가까이 다가가서 구경하였다. 〈조나라 대부인〉 僖負羈의 아내가 〈희부기에게〉 '제가 진나라 공자의 시종신을 보니, 모두 나라의 재상이 되기에 충분합니다.
　만약 〈공자가 그들을〉 재상으로 삼는다면 夫子(중이)는 틀림없이 진나라로 돌아갈 것이고, 〈진나라로 돌아간다면〉 틀림없이 제후의 霸主가 될 것이며, 〈제후의 패주가 되어〉 무례한 나라를 주벌한다면 틀림없이 조나라가 맨 먼저일 것입니다. 당신은 어

---

63) 당신의……있습니다 : 일설에 "당신의 재주는 아무래도 그들만 못하니, 바로 당신의 식견과 도량 때문에 그들이 벗하는 것입니다."라고 하는데, 이는 잘못된 해석이다.(≪世說箋本≫)

찌 빨리 스스로 두 마음을 품지 않습니까?'라고 하였다. 그러자 〈희부기는〉 한 소반의 음식을 〈공자에게〉 보내면서 그 안에 벽옥을 넣으니, 공자가 그 음식만 받고 벽옥은 돌려주었다."

春秋傳曰 "晉公子重耳及曹, 曹共公聞其駢脅, 欲觀其裸, 浴, 薄而觀. 僖負羈之妻曰 '吾觀晉公子之從者, 皆足以相國. 若以相, 夫子必[64]反其國, 得志於諸侯, 而誅無禮, 曹其首也, 子盍蚤自貳焉?' 乃饋盤飧, 置璧焉, 公子受飧反璧."

② 孫盛의 ≪晉陽秋≫에 말하였다. "山濤는 평소의 뜻이 호방하고 도량이 넓으며, 마음이 시속 바깥에 있었으나 시속에 맞추어 생활해 나갔다. 일찍이 완적(阮籍)·혜강(嵇康) 등 여러 사람과 忘言의 우정[65]을 맺었다. 여러 벗들이 세상에서 고통스러워할 때도 산도는 홀로 드넓은 도량을 보존하였다."

晉陽秋曰 "濤雅素恢達, 度量弘遠, 心存事外, 而(時與)〔與時〕[66]俛仰, 嘗與阮籍·嵇康諸人, 著忘言之契. 至於群子屯(준)蹇於世, 濤獨保浩然之度."

王隱의 ≪晉書≫에 말하였다. "韓氏는 재주와 식견이 있었다. 山濤가 벼슬하지 않았을 때 그녀를 놀리면서 '貧寒을 참아내면 내가 틀림없이 三公이 될 터인데, 당신이 〈삼공의〉 부인의 지위를 감당해 낼 수 있을지는 모르겠소.'라고 하였다."

王隱晉書曰 "韓氏有才識, 濤未仕時, 戲之曰 '忍寒, 我當作三公, 不知卿堪爲夫人不耳.'"

29-15 賈充(가충)의 전 부인은 李豐의 딸인데, 이풍이 주살된[67] 뒤에 이혼당하고 변방으로 이주하였다. 이후에 사면되어 돌아올 수 있었는데, 가충은 그 전에 이미 郭配의 딸에게 장가들었기 때문에 〈西晉〉 武帝(司馬炎)가 〈가충이〉 좌부인과 우부인을 두는 것을 특별히 허락하였다. 〈그러나〉 이씨가 따로 밖에 거주하고 가충의 집으로 돌아가려 하지 않으니 곽씨가 가충에게 말하였다.

"이씨에게 문안하러 가려고 해요."

가충이 말하였다.

"그녀는 강직하고 재간도 있으니, 당신은 가는 것보다 안 가는 게 나을 거요."

그래서 곽씨는 威儀를 성대히 하고 많은 시녀를 거느리고 갔다. 도착한 뒤에 문으

64) 以相夫子必 : 이 5자는 衍文이다.(≪世說箋本≫)
65) 忘言의 우정 : 말을 주고받지 않아도 서로 마음을 잘 알아주는 우정이다.
66) (時與)〔與時〕: 저본에는 '時與'로 되어 있으나, ≪世說新語≫ 주석에 인용된 ≪晉陽秋≫에 의거하여 '與時'로 바로잡았다.
67) 이풍이 주살된 : 李豐은 夏侯玄·許允 등과 함께 景王(司馬師)을 폐하려다가 사전에 발각되어 사마사에게 주살당하였다.

로 들어갈 때 이씨가 일어나 맞이하자, 곽씨는 저도 모르게 다리가 절로 굽혀지고 그 김에 꿇어앉아 재배하였다. 〈집에〉 돌아온 뒤에 가충에게 말하니 가충이 말하였다.

"〈내가〉 당신에게 뭐라고 했소."

賈充前婦는 **是李豐女**니 **豐被誅**에 **離婚徙邊**①이라 **後**에 **遇赦得還**한대 **充**은 **先已取郭配女**②하니 **武帝**가 **特聽置左右夫人**이라 **李氏別住外**하고 **不肯還充舍**③하니 **郭氏語充**하되 **欲就省**(성)**李**라하니 **充曰 彼剛介**하고 **有才氣**하니 **卿往不如不去**④라하다 **郭氏於是**에 **盛威儀**하고 **多將侍婢**하여 **既至**에 **入戶**할새 **李氏起迎**하니 **郭不覺脚自屈**하고 **因跪再拜**라 **既反**에 **語充**하니 **充曰 語卿**에 **道何物**⑤아하다

① ≪婦人集≫에 말하였다. "賈充(217~282)의 아내 李氏는 이름이 婉이고, 자가 淑文이다. 李豐이 주살되자 樂浪郡(낙랑군)으로 이주하였다."
婦人集曰 "充妻李氏, 名婉, 字淑文. 豐誅, 徙樂浪."

② ≪賈氏譜≫에 말하였다. "郭氏는 이름이 玉璜이니, 바로 廣宣君[68]이다."
賈氏譜曰 "郭氏, 名玉璜, 卽廣宣君也."

③ 傅暢의 ≪晉諸公敍贊≫에 말하였다. "〈西晉〉 世祖(司馬炎)가 즉위한 뒤에 李氏가 사면되어 돌아오자, 〈세조의 아우〉 齊獻王(司馬攸)의 비(賈褒, 일명 賈荃)가 〈부친〉 賈充에게 郭氏를 내보내고 그 모친(이씨)을 다시 받아들이게 하고자 하였다. 〈그러나〉 가충이 허락하지 않은 채 이씨를 위해 집을 지어주고는 왕래하지 않았다. 가충의 모친 柳氏가 세상을 떠나려고 할 때 남기고 싶은 말씀이 있느냐고 〈가충이〉 묻자, 유씨가 '내가 너에게 이 부인을 맞이하라고 했는데 여전히 하지 않으면서 어찌 다른 일을 묻느냐.'라고 하였다."
晉諸公贊曰 "世祖踐阼, 李氏赦還, 而齊獻王妃, 欲令充遣郭氏, 更納其母, 充不許, 爲李氏築宅, 而不往來. 充母柳氏將亡, 充問所欲言者, 柳曰 '我敎汝迎李新婦, 尙不肯,[69] 安問他事?'"

④ 〈賈充別傳〉에 말하였다. "李氏는 현숙한 성품과 뛰어난 재주를 지녔다."
充別傳曰 "李氏有淑性令才也."

⑤ 살펴보건대, ≪晉諸公敍贊≫에서는 "世祖(司馬炎)는 李豐이 晉(魏晉)나라 황실에 죄를 짓고, 또 郭氏가 태자비의 모친이었기 때문에 〈곽씨와〉 이혼시킬 이유가 없었다. 그래서 조칙을 내려 〈李氏를〉 끊어버리고 왕래하지 못하게 했다."라고 하고, 王隱의 ≪晉

68) 廣宣君 : ≪晉書≫에는 '廣城君'으로 되어 있다.
69) 我敎……不肯 : 혹자는 '我敎汝迎李 新婦尙不肯'으로 구두를 떼고 '신부'를 郭氏라고 하는데, 이는 옳지 않다.(≪世說新語補考≫)

書≫에서도 "賈充은 이미 이씨와 이혼한 뒤에 城陽太守 郭配의 딸 郭槐에게 다시 장가들었다. 이씨의 금고가 해제되자, 〈세조가〉 조칙을 내려 가충에게 좌부인과 우부인을 두라고 하고, 가충의 모친 柳氏도 가충에게 이씨를 맞아들이라고 명하였다.

곽괴는 화가 나서 팔을 걷어붙이고 가충에게 '율령을 개정하여 왕조 창업의 공로를 세운 일[70]에는 저도 그 지분이 있으니,[71] 이씨가 어찌 나와 동등할 수 있습니까.'라고 따지자, 가충은 永年里[72]에 집을 지어 이씨를 머물게 하였다. 곽괴가 뒤늦게 〈그 사실을〉 알고는 가충이 외출하면 번번이 사람을 시켜 가충을 찾게 하였다.

〈세조가〉 조칙을 내려 가충이 좌부인과 우부인을 두는 것을 허락하자, 가충은 겸손한 태도로 조칙에 답하면서 감히 〈이런〉 성대한 예우를 받지 못한다고 했다."라고 하였다. ≪진제공서찬≫에서 이미 "세조가 조칙을 내려 이씨가 돌아오지 못하게 했다."라고 하였는데, 왕은의 ≪진서≫와 〈賈充別傳〉에서는 모두 "〈세조가〉 조칙을 내려 〈가충이〉 좌부인과 우부인을 두는 것을 허락했으나 가충이 곽씨를 두려워하여 감히 이씨를 맞아들이지 못했다."라고 하였다.

세 명의 설명이 모두 다르니, 어느 주장이 옳은지 모르겠다. 그러나 이씨가 〈가충의 집에〉 돌아가지 않은 것은 따로 다른 이유가 있을 텐데, ≪世說新語≫에서 "스스로 돌아가려 하지 않았다."라고 했으니, 이는 오류이다. 게다가 곽괴는 억세고 모질었으니, 어찌 이씨를 찾아가 그녀에게 절을 할 수 있었겠는가. 모두 사실이 아니다.

按晉諸公贊曰"世祖以李豐得罪晉室, 又郭氏是太子妃母, 無離絶之理, 乃下詔勅斷, 不得往還." 而王隱晉書亦云"充旣與李絶婚, 更娶城陽太守郭配女名槐, 李禁錮解, 詔充置左右夫人, 充母柳亦敕充迎李. 槐怒攘臂, 責充曰'刊定律令, 爲佐命之功, 我有其分, 李那得與我竝?' 充乃架屋永年里中, 以安李. 槐晩乃知, 充出, 輒使人尋充. 詔許充置左右夫人, 充答詔以謙讓, 不敢當盛禮." 晉贊旣云'世祖下詔, 不遣李還', 而王隱晉書, 及充別傳, 竝言'詔聽置立左右夫人, 充憚郭氏, 不敢迎李', 三家之說竝不同, 未詳孰是. 然李氏不還, 別有餘故, 而世說云'自不肯還', 謬矣. 且郭槐强狠, 豈能就李而爲之拜乎? 皆爲虛也.

【頭註】

○ 王世懋 : 〈劉孝標의 按語의〉 반박이 옳다.
王云"駁是."

---

70) 율령을……일 : 西晉 文帝(司馬昭)가 晉王으로 있을 때 賈充에게 명해 鄭沖·荀顗·荀勗·羊祜 등 14명과 함께 이전 시대의 번잡한 율령을 개정하게 하였다.

71) 저도……있으니 : 賈充이 율령을 개정할 때 郭槐가 아내로서 내조했다는 의미이지 율령 개정에 참여했다는 뜻은 아니다.(≪世說箋本≫)

72) 永年里 : ≪晉書≫에는 '永平里'로 되어 있다.

29-16 李平陽(李重)은 秦州刺史(李秉)의 아들인데, 중원의 명사로서 당시에 王夷甫(王衍)에 비견되었다. 孫秀가 처음에 권위를 세우고자 할 때 〈여러 사람이〉 모두 말하였다.

"樂令(樂廣)은 백성에게 명망이 있으니 죽여서는 안 되고, 이중보다 못한 자는 또한 죽일 만하지 않다."[73)]

마침내 이중을 협박하여 자살하게 하였다. 애초에 이중이 집에 있을 때 어떤 사람이 문으로 달려 들어와 상투 속에서 편지를 꺼내 이중에게 보여주자 이중은 그것을 보고는 안색이 변한 채 내실로 들어가 딸에게 보여주었는데, 딸은 즉시 '끝났어요'라고 소리쳤다. 〈이중은〉 그 의미를 이해하고 나와서 자살하였다.[74)] 이 딸은 매우 총명했기 때문에 이중이 매사에 자문하였다.

李平陽은 秦州子①요 中夏名士이니 于時에 以比王夷甫라 孫秀가 初欲立威權할새 咸云 樂令은 民望이니 不可殺이요 減李重者는 又不足殺②이라하니 遂逼重自裁라 初에 重在家한대 有人走從門入하여 出髻中疏하여 示重하니 重看之에 色動하고 入內하여 示其女한대 女直叫絶하니 了其意하고 出則自裁③라 此女甚高明하니 重每咨焉이라

① ≪永嘉流人名≫에 말하였다. "李秉은 자가 玄胄로, 江夏 사람이고, 魏(三國)나라 秦州刺史를 역임하였다."
永嘉流人名曰 "(康)〔秉〕[75)]字玄胄, 江夏人, 魏秦州刺史."

② 傅暢의 ≪晉諸公敍贊≫에 말하였다. "孫秀(?~301)는 자가 俊忠으로, 瑯邪(낭야) 사람이다. 처음에 趙王 司馬倫이 낭야왕에 봉해졌을 때 손수는 측근의 낮은 관리가 되었다. 사마륜이 자주 손수에게 서한을 작성하게 했는데, 그의 문장력이 사마륜의 마음에 들었다. 사마륜이 趙王에 봉해지자 손수는 호적을 옮겨 조 땅 사람이 되었다. 〈사마륜은〉 그를 侍郎으로 등용하여 신임하였다."
晉諸公贊曰 "孫秀字俊忠, 瑯邪(야)人. 初趙王倫, 封瑯邪, 秀給爲近職小吏, 倫數(삭)使秀作書疏, 文才稱倫意. 倫封趙, 秀徙戶爲趙人, 用爲侍郎, 信任之."

---

73) 樂令(樂廣)은……않다 : '李重은 名士의 중간 등급에 해당하지만 죽이지 않을 수 없다'는 뜻이다.(≪世說講義≫)

74) 나와서 자살하였다 : ≪世說音釋≫에서는 "나온 사람은 李重이고, 자살한 사람은 그의 딸이다."라고 하였다.

75) (康)〔秉〕: 저본에는 '康'으로 되어 있으나, ≪三國志≫ 〈魏書 李通列傳〉 주석에 인용된 王隱의 ≪晉書≫에 의거하여 '秉'으로 바로잡았다.

孫盛의 ≪晉陽秋≫에 말하였다. "司馬倫이 제위를 찬탈한 뒤에 손수는 中書令이 되었는데, 사안이 모두 손수에게서 결정되었다. 〈이후에〉 齊王(司馬冏)에게 주살당했다."[76]
晉陽秋曰 "倫簒位, 秀爲中書令, 事皆決於秀, 爲齊王所誅."

③ 살펴보건대, 여러 책에서 모두 "李重(253~300)은 趙王 司馬倫의 반란을 예견했으나, 병들어 치료하지 못한 채 결국 죽음에 이르렀다."라고 했는데, 이 책에서는 '자살했다'고 하니, 이는 말도 안 되는 오류이다. 게다가 사마륜과 孫秀는 흉악하고 포학하여 걸핏하면 〈사람들을〉 주살함으로써 권위를 세우고자 했으니, 드러내놓고 죽이는 것이 원래 당연한 일이다. 그런데 어찌 협박하여 자살하게 했겠는가.
按諸書皆云 "重知趙王倫作亂, 有疾不治, 遂以致卒." 而此書乃言自裁, 甚乖謬. 且倫・秀兇虐, 動加誅夷, 欲立威權, 自當顯戮, 何爲逼令自裁?

【頭註】

○ 劉辰翁 : 여리 사림의 말은 크게 일을 해쳤다.
劉云 "咸語, 大毒害事."

29-17 周浚이 安東將軍이었을 때 사냥을 나갔다가 폭우를 만나 汝南 李氏의 집에 들렀는데, 이씨는 부유했으나 남자가 없었다. 絡秀라는 이름의 여인이 밖에 귀인이 와 있다는 말을 듣고는 하녀 한 명과 함께 안채에서 돼지와 양을 잡아 수십 명이 먹을 음식을 마련하였는데, 일마다 주도면밀하게 처리하면서도 사람의 목소리조차 들리지 않았다. 〈주준이〉 몰래 엿보니, 외모가 남다른 여자 한 명만 보였다. 그래서 주준이 첩으로 삼겠다고 청하였다. 부형들이 허락하지 않자 낙수가 말하였다.

"가문이 쇠락한데 어찌 여자 하나를 아끼겠습니까. 만약 〈제가〉 귀족과 혼인하여 인척이 된다면 장래에 혹시라도 큰 도움이 될 수도 있습니다."

부형들은 낙수의 말을 따랐다. 〈낙수는〉 마침내 周伯仁(周顗) 형제를 낳았다. 낙수가 주백인 등에게 말하였다.

"내가 절개를 굽혀 너희 집안의 첩이 된 것은 〈이씨〉 가문을 위한 생각일 뿐이었다. 너희들이 우리 〈이씨〉 집안과 親親[77]의 관계를 맺지 않는다면 나도 여생을

---

76) 齊王(司馬冏)에게 주살당했다 : 晉(魏晉)나라 惠帝 永寧 원년(301) 1월에 趙王 司馬倫이 제위를 찬탈하고 孫秀를 中書令에 임명하여 조정을 장악했으나, 4월에 齊王 司馬冏, 成都王 司馬穎, 河間王 司馬顒 등에게 주살 당했다.

77) 親親 : 친척을 친애한다는 뜻이다. ≪맹자≫ 〈盡心 上〉에 "친족을 친애한 뒤에 남에게

아까워하지 않을 것이다."[78]

주백인 등은 모두 그 말을 따랐다. 이로써 이씨는 살아생전에 정당하게 동등한 예우를 받을 수 있었다.

周浚이 作安東時에 行獵이라가 値暴雨하여 過汝南李氏하니 李氏富足이나 而男子不在라 有女名絡秀가 聞外有貴人하고 與一婢로 於內宰豬羊하여 作數十人飮食하되 事事精辦하고 不聞有人聲이라 密覘之에 獨見一女子가 狀貌非常하니 浚因求爲妾이라 父兄不許하니 絡秀曰 門戶殄瘁하니 何惜一女이리잇가 若連姻貴族하면 將來或大益이리이다하니 父兄從之①라 遂生伯仁兄弟라 絡秀가 語伯仁等하되 我所以屈節하여 爲汝家作妾은 門戶計耳②니 汝若不與吾家로 作親親者인댄 吾亦不惜餘年이라하니 伯仁等이 悉從命이라 由此로 李氏在世에 得方幅齒遇라

① 盧綝(노침)의 ≪晉八王故事≫[79]에 말하였다. "周浚은 자가 開林으로, 汝南 安城 사람이다. 젊을 때부터 재주와 명성이 있고, 〈西晉 武帝(司馬炎)〉 太康 연간(280~289) 초반에 吳(三國)나라를 평정하고, 御史中丞으로 있다가 외직으로 나가 揚州刺史가 되며, 〈惠帝〉 元康 연간(291~299) 초반에 추가로 安東將軍에 임명되었다."

八王故事曰 "浚字開林, 汝南安城人. 少有才名, 太康初, 平吳, 自御史中丞, 出爲揚州刺史, 元康初, 加安東將軍."

② 살펴보건대, ≪周氏譜≫에 "周浚이 같은 군의 李伯宗의 딸에게 장가들었다."라고 했으니, 여기에서 '첩이 되었다'라고 한 것은 터무니없다.

按周氏譜, 浚取同郡李伯宗女, 此云爲妾, 妄耳.

【頭註】

○ 李贄 : 훌륭한 여인이니, 卓文君[80]과 어찌 다르겠는가. 훌륭한 여인이 있으면 집안을 일으

사랑을 베풀고, 남에게 사랑을 베푼 뒤에 뭇 생명체를 아낀다.〔親親而仁民 仁民而愛物〕"라고 하였다.

78) 나도……것이다 : 죽겠다는 말이다.(≪世說箋本≫)

79) 盧綝(노침)의 晉八王故事 : 노침은 晉(魏晉)나라 范陽郡 涿縣 사람으로, 관직이 西晉의 尙書郎에 이르고, 廷尉에 증직되었다. ≪진팔왕고사≫는 서진시대 말기에 발생한 '八王의 亂'을 기록한 역사서로, ≪晉書≫ 〈八王列傳〉의 누락과 오류를 보완할 만하다.

80) 卓文君 : 東漢 蜀郡 臨邛 사람으로, 부호인 卓王孫의 딸이다. 과부로서 집에 있을 때 司馬相如가 그 집 잔치에 참석하여 琴을 연주했는데, 음악을 좋아했던 그녀가 그 소리에 반하여 밤중에 집을 빠져나와 사마상여와 함께 그의 고향인 成都로 돌아갔으나 가난하여 생계를 유지할 수 없자, 임공으로 가서 목로주점을 차리고 탁문군이 술을 팔았다.

키니, 어찌 군이 남자일 필요가 있겠는가.
李云 "好女子, 與文君奚殊也? 有好女, 便立家, 何必男兒?"
○ 劉辰翁 : 方幅[81]이라는 것은 사면을 동등하게 본다는 뜻이다.
劉云 "方幅者, 四面看得一樣也."

29-18 王汝南(王湛)은 젊을 때 혼사를 청해 오는 집이 없었다.[82] 스스로 郝普(학보)의 딸과 결혼하려고 하니, 〈그의 부친〉 王司空(王昶)은 그가 어리석어 틀림없이 혼처가 없을 것이라고 여겨 그의 뜻에 따라 곧 허락하였다. 결혼한 뒤에 〈보니〉 과연 〈그녀는〉 훌륭한 자태와 현숙한 품덕을 지니고, 王東海(王承)를 낳아 마침내 왕씨 가문에서 어머니로서의 모범이 되었다. 혹자가 왕여남에게 물었다.

"어떻게 그녀를 알아보았소?"

〈왕여남이〉 말하였다.

"예전에 보았는데, 〈그녀가〉 우물에서 물을 길을 때 행동거지가 법도를 잃지 않고 한 번도 두리번거리지 않았으니, 이로써 그녀를 알아보았소."

王汝南은 少無婚이러니 自求郝普女①하니 司空은 以其癡會無婚處라하여 任其意하여 便許之②라 旣婚에 果有令姿淑德하고 生東海하여 遂爲王氏母儀라 或問汝南하되 何以知之오하니 曰 嘗見井上取水에 擧動容止가 不失常하며 未嘗忤觀하니 以此知之③라하다

① ≪郝氏譜≫에 말하였다. "郝普(학보)는 자가 道匡으로, 太原 襄城 사람이고, 관직이 洛陽太守에 이르렀다."
郝氏譜曰 "普字道匡, 太原襄城人, 仕至洛陽太守."
② ≪魏氏志≫에 말하였다. "王昶(?~259)은 자가 文舒로, 관직이 司空에 이르렀다."
魏氏志曰 "王昶字文舒, 仕至司空."
③ 〈汝南別傳〉에 말하였다. "襄城 사람 郝仲將[83](郝普)은 그 가문이 매우 가난하고 비천

---

81) 方幅 : 六朝시대의 사람들은 공명정대하게 발생한 모든 일에 대해 '방폭'이라고 하였는데, 이는 육조 시대의 구어로, '공공연하다', '정당하다'는 뜻이다.
82) 王汝南(王湛)은……없었다 : 한나라 이래로 여자의 집안에서 사위를 선택하는 경우가 많았는데, 왕여남에게는 결혼을 청하는 집안이 없어 오랫동안 아내가 없었다.(≪世說箋本≫)
83) 仲將 : 郝普의 字인 듯한데, ≪郝氏譜≫에서는 자가 道匡이라고 했으니, 어느 것이 옳은지 모르겠다.(≪世說箋本≫)

하여 〈그의 딸은〉 王汝南(王湛)의 배필이 될 만하지 않았는데, 왕여남이 일찍이 그의 딸을 보고는 곧바로 청혼하였다. 과연 〈그녀는〉 고상하고 총명하여 어머니로서의 모범이 일족 가운데 으뜸이었다. 왕여남의 통찰력과 여유로움이 모두 이와 같았다."
汝南別傳曰 "襄城郝仲將, 門至孤陋, 非其所偶也. 君嘗見其女, 便求聘焉. 果高朗英邁, 母儀冠族. 其通識餘裕, 皆此類."

29-19 王渾의 아내 鍾氏가 딸을 낳았는데, 〈그 딸은〉 덕행이 훌륭하였다. 〈왕혼의 아들〉 王武子(王濟)가 여동생을 위해 훌륭한 배필을 선택하려고 했으나 한 번도 적합한 사람을 찾지 못하였다. 군인 집안의 아들 가운데 뛰어난 재주를 지닌 자가 있었는데, 그에게 여동생을 시집보내려고 모친에게 아뢰니 〈모친이〉 말하였다.

"정말 인재라면 그 가문은 무시해도 되지만, 내가 〈그를〉 볼 수 있도록 하여라."

그래서 왕무자가 군인의 아들을 여러 연소자와 섞여 있게 하고는 모친에게 휘장 안에서 살펴보게 하였다. 잠시 뒤에 모친이 왕무자에게 말하였다.

"이런 옷을 입고 이렇게 생긴 사람이 네가 생각하고 있는 자가 맞느냐?"

무자가 말하였다.

"맞습니다."

모친이 말하였다.

"그 사람은 재주가 충분히 탁월하지만 가문이 한미하니, 오래 살지 못한다면 그 재주를 펼치지 못할 것이다. 〈그런데〉 그의 骨相을 살펴보건대 틀림없이 장수하지 못할 것이니 그와 결혼시켜서는 안 된다."

왕무자는 모친의 의견을 따랐다. 군인의 아들은 몇 년 뒤에 과연 사망하였다.

王渾妻鍾氏가 生女하니 令淑이라 武子가 爲妹하여 求簡美對어늘 而未嘗有라 兵家子에 有儁才하니 欲以妹妻之하여 乃白母①하니 曰 誠是才者인댄 其地可遺로되 然要令我見이라하니 武子가 乃令兵兒로 與群小雜處하고 使母帷中察之라 旣而요 母謂武子曰 如此衣形者가 是汝所擬者아 非耶아하니 武子曰 是也니이다하다 母曰 此는 才足以拔萃나 然地寒하니 不有長年이면 不得申其才用이리라 觀其形骨컨대 必不壽리니 不可與婚이라하니 武子從之라 兵兒는 數年果亡이라

① ≪王氏譜≫에 말하였다. "鍾夫人은 이름이 琰之로, 太傅 鍾繇의 증손녀이다."

王氏譜曰"鍾夫人, 名琰之, 太傅繇之孫."

29-20 王司徒(王渾)의 아내는 鍾氏(鍾徽)의 딸이자 鍾太傅(鍾繇)의 증손녀이니, 역시 뛰어난 재주와 婦德을 지녔다. 鍾부인(鍾琰)과 〈王湛의 아내〉 郝(학)부인은 동서지간으로 평소에 서로 친애하고 존중하였다. 종부인은 〈자신의 가문이〉 존귀하다고 하여 학부인을 깔보지 않았고, 학부인도 〈자신의 가문이〉 비천하다고 하여 종부인에게 굽실거리지 않았다. 〈왕담의 아들〉 王東海(王承)의 집안은 학부인의 법도를 본받고, 王京陵(王渾)의 집안은 종부인의 예법을 모범으로 삼았다.

王司徒婦는 鍾氏女요 太傅曾孫①이니 亦有俊才女德②이라 鍾과 郝은 爲娣姒니 雅相親重하여 鍾은 不以貴陵郝하고 郝은 亦不以賤下鍾이라 東海家內는 則郝夫人之法하고 京陵家內는 範鍾夫人之禮③[84]라

① ≪王氏譜≫에 말하였다. "鍾夫人은 黃門侍郎 鍾徽의 딸이다."
王氏譜曰"夫人, 黃門侍郎鍾(琰)〔徽〕[85]女."

② ≪婦人集≫에 말하였다. "鍾夫人(鍾琰)은 문학적 재주가 있으니, 그녀가 지은 詩·賦·頌·誄가 세상에 유행하였다."
婦人集曰"夫人有文才, 其詩賦頌誄行於世."

③ ≪晉書≫ 〈王渾列傳〉에 말하였다. "王渾은 처음에 부친(王昶)의 京陵侯 작위를 습봉하였다."
晉書曰"渾初襲父爵京陵侯."

【頭註】
○ 劉辰翁 : 두 며느리는 서로 형님〔姒〕, 아우〔娣〕라고 부른다.
劉云"兩婦著言爲娣姒."

29-21 陶公(陶侃)은 젊을 때 큰 뜻을 품었으나 집이 찢어지게 가난하여 모친 湛氏와 함께 살았다. 같은 군의 范逵는 평소에 이름이 알려져 있었는데, 孝廉에 천거

84) 東海家內……範鍾夫人之禮 : '東海家內則 郝夫人之法 京陵家內範 鍾夫人之禮'로 구두를 떼고, '내칙'과 '내범'이 책 이름이라고 한 설명도 있다.(≪世說箋本≫)

85) (琰)〔徽〕 : 저본에는 '琰'으로 되어 있으나, ≪晉書≫ 〈列女傳〉에 의거하여 '徽'로 바로잡았다.

되어 가는 길에 도간의 집에 유숙하였다. 당시에 며칠 동안 얼음이 얼고 눈이 내렸는데, 도간의 집에는 아무것도 없고 범규의 말과 노복은 매우 많았다. 도간의 모친 담씨가 도간에게 말하였다.

"너는 일단 밖에 나가서 손님을 붙들어라. 내가 스스로 계획을 세워보마."

담씨는 머리카락이 〈길어〉 땅에 닿았는데, 그것을 잘라 가발 두 개를 만들어 팔아 몇 섬의 쌀을 사며, 집의 기둥을 여러 개 잘라 모두 반으로 쪼개 땔나무를 만들며, 모든 짚자리를 잘라 말꼴을 만들었다. 저녁이 되어 마침내 정갈한 음식을 마련하니 시종들까지 모두 부족한 바가 없었다. 대규는 이미 도간의 재능과 언변에 감탄하던 차에 또 그의 후의에 매우 미안해하였다. 다음 날 아침 〈범규가〉 떠날 때 도간이 계속 뒤따르며 전송하여 거의 백 리 남짓 되니, 대규가 말하였다.

"너무 먼 길을 왔으니 그대는 돌아가시게."

도간이 여전히 돌아가지 않으니 범규가 말하였다.

"그대는 돌아가시게. 洛陽에 도착하면 틀림없이 그대를 위해 좋은 말을 해주겠네."

도간은 그제야 돌아갔다. 대규가 낙양에 도착하여 마침내 羊晫(양탁)과 顧榮 등 여러 사람에게 그를 칭찬하니, 〈도간은〉 훌륭한 명성을 크게 얻게 되었다.

陶公은 少有大志나 家酷貧하여 與母湛氏同居라 同郡范逵는 素知名이러니 擧孝廉하여 投侃宿이라 于時에 冰雪積日한대 侃室如懸磬하고 而逵馬僕甚多라 侃母湛氏가 語侃曰 汝但出外留客하라 吾自爲計라하다 湛은 頭髮委地한대 下[86]爲二髲①하여 賣得數斛米하며 斫諸屋柱하여 悉割半爲薪하며 剉諸薦하여 以爲馬草라 日夕에 遂設精食하니 從者皆無所乏이라 逵는 既歎其才辯하고 又深愧其厚意라 明旦去에 侃이 追送不已하여 且百里許하니 逵曰 路已遠하니 君은 宜還이어다하나 侃猶不返하니 逵曰 卿은 可去矣어다 至洛陽하면 當相爲美談이라하니 侃乃返이라 逵가 及洛하여 遂稱之於羊晫顧榮諸人하니 大獲美譽②라

① 어떤 곳에는 鬀(체)로 되어 있다.
一作鬀.

② 孫盛의 ≪晉陽秋≫에 말하였다. "陶侃의 부친 陶丹은 新淦(신감) 사람 湛氏의 딸에게 장가들어 도간을 낳았다. 담씨는 신중하고 공손하며 지혜로웠는데, 도씨 집안이 빈천

86) 下 : 截이 되어야 한다.(≪世說箋本≫)

했기 때문에 길쌈하여 도간을 뒷바라지하고 자기보다 나은 사람과 교제하게 하였다. 도간은 젊을 때 尋陽의 관리가 되었는데, 鄱陽의 孝廉인 范逵가 한 번은 도간의 집에 들러 유숙하였다. 당시에 큰 눈이 내렸는데 도간의 집에는 말꼴조차 없었다. 담씨는 깔고 누웠던 짚자리를 거두어 썰어 〈말에게〉 주고, 남몰래 머리카락을 잘라 팔아서 대접하니, 범규가 그 일에 대해 듣고는 찬탄하였다.

대규가 떠날 때 도간이 그를 뒤따르며 전송하였다. 대규가 '아마 벼슬하고 싶겠지요?'라고 하니 도간이 '郡에서 벼슬할 마음이 있습니다.'라고 하자, 대규가 '틀림없이 〈그대를 위해〉 잘 얘기해 주겠습니다.'라고 하였다. 〈범규가〉 廬江을 지나면서 태수 張夔(장기)에게 도간을 칭찬하니 〈장기가 도간을〉 불러 관리에 보임하고, 〈도간은〉 효렴에 천거되어 郎中에 제수되었다.

당시 豫章의 顧榮이 한 번은 羊晫을 질책하면서 '그대는 어째서 신분이 천한 자와 함께 수레를 타는가.'라고 하니,[87] 양탁이 '이 사람은 寒俊[88]입니다.'라고 하였다."

晉陽秋曰 "侃父丹, 娶新淦湛氏女, 生侃. 湛虔恭有智算, 以陶氏貧賤, 紡績以資給侃, 使交結勝己. 侃少爲尋陽吏, 鄱陽孝廉范逵, 嘗過侃宿, 時大雪, 侃家無草, 湛徹所臥薦剉給, 陰截髮, 賣以供調, 逵聞之歎息. 逵去, 侃追送之, 逵曰 '豈欲仕乎?' 侃曰 '有仕郡意.' 逵曰 '當相談致.' 過廬江, 向太守張夔, 稱之, 召補吏, 擧孝廉, 除郎中. 時豫章顧榮, 或責羊晫曰 '君奈何與小人同輿?' 晫曰 '此寒俊也.'"

王隱의 ≪晉書≫에 말하였다. "陶侃의 모친이 머리카락을 잘라 손님에게 대접한 뒤에 〈그 일에 대해〉 들은 사람들이 감탄하면서 '이런 어머니가 아니면 이런 아들을 낳지 못할 것이다.'라고 하고는 張夔(장기)에게 〈도간을〉 추천하고, 羊晫(양탁)도 〈장기에게 칭찬하는〉 편지를 보냈다.[89] 이후에 양탁이 十郡[90]의 中正[91]이 되었을 때 도간을 鄱陽의 小中正으로 천거하니, 비로소 上品[92]이 될 수 있었다."

王隱晉書曰 "侃母旣截髮供客, 聞者歎曰 '非此母, 不生此子.' 乃進之於張夔, 羊晫亦簡之. 後晫爲十郡中正, 擧侃爲鄱陽小中正, 始得上品也."

87) 豫章의……하니 : ≪晉書≫ 〈陶侃列傳〉에는 顧榮이 아니라 吏部郎 溫雅가 양탁에게 하는 말로 되어 있다.
88) 寒俊 : 출신은 한미하지만 재능이 걸출한 사람이다.
89) 편지를 보냈다 : ≪世說音釋≫에서는 '簡'을 선택한다는 뜻이라 하고, ≪世說箋本≫에서는 "'簡'은 '書'의 뜻으로, 張夔에게 편지를 보내 陶侃을 칭찬했다."라고 하였는데, ≪世說箋本≫에 의거하여 번역하였다.
90) 十郡 : ≪世說新語補考≫에서는 "本郡이라고 써야 한다."고 하였다.
91) 中正 : 魏(三國)나라 이후로 주군에 설치되어 인재 등용과 관리 후보자의 鄕品을 결정하는 일을 담당한 관리로, 대상자를 9품으로 나누었다. 晉(魏晉)나라 宣帝(司馬懿)가 새로 大中正을 설치하면서 대중정·소중정의 구별이 생겼다.
92) 上品 : 9등급의 향품 가운데 1품과 2품을 이른다.

【頭註】

○ 王世懋 : 주석(≪晉陽秋≫)의 '顧榮' 아래에 빠진 글이 있다.
王云 "註顧榮下有刊落."

29-22 陶公(陶侃)은 젊을 때 魚梁을 담당하는 관리였는데, 한번은 모친에게 절인 생선 한 단지를 보냈다. 모친은 절인 생선을 봉하여 심부름꾼에게 주고, 편지를 써서 도간을 질책하였다.

"관리 신분인 네가 관청의 물건을 보낸 것은 보탬이 되지 않을 뿐만 아니라 도리어 나의 근심을 더할 뿐이다."

陶公은 少時에 作魚梁吏라 嘗以坩鮓(자)餉母하니 母封鮓付使하고 反書하여 責侃曰 汝爲吏하니 以官物見餉은 非唯不益이어니와 乃增吾憂也①로다하다

① 〈陶侃別傳〉에 말하였다. "〈陶侃의〉 모친 湛氏는 현명하고 법도를 지녔다. 도간이 武昌太守로 있을 때 보좌관들과 차분히 주연을 열었는데 항상 주량에 한도를 두었다. 혹자가 좀 더 마셔도 된다고 권하자, 도간은 한동안 슬픈 모습으로 있다가 '옛날 젊은 시절에 한번은 술에 취해 실수하여 양친에게 제지를 당한 적이 있기 때문에 감히 한도를 넘지 못하는 것이오.'라고 하였다.

도간이 모친상을 당하여 시묘살이를 하고 있을 때 홀연히 손님 두 명이 조문하러 와서 哭禮를 거행하지도 않은 채 돌아갔는데, 예복 차림이 선명하고 특이하여 보통 사람이 아닌 줄은 알았다. 〈시종을〉 보내 따라가 살펴보게 했는데, 다만 보이는 것은 하늘로 솟구쳐 날아가는 두 마리 학 뿐이었다."

侃別傳曰 "母湛氏, 賢明有法訓. 侃在武昌, 與佐吏從容飮燕, 常有飮限, 或勸猶可少進, 侃悽然良久曰 '昔年少曾有酒失, 二親見約, 故不敢踰限.' 及侃丁母憂, 在墓下, 忽有二客來吊, 不哭而退, 儀服鮮異, 知非常人. 遣隨視之, 但見雙鶴沖天而去."

劉義慶의 ≪幽明錄≫에 말하였다. "陶公(陶侃)이 尋陽의 서남쪽에 있는 어떤 어량에서 물고기를 잡고는 스스로 그 못을 '鶴門'이라고 불렀다."

幽明錄曰 "陶公在尋陽西南一塞(새)取魚, 自謂其池曰鶴門."

살펴보건대, 吳(三國)나라 司徒인 孟宗(孟仁, 218~271)이 雷池의 감독관이었을 때 모친에게 절인 생선을 보냈는데 모친이 받지 않았으니,[93] 陶侃에 대한 일화가 아

---

93) 吳(三國)나라……않았으니 : ≪三國志≫ 〈吳書 孫晧列傳〉의 '사공 맹인이 죽다〔司空孟仁卒〕'라는 구절에 대한 裴松之 주석에서 인용한 ≪吳錄≫의 내용이다.

니다. 아마 후인이 맹종의 일에 근거하여 이 이야기를 꾸며낸 듯하다.

按吳司徒孟宗, 爲雷池監, 以鮭餉母, 母不受, 非侃也. 疑後人因孟, 假爲此說.

【頭註】

○ 劉辰翁 : 참으로 陶侃의 모친답다.
劉云"眞陶母."

29-23 桓宣武(桓溫)가 蜀을 평정하고[94] 李勢[95]의 여동생을 첩으로 삼았는데, 매우 총애하여 항상 서재 뒷방에 머물게 하였다. 〈환선무의 부인인〉 南康長公主가 처음에는 〈이 사실을〉 몰랐는데, 들은 뒤에는 수십 명의 시녀와 함께 시퍼런 칼을 뽑아 들고 쳐들어갔다. 마침 이씨는 머리를 빗고 있었는데 머리카락이 땅에 닿고 살결이 옥처럼 빛났나. 〈그녀는〉 동요하는 기색이 없이 천천히 말하였다.

"나라가 무너지고 집안이 망하여 아무런 생각 없이 이곳에 왔습니다. 오늘 만약 죽임을 당하는 것이 바로 〈제가〉 본래 바라던 것입니다."

공주가 부끄러워하면서 물러났다.

桓宣武가 **平蜀**하고 **以李勢妹爲妾**한대 **甚有寵**하여 **常著**(착)**齋後**라 **主**가 **始不知**러니 **旣聞**에 **與數十婢**로 **拔白刃襲之**①하니 **正値李梳頭髮**에 **委藉地**하며 **膚色玉曜**라 **不爲動容**하고 **徐曰 國破家亡**에 **無心至此**하니 **今日若能見殺**이 **乃是本懷**니이다하니 **主**가 **慚而退**②라

① 檀道鸞(단도란)의 ≪續晉陽秋≫에 말하였다. "桓溫은 〈東晉〉 明帝(司馬紹)의 딸 南康長公主[96]에게 장가들었다."
續晉陽秋曰"溫尙明帝女南康長公主."

② 虞通之의 ≪妬記≫[97]에 말하였다. "桓溫이 蜀을 평정하고 李勢의 딸을 첩으로 삼았

94) 桓宣武(桓溫)가……평정하고 : 환온은 東晉 穆帝 永和 2년(346)에 益州刺史 周撫와 南郡太守인 楚王 司馬無忌와 함께 成漢(後蜀)을 토벌하기 시작하여 이듬해 參軍 孫盛과 周楚(주무의 아들)를 남겨 군수품을 지키게 하고 자신은 成都로 진격하여 성한왕 李勢의 군대를 격파했다.(≪晉書≫ 〈桓溫列傳〉)

95) 李勢 : ?~361. 字는 子仁으로, 李壽의 맏아들이며, 成漢(後蜀)의 마지막 군주이다. 교만하고 음탕하여 국사를 돌보지 않다가 桓溫에게 토벌당하고, 진나라에 귀순한 뒤에 歸義侯에 봉해졌다.

96) 長公主 : 황제의 자매 또는 황제의 딸에 대한 존칭어로, 의장과 복식은 藩王과 동등했는데, 후대에는 황제의 자매에 대해서만 썼다.

97) 虞通之의 妬記 : 우통지는 宋(南朝)나라 사람이고, ≪투기≫는 志人小說集으로 가정생

다. 〈환온의 아내인〉 南康郡主[98]는 흉포하고 투기가 심했는데, 〈이 사실을〉 즉시 알지는 못하였다. 나중에 알고는 칼을 뽑아 들고 이씨의 처소로 가서 그대로 베어 죽이려 하였다. 가서 보니, 이씨가 창가에서 머리를 빗고 있었는데 자태가 단정하고 용모가 아름다웠다. 〈이씨는〉 천천히 머리카락을 뒤로 묶고 군주를 향해 손을 〈공손히〉 모았는데, 얼굴빛이 맑고 순수하며 〈하는〉 말이 매우 처량하였다.

이에 군주가 칼을 내던지고 앞으로 나아가 그녀를 끌어안으면서 '그대여〔阿子〕,[99] 내가 자네를 보아도 역시 어여쁜데, 하물며 영감탱이(환온)는 말할 것도 없겠지.'라고 하고는 마침내 그녀와 사이좋게 지냈다."

妬記曰 "溫平蜀, 以李勢女爲妾. 郡主兇妬, 不卽知之, 後知, 乃拔刃, 往李所, 因欲斫之, 見李在窓梳頭, 姿貌端麗, 徐後[100]結髮, 斂手向主, 神色閒正, 辭甚悽惋. 主於是擲刀, 前抱之曰 '阿子, 我見汝亦憐, 何況老奴?' 遂善之."

【頭註】

○ 劉辰翁 : 〈속마음을〉 이렇게도 절절히 토로했구나.
劉云 "何其傾吐?"

29-24 庾玉臺(庾友)는 庾希의 아우이다. 유희가 주살 당한[101] 뒤에 〈桓溫은〉 장차 유옥대를 죽이려고 하였다. 유옥대의 며느리는 桓宣武(환온)의 아우인 桓豁의 딸[102]인데, 맨발로 달려가 〈환선무의 집에〉 들어가려 했으나 문지기가 막고 들여보내 주지 않자, 그녀는 큰 소리로 꾸짖었다.

"이 놈은 〈도대체〉 무엇하는 종놈이냐. 나의 백부의 대문이거늘 내가 들어가는 것을 막느냐."

활에서 부부의 관계를 묘사한 책이다.

98) 郡主 : 郡公主로, 晉나라 때 처음 설치했다. 당나라 때는 태자의 딸을 군주로 봉하고, 송나라 때는 태자의 딸 뿐만 아니라 황실의 여인도 봉할 수 있었으며, 명청시대에는 親王의 딸을 봉하였다.

99) 阿子 : "'아'는 入聲이니 발어사이다. '아자'는 李氏를 가리킨다." (≪世說音釋≫)

100) 後 : ≪世說新語≫ 주석에 인용된 ≪妬記≫에는 '徐'로 되어 있다.

101) 유희가……당한 : 庾希의 형제들이 득세하자 桓溫이 매우 꺼렸다. 東晉 簡文帝(司馬昱) 咸安 원년(371) 환온이 司馬奕(廢帝 海西公)을 폐위시키고 사마욱을 옹립했을 때 유희가 반대하자, 환온은 유희의 아우인 庾倩(유천)과 庾柔를 살해하였다. 海陵으로 달아난 유희를 환온이 체포하려 하니, 유희가 거병했으나 실패하여 建康에서 참수당했다.(≪晉書≫ 〈庾冰列傳〉)

102) 桓豁의 딸 : ≪晉書≫ 〈庾冰列傳〉에는 환할의 아우인 桓祕의 딸로 되어 있다.

그러고는 돌진하여 들어가 울면서 간청하였다.

"유옥대는 항상 남에게 의지합니다. 다리가 세 치나 짧으니 도대체 반란을 일으킬 수 있겠습니까."

환선무가 웃으면서 말하였다.

"조카사위(유옥대의 아들 庾宣) 집안이 정말 다급했던 모양이구나."

〈환선무는〉 결국 유옥대 일가를 사면해주었다.

庾玉臺는 希之弟也라 希誅①에 將戮玉臺②한대 玉臺子婦는 宣武弟桓豁女也③니 徒跣求進이어늘 閽이 禁不內(납)하니 女厲聲曰 是何小人가 我伯父門을 不聽我前가하고 因突入하여 號泣請曰 庾玉臺는 常因人이니이다 脚短三寸하니 當復能作賊不잇가하니 宣武笑曰 壻故自急이로다하고 遂原玉臺一門④이라

① 何法盛의 ≪晉中興書≫에 말하였다. "庾希는 자가 始彦으로, 司空 庾冰의 맏아들이며, 여러 관직을 역임하고 徐·兗二州刺史가 되었다. 유희의 형제들이 신분이 높아지고 권력이 커지자 桓溫이 이를 꺼려 유희를 면직시킨다는 넌지시 소문을 내자 〈유희가〉 마침내 暨陽으로 달아났다.

예전에 郭璞이 시초점을 쳐서 '庾冰의 자손에게는 틀림없이 큰 재앙이 있을 것이다. 오직 三陽[103]을 굳건히 해야만 후손을 남길 수 있을 것이다.'라고 하였다. 그래서 유희는 山陽을 진무하기를 청하고, 아우 庾友는 東陽太守가 되며, 유희는 스스로 기양에 거주하였다. 환온이 유희를 주살했을 때 아우 庾柔와 庾倩(유천)은 유희의 환란을 듣고 海陵으로 달아났다가 나중에 京口로 돌아와 사람들을 규합했으나, 일이 실패하여 환온에게 주살당했다."

中興書曰 "希字始彦, 司空冰長子, 累遷徐兗二州刺史. 希兄弟貴盛, 桓溫忌之, 諷免希官, 遂奔于暨陽. 初郭璞筮, '冰子孫必有大禍, 唯固三陽, 可以有後.' 故希求鎭山陽, 弟友爲東陽, 希自家暨陽. 及溫誅希, 弟柔·倩聞希難, 逃於海陵, 後還京口聚衆, 事敗, 爲溫所誅."

② 玉臺는 庾友의 어릴 때 이름이다.

玉臺, 庾友小字.

≪庾氏譜≫에 말하였다. "庾友는 자가 惠彦으로, 司空 庾冰의 셋째 아들이고, 中書郎과 東陽太守를 역임하였다."

庾氏譜曰 "友字惠彦, 司空冰第三子, 歷中書郎·東陽太守."

---

103) 三陽 : 山陽·東陽·暨陽을 이른다.

③ ≪庾氏譜≫에 말하였다. "庾友는 자가 弘之이다. 〈그의〉 맏아들 庾宣이 桓宣武(桓溫)의 아우인 桓豁의 딸에게 장가들었는데, 〈그녀는〉 자가 女幼이다."
庾氏譜曰 "友字弘之, 長子宣娶宣武弟桓豁之女, 字女幼."

④ 何法盛의 ≪晉中興書≫에 말하였다. "桓溫이 庾希의 아우 庾倩(유천)을 죽이자, 유희는 그 환란을 듣고 달아났다. 유희의 아우 庾友도 주살당할 처지였는데, 桓氏(桓豁)의 딸인 며느리가 환온에게 간청하여 사면될 수 있었다."
中興書曰 "桓溫殺庾希弟倩, 希聞難而逃, 希弟友當伏誅, 子婦桓氏女, 請溫得宥."

【頭註】

○ 劉應登 : 〈남에게 의지한다는 것은〉 다리가 짧아 자신의 힘으로 걸을 수 없기 때문에 남에게 의지하여 걷는다는 말이니, 다른 마음을 품지 않고 있음을 밝힌 것이다. 그러나 며느리가 시아버지의 어릴 때 이름을 부른 것은 괴이하다고 하지 않겠는가.
應登云 "言足短不能自行, 因人而行, 明其無他. 然子婦稱其小字, 不以爲怪?"

29-25 謝公(謝安)의 부인이 여러 시녀를 휘장 뒤에 두었다가 〈휘장을 걷고〉 앞에서 가무를 펼치게 하고 謝太傅(사안)에게 잠시 보게 하고는 곧장 휘장을 내렸다. 사태부가 다시 듣고자 하니 부인이 말하였다.

"〈당신의〉 훌륭한 덕을 해칠까 걱정입니다."

謝公夫人이 幃諸婢라가 使在前作伎하고 使太傅暫見하고 便下幃라 太傅索(색)更(갱)聞[104)]하니 夫人云 恐傷盛德이니이다하다

【頭註】

○ 王世懋 : 이는 단지 투기일 뿐이니 어찌 어질다고 하겠는가.
王云 "此直妬耳, 何足稱賢?"

29-26 王右軍(王羲之)의 아내 郗(치)부인(郗璿)이 두 아우인 司空(郗愔)과 中郞(郗曇)에게 말하였다.

"왕씨 집안에서 두 명의 謝氏를 만나면 광주리를 쏟고 〈음식물을 보관하는〉 시렁을 뒤집어엎을 정도로 후대하는데, 너희들이 오는 것을 보면 덤덤할 뿐이니, 너희들은 번거롭게 왕래하지 말거라."

104) 聞 : ≪世說新語≫에는 '開'로 되어 있다.

王右軍郗夫人이 謂二弟司空中郎曰[①] 王家見二謝면 傾筐倒庋(기)[②]이어늘 見汝輩來면 平平爾니 汝可無煩復往이라하다

① 司空은 郗愔(치음)이다.
司空, 愔.
〈郗曇別傳〉에 말하였다. "郗曇(치담)은 자가 重熙로, 郗鑒의 막내아들이다. 성품이 방정하고 풍모가 수수하며, 온화하고 바르며, 침착하고 소탈하였다. 여러 관직을 거쳐 丹陽尹·北中郎將·徐兗二州刺史가 되었다."
郗曇別傳曰 "曇字重熙, 鑒少子. 性韻方質, 和正沈簡, 累遷丹陽尹·北中郎將·徐兗二州刺史."
② 二謝는 謝安과 謝萬이다.
二謝, 安·萬.

【頭註】
○ 劉辰翁 : 세태를 제대로 표현한 말이니 살펴볼 점이 있다.
劉云 "語悉世情, 可以有省."
○ 劉應登 : 庋(시렁)는 屐(나막신)이 되어야 한다.
應登云 "庋(기), 作屐(극)."

29-27 韓康伯(韓伯)의 모친이 망가진 옛 안석에 기대고 있었는데, 〈외손자인〉 卞鞠(卞範之)이 안석이 낡은 것을 보고는 바꾸려고 하니 〈한강백의 모친이〉 말하였다. "내가 만약 이것에 기대지 않는다면 네가 어찌 옛 물건을 볼 수 있겠느냐."

韓康伯母가 隱古几한대 毁壞하니 卞鞠이 見几惡(악)하고 欲易之[①]하니 答曰 我若不隱此면 汝何以得見古物고하다

① 卞鞠은 卞範之로, 〈韓康伯의〉 모친의 외손자이다. 다른 곳에 보인다.
鞠, 卞範之, 母之外孫也. 別見(현).

29-28 桓車騎(桓沖)는 새 옷 입기를 좋아하지 않았는데, 목욕한 뒤에 아내가 일부러 새 옷을 보내 입게 하니, 환거기가 크게 화를 내고 재촉하여 가져가게 하였다. 아내가 다시 가지고 가서 돌려주라고 하면서 말을 전하였다.

“옷이 새것을 거치지 않으면 어떻게 헌 옷이 되겠습니까.”

桓公(환충)이 크게 웃고는 그 옷을 입었다.

桓車騎는 **不好着新衣**한대 **浴後**에 **婦**가 **故送新衣與**①하니 **車騎大怒**하고 **催使持去**라 **婦**가 **更**(갱)**持還**하고 **傳語云 衣不經新**이면 **何由而故**잇가하니 **桓公大笑**하고 **著之**라

① ≪桓氏譜≫에 말하였다. “桓沖은 瑯琊 사람 王恬의 딸에게 장가들었으니, 〈그녀는〉 자가 女宗이다.”

桓氏譜曰 “沖娶瑯琊王恬女, 字女宗.”

29-29 郗嘉賓(郗超)이 세상을 떠나니 〈치가빈의〉 부인의 형제들이 여동생을 〈친정으로〉 돌아오게 하려 했으나, 〈그녀는〉 끝내 돌아가려 하지 않으면서 말하였다.

“살아서는 비록 郗郎(치가빈)과 같은 집에서 살지 못했지만 죽어서는 어찌 같은 무덤에 묻히지 못하겠는가.”[105)]

郗嘉賓喪하니 **婦兄弟**가 **欲迎妹還**이어늘 **終不肯歸**①하고 **曰 生**에 **縱不得與郗郎**으로 **同室**이라도 **死**에 **寧不同穴**②이리오하다

① ≪郗氏譜≫에 말하였다. “郗超는 汝南 사람 周閔의 딸에게 장가들었으니, 〈그녀는〉 이름이 馬頭이다.”

郗氏譜曰 “超娶汝南周閔女, 名馬頭.”

② ≪毛詩詁訓傳≫ 〈王風 大車〉에 말하였다. “살아서는 집을 달리하였으나 죽어서는 墓穴을 함께 하리라.” 鄭玄의 주석에 말하였다. “묘혈은 무덤의 구덩이이다.”

毛詩曰 “穀則異室, 死則同穴.” 鄭玄注曰 “穴謂壙中墟也”

29-30 謝太傅(謝安)가 눈 내리는 추운 날에 안채에서 〈식구들과〉 모여 있을 때 아이들과 문장의 의미를 강론하고 있었는데, 잠시 뒤에 눈이 펑펑 내리자 謝公(사안)이 기뻐하면서 말하였다.

“흰 눈이 흩날리니 무엇과 비슷하냐?”

형(謝據)의 아들 謝胡兒(謝朗)가 말하였다.

---

105) 죽어서까지……못하겠는가 : 改嫁하지 않겠다고 맹세한 것이다.(≪世說講義≫)

"공중에 소금을 뿌리는 것에 다소 비길 만합니다."

형(謝奕)의 딸(謝道韞)이 말하였다.

"버들솜이 바람에 날린다고 표현하는 것만 못합니다."[106)]

사공이 크게 웃으면서 즐거워했다.

이 여인이 바로 사공의 큰형 謝無奕(사혁)의 딸이자 左將軍 王凝之의 아내이다.

謝太傅가 **寒雪日**에 **內集**할새 **與兒女**로 **講論文義**러니 **俄而**요 **雪驟**라 **公欣然曰 白雪紛紛**하니 **何所似**아하니 **兄子胡兒曰 撒鹽空中**이 **差**(치)**可擬**니이다하고 **兄女曰 未若柳絮因風起**니이다하니 **公大笑樂**이라 **卽公大兄無奕女**요 **左將軍王凝之妻也**①라

① ≪王氏譜≫에 말하였다. "王凝之는 자가 叔平으로, 右將軍 王羲之의 둘째 아들이고, 江州刺史・左將軍・會稽內史를 역임하였다."

王氏譜曰 "凝之字叔平, 右將軍羲之第二子也, 歷江州刺史・左將軍・會稽內史."

王韶之의 ≪晉安帝紀≫[107)]에 말하였다. "王凝之는 五斗米道[108)]를 신봉하였다. 孫恩이 會稽를 공격하자, 왕응지가 백성과 관리들에게 '방비할 필요 없소. 내가 이미 大道(天神)에게 요청했더니 우리를 도와줄 귀신 군대의 파견을 허락하셨으니 적이 스스로 궤멸할 것이오.'라고 하고는 방비하지 않고 있다가 결국 손은에게 살해당하였다."

晉安帝紀曰 "凝之事五斗米道, 孫恩之攻會稽, 凝之謂民吏曰 '不須備防, 吾已請大道, 許遣鬼兵相助, 賊自破矣.' 旣不設備, 遂爲恩所害."

【頭註】

○ 劉辰翁 : 〈謝道韞의 말에는〉 여인의 운치가 있고, 소금을 뿌리는 풍속에 대해 잘 알았다.

劉云 "有女子風致, 愈覺撒鹽之俗."

---

106) 버들솜이……못합니다 : ≪世說啓微≫와 ≪世說講義≫에서는 "버들 솜이 가벼워 바람에 날리는 모습이 눈이 펑펑 내리는 모습보다 낫다고 한 것이다."라고 하였다.

107) 王韶之의 晉安帝紀 : 왕소지(380~435)는 晉(魏晉)나라 瑯琊 臨沂 사람으로, 字는 休泰이다. 東晉의 衛將軍 謝琰의 參軍으로 벼슬을 시작하여 著作佐郞・尙書祠部郞・中書侍郞을 역임하며, 安帝(司馬德宗)를 독살하는 데 참여하며, 恭帝(司馬德文)가 즉위한 뒤에 黃門侍郞・領著作郞이 되었다. 劉裕가 晉나라의 선양을 받아 송나라를 건국한 뒤에 驍騎將軍・吳興太守를 역임하였다. ≪진안제기≫는 10권으로, ≪晉安帝陽秋≫, ≪晉紀≫라고도 하는데, 진 안제 때의 역사를 편년체로 기록한 역사서이다. 원본은 일실되고 청나라 黃奭의 輯本이 남아 있다.

108) 五斗米道 : 後漢 말엽 老子로부터 符水呪法을 받았다고 하는 張陵에 의해 四川 지방에서 시작된 종교로, 병의 치료를 주목적으로 하였다. 병을 치료한 보수로 쌀 다섯 말을 받았기 때문에 이렇게 칭하였다.

29-31 王江州(王凝之)의 부인(謝道韞)이 〈남동생〉 謝遏(謝玄)에게 말하였다. "너는 어째서 도무지 더 이상 진보하지 못하느냐? 세속의 일에 마음을 쓰기 때문이냐? 〈아니면〉 타고난 재능에 한계가 있기 때문이냐?"

王江州夫人이 **語謝遏曰 汝何以都不復進**①고 **爲是塵務經心**가 **天分有限**가하다

① 〈왕강주의〉 부인은 謝玄의 누나이다.
夫人, 玄之(妹)〔姊〕.[109]

【頭註】

○ 王世懋 : 이것이 어찌 여동생이 오빠에게 하는 말이겠는가. 주석이 잘못되었으니 '妹'는 '姊'가 되어야 한다.
王云 "此豈女弟待兄之言? 註誤矣, 妹當作姊."

29-32 【補】 王江州(王凝之)가 孫恩에게 살해당하니 謝夫人(謝道韞)은 과부 신세로 會稽에 거주하였다. 태수 劉柳가 그녀의 명성을 듣고는 함께 의리에 대해 담론하자고 청하니, 사부인도 평소 유류의 명성을 들었던 터라 거절하지 못하고 쪽을 진 머리와 흰 저고리 차림[110]으로 〈안쪽의〉 휘장 안에 앉고, 유류는 의관을 정제한 채 〈밖에〉 별도로 마련한 의자로 나아갔다. 사부인은 기품이 고매하고 담론이 청아했는데, 먼저 집안일을 언급할 때는 비분강개하면서 눈물을 흘리고, 질문의 뜻에 차분히 대답할 때는 논리에 막힘이 없었다. 유류가 물러나 감탄하였다.

會稽

109) (妹)〔姊〕: 저본에는 '妹'로 되어 있으나, 질책하는 내용이라는 점과 아래 29-33 항목에 의거하여 '姊'로 바로잡았다.
110) 쪽을……차림 : 미망인의 차림이다.(≪世說講義≫)

"실로 근래에 만나보지 못한 분이로구나. 말씀의 어조를 살펴보니 나로 하여금 마음도 몸도 모두 숙이게 하는구나."

사부인도 말하였다.

"친족들이 많이 죽은 뒤에 비로소 이런 선비를 만났는데, 그의 질문을 들어보니 내 마음이 시원하게 풀리는구나."

王江州가 爲孫恩所害하니 謝夫人은 嫠居會稽라 太守劉柳가 聞其名하고 請與談義하니 夫人도 素聞劉名하여 亦不自阻하고 乃簪髻素褥하여 坐在帳中하며 劉는 束修整帶하여 造於別榻이라 夫人은 風韻高邁하며 敍致淸雅한대 先及家事에 慷慨流漣하고 徐酬問旨에 詞理無滯라 劉가 退而歎曰 實頃所未見이로다 瞻察言氣하니 使人心形俱服이라하고 夫人亦云 親從凋亡하고 始遇此士한대 聽其所問하니 殊開人心胸①이라하니

① ≪晉書≫ 〈劉柳列傳〉에 말하였다. "劉柳는 자가 叔惠로, 南陽 사람이고, 劉喬의 증손자이다. 젊을 때 청현직에 올라 尙書右僕射(상서우복야)와 尙書左僕射를 역임하였다. 당시에 尙書右丞인 傅迪은 다방면의 책을 읽기 좋아했으나 그 의미를 이해하지 못하고, 유류는 오직 ≪노자≫만 읽을 뿐이었다. 부적이 번번이 유류를 경시하니, 유류가 '그대는 읽은 책은 많지만 이해하는 바가 없으니, 이른바 책상자라고 할 만하오.'라고 하니, 당시 사람들이 그 말을 중시하였다."

晉書曰"劉柳, 字叔惠, 南陽人, 劉喬之曾孫. 少登淸宦, 歷尙書左右僕射. 時右丞傅迪, 好廣讀書, 而不解其義, 柳唯讀老子而已. 迪每輕之, 柳云'卿讀書雖多, 而無所解, 可謂書簏矣.' 時人重其言."

29-33 謝遏(謝玄)이 그의 누나(謝道韞)를 매우 존중하자 張玄이 항상 자기 여동생을 칭찬하면서 그녀(사도온)에게 비기고자 하였다. 濟尼[111]라는 사람이 장씨와 사씨 두 집안에 왕래했는데 어떤 이가 〈두 사람의〉 우열을 묻자 제니가 대답하였다.

"왕부인(사도온)은 정신이 탈속적이고 명랑하니 원래 林下의 풍모[112]가 있고 顧氏 집안의 부인(장현의 여동생)은 맑은 마음이 옥처럼 빛나니 본래 閨房의 빼어난 사람입니다."

111) 濟尼 : 濟라는 이름의 비구니이다.(≪世說新語補觿≫)

112) 林下의 풍모 : 竹林七賢의 풍모이다.(≪世說新語補考≫)

謝遏이 絶重其姊하니 張玄이 常稱其妹하여 欲以敵之라 有濟尼者가 竝遊張謝二家한대 人問其優劣하니 答曰 王夫人은 神情散朗하니 故有林下風氣하고 顧家婦는 淸心玉映하니 自是閨房之秀라하다

【頭註】

○ 劉辰翁 : 晉나라 때는 비구니조차 이와 같을 수 있었다.
劉云 "晉時尼輩, 亦能如是."

29-34 尙書 王惠[113]가 한 번은 王右軍(王羲之)의 부인(郗璿)을 만나서 물었다.

"눈과 귀에 불편함을 느끼지 않으십니까?"

부인이 대답하였다.

"머리카락이 하얗게 세고 치아가 빠지는 것은 육체에 속하지만, 눈과 귀의 경우는 정신과 관련 있으니 어찌 남과 다를 수 있겠느냐."

王尙書惠가 嘗看王右軍夫人하여 問眼耳未覺惡不①잇가하니 答曰 髮白齒落은 屬乎形骸나 至於眼耳하여는 關於神明하니 那可便與人隔이리오하다

① ≪婦人集≫에 실려 있는 謝表[114]에 말하였다. "신첩은 나이가 아흔으로, 외로운 몸만 남아 있습니다. 원컨대 가련하게 여겨 부양해주시기 바랍니다."
婦人集載謝表曰 "妾年九十, 孤骸獨存, 願蒙哀矜, 賜其鞠養."

【頭註】

○ 劉應登 : 王惠는 〈王羲之에게〉 손자 항렬이 된다.
應登云 "惠爲孫族."

29-35 韓康伯(韓伯)의 모친 殷氏가 손자 韓繪之를 따라 衡陽에 갔는데, 闔廬洲(합려주)에서 桓南郡(桓玄)을 만났다. 卞鞠(卞範之)은 은씨의 외손자인데 때로 문안하러 오니 〈은씨가〉 그에게 말하였다.

---

113) 王惠 : ?~?. 王默의 아들로, 王劭의 손자이자 王導의 증손자이고, 王羲之에게는 손자 항렬이 된다.

114) 謝表 : 임금의 은혜에 감사하는 뜻으로 올리는 글이다.

"내가 죽지 않아 이 어린놈이 두 代[115]에 걸쳐 역적질하는 것을 보는구나."

형양에 머문 지 몇 년 만에 한회지가 桓景眞(桓亮)의 난리 속에 죽으니, 은씨가 그의 시신을 어루만지면서 통곡하며 말하였다.

"너의 부친(한강백)은 옛날 豫章太守를 그만둘 때 조정의 소환장이 아침에 도착하자 저녁에 바로 떠났다.[116] 너는 衡陽太守를 그만둔 지 몇 년이나 지났거늘 재물[117] 때문에 움직일 수 없다가 결국 환란을 당했으니 더 이상 무슨 말을 하겠느냐."

韓康伯母殷이 隨孫繪[118]之하여 之衡陽①한대 於闔廬洲中에 逢桓南郡이라 卞鞠은 是其外孫이니 時來問訊하니 謂鞠曰 我不死하여 見此豎二世作賊이라하다 在衡陽數年에 繪之가 遇桓景眞之難也②하니 殷이 撫屍哭曰 汝父는 昔罷豫章할새 徵書朝至에 夕發이어늘 汝는 去郡邑數年이로되 爲物不得動이라가 遂及於難하니 夫復何言이리오하다

① ≪韓氏譜≫에 말하였다. "韓繪之는 자가 季倫이다. 부친 韓康伯(韓伯)은 太常卿을 역임하고, 한회지는 관직이 衡陽太守에 이르렀다."
韓氏譜曰 "繪之, 字季倫. 父康伯, 太常卿, 繪之, 仕至衡陽太守."

② 檀道鸞의 ≪續晉陽秋≫에 말하였다. "桓亮은 자가 景眞으로, 大司馬 桓溫의 손자이다. 부친 桓濟는 給事中을 역임하였다. 숙부 桓玄이 반역했다가 주살 당하자, 환량은 長沙에서 사람들을 규합하고는 스스로 '湘州刺史'라고 일컫고, 太宰 甄恭과 전임 衡陽太守 韓繪之 등 10여 명을 죽였다. 〈환량은〉 劉毅의 병사 郭珍에게 참수당하였다."
續晉陽秋曰 "桓亮, 字景眞, 大司馬溫之孫. 父濟, 給事中. 叔父玄, 簒逆見誅, 亮聚衆於長沙, 自號湘州刺史, 殺太宰甄恭・衡陽前太守韓繪之等十餘人, 爲劉毅軍人郭珍[119]斬之."

29-36【補】 宋(南朝)나라 明帝(劉彧)가 한번은 황후궁에서 크게 연회를 베풀고는 부인들을 발가벗겨 즐거움 거리로 삼았는데, 明恭皇后(王貞風)만 홀로 부채로 얼굴을 가리고 있자 명제가 말하였다.

"外舍家(皇后家)가 빈천하니,[120] 지금 함께 즐거움을 나누고자 하는데 어째서

115) 두 代 : 桓溫과 桓玄 부자를 이른다.(≪世說新語補觽≫)
116) 아침에……떠났다 : 축적한 재산이 없었기 때문이다.(≪世說啓微≫)
117) 재물 : ≪世說箋本≫에서는 '嗜慾'이라고 하였다.
118) 繪 : ≪晉書≫ 〈韓伯列傳〉에는 '璯'로 되어 있다.
119) 珍 : ≪晉書≫ 〈桓玄列傳〉에는 '彌'로 되어 있다.

혼자서만 보지 않소?"

명공황후가 말하였다.

"즐거움으로 삼는 일은 그 방법이 본래 많은데, 어찌 시고모님들이 모여 있는 자리에 부인들의 몸을 발가벗기고는 이를 즐거움으로 삼겠습니까. 外舍에서 즐거움으로 삼는 것은 이와 전혀 다릅니다."

명제는 화가 나서 명공황후에게 일어선 채 있게 하였다. 명공황후의 오빠 王景文(王彧)이 사람들에게 말하였다.

"황후께서 〈출가 전에〉 집에 있을 때는 연약한 부인이었는데, 지금 마침내 이번 이 일에 대해 이처럼 강직하고 바를 줄 몰랐소."

宋明帝가 嘗於宮內大集하고 贏婦人하여 以爲歡笑한대 明恭后가 獨以扇障面이라 帝曰 外舍家寒乞하니 今共爲笑樂이어늘 何獨不視아하니 后曰 爲樂之事는 其方自多니 豈有姑姊妹集聚에 而贏婦人形體하여 以此爲樂이리잇가 外舍之爲歡은 適與此不同이니이다하다 帝怒하여 遣后令起라 后兄景文이 語人曰 后在家에는 爲儜弱婦人이러니 不知今段遂爲剛正如此①로다하다

① 沈約의 ≪宋書≫에 말하였다. "明恭王皇后는 이름이 貞風으로, 瑯琊 사람 王僧朗의 딸이다. 〈宋(南朝) 文帝〉 元嘉 5년(428) 淮陽王(劉彧)의 妃로 책봉되고, 太宗(유욱)이 즉위하자 황후에 올랐다."
沈約宋書曰 "明恭王皇后, 諱貞風, 瑯琊王僧朗之女. 元嘉五年, 拜淮陽王妃, 太宗卽位, 立爲皇后."

29-37【補】 劉孝綽의 세 여동생이 瑯琊의 王叔英, 吳郡의 張嵊(장승), 東海의 徐悱(서비)에게 〈각각〉 시집갔다. 〈그녀들은〉 모두 문학적 재능이 있었는데, 서비의 아내가 더욱 청신하고 탈속적이었다.

劉孝綽三妹가 嫁瑯琊王叔英과 吳郡張嵊①과 東海徐悱②한대 竝有文才요 徐妻는 尤爲清拔③이라

---

120) 外舍家(皇后家)가 빈천하니 : 일설에 "외사가는 朝廷을 상대하여 한 말로 后宮을 가리키고 寒乞은 적적하다는 뜻이니, 황후의 궁이 적적하다는 뜻이다."라고 하였다.(≪世說箋本≫)

① ≪南史≫ 〈張嵊列傳〉에 말하였다. "張嵊은 자가 四山으로 吳郡 사람이고, 張稷의 아들이다. 방정하고 지조가 있으며 청담에 뛰어났다. 湘東王(蕭繹)의 長史가 되었다." 南史曰"嵊字四山, 吳郡人, 張稷子也. 方雅有志操, 能淸言, 爲湘東王長史."

② ≪梁書≫ 〈徐悱列傳〉에 말하였다. "徐悱는 자가 敬業으로, 東海 剡縣 사람이고, 徐勉의 아들이다. 어릴 때부터 총명하고 문장을 잘 지었다. 관직이 晉安內史에 이르렀다." 梁書曰"徐悱字敬業, 東海剡人, 徐勉子也. 幼聰敏, 能屬(촉)文, 仕至晉安內史."

③ ≪梁書≫ 〈劉孝綽列傳〉에 말하였다. "徐悱의 아내는 이른바 '劉三娘'[121]이다. 서비가 세상을 떠나자 아내가 제문을 지었는데 그 내용이 매우 처량하였다. 〈그의 부친〉 徐勉이 본래 애도문을 지으려고 했는데, 그녀의 제문을 보고는 붓을 내려놓았다." 孝綽傳曰"悱妻, 所謂'劉三娘'者也. 悱卒, 妻爲祭文, 辭甚悽愴. 勉本欲爲哀文, 旣覩此文, 于是閣筆."

29-38【補】〈당나라〉 肅宗(李亨)이 궁중에서 연회를 베풀었는데, 당시에 蕃將이었던 阿布思[122]가 법에 의해 처형당하고, 그의 아내는 掖庭[123]에 배속되었다가 樂工에 예속된 일이 있었다. 그날 〈그녀가〉 弄假官戲[124]의 우두머리가 되었는데, 숙종과 연회에 배석한 자들이 웃으며 즐거워했으나 政和公主만 유독 얼굴을 숙인 채 관람하지 않았다. 숙종이 그 이유을 묻자 정화공주가 말하였다.

"궁중에 시녀가 적지도 않은데 어찌 굳이 이 사람이 필요하겠습니까. 만일 아포사가 정말 반역자라면 그 아내도 마찬가지로 형벌을 받을 사람이니 지존의 자리에 가까이 있어서는 안 됩니다. 만일 〈아포사가 누명을 써서〉 원통하다면 어찌 차마 그 아내를 여러 배우들과 함께 섞여 있게 하여 웃음거리로 삼겠습니까. 저

121) 劉三娘 : 劉氏 집안의 셋째 낭자라는 뜻으로, 자는 令嫻이다.

122) 阿布思 : ?~753. 東突厥 출신으로, 당나라에 귀순하여 李獻忠이라는 이름을 하사받고, 전공을 세워 朔防軍節度副使가 되었다. 평소 사이가 좋지 않던 安祿山이 契丹을 공격할 때 부장으로 삼는다는 구실로 죽이려고 하자, 이를 거부하고는 서쪽의 葛邏祿 수령에게 투항하였다. 당나라가 갈라록에게 그와 그의 처자를 넘기라고 하여 결국 長安으로 압송되어 참수되었다.

123) 掖庭 : 궁중의 正殿과 椒房 이외의 비빈과 궁녀들이 거처하던 곳을 이르는데, 后宮·貴人·采女 등을 관장하는 관청을 이르기도 한다.

124) 弄假官戲 : 당나라 때 유행한 연희의 하나로, 弄參軍·參軍戲라고도 한다. 참군과 蒼鶻 두 배역이 우스운 대화나 동작을 통해 웃음을 유발하는데, 때때로 조정이나 사회 현상을 풍자하기도 하였다.

는 이 일이 매우 옳지 않다고 생각합니다."

숙종도 〈그녀를〉 측은하게 여기고 이로써 演戱를 그만두게 하였다.

肅宗이 **宴于宮中**한대 **時有蕃將阿布思**가 **伏法**하고 **其妻配掖庭**하고 **因隷樂工**이라 **是日**에 **爲假官之長**①한대 **上及侍宴者**가 **笑樂**(락)이어늘 **政和公主**는 **獨俛首不視**라 **上問其故**하니 **公主曰 禁中**에 **侍女不少**하니 **何必須得此人**이리잇가 **使阿布思**가 **眞逆人**인댄 **其妻亦同刑人**이니 **不合迫至尊之座**요 **果冤邪**(야)인댄 **豈忍使其妻**로 **與群優雜處**하여 **爲笑謔之具**이리잇가 **妾**은 **深以爲不可**니이다하다 **上亦憫惻**하고 **爲之罷戱**②라

① 궁중 여배우 〈연희〉에 弄假官戱가 있는데, 초록색 옷을 입고 홀을 쥔 자를 參軍椿(참군장)이라고 한다.[125]
宮中女優, 有弄假官戱, 其綠衣秉簡者, 謂之(將)〔參〕[126]軍椿.

② 趙璘의 ≪因話錄≫에 말하였다. "政和公主는 〈당나라〉 肅宗의 셋째 딸로, 柳潭에게 시집갔다."
趙璘因話錄曰 "政和公主, 肅宗第三女, 降柳潭."

29-39【補】 元相(元載)이 죄를 지었다. 〈그의〉 부인 王韞秀(왕온수)는 젊을 때부터 식견과 도량 및 절개를 지녀 〈그녀의 이름이〉 掖庭에 파다하였다. 〈당나라〉 代宗(李豫)이 〈그녀를〉 입궁시켜 彤管[127]으로서 후비들을 규간하는 임무를 맡기려 하니, 왕온수가 탄식하며 말하였다.

"왕씨 집안 열세 번째 낭자[128]는 〈출가 전에는〉 20년 동안 太原節度使의 딸이었고 〈출가 후에는〉 16년 동안 재상의 아내였으니, 그 누가 〈나에게〉 長信宮과 昭陽宮[129]의 일을 기록하게 할 수 있겠는가. 〈명을 따르지 않아〉 죄를 짓더라도

125) 궁중……한다 : 趙璘의 ≪因話錄≫에 있는 내용이다.
126) (將)〔參〕: 저본에는 '將'으로 되어 있으나, ≪因話錄≫에 의거하여 '參'으로 바로잡았다.
127) 彤管 : 여성 史官의 붓을 이른다. ≪毛詩注疏≫ 권3에 "고대에 后夫人은 반드시 女史를 두어 붉은 붓으로 행실을 기록하게 하였다.〔古者后夫人 必有女史彤管之法〕"라고 했는데, 鄭玄의 주석에 "동관은 붓의 붉은 자루이다.〔彤管 筆赤管也〕"라고 하였다.
128) 열세 번째 낭자 : 중국에서는 같은 항렬의 친족 형제간에 나이순으로 첫째·둘째라는 칭호를 붙였는데, 여기서는 王韞秀가 열 셋째라는 말이다.
129) 長信宮과 昭陽宮 : 한나라 때 태후와 황후가 거처하던 궁전인데, 여기서는 비빈과 후궁들이 거처하는 掖庭을 이른다.

역시 다행일 것이다."

〈왕온수는〉 한사코 명을 따르지 않았다.

元相이 得罪①라 夫人王氏韞秀는 少有識量節槪하니 頗聞掖庭이라 代宗이 欲令入宮하여 備彤管箴規之任하니 王歎曰 王家十三娘은 二十年太原節度使女요 十六年宰相妻이니 誰能書得長信昭陽之事리오 得罪라도 亦幸矣이라하고 堅不從命②이라

① ≪舊唐書≫ 〈元載列傳〉에 말하였다. "元載(713~777)는 鳳翔府 岐山縣 사람이다."
唐書曰 "元載, 鳳翔岐山人."
許有功의 ≪唐詩紀事≫[130]에 말하였다. "元載는 타향살이를 하다가 도성에 이르러 여러 차례 時務를 진언했는데, 황제(代宗)의 뜻에 깊이 부합하여 中書侍郞에 발탁되었다. 탐욕스럽고 인색한 짓을 하다가 법에 의해 처형당하였다."
唐詩紀事曰 "載羈旅到京, 屢陳時務, 深符上旨, 擢拜中書, 以貪恡伏法."

② 范攄(범터)의 ≪雲溪友議≫[131]에 말하였다. "王韞秀는 재상 王縉(702~781)의 딸이자 右丞 王維(701~761)의 조카이다. 처음에 왕진이 北京(太原府)을 다스릴 때 왕온수를 元載에게 시집보냈는데, 〈원재는〉 오랫동안 〈처가 사람들에게〉 무시당하였다. 왕온수가 원재에게 '어째서 더 공부하지 않습니까.'라고 하고는 갖고 있던 화상품 상자와 휘장 등 혼수품을 〈팔아〉 모두 지필묵을 〈마련하는〉 비용으로 썼다. 원재가 북경에 이르러 여러 차례 時務를 진언했는데, 황제의 뜻에 깊이 부합되어 肅宗이 中書侍郞에 발탁하였다."
范攄雲溪友議曰 "韞秀, 王縉相公之女, 右丞維之姪. 初王公鎭北京, 以韞秀嫁元載, 久而見輕. 韞秀謂元曰 '何不增學?' 所有奩幌資裝, 盡爲紙墨之費. 元到京, 屢陳時務, 深契上旨, 肅宗擢拜中書."

---

130) 許有功의 唐詩紀事 : 허유공은 北宋 衡陽 安仁 사람으로, 字는 敏夫이고, 호는 灌園居士이다. 徽宗(趙佶) 宣和 2년(1120)에 진사에 합격하고, 南宋 高宗(趙构) 紹興 5년(1135)에 右承議郞으로서 簡州의 장관이 되며 提擧兩浙西路常平茶鹽公事가 되었다. ≪당시기사≫는 당나라 시인 1,150명에 대해 그들의 世系·고향·시와 사적 및 평론을 수록한 책이다. 남송 寧宗(趙擴) 嘉定 17년(1224)에 王禧가 판각한 것이 현재 확인되는 최초 판본이고, 1989년에 王仲鏞이 ≪唐詩紀事校箋≫을 출판하였다.

131) 范攄(범터)의 雲溪友議 : 범터는 당나라 吳縣 사람이다. 越州 若耶溪에 은거했는데, 若耶는 五雲이라고도 불리었으므로 五雲溪人이라고 自號하였다. ≪운계우의≫는 筆記小說集으로, 開元 연간(713~741) 이후의 기이한 일화와 野史를 기록했는데, 특히 詩話에 대한 내용이 많다. ≪新唐書≫에는 3권, ≪宋史≫에는 11권, ≪直齋書錄解題≫에는 12권이라고 하였는데, 현재 ≪四部叢刊≫에는 上·中·下 3권이 실려 있다.

살펴보건대, ≪資治通鑑≫과 劉昫의 ≪唐書≫에 따르면 元載의 아내는 王忠嗣[132]의 딸이고, 또한 王縉과 원재가 동시에 재상이 되었다고 하였다. 역사책에서 왕진이 몸을 낮추어 원재에게 아부했기 때문에 결국 원재 때문에 벌을 받았다고 했으니, 장인과 사위가 같은 시기에 함께 조정에 있을 리도 없고, 또 장인이 사위에게 굽신거렸을 리도 없다. 그렇다면 원재의 아내가 왕충사의 딸이라는 것은 의심할 여지가 없는데도 〈范攄의〉 ≪雲溪友議≫와 〈蘇鶚의〉 ≪杜陽雜編≫에서는 왕온수를 왕진의 딸이라고 하였다.

범터와 소악은 모두 당나라 때 사람인데, 그들이 기록한 당나라 때의 일이 오히려 이처럼 서로 어긋나니, 야사의 기록은 본래 터무니없는 내용이 많다는 것을 알 수 있다.
按通鑑及劉昫唐書, 載妻, 王忠嗣女, 且王縉與載, 同時作相. 史言縉卑體附之, 故縉終以載得罪, 不應翁壻同時俱在政府, 又無應婦翁卑體于女壻, 則載妻爲忠嗣女, 無疑, 而雲溪友議與杜陽雜編, 以爲韞秀縉女也. 夫范攄・蘇鶚, 皆唐時人, 其所載唐事, 尙相牴牾如此, 乃知野史所書, 固多謬妄也.

29-40【補】〈당나라 僖宗〉 中和 연간(881~884)에 時溥가 黃巢를 평정한 뒤에 조정에 포로를 바칠 때 황소의 첩 백 명도 바쳤다. 희종(李儇)이 大元樓[133]에 행차하여 그들을 받을 때 첩들에게 물었다.

"너희들은 모두 공훈을 세운 고귀한 집안의 자녀로서 대대로 국가의 은혜를 받았는데 어째서 역적을 따랐는가?"

그 가운데 맨 앞에 있던 여인이 말하였다.

"광포하고 흉악한 역적에 대해 국가에서 백만 대군을 동원해도 종묘를 지키지 못하여 巴蜀으로 도망갔습니다. 지금 폐하께서는 역적을 거부할 수 없었다는 이유로 일개 여자를 질책하시니, 장수와 재상 등 공경대부들은 어느 곳에 두시겠습니까?"

희종이 더 이상 따지지 않았다. 〈그녀들은〉 모두 저잣거리에서 처형되었는데,

132) 王忠嗣 : 705~749. 당나라 華州 鄭縣 사람으로, 초명은 訓이다. 9세 때에 부친 王海賓이 吐蕃에서 전사했기 때문에 궁중에서 자랐고, 이때 '충사'라는 이름을 하사받았다. 戰功으로 朔方・河東・河西・隴右의 절도사를 역임하였다. 토번의 石堡城을 공격하지 않아 현종의 뜻을 거스르자 李林甫가 이를 틈 타서 태자를 옹립하려 한다고 무고했는데, 哥舒翰의 도움으로 간신히 극형은 면하고 漢陽太守로 좌천되었다.
133) 大元樓 : 成都에 있는 大玄樓가 되어야 한다.(≪世說音釋≫)

사람들이 다투어 그들에게 술을 주자 그녀들은 모두 비통해하면서 만취했으나, 맨 앞에 있던 여인은 혼자 술을 마시지도 않고 울지도 않으며, 처형당할 때도 얼굴빛이 숙연하였다.

中和間에 時溥가 旣平黃巢에 獻俘於朝①할새 竝巢姬妾百數라 僖宗이 御大元樓하여 受之할새 宣問姬妾하되 汝等은 皆勳貴子女니 世受國恩이어늘 何爲從賊고하니 其居首曰 狂賊凶逆을 國家가 以百萬之衆으로도 失守宗祧하여 播遷巴蜀이어늘 今陛下는 以不能拒賊이라하여 責一女子하시니 置公卿將相을 於何地乎잇가하니 僖宗이 不復問이라 皆戮於市한대 人爭與之酒하니 衆皆悲慟昏醉로되 居首者는 獨不飮不泣하고 至於就刑하여도 神色肅然②이라

① ≪舊唐書≫ 〈時溥列傳〉에 말하였다. "時溥(?~893)는 彭城 사람이다. 黃巢가 長安을 점거했을 때 〈조정에서〉 천하의 병사를 징집하여 토벌하라는 조칙을 내리자, 武寧節度使 支詳이 시부를 파견하여 위난을 해결하게 하였다. 황소가 陳州를 공격하자 시부가 군대를 출동시켜 토벌했는데 여러 차례 승전하였다. 황소가 패배했을 때 그의 부장 尙讓이 수천 명의 병사를 데리고 시부에게 투항하였다."
唐書曰 "時(導)〔溥〕,[134] 彭城人. 黃巢據長安, 詔徵天下兵進討, 武寧節度使支詳, 遣溥赴難. 及巢功陳州, 溥出師討之, 戰屢捷. 巢之敗也, 其將尙讓, 以數千人降溥."

② ≪舊唐書≫ 〈黃巢列傳〉에 말하였다. "黃巢(820~884)는 曹州 寃句 사람이다. 처음에는 尙君長에게 의탁하여 반란을 일으켜 五嶺[135]을 넘고 호남과 강소 및 절강을 침범하며, 도성(長安)을 공격하여 함락하고는 〈국호를〉 '大齊'라고 참칭하였다."
唐書曰 "黃巢, 曹州寃句人. 初依尙君長爲亂, 踰五嶺, 犯湖湘・江浙, 攻陷京師, 僭號大齊."

29-41【補】 宋나라 太祖(趙匡胤)가 장차 북쪽으로 정벌하러 나가려 할 때, 군대에서 點檢[136](조광윤)을 천자로 세우려 한다는 소문으로 도성이 떠들썩하였다. 태조가 집안사람들에게 말하였다.

---

134) (導)〔溥〕: 저본에는 '導'로 되어 있으나, 인명으로 '溥'로 바로잡았다.
135) 五嶺 : 大庾嶺・始安嶺・臨賀嶺・桂陽嶺・揭陽嶺이다.(≪世說音釋≫)
136) 點檢 : 송나라 태조 趙匡胤은 원래 後周(五代)의 殿前都點檢으로 있다가 顯德 7년(960) 거란과 대적하면서 陳橋驛에 이르러 변란을 일으키고, 군사들에 의해 천자로 옹립되었다.

"바깥에서 이처럼 왁자지껄하니 장차 어떻게 해야 하는가?"

태조의 누나가 한창 부엌에서 요리를 하고 있었는데, 밀반죽을 미는 밀대를 들어 태조를 때려 쫓아내면서 말하였다.

"대장부가 큰일을 맞닥뜨리면 그 가부를 당연히 스스로 마음속에서 결정해야 하는 법인데, 집에 와서 부녀자들을 두렵게 만드는 것은 무엇을 위한 것이냐."

태조는 아무런 말도 하지 못하고 나갔다.

趙匡胤

宋太祖가 將北征할새 京師諠言하되 軍中欲立點檢하여 爲天子라하다 太祖告家人曰 外間詾詾如此하니 將若之何오하니 太祖姊가 方在廚라가 引麪杖하여 擊太祖하여 逐之曰 丈夫臨大事하면 可否를 當自決胸懷니 乃來家間하여 恐怖婦女는 何爲邪(야)아하니 太祖默然而出①이라

① 何良俊은 ≪何氏語林≫의 주석에서 "太祖의 누나는 바로 魏國長公主이다."라고 했는데, 위국장공주는 태조의 딸이니 밀대로 부친을 때렸을 리 없다. 살펴보건대, 〈宋公主傳〉에 따르면 秦國大長公主는 태조와 배가 같은 누나이고, 성년이 되기 전에 요절한 누나가 있었는데 陳國長公主에 추봉되었는데 아마 이 사람일 것이다.
何氏曰 "太祖姊, 卽魏國長公主." 公主, 太祖女也, 不應以杖擊父. 按〈宋公主傳〉, 秦國大長公主, 太祖同母姊也. 有姊一人未笄而夭, 追封陳國長公主, 豈卽此乎?

30. 신묘한 예지력 術解*

*'術解'의 '術'은 '術數'를 가리키며, '解'는 이러한 술수를 통해 眞相을 解明하는 것을 말한다. 본편에는 기구 발명, 占卜, 醫藥, 音樂, 相宅, 相馬 등에 뛰어난 인물들에 관한 일화가 총 20건 실려 있는데, ≪세설신어≫에서 8건, ≪하씨어림≫에서 12건을 가져 왔다.

30-1【補】[1] 張平子(張衡)가 地動儀를 제작하였다. 구리를 정련하여 그 기구를 만들었는데 지름이 8자이고 형태는 술동이처럼 생겼다. 동이 안에 중심 기둥이 있고 주변에 8개의 길을 내고 새뻬기를 실치하여 작동하였다. 바깥에는 구리 구슬을 입에 머금은 용의 머리 8개가 있고 아래에는 두꺼비를 설치하여 구슬을 받치게 하였다. 땅이 혹 진동하면 그 방향을 따라서 용 한 마리가 구슬을 토하였으니, 장치의 정교함이 모두 동이 안에 있었다.

張平子作地動儀라 **精銅以鑄其器**하니 **圓徑八尺**이요 **形似酒尊**(준)이라 **尊中有都柱**하고 **旁行八道**하여 **施關發機**[2]라 **外有八龍首銜銅丸**하고 **下設蟾蜍承之**라 **地或動**하면 **則隨其方面**하여 **一龍吐丸**하니 **其機關巧制**가 **皆在尊中**이라①

① 范曄의 ≪後漢書≫에 말하였다. "張衡은 字가 平子이고 南陽 西鄂 사람이다. 조부인 張堪은 蜀郡太守를 지냈다. 장형은 어려서 문장을 잘 지었고, 나중에 太學에 유학하여 마침내 五經에 통달하였다. 정교한 장치를 잘 만들었고, 특히 天文學·陰陽學·曆算學에 몰두하였다. 渾天儀를 제작하였고 또 候風地動儀를 만들었다. 만일 땅이

---

1)【補】: 저본에는 '補'가 없으나, 이 일화는 ≪세설신어≫에 실려 있지 않고 ≪하씨어림≫에 실려 있으므로 이에 의거하여 '補'를 보충하였다.

2) 施關發機 : 열고 닫게 할 수 있는 장치를 '關'이라 하고, 작동하게 하는 장치를 '機'라 한다.(≪世說音釋≫)

흔들리면 동이에서는 龍의 장치가 움직여 구슬을 토하고 두꺼비가 그 구슬을 삼키게 된다. 장치가 작동하는 소리가 크게 나면 지키는 사람이 이로 인하여 알게 되는데, 용 한 마리의 장치만 움직이고 7개의 용머리가 움직이지 않더라도 그 움직인 쪽을 찾아 마침내 지진이 난 곳을 알게 되는데, 귀신처럼 딱 들어맞았다.

언젠가 용 한 마리의 장치가 움직였지만 땅이 진동하지 않자 모두 지진의 징험이 없는 것에 의아해하였는데, 며칠 뒤 역마가 도착하여 隴西 땅에 지진이 났다고 하였다. 이에 모두 그 장치의 신묘함에 탄복하였다. 벼슬은 太史令을 지냈고 지방으로 나가 河間相[3]이 되었다가 중앙에 불려와 尙書에 임명되었다."

范曄後漢書曰 "張衡, 字平子, 南陽西鄂人. 祖堪, 蜀郡太守. 衡少善屬(촉)文, 後游太學, 遂通五經. 善機巧, 尤致思於天文・陰陽・(歷)〔曆〕算[4]之學. 作渾天儀, 復造候風地動儀. 如有地動, 尊(준)則振龍機發吐丸, 而蟾蜍銜之. 振聲激揚, 伺者因此覺知. 雖一龍發機, 而七首不動, 尋其方面, 乃知震之所在, 合契若神. 嘗一龍機發而地不動, 咸怪其無徵. 後數日驛至, 果地震隴西, 于是皆服其妙. 官太史令, 出爲河間相. 徵拜尙書."

30-2【補】[5] 蔡中郎(蔡邕)이 陳留에 있을 때 이웃 사람이 중랑을 술자리에 불렀다. 그가 도착할 즈음에 술자리는 이미 흥이 올랐고 손님 중에 병풍 뒤에서 거문고를 타는 이가 있었다. 중랑이 문에 도착하여 잠자코 그 음악을 듣고 말하였다.

"즐거운 마음으로 나를 불러 놓고 殺氣 띤 마음을 지닌 것은 어째서인가?"

말하고서 마침내 돌아갔다. 명을 전하는 자가 주인에게 蔡君(채옹)이 문에 도착하였다가 돌아갔다는 말을 보고하자, 채중랑은 평소 고을에서 존경받는 사람이었으므로 주인이 직접 일어나 뒤따라가 그 이유를 물었다. 채중랑이 그 이유를 다 고하자 〈모두〉 이상하게 여기지 않는 이가 없었다. 그러자 거문고를 타던 이가 말하였다.

"제가 마침 사마귀가 울고 있는 매미를 향하는 것을 보았는데, 매미가 날아가려 하다가 날지 못하고 사마귀가 매미 때문에 앞으로 갔다 뒤로 갔다 하니 제 마음

---

3) 河間相 : 河間郡 또는 河間國의 재상을 말한다. 郡과 國은 행정구역을 범칭하는 말이다. 張衡은 漢 順帝 永和 원년(136)부터 3년간 하간상으로 재임하여 善政을 펼쳤다.(≪後漢書≫ 〈張衡傳〉)

4) (歷)〔曆〕: 저본에는 '歷'으로 되어 있으나, ≪李卓吾批點世說新語補≫(安永本) 등에 의거하여 '曆'으로 바로잡았다.

5)【補】: 저본에는 '補'가 없으나, 이 일화는 ≪세설신어≫에 실려 있지 않고 ≪하씨어림≫에 실려 있으므로 이에 의거하여 '補'를 보충하였다.

이 긴장되어 오직 사마귀가 매미를 잡지 못할까만 염려하였습니다. 이것이 아마도 살기를 띤 마음이 되어 소리로 드러난 것인가 봅니다."

채중랑이 웃으면서 말하였다.

"이는 충분히 그럴 만합니다."

蔡中郎在陳留에 隣人이 召中郎飮이라 比往酒已酣하고 客有彈琴於屛이러니 中郎至門하여 潛聽之曰 以樂(락)召我而有殺心은 何也오하고 遂反이어늘 將命者가 告主人以蔡君至門而去하니 中郎素爲鄕邦所宗이라 主人이 自起追問其故한대 中郎具以告하니 莫不憮然[6]이라 彈琴者曰 我見螳螂方向鳴蟬에 蟬將去而未飛하고 螳螂爲之一前一却하니 吾心聳然하여 唯恐螳螂之失蟬也라 此豈爲殺心而形於聲者乎아하니 中郎이 笑曰 此足以當之矣①나하니라

① 范曄의 ≪後漢書≫에 말하였다. "吳 땅 사람이 오동나무를 때서 밥을 할 때 蔡邕이 불이 타오르는 소리를 듣고 그것이 좋은 나무임을 알고는 다듬어 거문고를 만들었는데 과연 훌륭한 소리가 났다. 그러나 거문고 꼬리 부분이 여전히 불에 탄 상태였으므로 낭시 사람들이 이를 '焦尾琴'이라 불렀다."
范曄後漢書曰 "吳人燒桐以爨(찬), 邕聞火烈聲, 知其良木, 因裁爲琴, 果有美音, 而尾猶焦, 時人名焦尾琴."

30-3【補】蔡中郎(蔡邕)이 吳 땅 사람에게 말하였다.

"내가 예전에 會稽의 高遷亭을 지나다가 東間의 열여섯 번째 대나무 서까래를 보고 피리를 만들 수 있겠다고 여겨 가져다 쓰니 과연 기막힌 소리가 났습니다."

蔡中郎이 告吳人曰 吾昔嘗經會稽高遷亭이라가 見屋椽竹東間第十六하고 可以爲笛하여 取用하니 果有異聲①이라하다

① 伏滔[7]의 〈長笛賦〉 서문에 말하였다. "柯亭의 樓閣은 대나무로 서까래를 만들었다. 채옹이 그것으로 피리를 만들었는데 기막힌 소리가 매우 절묘하였다."
伏滔長笛賦序云 "柯亭之觀, 以竹爲椽, 邕取爲笛, 奇聲獨絶."

---

6) 憮然 : '憮'는 '怪'와 같은 뜻이다.(≪世說音釋≫)
7) 伏滔 : 317?~396? 字는 玄度이고, 平昌郡 安丘縣(지금의 山東省 安丘市) 사람이다. 東晉 때의 大臣이자 學者였고, 侍中 伏系之의 父親이다.(≪晉書≫ 〈伏滔傳〉)

30-4【補】蔡文姬가 6세 때 부친인 중랑이 밤중에 거문고를 타다가 줄이 끊어지자 문희가 말하였다.

"두 번째 줄입니다."

중랑이 다시 일부러 현 1줄을 끊고 문희에게 묻자, 문희가 말하였다.

"이는 네 번째 줄입니다."

모두 틀림이 없자, 중랑이 말하였다.

"우연히 맞췄을 뿐이다."

문희가 말하였다.

"季札은 樂舞를 관람하고는 나라의 흥망을 알았고, 師曠은 운률을 불러보고는 초나라가 상대가 되지 못함을 알았습니다.[8] 이것으로 보면 어찌 알지 못할 수 있겠습니까."

蔡文姬年六歲時에 **父中郎**이 **於夜中鼓琴**이라가 **絃絶**이어늘 **文姬曰 第二絃**이라 **中郎**이 **復故斷一絃**하고 **以問之**한대 **文姬言是第四絃**이라하여 **竝不差謬**이어늘 **中郎云 偶得之耳**라 **文姬曰 季札觀**(吳)〔**樂**〕[9]하여 **知興亡之國**하고 **師曠吹律**하여 **識南風之不競**하니 **由此觀之**면 **何足不知**①리오하다

① ≪춘추좌씨전≫ 襄公 29년 條에 말하였다. "吳나라 公子 季札이 사신으로 와서 周나라의 樂舞를 보여주기를 청하였다. 〈양공이〉 樂工을 시켜 계찰을 위해 周南과 召南을 노래하게 하자 그가 말하였다. '아름답습니다. 周나라의 기초가 비로소 정해졌으나 아직 완성되지 않았는데[10] 백성들이 수고로워도 원망하지 않은 것을 볼 수 있습니다.'[11] 그를 위해 邶風·鄘風·衛風을 노래하게 하자, 그가 말하였다. '아름답고도

---

8) 師曠은……알았습니다 : 師曠은 晉(春秋)나라 樂師인데, 귀가 밝아 운률을 통해 吉凶을 잘 분별하였다. ≪춘추좌씨전≫에 楚軍이 鄭나라를 討伐하려 한다는 소식을 듣고 晉人이 걱정하자, 師曠이 말하기를 "우리에게 해로울 게 없습니다. 내가 여러 차례 北風(北方의 樂曲)을 노래해 보고 또 南風(南方의 樂曲)을 노래해 보건대 남풍은 소리가 강하지 못하고 애절한 소리가 많으니, 楚나라는 반드시 성공하지 못할 것입니다."라고 예견한 고사가 있다.(≪春秋左氏傳≫ 襄公 18년 조)

9) (吳)〔樂〕: 저본에는 '吳'로 되어 있으나, ≪춘추좌씨전≫ 양공 29년 條와 ≪李卓吾批點世說新語補≫(安永本) 등에 의거하여 '樂'으로 바로잡았다.

10) 아직……않았는데 : 아직도 商紂가 있었기 때문에 盡善하지 못했던 것이다.(≪春秋經傳集解≫, ≪春秋左傳正義≫)

11) 백성들이……있습니다 : 백성들의 생활이 아직 安樂하지 못하였으나, 그 音에 원망하

심원합니다. 근심하면서도 괴로워하지 않음을 볼 수 있습니다. 제가 듣기에 衛나라 康叔과 武公의 德이 이와 같았다고 하니,[12] 이 詩는 아마도 衛風인 것 같습니다.' 그를 위해 王風을 노래하게 하자,[13] 그가 말하였다.

'아름답습니다. 근심하면서도 두려워하지 않으니,[14] 이는 아마도 周나라가 東遷한 뒤의 詩인 것 같습니다.' 그를 위해 鄭風을 노래하게 하자, 그가 말하였다. '아름답습니다. 그러나 繁細하여 백성이 감당하지 못할 것이니, 이 나라는 먼저 망할 것입니다.'[15] 그를 위해 齊風을 노래하게 하자, 그가 말하였다. '아름답습니다. 소리가 우렁차서 대국의 풍모가 있으니 東海의 표상이 될 것입니다. 이것은 太公의 나라 시일 것입니다.[16] 이 나라는 국력을 가늠하지 못할 〈정도로 부흥할〉 것입니다.'[17] 그를 위해 豳風을 노래하게 하자, 그가 말하였다.

'아름답습니다. 관대함이여. 즐거워하되 지나치지 않으니, 이는 아마도 周公이 東征에서 돌아와 지은 詩인 듯합니다.'[18] 그를 위해 秦風을 노래하게 하자 그가 말하였다. '이를 일러 夏聲이라 하니,[19] 능히 夏聲을 낸다면 그 聲音이 弘大합니다. 弘大함이 지극하니 아마도 周나라의 舊樂[20]인 듯합니다.' 그를 위해 魏風을 노래하게 하자

거나 노여워함이 없다는 말이다.(≪春秋經傳集解≫, ≪春秋左傳正義≫)

12) 衛나라……하니 : 康叔은 周公의 아우이고 武公은 康叔의 9代孫인데, 모두 아름다운 덕이 있었던 衛나라의 임금들이다.

13) 王風을……하자 : 王風 〈黍離〉篇을 노래하였다.

14) 근심하면서도……않으니 : 제후의 宗主國인 周나라가 멸망하였기 때문에 근심하면서도 여전히 先王의 遺風이 남아 있기 때문에 두려워하지 않았다는 말이다.(≪春秋經傳集解≫, ≪春秋左傳正義≫)

15) 繁細하여……것입니다 : 그 詩의 音이 아름답지만 歌辭가 煩碎하여 國運이 長久할 수 없음을 알 수 있다고 한 것이다.(≪春秋經傳集解≫, ≪春秋左傳正義≫)

16) 東海의……것입니다 : 太公을 齊나라에 封하여 東海諸侯의 表式(師表)이 되게 하였다.(≪春秋經傳集解≫, ≪春秋左傳正義≫)

17) 국력을……것입니다 : 齊나라가 장차 復興할 것을 말한 것이다.(≪春秋經傳集解≫, ≪春秋左傳正義≫)

18) 周公이……듯합니다 : 豳風은 周公이 東方으로 出征하여 管叔・蔡叔의 變亂을 물리치고 3년 만에 돌아와서 成王을 위해 지은 시로, 后稷과 先公들이 감히 酒色에 빠지지 않아 王業을 이루게 되었음을 노래하는 내용이므로 이렇게 말한 것이다.(≪春秋經傳集解≫, ≪春秋左傳正義≫)

19) 夏聲이라 하니 : 옛날에는 西方을 가리켜 '夏'라 하였다고 하였으니, 夏聲은 西方의 音樂이다. 秦나라는 본래 西戎의 땅에 있었는데, 西戎을 '西夏'라고도 하였다. 秦나라가 이곳에 살면서 周나라의 옛 風俗을 繼承하였기 때문에 夏聲이 있었던 것이다.(≪春秋經傳集解≫, ≪春秋左傳正義≫)

20) 周나라의 舊樂 : 秦 襄公은 周나라를 도와 平王의 東遷을 護送한 공로로 주나라의 옛 땅을 下賜받았다. 그러므로 '周나라의 舊樂'이라고 한 것이다.(≪春秋經傳集解≫, ≪春秋

그가 말하였다. '아름답습니다. 〈그 歌辭가〉 거칠면서도 婉曲하고 〈그 政令이〉 險難하면서도 행하기 쉬우니, 德으로써 이를 輔助하였다면 밝은 임금이 되었을 것입니다.'[21] 그를 위해 唐風[22]을 노래하게 하자, 그가 말하였다. '생각이 심원하니, 이것은 陶唐氏(堯)의 遺民이 지은 詩일 것입니다. 그렇지 않다면 어찌 근심이 이렇게 심원하겠습니까. 훌륭한 덕을 지닌 분의 후손이 아니면 어느 누가 이와 같을 수 있겠습니까.' 그를 위해 陳風을 노래하게 하자, 그가 말하였다. '나라에 군주가 없으니 어찌 長久할 수 있겠습니까.' 鄶風 이하에 대해서는 논평하지 않았다. 그를 위해 小雅를 노래하게 하자, 그가 말하였다.

'〈文王·武王의 德을〉 생각하여 背叛하려는 마음이 없고 〈商紂의 정사를〉 怨望하면서도 말을 입 밖에 내지 않았으니, 아마도 周나라의 德이 衰한 시기의 시인 듯합니다. 여전히 先王의 遺民이 있기 때문일 것입니다.' 그를 위해 大雅를 노래하게 하자, 그가 말하였다. '〈德이〉 광대하고도 〈소리가〉 화락합니다. 악곡에 高低抑揚이 있으면서도 강직한 본체가 있으니 아마도 文王의 덕을 기리는 시일 것입니다.' 그를 위해 頌[23]을 노래하게 하자, 그가 말하였다.

'지극합니다. 강직하되 거만하지 않고 굽히되 비굴하지 않으며, 친근하되 침범하지 않고 소원하되 사이가 벌어지지 않으며, 옮겨 다니되 지나치게 방탕하지 않고 반복하되 싫증내지 않으며, 슬퍼하되 근심하지 않고 즐거워하되 酒色에 빠지지 않으며, 〈광대하여〉 使用하되 부족하지 않고 〈덕이〉 광대하되 스스로 드러내지 않으며, 은혜를 베풀되 〈재물을〉 虛費하지 않고[24] 取하되 〈과도하게〉 탐하지 않으며,[25] 조용히 居處하되 〈사고가〉 停滯되지 않고[26] 活動하되 放蕩하지 않습니다. 五聲[27]이 어울리고 八風[28]이 조화로우며, 拍子에 법도가 있고 지킴에 차례가 있으니, 성대한 德이

左傳正義≫)

21) 德으로써……것입니다 : 魏나라는 姬姓國인데, 閔公 원년에 晉 獻公이 魏나라를 擊滅하였으므로 그 나라가 작고, 밝은 임금이 없는 것을 애석하게 여긴 것이다.(≪春秋經傳集解≫, ≪春秋左傳正義≫)

22) 唐風 : 唐風은 晉나라의 詩이다. 晉나라는 唐國(堯의 나라)이었다. 그러므로 堯의 遺風이 있었다.

23) 頌 : 이룬 功績을 神明께 告하는 내용이다

24) 은혜를……않았고 : 施惠하기를 좋아하는 자는 대체로 자신의 財物을 虛費하는데, 백성들이 이롭게 여기는 바에 따라 이로운 쪽으로 引導하였기 때문에 自身의 財物을 虛費하지 않는 것이다.(≪春秋經傳集解≫, ≪春秋左傳正義≫)

25) 取하되……않으며 : 義에 맞은 뒤에 取하기 때문이다.(≪春秋經傳集解≫, ≪春秋左傳正義≫)

26) 조용히……않고 : 停止해 머물러 있어도 자신을 道로써 지키기 때문에 停滯되지 않는 것이다.(≪春秋經傳集解≫, ≪春秋左傳正義≫)

27) 五聲 : 宮·商·角·徵(치)·羽를 이른다

同一합니다.'[29]라고 하였다.

李札이 象箾舞(상소무)와 南籥舞(남약무)를 보고는[30] '아름답습니다만 恨이 있는 듯합니다.'[31]라고 하고, 大武舞[32]를 보고는 '아름답습니다. 周나라가 興盛할 때 아마 이러했을 것입니다.'라고 하고, 韶濩舞[33]를 보고는 '聖人의 위대함을 표현하면서도 오히려 부끄러워하는 마음을 드러내었으니[34] 성인되기가 참으로 어렵다는 것을 알 수 있습니다.'라고 하고, 大夏舞[35]를 보고는 '아름답습니다. 勤勞하면서도 그것을 德으로 여기지 않는 것을 볼 수 있으니,[36] 禹가 아니면 누가 이런 樂舞를 만들 수 있었겠습니까?'라고 하고, 韶箾舞(소소무)[37]를 보고는 '德이 지극하고 廣大하여, 하늘이 일체를 덮지 않음이 없는 것과 같고 대지가 일체를 싣지 않음이 없는 것과 같습니다. 아무리 盛大한 德이라 해도 이보다 더할 수 없으니 훌륭하기 그지없습니다. 다른 樂舞가 있다 하더라도 나는 감히 더 이상 보기를 청하지 않겠습니다.'라고 하였다.

李札이 聘問使로 나온 것은 새 임금이 왕위를 승계한 것을 通告하기 위해서였다.[38] 그러므로 드디어 齊나라에 聘問 가서 晏平仲(晏嬰)[39]을 만나보고는 그를 좋아하여 그에게 이르기를 '그대는 속히 封邑과 政權을 返納하십시오. 봉읍이 없고 정권이 없어야 禍難을 면할 수 있습니다. 齊나라의 정권은 장차 누군가에게 돌아갈 것이니[40] 돌아갈 곳을 찾지 못하면 화란이 끝나지 않을 것입니다.' 이로 인해 晏子는 欒

28) 八風 : 八方의 風氣를 '八風'이라 한다.
29) 德이 同一합니다 : 頌에는 殷頌과 魯頌이 있기 때문에 '盛大한 德이 同一하다.'고 한 것이다.(≪春秋經傳集解≫, ≪春秋左傳正義≫)
30) 象箾舞와……보고는 : 象箾는 舞人이 손에 잡는 것이고, 南籥은 籥舞인데, 모두 文王의 樂이다. 象箾는 武舞이고 南籥은 文舞이다.
31) 恨이……듯합니다 : 文王이 自身의 代에 太平을 이룩하지 못한 것을 한스러워하는 뜻이 춤에 표현된 것이다.(≪春秋經傳集解≫, ≪春秋左傳正義≫)
32) 大武舞 : 武는 武王의 樂이다.
33) 韶濩舞 : 韶濩는 殷湯의 樂이다.
34) 부끄러워하는……드러내었으니 : 殷湯이 신하로서 임금을 征伐한 것을 부끄럽게 여긴 것이다.
35) 大夏舞 : 夏禹의 樂이다.
36) 勤勞하면서도……있으니 : 勤勞는 禹가 溝洫에 盡力한 것을 이른다. 禹가 水土를 다스리는 일에 勤勞하였으되 자기의 德을 스스로 자랑하지 않았기 때문이다. ≪春秋經傳集解≫, ≪春秋左傳正義≫
37) 韶箾舞 : 韶箾는 舜의 樂이다.
38) 李札이……위해서였다 : 吳主 餘祭가 李札을 上國에 聘問使로 보내고 나서 죽었다. 吳王 夷昧가 嗣位하였으므로 諸侯에게 通告하기 위해 出聘한 것인 듯하다.
39) 晏平仲(晏嬰) : B.C. 578~B.C. 500. 晏嬰은 字가 仲이고 시호가 平인데, 습관상 晏平仲 또는 晏子라고 불리었다. 齊(春秋)나라의 上大夫를 지냈으며, 靈公·莊公·景公 3대를 섬겨 52년간 정사를 도왔다.(≪史記≫ 〈管晏列傳〉)

氏・高氏가 일으킨 變亂에서 화를 면하였다. 鄭나라에 빙문 가서 子產을 만나보고는 오래 전부터 서로 알고 지낸 친구처럼 여겨 자산에게 명주로 짠 허리띠를 주니, 자산은 그에게 모시옷을 주었다.[41]

季札이 자산에게 말하였다. '정나라 執政이 사치스러우니 장차 화란이 일어날 것입니다. 政權이 반드시 그대에게 이를 것이니, 그대가 집정이 되거든 禮에 의해 신중히 일을 처리하십시오. 그렇게 하지 않으면 鄭나라는 장차 敗亡하게 될 것입니다.' 衛나라에 가서 蘧瑗[42]・史狗[43]・史鰌[44]・公子荊[45]・公叔發[46]・公子朝를 좋아하여 말하기를 '衛나라에는 君子가 많으니 환란이 없을 것입니다.'라고 하였다. 衛나라에서 晉나라로 갈 적에 戚邑[47]에서 留宿하려다가 鐘소리를 듣고[48] 말하였다. '괴이하도다. 내가 듣건대 변란을 일으키고도 德을 행하지 않으면 반드시 誅戮을 당한다고 하였다.

夫子(孫林父)는 임금에게 죄를 얻고서 이곳에 와 있으니[49] 두려워하여 〈謹愼하여도〉 오히려 미치지 못할 것인데, 또 어찌 음악을 즐긴단 말인가? 夫子가 이곳에 있는 것은 마치 제비가 帳幕 위에 둥지를 지은 것처럼 위태롭고 또 임금의 棺이 殯所에 있는데[50] 어찌 음악을 즐길 수 있단 말인가?'라고 하고서 마침내 그곳을 떠났다. 孫

---

40) 齊나라의……것이니 : 政權이 장차 陳氏에게 돌아갈 것임을 이른 듯하다.(≪春秋經傳集解≫, ≪春秋左傳正義≫)

41) 자산에게……주었다 : 吳나라 땅에서는 명주를 귀하게 여기고 鄭나라 땅에서는 모시를 귀하게 여겼다. 그러므로 각각 자기가 귀하게 여기는 물건을 선물로 준 것이다.

42) 蘧瑗 : B.C. 585~B.C. 484. 이름이 瑗이고, 字가 伯玉이며 諡號는 成이다. 衛(春秋)나라 大夫를 지냈으며, 內黃侯에 봉해졌다. 孔子의 친구로, 道家의 '無爲而治'의 개창자이다.

43) 史狗 : 史狗는 史朝의 아들 文子이다.

44) 史鰌 : 衛(春秋)나라 大夫로, 字가 子魚이므로 史魚라고도 한다. 諫臣으로 널리 알려진 인물이다. 그는 衛靈公이 자신의 諫言을 듣지 않자, 죽음에 임하여 아들에게 생전에 임금을 바로잡지 못하였으니 죽어도 禮葬을 받을 자격이 없으므로 시체를 北堂 아래에 버리라고 하였는데, 조문 갔던 임금이 이 이야기를 듣고 크게 반성하여 생전에 그가 건의한 대로 彌子瑕를 물리치고 蘧伯玉을 등용하였다는 고사가 전한다. 이를 '屍諫'이라 한다.(≪禮記≫ 〈檀弓 下〉)

45) 公子荊 : 衛(春秋)나라 大夫로,≪論語≫ 〈子路〉편에 孔子가 그를 집안을 잘 다스린다고 칭찬한 말이 있다.

46) 公叔發 : 衛(春秋)나라 大夫로, 衛 獻公의 손자이다. 이름이 拔인데 發이라고도 한다. 시호가 '文'이라 '公叔文子'라고 불린다.

47) 戚邑 : 戚은 孫文子의 封邑이다.

48) 鐘소리를 듣고 : 孫文子가 音樂을 演奏하면서 치는 鐘소리를 들은 것이다.(≪春秋經傳集解≫, ≪春秋左傳正義≫)

49) 夫子(孫林父)는……있으니 : 孫文子가 戚邑을 占據하여 叛亂을 일으킨 일을 이른다.(≪春秋經傳集解≫, ≪春秋左傳正義≫)

文子(孫林父)는 이 말을 듣고 종신토록 琴瑟을 듣지 않았다. 晉나라에 가서 趙 文子・韓 宣子・魏 獻子를 좋아하여 말하기를 '晉나라의 정권이 아마 이 세 氏族에게 돌아갈 것입니다.'라고 하였다.

계찰이 叔向을 좋아하여 晉나라를 떠날 때 숙향에게 말하였다. '그대는 노력하십시오. 임금은 사치스럽고 어진 신하가 많으며 大夫들은 모두 부유하니, 政權이 장차 私家로 돌아갈 것입니다.[51] 그대는 直言하기를 좋아하니, 반드시 스스로 禍難에서 벗어나기를 생각하십시오.'"

春秋傳曰 "吳公子札來聘, 請觀周樂, 使工爲之歌周南召南. 曰 '美哉! 始基之矣, 猶未也, 然勤而不怨矣.' 爲之歌邶(패)・鄘・衛, 曰 '美哉, 淵乎! 憂而不困者也. 吾聞衛康叔・武公之德如是, 是其衛風乎!' 爲之歌王, 曰 '美哉! 思而不懼, 其周之東乎!' 爲之歌鄭, 曰 '美哉! 其細已甚, 民弗堪也. 是其先亡乎!' 爲之歌齊, 曰 '美哉! 泱泱乎, 大風[52]也哉! 表東海者, 其太公乎! 國未可量也.' 爲之歌豳(빈), 曰 '美哉, 蕩乎! 樂而不淫, 其周公之東乎!' 爲之歌秦, 曰 '此之謂夏聲. 夫能夏則大, 大之至也. 其周之舊乎!' 爲之歌魏, 曰 '美哉, 渢渢(범범)乎, 大而婉, 險[53]而易行, 以德輔此, 則明主也.' 爲之歌唐曰 '思深哉! 其有陶唐氏之遺民乎! 不然, 何憂之遠也! 非令德之後, 誰能若是!' 爲之歌陳, 曰 '國無主, 其能久乎?' 自鄶以下, 無譏焉. 爲之歌小雅, 曰 '美哉! 思而不貳, 怨而不言, 其周德之衰乎! 猶有先王之遺民焉.'[54] 爲之歌大雅, 曰 '廣哉, 熙熙乎! 曲而有直體, 其文王之德乎!' 爲之歌頌, 曰 '至矣哉! 直而不倨, 曲而不屈, 邇而不偪(핍), 遠而不攜(휴), 遷而不淫, 復(복)而不厭, 哀而不愁, 樂而不荒, 用而不匱, 廣而不宣, 施而不費, 取而不貪, 處而不底, 行而不流. 五聲和, 八風平, 節有度, 守有序, 盛德之所同也.' 見舞象箾南籥者, 曰 '美哉! 猶有憾.' 見舞大武者, 曰 '美哉! 周之盛也, 其若此乎!' 見舞韶濩者, 曰 '聖人之弘也, 而猶有慙德, 聖人之難也.' 見舞大夏者, 曰 '美哉! 勤而不德, 非禹, 其誰能脩

---

50) 임금의……있는데 : 죽은 衛 獻公을 아직 葬事 지내지 않은 것이다.(≪春秋經傳集解≫, ≪春秋左傳正義≫)

51) 大夫들은……것입니다 : 大夫가 富裕하면 반드시 백성들에게 恩惠를 厚하게 베풀 것이기 때문에 政權이 大夫家로 돌아갈 것이라고 한 것이다.(≪春秋經傳集解≫, ≪春秋左傳正義≫)

52) 大風 : ≪春秋經傳集解≫에서 林堯叟는 "大風은 大國의 風貌이다."라고 注를 내었고, 朱申은 "大風은 나라의 風化가 巨大하다는 말이다."라고 주를 내었다. 역자는 林의 의견을 따랐다.

53) 險 : ≪춘추좌씨전≫ 注에는 '儉'의 誤字로 보았다.

54) 猶有先王之遺民焉 : ≪춘추좌씨전≫ 杜預 注에는 先王을 殷나라의 先王으로, 遺民을 遺俗으로 풀이하여 殷나라의 遺風이 있었기 때문에 周나라의 德化가 크게 펴지지 못했다는 뜻으로 解釋하였으나, 본고는 ≪左氏會箋≫ 〈楊注〉 등의 說을 취하여, 周나라가 비록 衰하였으나 여전히 文王・武王・成王・康王 등의 遺澤을 입은 遺民이 있기 때문에 백성들이 時王을 背叛하지 않고 怨望하는 말을 입 밖에 내지 않은 것으로 보았다.

之!' 見舞韶箾(소소)者, 曰 '德至矣哉! 大矣, 如天之無不幬也, 如地之無不載也. 雖甚盛德, 其蔑以加於此矣.' 觀止矣. '若有他樂, 吾不敢請已.' 其出聘也, 通嗣君也. 故遂聘于齊, 說(열)晏平仲, 謂之曰 '子速納邑與政. 無邑無政, 乃免於難. 齊國之政, 將有所歸, 未獲所歸, 難未歇也.' 故晏子因陳桓子, 以納政與邑. 是以免於欒(난)高之難. 聘於鄭, 見子產, 如舊相識, 與之縞帶, 子產獻紵衣焉. 謂子產曰 '鄭之執政侈, 難將至矣. 政必及子, 子爲政, 愼之以禮. 不然, 鄭國將敗.' 適衛, 說(열)蘧瑗・史狗・史鰌・公子荊・公叔發・公子朝曰 '衛多君子, 未有患也.' 自衛如晉, 將宿於戚, 聞鐘聲焉曰 '異哉! 我聞之也, 辯[55]而不德, 必加於戮. 夫子獲罪於君, 以在此, 懼猶不足而又何樂! 夫子之在此也, 猶燕之巢于幕上, 君又在殯而可以樂乎!' 遂去之. 文子聞之, 終身不聽琴瑟. 適晉, 說(열)趙文子・韓宣子・魏獻子曰 '晉國其萃于三族乎?' 說(열)叔向, 將行, 謂叔向曰 '吾子勉之. 君侈而多良, 大夫皆富, 政將在家. 吾子好直, 必思自免於難.'"

【頭註】

○ 왕세무 : 注에서 季札을 인용하였는데, 또 어찌 師曠에 대해서는 주석을 내지 않았는가?
王云 "注引季札, 又何不注師曠?"

30-5【補】[56] 管公明(管輅)이 淸河를 지날 적에 마침 큰 가뭄이 드니 태수가 그에게 물었다.

"언제 비가 오겠는가?"

관공명이 말하였다.

"오늘 저녁에 큰 비가 올 것입니다."

그런데 날이 저물 때까지도 전혀 구름 기운이 없자 사람들이 모두 떠들썩하게 그를 조롱하니, 관공명이 말하였다.

"나무에 이미 약한 少女風[57]이 불고 陰鳥[58]가 화답하여 지저귀니, 소녀풍의 방향이 바뀌고 陰鳥가 어지럽게 날아오르면 그 징험이 나타날 것이다."

얼마 뒤에 과연 구름 기운이 사방에서 일어나 큰 비가 쏟아졌다.

---

55) 辯 : 辯은 爭과 같다.(≪春秋經傳集解≫, ≪春秋左傳正義≫)
56)【補】: 저본에는 '補'자가 없으나, 이 일화는 ≪세설신어≫에 실려 있지 않고 ≪하씨어림≫에 실려 있으므로 이에 의거하여 '補'를 보충하였다.
57) 少女風 : 서쪽에서 부는 바람을 말한다. ≪周易≫ 八卦 중에서 兌卦는 西方과 少女를 가리키는 괘이다.(≪周易≫ 〈說卦傳〉)
58) 陰鳥 : 陰氣를 따르는 새로, 비가 오려고 할 때 울기 때문에 붙여진 이름이다.

管公明過淸河時에 適大旱하니 太守問 何當有雨오 公明曰 今夕에 當大雨하리라 至日向暮에 了無雲氣하니 衆人竝讙嗤(환치)어늘 公明言 樹中에 已有少女微風하고 陰鳥和鳴하니 若少女反(번)風하고 陰鳥亂翔하면 其應至矣리라 須臾에 雲氣四起하여 大雨傾注라

30-6【補】蒲元은 기발한 생각을 많이 하는 성품을 지녔다. 斜谷口에서 諸葛武侯(諸葛亮)를 위해 칼 3,000 자루를 만들고는 스스로 이렇게 말하였다.

"漢水는 둔하고 약하여 담금질에 쓰기 어렵지만 蜀江의 물은 상쾌하고 강하니, 이것을 大金의 元精이라 한다."

사람을 시켜 成都에서 長江의 물을 가져오도록 명령하였다. 〈가져오자〉 포원이 칼을 담금질해보고 말하였다.

"涪水(부수)가 섞여 쓸 수가 없다."

물을 가져온 자가 섞이지 않았다고 항의하자, 포원이 칼로 물을 휘젓고는 말하였다.

"8되〔升〕가 섞였다."

물을 가져온 자가 머리를 조아리고 말하였다.

諸葛亮

"涪水의 나루에서 물을 엎는 바람에 마침내 부수의 물 8되를 더하였습니다."

또 한번은 죽통에 쇠구슬을 가득 채우고 칼을 들어 자르니 손을 놀리는 대로 〈조각들이〉 허공에서 떨어지자, 〈포원이〉 말하였다.

"神刀로나."

蒲元은 性多奇思라 於斜谷口에 爲諸葛武侯鑄刀三千口하고 自言 漢水는 鈍弱하여 不任淬(쉬)用①이나 蜀江은 爽烈하니 是謂大金之元精②이라하고 命人於成都取江水라 蒲 以淬刀하고 言 雜涪水③하여 不可用이라하니 取水者悍言不雜하거늘 蒲以刀畫(획)水하고 言 雜八

升이라 取水者叩頭云 於涪津覆水하여 遂以涪水八升益之라하다 又嘗以竹筒에 納鐵珠滿中하고 擧刀斷之하니 應手虛落이어늘 因曰神刀④라하다

① ≪水經注≫[59]〈江水 一〉에 말하였다. "長江은 漢水 위로는 매우 미약하니, 이른바 '發源은 잔이 넘치는 정도이다.'라는 것이다."
水經注曰 "江水, 自漢以上, 至微弱, 所謂發源濫觴[60]者也."

② ≪水經注≫에 말하였다. "蜀 지역의 비단 짜는 工人들은 비단을 짜서 흐르는 강물에 세탁하면 비단의 색이 매우 선명해진다."
水經注曰 "蜀中錦工織錦, 濯之江流, 則錦至鮮明."

③ 涪水는 廣魏 涪縣 서북쪽에서 시작된다.
涪水出廣魏涪縣西北.

④ 〈蒲元別傳〉에 말하였다. "그는 기발한 생각을 많이 하는 성품을 지녔는데 천부적으로 타고난 것이었다."
陶弘景[61]의 ≪古今刀劍錄≫에 말하였다. "蜀主 劉備가 浦元에게 칼 50자루를 만들게 한 적이 있다."
元別傳曰 "君性多奇思, 得之天然." 陶弘景刀劍錄曰 "蜀主劉備, 嘗令浦元造刀五十口."

30-7 荀勖(순욱)이 음악 소리를 잘 알아 당시 사람들이 그가 음률에 정통하였다고 하였다. 마침내 律呂를 조율하고 雅樂을 바로잡아 正會때 殿庭에서 음악을 연주

59) 水經注 : 40권으로 이루어져 있으며 後魏 酈道元이 편찬하였다. 이 책은 ≪水經≫이란 책에 주석이 추가된 서적이다. 주석이 없는 원본 ≪수경≫은 前漢 때 桑欽이 지었다고 하나, ≪隋書≫ 〈經籍志〉에는 작자 미상이라고 하였고, ≪舊唐書≫와 ≪新唐書≫에는 晉나라의 학자 郭璞이 저자라고 하였다. ≪수경주≫의 주요 내용은 고대 중국의 水路를 기술하였으며, 추가적으로 지역의 특색을 기술하였다. 본문의 내용에 주석을 붙이는 형식으로 되어 있다. 酈道元은 字가 善長이고, 范陽 사람이며 관직은 御史中尉에 이르렀다. 事迹이 ≪魏書≫ 〈酷吏傳〉에 전한다.

60) 發源濫觴 : ≪荀子≫에 "양자강은 처음에 岷山에서 시작되었는데, 그 발원은 잔에 넘칠 만하고 잔은 술을 담을 만 하였다.〔江始出於岷山 其源可以濫觴 觴可以盛酒〕"라고 하였으니 始初가 미미함을 말한 것이다. 그러나 강나루에 이르게 되면 배를 띄우지 않고 바람을 피하지 않고는 건널 수 없다.(≪世說音釋≫)

61) 陶弘景 : 456~536. 南朝 梁나라 때의 저명한 醫藥家・煉丹家・文學家로, 字는 通明이고 號는 華陽隱居이며 諡號는 貞白先生이다. 梁武帝가 초빙하여도 벼슬하지 않아 무제가 사람을 보내 국사를 자문하였으므로 사람들이 그를 '山中宰相'이라 불렀다. 저서로 ≪本草經注≫, ≪集金丹黃白方≫, ≪二牛圖≫, ≪華陽陶隱居集≫, ≪古今刀劍錄≫등이 있다.

할 때마다 그 스스로 五音을 조율하니 음율이 모두 조화를 이루었다. 阮咸이 감상을 잘하니 당시 사람들이 그가 음률을 신묘하게 안다고 하였다. 매번 公會에서 음악을 연주할 때마다 내심 조율이 되지 않았다고 생각하여 한 마디도 칭찬하는 평을 하지 않자, 순욱이 완함을 꺼려 마침내 그를 지방관으로 내보내 始平太守로 삼았다. 그 후 어떤 농부가 들에서 경작하다가 周나라 때의 玉尺을 얻으니, 바로 천하의 正尺이었다. 순욱이 시험 삼아 그것으로 자신이 조율한 쇠북과 타악기와 현악기를 비교해보자 모두 1푼씩 짧다는 것을 알게 되었다. 이에 완함의 신묘한 鑑識力에 탄복하였다.

荀勖善解音聲하니 時論謂之闇解라 遂調律呂하고 正雅樂하여 每至正會殿庭作樂에 自調宮商하니 無不諧韻이라 阮咸妙賞하니 時謂神解라 每公會作樂에 而心謂之不調라하여 既無一言直(치)[62]하니 勖意忌之하여 遂出阮爲始平太守라 後有一田父耕於野라가 得周時玉尺하니 便是天下正尺이라 荀試以校己所治鐘鼓金石絲竹하니 皆覺短一黍[63]라 於是伏阮神識①이라

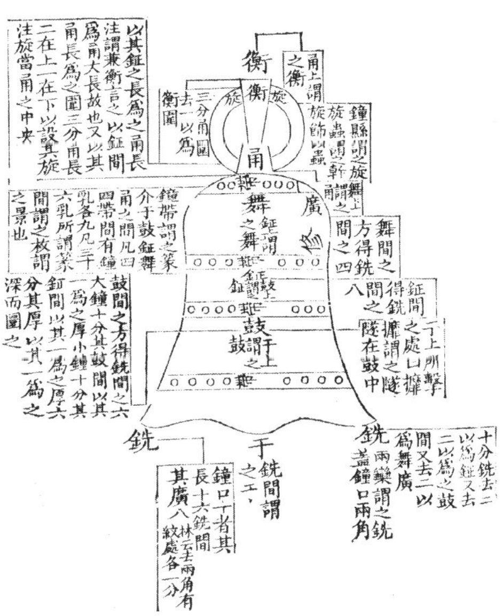

鐘

① ≪晉後略≫[64]에 말하였다. "鐘律[65]의 악

62) 直(치) : '價'과 같으니 즉 칭찬하는 평을 말한다.(≪世說音釋≫)

63) 黍 : 옛날 度量衡의 기본 단위로, 길이로는 기장〔黍〕 1개의 세로 길이를 1分, 기장 100개의 길이를 1자〔尺〕로 삼고, 용량으로는 기장 1,200개에 해당하는 용량을 1홉〔合〕으로 삼고, 기장 10홉을 1되〔升〕로 삼으며, 무게로는 기장 1,200개의 무게를 12銖(수)로 삼고 기장 24수의 무게를 1兩으로 삼았다.(≪漢書≫ 〈律曆志 上〉) ≪晉書≫와 ≪수서≫에는 '黍'가 '米'로 되어 있다.

64) 晉後略 : ≪晉後書≫, ≪晉後略記≫라고도 한다. 5권이며, 西晉의 荀綽이 편찬하였다. 서진 시대의 역사, 인물을 기술하였는데, 일실되어 ≪群書治要≫, ≪太平御覽≫, ≪世說≫ 등에 일부가 전한다. 荀綽은 西晉 말년에 활동한 역사가로, 字는 彦舒이며 荀勖(순욱)의 손자이다.

65) 鐘律 : 원래는 編鍾 12律을 가리키며, 후대에는 音律을 가리키는 말로 쓰였다. 編鐘은 아악기의 하나로, 두 층의 걸이가 있는 틀에 12율의 순서로 조율된 종을 한 단에 여덟

기는 周나라 末에 없어진 뒤부터 漢 成帝(劉驁)와 哀帝(劉欣) 연간에 여러 儒者가 연구하여 만들었으나 後漢 말에 가서 다시 사라졌다. 魏氏가 음률을 잘 조율하고 음악을 잘 아는 사람인 杜夔(두기)[66]에게 그것을 제작하게 하였으나, 典禮를 제대로 살피지 못하고 다만 당시의 현악기・관악기의 소리와 당시의 尺寸에 근거하여 제작하였기 때문에 禮度에 크게 어긋났다. 그러자 晉世祖(司馬炎)가 中書監 荀勖에게 명하여 전례와 제도에 근거하여 鐘律을 정하게 하였다.

律管[67]을 주조한 뒤 옛 악기를 널리 구하여 周나라의 玉律 여러 枚를 찾았는데, 비교해보니 틀리지 않았다. 또 여러 郡舍의 창고에 간혹 漢나라 때의 옛 鐘이 있었는데, 그가 律로 命名하면 모두 두드려보지 않아도 맞았고 소리와 음향이 서로 화합하니 그 또한 마치 함께 만들어진 것 같았다."

≪晉諸公贊≫에 말하였다. "律呂가 완성되자 산기시랑 阮咸은 '순욱이 만든 〈율려의〉 소리가 높으니 소리가 높으면 슬프다. 대체로 멸망한 나라의 음악은 애절하고 그리워하며 그 나라의 백성은 곤궁하다. 지금의 소리는 雅樂에 맞지 않아 德政과 中和의 음악이 되지 못할까 우려되니, 이는 필시 古尺과 今尺의 길이가 다른데서 온 결과이다.'라고 하였다. 그러나 지금의 鐘과 磬은 魏나라 때 杜夔가 제작한 것으로 순욱의 율려와 서로 호응하지 않고 음악 소리가 느리고 전아한데, 오랫동안 두기가 그것을 만들었다는 것을 알지 못하여 당시 사람들이 제대로 그것을 바꾸지 못하였다.

순욱은 본래 성품이 자존심이 강하여 마침내 일로 인하여 완함을 좌천시켜 始平太守가 되게 하였고 〈완함은〉 병을 앓다 죽었다. 나중에 땅속에서 옛날 銅尺을 얻어 순욱이 만든 今尺과 비교하여 재보았더니 4푼〔分〕이 짧아 비로소 완함이 音을 잘 알았음에 탄복하였다. 그러나 바로잡을 수 있는 사람이 없었다."

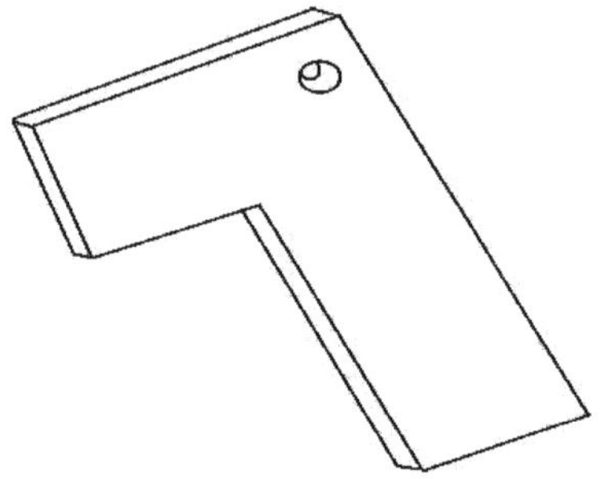

磬

干寶의 〈晉紀總論〉[68]에 말하였다. "순욱이 처음

개씩 달아 망치로 치는 타악기를 말한다.

66) 杜夔(두기) : 漢末三國시대에 활동했던 음악가로, 字는 公良이며 河南 사람이다. 音律에 뛰어났고 관현악기 등 각종 악기를 잘 다루었다. 그는 오랫동안 歌舞音樂을 총괄하였고, 전대의 음악을 계승하는 한편 새로운 음악을 작곡하였으며, 曹操・曹丕의 조정에서 벼슬하는 동안 音樂의 고수로 칭송받았다.

67) 律管 : 음악에 쓰는 율, 즉 기본이 되는 음을 불어서 낼 수 있는 竹管 또는 金屬管으로, 예전에 음의 높낮이를 정하기 위하여 썼다. 12율의 각 음에 해당하는 열두 개의 管을 한 벌로 사용하였다.

68) 晉紀總論 : 東晉의 干寶가 지은 평론으로 ≪文選≫ 권49에 실려 있다.

으로 正德舞와 大象舞를 만들고 魏나라의 杜夔가 만든 율려로 大樂의 八音을 비교해 보니 맞지 않았다. 이는 後漢에서 魏나라까지 〈사용한〉 자〔尺〕가 옛날 자보다 4푼 남짓 길었는데 두기가 그것에 근거하였으므로 이 때문에 운률이 잘못된 것이다. 전처럼 周禮에 근거하여 곡물을 담아 度量하는 방법을 써서 古器를 재니 본래의 銘文에 부합하였다. 마침내 이것을 법식으로 삼아 郊祭와 廟祭에 사용하였다."

晉後略曰 "鐘律之器, 自周之末廢, 而漢成・哀之間, 諸儒修而治之, 至後漢末, 復隳(타)矣. 魏氏使協律知音者杜夔造之, 不能考之典禮, 徒依于時絲管之聲、時之尺寸而制之, 甚乖失禮度. 於是世祖命中書監荀勖, 依典制, 定鐘律. 旣鑄律管, 募求古器, 得周時玉律數枚, 比之不差. 又諸郡舍倉庫, 或有漢時故鐘, 以律命之, 皆不叩而應, 聲響韻合, 又若俱成." 晉諸公贊曰 "律成, 散騎侍郎阮咸謂'勖所造聲高, 高則悲. 夫亡國之音, 哀以思, 其民困. 今聲不合雅, 懼非德政中和之音, 必是古今尺有長短所致. 然今鐘磬是魏時杜夔所造, 不與勖律相應, 音聲舒雅, 而久不知夔所造, 時人爲之, 不足改易.' 勖性自矜, 乃因事左遷咸爲始平太守, 而病卒. 後得地中古銅尺, 校度勖今尺, 短四分, 方明咸果解音, 然無能正者." (于)〔干〕[69]寶晉紀曰 "荀勖始造正德・大象之舞, 以魏杜夔所制律呂, 校(大)〔太〕樂(本)〔八〕[70]音不和. 後漢至魏, 尺長於古四分有餘, 而夔據之, 是以失韻. 仍依周禮, 積粟以起度量, 以度古器, 符于本銘, 遂以爲式, 用之郊廟."

30-8 荀勖(순욱)이 한번은 晉武帝(司馬炎)의 연회에 참석했을 적에 죽순을 먹고 밥을 올렸을 때 좌중에 있는 사람에게 말하였다.

"이것은 고생한 나무를 때서 밥을 하였군요."[71]

자리에 있던 자가 그 말을 믿지 못하고 몰래 사람을 보내 물었더니, 실제로 낡은 수레바퀴를 때서 한 밥이었다.

荀勖이 嘗在晉武帝坐上에 食筍進飯하니 謂在坐人曰 此是勞薪炊也라하거늘 坐者가 未之信하여 密遣問之하니 實用故車脚[72]이라

---

69) (于)〔干〕: 저본에는 '于'로 되어 있으나, ≪何氏語林≫ 등에 의거하여 '干'으로 바로잡았다.

70) (本)〔八〕: 저본에는 '本'으로 되어 있으나, ≪晉書≫ 〈律歷志〉, ≪宋書≫ 〈律志〉에 의거하여 '八'로 바로잡았다.

71) 이것은……하였군요 : 순욱이 이런 말을 하게 된 것은 오래 써서 부식된 나무를 때서 밥을 하였으므로 나쁜 연기가 밥에 배서 不潔하다고 본 것이다.(≪世說講義≫)

72) 故車脚 : 옛날에 수레의 나무바퀴는 가장 힘을 받는 곳이어서 여러 해 동안 사용한 후에는 쪼개서 땔나무로 사용하였다.

【頭註】

○ 劉辰翁 : 땔나무가 어찌 고생을 알겠으며, 煙氣 또한 다르단 말인가?
劉云 "薪豈知勞, 而煙氣亦異邪(야)?"

30-9 王武子(王濟)는 말의 성질을 잘 알았다. 한번은 연이은 동전 문양의 말다래를 채운 말을 탔는데, 앞에 물이 있자 말이 종일토록 건너려 하지 않았다. 그러자 왕무자가 말하였다.

"이는 필시 말다래를 아껴서 그런 것이다."

사람을 시켜 그것을 벗겨주자 말이 곧 물을 건넜다.

王武子善解馬性이라 **嘗乘一馬箸**(착)**連錢障泥**[73)]한대 **前有水**에 **終日不肯渡**하니 **王云 此必是惜障泥**라하고 **使人解去**하니 **便徑渡**①하다

① ≪語林≫에 말하였다. "王武子(王濟)는 말을 사랑하는 성품을 지녔고 또 말을 잘 볼 줄 알았다. 그러므로 杜預가 '王武子는 馬癖이 있고 和長輿(和嶠)는 錢癖이 있다.'라고 말하였다. 晉武帝(司馬炎)가 물었다. '경은 무슨 癖[74)]이 있는가?' 杜預가 대답하였다. '신은 左傳癖이 있습니다.'"
語林曰 "武子性愛馬, 亦甚別之. 故杜預道'王武子有馬癖, 和長輿有錢癖.' 武帝問杜預'卿有何癖?' 對曰 '臣有左傳癖.'"

【頭註】

○ 劉辰翁 : 말도 오히려 물건을 아꼈다.
劉云 "馬猶惜物."

30-10 晉明帝(司馬紹)는 葬地를 잘 볼 줄 알았다. 郭璞이 어떤 사람의 장지를 주선했다는 말을 듣고 황제가 微服[75)] 차림으로 가서 살펴보고는 주인에게 물었다.

"무엇 때문에 龍角穴[76)]에 장사지냈습니까? 이 방법을 쓰면 滅族될 것입니다."

---

73) 連錢障泥 : 障泥는 말을 탄 사람의 옷에 흙이 튀지 않도록 가죽 같은 것을 말의 안장 양쪽에 늘어뜨린 '말다래'인데, 말다래에 동전〔錢〕을 이은〔連〕 것처럼 화려한 무늬가 있는 것을 말한다.

74) 癖 : 무언가를 좋아하고 즐기는 병을 말한다.

75) 微服 : 지위가 높은 사람이 무엇을 몰래 살피러 다닐 때에 남의 눈을 피하려고 입는 남루한 옷차림을 말한다.

주인이 말하였다.

“郭璞이 이르기를, 이 장지는 용의 귀에 해당하니 3년도 되지 않아 천자를 이르게 할 것이라 하였습니다.”

황제가 물었다.

“천자를 배출한다는 것입니까?”

주인이 대답하였다.

“천자를 배출한다는 것이 아니라 천자가 물으러 오게 할 수 있다는 것뿐입니다.”

晉明帝解(古)〔占〕[77]冢宅이라 聞郭璞爲人葬하고 帝微服往看하여 因問主人호대 何以葬龍角고 此法當滅族이리라 主人曰 郭云 此葬龍耳니 不出三年에 當致天子리라 帝問 爲是出天子邪(아)아 答曰 非出天子요 能致天子問耳①리히디

① 靑烏子의 ≪相塚書≫[78]에 말하였다. “龍角穴에 장사 지내면 갑자기 부귀해지고 나중에는 집안이 망한다.”
靑烏子相冢書曰 “葬龍之角, 暴富貴, 後當滅門.”

【頭註】

○ 劉辰翁 : 致問은 무리이고, 천자를 오게 할 수 있을 뿐이다.
劉云 “致問無理, 致能來耳.”

30-11 郭景純(郭璞)이 長江을 건너가 曁陽(기양)에 살 때 〈가족의〉 묘와 강물의 거리가 100步도 되지 않자, 당시 사람들이 물에 가깝다고 하였다. 그러자 곽경순이 말하였다.

---

76) 龍角穴 : 풍수지리상 가장 길한 葬地로, 지형이 높고 앞에는 개울이 있고 뒤에는 언덕이 있는 곳이라 한다.

77) (古)〔占〕 : 저본에는 ‘古’로 되어 있으나, ≪李卓吾批點世說新語補≫(安永本)에 의거하여 ‘占’으로 바로잡았다.

78) 靑烏子의 相塚書 : 靑烏子는 彭祖의 제자로, 華陰山 속에 들어가 도를 배웠고 후에는 金液을 마시고 升天했다고 알려진 인물이다. ≪相塚書≫는 청오자가 편찬한 풍수지리서인 ≪靑烏經≫의 별칭이다. 風水地理는 陰陽과 淸濁으로 나뉘고 청탁에 따라 吉凶이 온다는 요지에 근거하여 穴을 정하는 데 필요한 사항을 정리한 책이다. 이 책은 ≪錦囊經≫과 함께 풍수지리학의 근간을 이루는 서적이며, 조선 시대에는 과거 雜科의 지리학 관원 선발시험 과목으로 지정되었다.(≪世說音釋≫, ≪正祖實錄≫ 15년 10월 27일)

"그곳은 장차 육지가 될 것입니다."

지금은 모래가 넘쳐 묘까지 수십 리가 모두 뽕나무 밭이 되었다. 그가 이렇게 詩를 지었다.

"북쪽 산 험준하고 큰 바다 광활하구나
올망졸망 세 무덤은 어머니와 형님들이지"

郭景純過江하여 **居于暨陽**에 **墓去水不盈百步**어늘 **時人以爲近水**라하니 **景純曰 將當爲陸**①이라하다 **今沙漲**하여 **去墓數十里皆爲桑田**이라 **其詩曰 北阜烈烈**[79]이요 **巨海混混**이라 **壘壘三墳**은 **唯母與昆**이라하다

① 〈郭璞別傳〉에 말하였다. "郭璞은 어려서부터 經術을 좋아하였고 卜筮를 잘 볼 줄 알았다. 永嘉(307~313) 연간에 나라가 어지러워지려 하자 곽박이 점괘를 뽑아 보며 탄식하기를, '백성들이 장차 이민족과 같아지겠구나.'라고 하고서 곧바로 친하게 지내는 10여 가구와 결탁하여 남쪽으로 長江을 건너가 暨陽에서 살았다."
璞別傳曰 "璞少好經術, 明解卜筮. 永嘉中, 海內將亂, 璞投策嘆曰 '黔黎將同異類矣.' 便結親暱十餘家, 南渡江, 居于暨陽."

30-12 王丞相(王導)이 郭璞에게 시험 삼아 卦 하나를 뽑게 하였는데 괘가 나오자 그가 매우 좋지 않은 낯빛으로 말하였다.

"공에게 벼락을 맞는 액운이 있습니다."

왕승상이 물었다.

"액운을 없앨 방도가 있겠는가?"

곽박이 말하였다.

"수레를 몰고 서쪽으로 몇 里를 나가서 잣나무 한 그루를 찾아 공의 키만큼 잘라오게 하여 공이 늘 주무시는 침상 위에 두면 재액을 없앨 수 있습니다."

왕승상이 그의 말대로 하였다. 며칠 뒤에 과연 벼락이 쳐서 잣나무를 산산조각 내자 자제들이 모두 경하하였다. 그러자 대장군(王敦)이 말하였다.

"그대가 마침내 또 나무에게 죄를 떠넘겼구나."

---

79) 烈烈 : 산이 높고 험한 모양을 표현한 말이다.

王丞相이 令郭璞試作一卦한대 卦成에 郭意色甚惡云 公有震厄이라 王問 有可消伏理不아 郭曰 命駕西出數里하여 得一柏樹하여 截斷如公長하여 置牀上常寢處면 災可消矣라하니 王從其語라 數日中에 果震柏粉碎하니 子弟皆稱慶①이어늘 大將軍云 君乃復委罪於樹木이라하다

① 王隱의 ≪晉書≫에 말하였다. "곽박은 재앙을 없애 福으로 바꾸고 액운을 막고 승리를 택하니, 당시 사람들이 모두 京房[80]과 管輅[81]도 그에게는 미치지 못한다."
王隱晉書曰 "璞消災轉福, 扶厄擇勝, 時人咸言京・管不及."

釣臺

30-13【補】 王大將軍(王敦)이 언젠가 武昌의 釣臺에 앉았을 때 떠가는 배에서 나는 북소리를 듣고 그 훌륭함에 감탄하여 칭찬하였다. 조금 있다 북소리가 조금 달라지자 왕대장군이 부채 자루로 案席을 치며 말하였다.

"아깝다."

이때 王應[82]이 곁에서 시종하고 있다가 말하였다.

"그렇지 않습니다. 이는 돛을 돌리

80) 京房 : B.C. 77~B.C. 37. 본래의 姓은 李이다. 漢元帝 때 魏郡太守를 지냈다. 스승 焦延壽에게 易學을 배웠고, 災異에 대해 정통하였다. 京氏易學을 창시하였으며, 저서로 ≪京氏易傳≫이 있다.

81) 管輅 : 209~256. 字는 公明이고 平原 사람(지금의 山東省)이다. 魏(三國)나라의 점술가로, 卜筮로 이름나 후세의 점술가들의 추앙을 받았고 管先師 또는 觀相眞君으로 불리었다.

82) 王應 : ?~324. 漢族이며 東晉의 大將이다. 부친 王含은 동진의 征東將軍・都督揚州江西諸軍事를 지냈고, 叔父 王敦은 동진의 丞相・江州牧・武昌郡開國公을 지냈다. 王敦이 아들이 없어 조카인 王應을 후사로 삼았다.

는 북소리입니다."

사람을 시켜 살펴보게 하니, 〈돌아와〉 말하였다.

"뱃사람이 협곡 입구로 들어왔습니다."

王大將軍嘗坐武昌釣臺에 聞行船打鼓[83)]하고 嗟稱其能이러니 俄而一槌(퇴)小異어늘 王以扇柄撞几曰 可恨이로다 時王應侍側曰 不然이라 此是回颿槌라하여 使視之하니 云 船人入夾口①라하다

① 세상 사람들이 말하였다. "王敦은 북의 節奏를 잘 알았는데, 王應이 북을 아는 것이 왕돈보다 더욱 뛰어났다."
世云"敦善識鼓節, 則應識鼓, 又善於敦也."

30-14 桓公(桓溫)에게는 술맛을 잘 감별하는 主簿가 있었는데 술이 생기면 그때마다 그에게 먼저 맛보게 하여, 맛이 좋은 술을 '靑州從事'라 하고 맛이 나쁜 술을 '平原督郵'라 하였다. 청주에는 齊郡이 있고 평원에는 鬲縣이 있었으므로, 從事는 술이 배꼽〔臍〕에 이르는 것을 말하고 督郵는 술이 가슴〔膈〕 위에서 머문다는 뜻이다.[84)]

桓公有主簿하니 善別酒하여 有酒면 輒令先嘗하여 好者를 謂靑州從事라하고 惡(악)者를 謂平原督郵라하니 靑州에 有齊郡하고 平原에 有鬲(격)縣하니 從事는 言到臍하고 督郵는 言在鬲上住라

30-15 殷中軍(殷浩)은 經絡과 脈을 잘 알았는데 중년에는 모두 그만두었다. 늘 심부름을 시키던 사람이 갑자기 피가 나도록 머리를 땅에 부딪치자, 은호가 그 이유를 물었다. 그 사람이 말하였다.

"죽을 일이 있으나 끝내 말씀 드릴 수 없습니다."

---

83) 打鼓 : 협곡을 내려가는 배는 반드시 북을 치는데, 앞에 가는 배의 북소리가 멀어지는 것을 듣고 난 뒤에 나중 배가 비로소 출발하니, 이는 서로 충돌하여 침몰하는 폐해를 막기 위해서이다.(≪世說音釋≫)

84) 從事는……뜻이다 : 從事는 좋은 관직이고 督郵는 낮은 관직이므로 좋은 술은 종사에 비유하고, 나쁜 술은 독우에 비유한 것이다.(≪世說音釋≫) 여기서는 齊郡의 '齊'를 배꼽〔臍〕이라는 뜻으로, 鬲縣의 '鬲'을 가슴〔膈〕이라는 뜻으로 전용한 것이다.

꼬치꼬치 캐묻자 한참 후에 마침내 그가 말하였다.

"소인의 어미가 거의 100세가 다 되었고 병을 앓아온 지 오래되었는데, 만일 주인님께 한번 診脈을 받는다면 바로 살아날 수 있을 것입니다. 그런 뒤 죽임을 당하더라도 소인은 여한이 없습니다."

은호가 그의 지극한 정성에 감복하여 마침내 그의 모친을 떠메고 오게 하여 진맥하고 처방하였는데, 湯藥 1첩을 먹자마자 바로 〈모친의〉 병이 나았다. 이에 〈은호가〉 의학서적을 모두 불태웠다.

殷中軍妙解經脈[85)]이로대 中年都廢라 有常所給使가 忽叩頭流血하여 浩問其故하니 云有死事나 終不可說이라 詰問良久에 乃云 小人母年垂百歲에 抱疾來久한대 若蒙官[86)]一脈이면 便有活理라 訖就屠戮이리도 無恨이리 浩感其至性하여 遂令舁來하여 爲診脈處方하니 始服一劑湯에 便愈라 於是悉焚經方[87)]하다

【頭註】

○ 劉辰翁 : 진맥에는 통달한 듯하나 의학서적을 불태운 것은 편협하니, 훌륭한 덕에는 보탬이 되지 않는다.

劉云 "診之似達, 焚方又隘, 無益盛德."

30-16【補】 樂人 王令言은 음률을 신묘하게 잘 알았다. 大業(605~618) 말에 隋煬帝(楊廣)가 江都(廣陵)[88)]를 순행하려 할 때 왕영언의 아들이 따라가게 되었는데, 갑자기 문밖에서 胡琵琶를 타면서 〈翻調安公子曲〉[89)]를 연주하였다. 왕영언이

---

85) 經脈 : 經絡과 脈理이다. ≪正字通≫에 "5藏 6府에는 12經과 15脈이 있는데, 맥은 '氣'이고 絡은 '筋'이다."라고 하였다.(≪世說音釋≫)

86) 官 : 婢妾이나 노비가 자기 주인을 일컫는 말이다.(≪世說音釋≫)

87) 經方 : 본래 漢代 이전의 處方을 말하였으나, ≪漢書≫ 〈藝文志〉에 실린 각종 서적의 대부분이 전해지지 않게 된 뒤로는 ≪素問≫, ≪靈樞≫, 漢 張仲景의 ≪傷寒論≫, ≪金匱要略≫ 등의 서적에 실린 처방을 의미하는 말이 되었다. 여기서는 치료에 관련된 처방이 적힌 모든 醫學書를 의미한다.

88) 江都(廣陵) : 隋煬帝(楊廣)의 이름이 '廣'이므로 '廣陵'을 '江都'라 하였다.(≪世說音釋≫)

89) 翻調安公子曲 : '安公子'는 隋의 궁중에서 연주하던 樂曲의 이름이고, '翻調'는 未詳이다. 다만 文士의 시를 樂府의 노래로 바꾸는 것을 '飜'이라 한 것으로 보면, 원래 궁중에서 연주하던 〈安公子〉곡에 문사의 시를 입힌 것으로 추측된다.(≪世說音釋≫)

이때 방안에 누워 있다가 이를 듣고 크게 놀라서 벌떡 일어나 말하였다.

"변고로다, 변고로다."

급히 자신의 아들을 불러 물었다.

"이 곡이 언제부터 생겼느냐?"

그 아들이 말하였다.

"얼마 전부터 있었습니다."

왕영언이 탄식하며 눈물을 흘리고는 그 아들에게 말하였다.

"너는 근신하고 수행에 따라가지 말라. 황제는 필시 돌아오지 못할 것이다."

아들이 그 이유를 묻자, 왕영언이 말하였다.

"이 곡은 宮聲이라 갔다가 돌아오지 않으니, 宮은 군주이다. 내가 이 때문에 아는 것이다."

황제가 과연 江都에서 살해되었다.

樂人王令言妙解音律이라 大業末에 煬帝將幸江都할새 令言子當從한대 忽於戶外彈胡琵琶하여 作翻調安公子曲이어늘 令言時臥室中이라가 聞之大驚하고 蹶然而起曰 變變이라 急呼其子하여 問曰 此曲興自早晩가 其子 言 頃來有之니이다 令言이 欷歔流涕하고 謂其子曰 汝愼無從行하라 帝必不返하리라 子問其故하니 令言曰 此曲은 宮聲이라 往而不返하니 宮者는 君也라 吾是以知之라하다 帝果於江都遇害①하다

① ≪大業拾遺記≫[90]에 말하였다. "大業 12년(616)에 隋煬帝(楊廣)가 장차 江都를 순행하려 하여 越王 楊侗[91]에게 남아서 東都를 지키도록 명하였다. 궁녀의 반이 황제를 따라가지 못하게 되자 앞 다퉈 울며 황제를 만류하며 말하기를, '遼東은 小國이니 번거롭게 황제가 순행할 필요는 없습니다.'라고 하였으나 황제는 뜻을 바꾸지 않았다.

90) 大業拾遺記 : ≪隋遺錄≫또는 ≪南部烟花錄≫이라고 한다. 宋代의 傳奇小說로, 全書는 2권이며 작자 미상이다. 舊本에 唐나라의 顔師古가 편찬하였다고 기록되었으나 사실이 아니다. 〈跋〉에 會昌(841~846) 연간에 승려 志徹이 南京의 瓦棺寺 누각에서 찾았다고 하였다. 주요 내용은 隋煬帝(楊廣)가 江都(廣陵)를 순행할 때의 궁중 祕事인데, 王德臣의 ≪麈史≫, 姚寬의 ≪西溪叢語≫ 등에서 모두 僞作이라고 의심하였다.

91) 越王 楊侗 : 604~619. 字는 仁謹이고, 隋나라 마지막 황제이다. 隋煬帝(楊廣)의 손자로, 즉위하기 전에는 越王이었다. 大業 14년(618)에 수양제가 시해되자 王世充 등의 추대를 받아 洛陽에서 즉위하였으나, 1년 만에 왕세충에게 죽임을 당하였다.

그 참에 희롱삼아 飛白體[92]로 20字를 써서 남게 된 궁녀에게 하사하였다. '나 江都의 아름다움을 꿈꾸었고 요동 정벌 역시 우연이라네. 단지 고운 님 남겨두고 가노니 이별은 올해뿐이리.' 황제의 수레가 마침내 출발하였다."

≪迷樓記≫[93]에 말하였다. "황제가 장차 江都를 재차 순행하려 할 때 밤에 迷樓[94]의 宮人이 목청 높여 노래하기를, '河南의 버드나무 시들고 河北의 오얏꽃 무성하네. 버들꽃 날아가 어딘가에 떨어지고 오얏꽃 저절로 열매 맺누나.'라고 하였다. 황제가 그 궁녀를 불러 '네가 직접 이 노래를 지었느냐?'라고 묻자, 궁녀가 '길거리의 아이들이 모두 이 노래를 부릅니다.'라고 말하였다.

황제가 잠자코 있다가 '하늘이 계시하는구나.'라고 하고서 술을 찾으며 스스로 노래하기를, '궁궐 우거진 나무 그늘에 제비 나니 흥망은 예로부터 부질없이 슬프게 하지. 훗날 다시 迷樓의 풍경 아름다우리니 농염하던 궁중의 붉은 꽃 그립구나.'라고 하였다.

後唐帝(李存勖)가 군대를 이끌고 수도에 들어가 迷樓를 보고 '이것은 모두 백성의 고혈로 만든 것이다.'라고 하여 불태우라고 명하니, 한 달 넘게 불이 꺼지지 않았다."

大業拾遺記曰 "大業(二十)〔十二〕[95]年, 煬帝將幸江都, 命越王(侑)〔侗〕[96]留守東都, 宮女半不隨駕, 爭泣留帝, 言'遼東小國, 不足煩大駕.' 帝意不回. 因戲飛白題二十字, 賜守宮女云 '我夢江都好, 征遼亦偶然. 但存顏色在, 離別只今年.' 車駕遂行." 迷樓記曰 "帝將再幸江都, 有迷樓宮人, 抗聲夜歌云'河南楊柳謝, 河北李花榮, 楊花飛去落何處, 李花結子自然成.' 帝召宮女, 問'汝自爲之邪(야)?' 曰 '道途兒童, 都唱此歌.' 帝默然曰 '天啓之也.' 因索酒自歌曰 '宮木陰濃燕子飛, 興亡自古漫成悲, 他日迷樓更好景, 宮中吐艷戀紅輝.' 後唐帝提兵入京, 見迷樓, 曰 '此皆民膏血所爲.' 命焚之, 經月火不滅."

---

92) 飛白體 : 특수한 서체의 하나로, 글씨를 쓸 때 필획 중에 마치 마른 붓으로 쓴 것처럼 흰색이 드러나게 쓰는 서체를 말한다. 漢나라와 魏나라 宮闕에서 題字할 때 널리 채용되었다.

93) 迷樓記 : 宋代의 文言傳奇小說로, 唐나라의 韓偓이 편찬했다고 하지만 사실은 著者 未詳이다. 魯迅은 北宋때 사람이 편찬하였다고 추정하였다. 내용은 隋煬帝(楊廣)가 만년에 '迷樓'를 건립하여 女色에 탐닉하고 조정의 정사를 돌보지 않다가 결국 隋왕조가 멸망하게 되는 고사를 담고 있다.

94) 迷樓 : 隋煬帝(楊廣)가 汴水 근처(江蘇省 揚州市)에 건립한 樓閣이다. 수양제는 수만 명의 役夫를 부려 수년에 걸쳐 이 누각을 건립하게 하고, 완공되자 매우 흡족해하면서 신선이 여기에서 노닌다 해도 길을 잃을 것이라 하여 '미루'로 명명했다 한다.(≪南部煙花記≫ 〈迷樓〉)

95) (二十)〔十二〕 : 저본에는 '二十'으로 되어 있으나, ≪大業拾遺記≫, ≪李卓吾批點世說新語補≫(安永本) 등에 의거하여 '十二'로 바로잡았다.

96) (侑)〔侗〕 : 저본에는 '侑'로 되어 있으나, ≪李卓吾批點世說新語補≫(安永本) 등에 의거하여 '侗'으로 바로잡았다.

30-17【補】 趙耶利(趙師)는 거문고 연주에 뛰어났다. 언젠가 그가 이렇게 말하였다. "吳 땅의 음악 소리는 맑고 완만하여 마치 長江의 광대한 흐름이 끊임없이 서서히 흐르는 것 같으니 國士의 기풍이고, 蜀 땅의 음악 소리는 조급하고 급하여 격렬한 파도와 세찬 우레와 같으니 그 또한 당대의 걸출하고 강직한 풍모로다."

趙耶利善鼓琴이라 **嘗云 吳聲**은 **淸宛**하여 **若長江廣流綿綿徐逝**하니 **國士之風**이요 **蜀聲**은 **躁急**하여 **若激浪奔雷**하니 **亦一時俊決**이라하다

① ≪樂纂≫[97]에 말하였다. "趙師는 字가 耶利이고 天水 사람이다. 거문고 연주로 인정받아 전국의 帝王과 顯貴한 이들이 모두 그를 흠모하였다. 옛날의 잘못된 15개의 악곡에 대해 모두 범속함을 제거하고 雅正한 것으로 돌아가게 하였고, 〈胡笳五弄譜〉[98]를 저술하였다. 제자 중 뛰어난 몇 사람은 모두 당대의 인재였다. 그는 貞觀 10년(636)에 죽었다.

樂纂曰 "趙師, 字耶利, 天水人. 以琴道見重, 海內帝王賢貴, 靡不欽風. 舊錯謬十五弄,[99] 皆削凡歸雅, 述胡笳五弄譜. 弟子達者數人, 竝當代翹(교)楚.[100] 卒於貞觀十年."

30-18【補】 李龜年이 한번은 岐王(李範)의 집에 갔다가 거문고 소리를 듣고 말하였다.

"이것은 秦 땅의 소리이다."

한참 있다 또 말하였다.

"이것은 楚 땅의 소리이다."

주인이 들어오자 〈연주한 사람을〉 물었더니 앞에 연주한 자는 隴西 사람 沈妍이고, 나중에 연주한 자는 揚州 사람 薛滿이었다.

---

97) 樂纂 : 唐나라 사람이 편찬한 음악 서적으로, 樂器와 樂人 위주로 기술하였다.

98) 胡笳五弄譜 : 〈胡笳五弄〉은 대대로 樂吏이고 음율에 정통했던 西晉의 劉琨(271~318)이 창작한 작품 이름인데, 이것이 唐代까지 전해져 당시의 저명한 琴師인 趙耶利가 그것을 수정하여 악보에 편입한 것이다. 현존하는 당나라 때의 음악서적인 ≪幽蘭≫에 〈胡笳五弄〉의 일부 악곡이 포함되어 전해진다.

99) 弄 : 樂曲, 曲調를 말한다. 이를테면 古樂府 ≪淸商曲≫에 포함된 ≪江南弄≫등이다.

100) 翹楚 : 가시나무 더미에서 가장 높게 튀어 나온 나무라는 뜻으로, 여럿 가운데 가장 뛰어난 인재나 사물을 비유한 말이다. ≪詩經≫ 〈周南 漢廣〉에 "들쑥날쑥한 섶나무, 삐죽한 가시나무를 베어요.〔翹翹錯薪 言刈其楚〕"라는 구절에서 유래하였다.

李龜年①이 **嘗至岐王宅**②하여 **聞琴曰 此**는 **秦聲**이라하고 **良久**에 **又曰 此**는 **楚聲**이라하야늘 **主人**이 **入**에 **問之**하니 **則前彈者**는 **隴西沈妍**이요 **後彈者**는 **楊州薛滿**이라

① ≪楊太眞外傳≫[101]에 말하였다. "주상이 梨園弟子[102] 중에서 뛰어난 자를 선발하여 16종목의 樂人을 얻었다. 李龜年은 노래로 당대의 명성을 얻었다."
楊太眞外傳曰 "上選梨園弟子中尤者, 得樂十六色.[103] 李龜年以歌擅一代之名."

② ≪唐書≫에 말하였다. "惠文太子 李範은 唐睿宗(李旦)의 넷째 아들로 岐王에 봉해졌다. 그는 학문을 좋아하고 글씨를 잘 썼다. 평소 문장가들을 아꼈으며 또 書畵와 筆跡을 많이 수집하여 당대의 칭송을 받았다."
唐書曰 "惠文太子範, 睿宗第四子, 封岐王. 好學工書, 雅愛文章之士, 又多聚書畵古蹟,[104] 爲時所稱."

30-19【補】 太常[105]에 黃鐘이 빠져 있었으나 주조하여 만들 수 없었다. 李嗣眞이 崇業里에 살았는데 땅속에 황종이 있을 것으로 의심하였으나 정확한 장소를 찾을 수 없었다. 길에서 수레 한 대를 만났는데 방울 소리가 무척 맑자, 이사진이 말하였다.

---

101) 楊太眞外傳 : ≪太眞外傳≫이라고도 한다. 北宋 때 인물인 樂史가 편찬한 傳奇作品으로, 白居易의 ≪長恨歌≫와 陳鴻의 ≪長恨歌傳≫에서 소재를 가져다 唐明皇과 그의 貴妃인 楊太眞의 故事를 서술하였다. 樂史(930~1007)는 字가 子正이고, 五代·北宋의 文學家이자 地理學家이다. 南唐에서 관직을 시작하여 北宋 때 任著作郎·太常博士 등의 관직을 지냈다. 많은 저술을 하여 23종 900 여 권의 著作이 있었으나, 지금 남아 있는 것은 ≪廣卓異記≫20권, ≪綠珠傳≫1권, ≪楊太眞外傳≫2권, ≪太平寰宇記≫200권 등이 있다.

102) 梨園弟子 : 梨園은 唐나라 때의 궁정 음악가 양성소이다. 唐玄宗(李隆基) 초년(712)에 수도인 長安의 서북쪽 교외에 藝人들을 梨園이라는 정원에 모아놓고 音樂教習府를 설치하여 기예를 익히게 한데서 유래하였다. 음악교습부는 太常寺 太樂署 소속의 樂人으로 구성되었는데, 坐部伎의 樂人 子弟, 教坊의 妓女, 宮女의 일부 등이 여기에 들어갔다. 玄宗이 애호하던 法曲을 皇帝가 직접 가르쳤기 때문에 이들을 '皇帝梨園弟子'라고 불렀다.

103) 樂十六色 : 樂坊의 16종목을 말한다. 觱篥(필률)部, 大鼓部, 杖鼓部, 拍板色, 笛色, 琵琶色, 箏色, 方響色, 笙色, 舞旋色, 歌拍色, 雜劇色, 參軍色 등이 있었다.(≪世說音釋≫)

104) 古蹟 : 古跡과 같다. 보통은 遺迹을 의미하나, 여기서는 古人의 名筆墨跡을 말한다.

105) 太常 : 宗廟와 社稷에 지내는 제사와 朝會·喪葬 등의 의례를 담당하는 官名으로, 秦나라 때 처음 설치할 때는 奉常이라 하였으나 漢景帝(劉啓) 때 太常으로 개명하였다. 丞·太樂·太祝·太宰·太史·太卜·太醫 등 십여 개의 屬官이 있었다.

"宮聲이다."

그 방울을 사서 돌아가 빈 땅에서 그것을 흔드니 마치 호응하는 듯한 소리가 나 그곳을 파서 종을 찾게 되어 여러 악기가 마침내 조화를 이루게 되었다.

太常缺黃鐘이어늘 鑄不能成이러니 李嗣眞이 居崇業里한대 疑土中有之나 弗得其所라 道逢一車한대 鐸聲甚厲어늘 嗣眞曰 宮聲也라하고 市以歸하여 振於空地하니 若有應者하여 掘之得鍾하여 衆樂遂和①라

① 劉昫의 ≪唐書≫에 말하였다. "李嗣眞은 滑州 匡城 사람이다. 박학하였고 음율에 밝았으며 겸하여 陰陽學과 推算學에 뛰어났다. 永昌(689) 중에 御史中丞에 임명되었으나 來俊臣[106]의 모함을 받아 嶺南에 유배되었다."
劉昫唐書曰 "李嗣眞, 滑州匡城人. 博學, 曉音律, 兼善陰陽推筭之術. 永昌中, 拜御史中丞, 爲來俊臣所陷, 配流嶺南."

30-20【補】 李贊皇(李德裕)이 재상이었을 때 어느 날 친지 중에 명을 받들고 京口로 가게 된 자가 있었다. 이찬황이 말하였다.

"金山의 샘물과 揚子江의 中泠水를 각각 한 병씩 담아다 주오."

그 사람은 배가 출발한 뒤 술에 취하여 그것을 잊어버렸다가 石頭城에 이르러 비로소 기억해내고 물을 길어 호리병 하나에 담았다. 돌아와 그것을 바치자 이찬황이 마신 뒤 말하였다.

"江南의 물맛이 예년과 상당히 다르군요. 이 물은 建業의 석두성에서 나는 물과 상당히 비슷합니다."

그 사람이 잘못을 사과하고 감히 숨기지 못했다.

李贊皇作相에 日有親知奉使京口하니 贊皇曰 金山泉揚子江中泠水①를 各置一壺라 其人擧棹하여 醉而忘之라가 至石頭城方憶하고 乃汲一瓶하여 歸獻하니 李飮之하고 曰 江南水味가 大異頃歲로다 此頗似建業石頭城下水라하니 其人謝過하고 不敢隱②이라

106) 來俊臣 : 651~697. 雍州 萬年(지금의 陝西 西安) 사람으로, 唐나라 則天武后 시기의 유명한 酷吏이다. 무뢰배 출신으로 告密를 잘하여 측천무후의 신임을 받아 酷吏政治를 하였다. 그의 모함을 받아 大臣과 李唐宗室 수천 가문이 멸족되었다.

① 張又新의 ≪煎茶水記≫[107]에 陸羽[108]가 〈차 끓이기에 알맞은〉 물 20곳을 품평하고 차례를 매겨 실었는데, 양자강의 南零水는 7번째였다.
張又新水記載陸羽品題天下二十水, 揚子江南零水第七.

② ≪唐書≫에 말하였다. "李德裕는 字가 文饒이고, 趙郡 사람이다. 조부 李栖筠은 御史大夫를 지냈고, 부친 李吉甫는 元和(806~820) 초의 재상이었다. 이덕유는 어려서부터 웅대한 뜻을 지녀 온 마음을 다해 학문에 힘쓴 결과 겨우 弱冠의 나이에 뜻을 이루었다. 太和(827~835) 연간에 兵部尙書平章事로서 贊皇伯에 봉해졌다. 그 후 朋黨의 모함을 받아 崖州司戶로 좌천되었다."
唐書曰 "李德裕, 字文饒, 趙郡人. 祖栖筠, 御史大夫, 父吉甫, 元和初宰相. 德裕幼有壯志, 苦心力學, 年纔及冠, 志業大成, (貞元)〔太和〕[109]中, 以兵部尙書平章事, 封贊皇伯. 後爲朋黨所搆, 貶崖州司戶."

【頭註】

○ 원문의 '貞元'은 '太和'가 되어야 한다.
貞元元文作太和

107) 張又新의 煎茶水記 : ≪煎茶水記≫는 1권이며 차를 달이기에 알맞은 물에 대해 기록한 것이다. 이 책 앞부분에 刑部侍郎 劉伯芻가 품평한 일곱 가지의 물이 실려 있고, 다음에 陸羽가 품평한 스무 가지의 물이 열거되어 있다. 張又新은 字가 孔昭이고, 深州 陸澤 사람이다. 司門員外郎 張鷟의 증손이고, 工部侍郎 張薦의 아들이다.(≪新唐書≫ 〈張又新傳〉)

108) 陸羽 : 733~804. 字는 鴻漸이다. 부모는 알 수 없고, 一說에 승려가 거두어 길렀다고 한다. 장성한 뒤 ≪易經≫ 〈漸卦〉의 "기러기가 점점 하늘 높이 날아가니, 그 깃이 儀法이 될 만하다.〔鴻漸于陸 其羽可用爲儀〕"라는 구절에 의거하여 스스로 '陸'을 姓氏로 삼고 이름을 '羽', 字를 '鴻漸'으로 삼았다. 自號로 竟陵子·桑苧翁·東岡子·茶山御史가 있다. 최초로 茶에 대한 전문 서적인 ≪茶經≫을 편찬하여 차문화를 형성하는데 크게 공헌하였으므로 茶聖·茶仙·茶神으로 불린다.

109) (貞元)〔太和〕 : 저본에는 '貞元'으로 되어 있으나, ≪世說音釋≫과 ≪新唐書≫ 〈李德裕傳〉 등에 의거하여 '太和'로 바로잡았다. 이덕유(787~849)가 兵部尙書平章事에 임명된 해는 太和 7년(833)이므로 德宗의 연호인 貞元(785~805)은 오류이다.

31. 뛰어난 기예 巧藝*

*'巧藝'란 技藝에 뛰어나다는 뜻으로, 본편에는 음악, 회화, 서예, 건축, 바둑 등에서 예술의 경지에 이른 인물들에 관한 일화를 소개하고 있다. 음악에 蔡邕, 바둑에 魏文帝(曹丕)·王坦之·支遁, 회화에 戴逵, 글씨에 韋誕·王獻之·羊欣·顧愷之 등에 관한 일화가 수록되었다. ≪세설신어≫에서 11건, ≪하씨어림≫에서 5건의 일화를 가져와 총 16건의 일화로 구성되었다.

31-1【補】 蔡中郎(蔡邕)[1]은 성품이 침착하고 찬찬하였으며 거문고 연주에 뜻을 두고 좋아하였다. 憙平(172~178) 연간에 淸溪[2]에 들어가 鬼谷先生(王詡)[3]의 옛 거처를 방문하였다. 산에 다섯 구비가 있었는데 구비마다 신령스런 자취가 있었으므로 채중랑이 구비마다 악장 하나씩을 만들어 3년 만에 樂曲을 완성하였다. 산을 나와 馬季長(馬融)과 王子師(王允) 무리에게 그것을 바치자 모두 탄복하고 특출하게 여겼다.

蔡邕

1) 蔡中郎(蔡邕) : 133~192. 字는 伯喈이고, 東漢 말년의 名士이다. 博學하고 다재다능하여 문장을 잘 지었으며 數術·天文·音律에 뛰어났고, 특히 書法에 특출하여 飛白書를 발명하였다. 漢獻帝 때 左中郎將을 지냈으므로 '蔡中郎'이라 부르기도 한다.

2) 淸溪 : 楚 땅 경계에 있는 雲夢山 淸溪를 말한다. 골짜기가 깊어 "청계의 깊이가 천 길이 되는데, 그 가운데 도사가 살고 있다네〔淸溪千餘仞 中有一道士〕"란 郭璞의 시가 있다.(≪史記≫ 권69)

3) 鬼谷先生(王詡) : 戰國時代 때의 인물로, 百家의 학문에 정통하였으며 縱橫家의 창시자이고 兵法을 집대성한 자이다. 雲夢山 鬼谷에 은거하여 자칭 鬼谷先生이라 하였다. 鬼谷子라고도 한다. 저서로 ≪鬼谷子≫, ≪本經陰符七術≫ 등이 있다.

蔡中郎은 性沈審하고 志好琴道라 (嘉)〔憙〕平[4]中에 入淸溪하여 訪鬼谷先生故居하니 山五曲이요 曲有靈迹이라 中郎이 每一曲에 制一弄하여 三年曲成하고 出呈馬季長[5]王子師輩하니 皆歎異之①라

① 范曄의 ≪後漢書≫에 말하였다. "王允은 字가 子師이고, 太原 祁(기) 사람이다. 어려서부터 큰 節操를 좋아하였고 공훈을 세우는 것에 뜻이 있었다. 郭林宗(郭泰)[6]이 그를 보고 특별하게 여겨 말하기를, '王生(왕윤)은 하루에 천리를 가는 준마이니, 임금을 보좌할 만한 인재이다.'라고 하였다. 후에 士孫瑞와 모의하여 함께 董卓을 주벌하였다." 范曄後漢書曰 "王允, 字子師, 太原祁人. 少好大節, 有志於立功. 郭林宗見而奇之, 曰 '王生一日千里, 王佐才也.' 後與士孫瑞結謀, 同誅董卓."

31-2 彈棊는 魏(三國)나라 궁궐에서 화장품 상자를 가지고 놀던 놀이에서 처음 시작되었다. 文帝(曹丕)가 이 놀이에 특히 뛰어나 수건의 끝자락으로 바둑알을 쳐내면 맞추지 못하는 것이 없었다. 어떤 빈객이 자신이 그 놀이를 잘한다고 하자 문제가 그에게 시켜보았다. 빈객은 쓰고 있던 葛巾의 귀퉁이로 머리를 낮추어 바둑알을 쳐내니, 그 솜씨가 문제보다 나았다.

彈棊는 始自魏宮內用妝奩(장렴)戲①라 文帝가 於此戲特妙하여 用手巾角拂之면 無不中이라 有客自云 能이어늘 帝使爲之하니 客箸(착)葛巾角으로 低頭拂棊하니 妙踰於帝②라

4) (嘉)〔憙〕平 : 저본에는 '嘉平'으로 되어 있으나, ≪世說音釋≫ 등에 의거하여 '憙平'으로 바로잡았다. 憙平(172~178)은 漢靈帝(劉宏)의 연호로 채옹의 활동기와 부합하나, 嘉平은 漢代에 사용된 적이 없는 연호이며 가장 이른 것이 曹魏 少帝(曹芳) 때인 249~254년에 해당하는 연호이므로 맞지 않다.

5) 馬季長 : 79~166. 後漢의 학자이자 관료인 馬融이다. 부친 馬嚴은 將作大匠을 지냈고, 종조부 馬援은 伏波將軍이었다. 많은 古典에 주석을 加하여 訓詁學을 시작한 인물로, 그의 門下에 鄭玄·盧植 등 유명한 학자가 있었다. 저서로 ≪三傳異同說≫이 있고, ≪孝經≫, ≪論語≫, ≪詩經≫, ≪易經≫, ≪尙書≫, ≪三禮≫ 등에 주석을 냈다.

6) 郭林宗(郭泰) : 128~169. 林宗은 字이다. 太原郡 介休縣(山西省) 사람으로, 東漢 때의 名士이다. 李膺 등과 交游하였고 洛陽에서 명성을 날려 太學生에 의해 領袖로 추대되었다. 제1차 黨錮의 禍이후 官府에서 관직에 나오도록 초빙하였으나 모두 사양하고 교육에 힘써 천 여 명에 이르는 제자를 양성하였으며 그 중에 뛰어난 인재로 60여 명을 배출하였다. 建寧 원년(168)에 환관에 대항했던 陳蕃 등이 패하여 죽임을 당했다는 소식을 듣고 애통해 하다가 그 다음해 1월에 42세로 죽었다.

① 傅玄[7]의 〈彈棊賦〉敍에 말하였다. "漢成帝(劉驁)가 蹴踘(축국)을 좋아하였는데, 劉向이 '축국은 인체를 힘들게 하고 사람의 힘을 고갈시키니 지극히 존엄한 분이 하기에 마땅하지 않다.'라고 생각하여 마침내 그 체재에 근거하여 彈棊를 만들었다. 지금 탄기의 방법을 관찰해보니 축국의 방법이다."

〈내(劉孝標)가〉 살펴보건대, 부현이 이렇게 말하였으니 彈棊라는 놀이의 유래가 오래 되었고, 또 〈梁冀傳〉에 말하기를, "梁冀[8]는 탄기와 格五를 잘 하였다."라고 하였으니, 이것이 魏나라 때 시작되었다고 하는 것은 잘못이다.

傅玄彈棊賦敍曰 "漢成帝好蹴踘[9], 劉向以謂勞人體竭人力, 非至尊所宜御, 乃因其體, 作彈棊. 今觀其道, 蹴踘道也." 按, 玄此言, 則彈棊之戲, 其來久矣. 且梁冀傳云 "冀善彈棊·格五." 而此云起於魏世, 謬矣."

蹴鞠圖

② ≪典論≫[10]에 文帝(曹丕)가 직접 서술하였다. "노는 일 중에 즐기는 것이 없으나 오직 彈棊만은 거의 그 오묘한 이치를 다 터득하였고, 젊었을 때 그것을 〈소재〉로 賦를

7) 傅玄 : 217~278. 字는 休奕이고 魏晉時期의 名臣이자 문학가·사상가이다. 西晉 때 著作郎·侍中·司隸校尉 등을 지냈다. 명을 받들어 ≪魏書≫를 편찬하였고 ≪傅子≫ 등을 저술하였다.

8) 梁冀 : 98~159. 字는 伯卓이고, 安定郡 烏氏縣(지금의 甘肅省 涇川縣) 사람으로, 東漢 시기의 外戚·奸臣이다. 그는 정권을 잡고 있던 20년 동안에 3명의 황제를 세우고 1명의 황제를 독살하였다.

9) 蹴踘 : 고대의 足球와 유사한 운동으로, 무예를 단련하거나 오락을 즐기거나 신체 단련을 하는데 쓰였다. 黃帝가 처음 시작하였다는 전설이 있으며, 처음에 武士를 훈련시키는데 쓰여 戰國時代에 이미 유행하였다.

10) 典論 : 魏(三國) 文帝(曹丕)가 太子로 있던 시기에 저술한 문학비평서로, 全5卷 25篇이었다. 魏明帝(曹叡) 때 6개의 石碑에 새겼는데 宋(南朝)나라 때 裴松之의 시대까지도 존재하였으나, 東晉 末에는 4개가 남았고 唐代에는 石本이 모두 없어졌으며 宋代에는 寫本마저도 散逸되었다. 현재는 ≪文選≫에 수록된 〈論文〉篇만 온전하게 남아 있다.

지은 적이 있다. 예전에 京師에 〈탄기의〉 高手 두 사람이 있었으니 合鄕侯 東方世安[11]과 張公子였는데, 그들과 대적하지 못한 것이 늘 한스럽다."

≪博物志≫에 말하였다. "문제는 탄기를 잘하여 手巾의 끝자락을 잘 쓸 수 있었다. 당시 어떤 書生이 있었는데, 그 또한 머리를 수그려 자신이 쓰고 있던 葛巾의 귀퉁이로 바둑알을 잘 맞췄다."

典論(常)〔帝〕[12]自敍曰 "戱弄之事少所喜, 惟彈棊略盡其妙, 少時嘗爲之賦. 昔京師(少)〔妙〕[13]工有二焉, 合鄕侯東方世安·張公子, 常恨不得與之對也." 博物志曰 "帝善彈棊, 能用手巾角. 時有一書生, 又能低頭, 以所冠葛巾角撇(별)棊也."

【頭註】

○ 王世懋 : 〈앞의 원주 ①의 주장에 대해〉 이와 같이 반박한 것이 극히 정밀하다.
王云 "如此駁皆極精."

31-3 陵雲臺[14]의 樓觀은 정교하게 만들어졌으니, 〈건축하기 전에〉 먼저 목재들의 무게를 균등하게 한 다음에 건축하여 마침내 한 치도 서로 틀림이 없었다. 누대가 비록 높고 가파른 곳에 있어 항상 바람에 따라 흔들렸으나 전혀 무너질 염려가 없었다. 魏明帝(曹叡)가 누대에 올랐을 때 그 형세가 위태로운 것을 두려워하여 별도로 큰 재목으로 지탱하게 하였더니 누대가 곧바로 무너져버렸다. 論者들은 무게 중심이 쏠렸기 때문이라고 하였다.

陵雲臺樓觀精巧하니 先稱平衆木輕重하고 然後造構하여 乃無錙銖(치수)[15]相負揭라 臺雖高峻하여 常隨風搖動이나 而終無傾倒之理라 魏明帝登臺에 懼其勢危하여 別以大材扶持之에 樓卽頹壞하니 論者謂輕重力偏故也①라하다

11) 東方世安 : 이름은 미상이고 字는 世安이다. 張公子 均과 함께 東漢 末年의 彈棊의 高手이다. 合鄕侯가 되었다.

12) (常)〔帝〕 : 저본에는 '常'으로 되어 있으나, ≪李卓吾批點世說新語補≫(安永本) 등에 의거하여 '帝'로 바로잡았다.

13) (少)〔妙〕 : 저본에는 '少'로 되어 있으나, ≪李卓吾批點世說新語補≫(安永本) 등에 의거하여 '妙'로 바로잡았다.

14) 陵雲臺 : 洛陽城 안에 세운 높은 누대로, 魏文帝(曹丕) 黃初 2년(221)에 건립되었다.

15) 錙銖(치수) : 錙와 銖는 고대의 重量의 단위로, 옛날 중국의 저울눈에서 기장〔黍〕 100개의 낱알을 1銖라고 하였는데, 1錙는 6銖라는 주장도 있고 8수라는 주장도 있다. 여기서는 아주 가벼운 무게를 이르는 말이다.

① ≪洛陽宮殿簿≫에 말하였다. "陵雲臺의 上壁은 사방 13丈이고 높이가 9尺이었다. 누각은 사방이 4장이고 높이가 5장이었으며, 용마루[16]에서 지면까지의 거리는 13장 5척 7치 5푼이었다."
洛陽宮殿簿曰"陵雲臺上壁, 方十三丈, 高九尺. 樓方四丈, 高五丈, 棟去地十三丈五尺七寸五分也."

31-4 韋仲將(韋誕)은 글씨를 잘 썼다. 魏明帝(曹叡)가 궁전을 지을 때 현판을 달려고 하여 위중장에게 사다리에 올라가 현판을 쓰게 하였는데, 〈다 쓰고〉 내려오니 머리카락이 하얗게 세어 있었다. 그 일로 인하여 자손에게 다시는 글씨를 배우지 못하도록 신칙하였다.

韋仲將能書라 魏明帝起殿에 欲安榜하여 使仲將登梯題之한대 既下에 頭鬢皓然이라 因敕兒孫하여 勿復學書①하다

① ≪文章敍錄≫에 말하였다. "韋誕은 字가 仲將이고, 京兆 杜陵 사람이다. 太僕을 지낸 韋端의 아들이다. 문학의 재능이 있었고 문장을 잘 지었다. 光祿大夫로 죽었다. 衛恒의 ≪四體書勢≫에 '위탄은 楷書를 잘 썼다. 魏(三國)나라의 궁관의 懸板은 대부분 위탄이 쓴 것이다.

魏明帝(曹叡)가 陵霄觀을 세울 때, 잘못하여 현판의 틀을 먼저 매달았으므로 마침내 위탄을 대바구니에 태워 도르레와 긴 줄로 끌어 올려 글씨를 쓰게 하였는데, 현판 높이가 지상과 25丈[17]이나 되어 위탄이 매우 두려워하였다. 마침내 이 일로 인하여 子孫에게 절대 해서체를 배우지 못하도록 신칙하고 家規에 적어두었다.
文章敍錄曰"韋誕, 字仲將, 京兆杜陵人. 太僕端子. 有文學, 善屬辭. 以光祿大夫卒. 衛恒四體書勢[18]曰'誕善楷書. 魏宮觀多誕所題. 明帝立陵霄觀, 誤先釘榜, 乃籠盛誕, 轆轤長絙(환)引上, 使就題之, 去地二十五丈. 誕甚危懼, 乃戒子孫絶此楷法, 著之家令."

---

16) 용마루 : 지붕 가운데 부분에 있는 가장 높은 수평 마루를 가리킨다.
17) 25丈 : 丈은 尺의 10배에 해당하는 길이의 단위로, 1장은 약 3m에 해당하므로 25장은 75m에 이른다.
18) 衛恒의 四體書勢 : 衛恒(?~291)은 西晉의 서예가로 자는 巨山이고 衛瓘의 아들이며, 河東 安邑(오늘날 山西 夏縣) 사람이다. 관직은 黃門侍郎에 이르렀고, 晉惠帝 때 賈后 및 楚王 司馬瑋에 의해 피살되었다. 그는 東漢의 서예가인 張芝를 숭상하였고, 여러 가지 서체 즉, 草書·章草·隸書·散隸를 잘 썼다. 그가 저술한 ≪四體書勢≫ 전문이 ≪晉書≫ 〈衛恒傳〉에 기록되어 있으나, 4체는 古文·篆書·隸書·草書이며, 각각 그 기원과 전해 내려오는 사적을 서술하고 뒤이어 칭송하고 논평하였다.

31-5 鍾會는 荀濟北(荀勖)[19]의 외당숙인데 두 사람은 사이가 좋지 않았다. 순욱은 백만금의 가치가 있는 보검을 소유하고 있었는데, 그것을 늘 모친인 鍾夫人 곁에 두었다. 종회는 〈남의〉 글씨를 잘 〈베껴〉 썼는데, 순욱의 글씨체를 배워 〈순욱의〉 모친에게 편지를 보내 그 보검을 취하고는 그대로 竊取하고 돌려주지 않았다. 순욱은 이것이 종회의 짓이라는 것을 알았으나 어찌할 도리가 없어 보복할 방도를 생각하였다. 후에 종회 형제가 천만 금을 들여 집을 지어 완공된 처음에 매우 정교하고 화려하였는데 아직 이사하여 들어가기 전이었다.

순욱이 그림을 매우 잘 그려 마침내 그 집에 몰래 가서 종씨 형제의 집 門堂에 太傅(鍾繇 부친)의 모습을 그렸는데, 의관과 모습이 생전과 똑같았다. 종회 형제가 문에 들어서서는 곧 크게 애통함을 느껴 집은 결국 비어 폐가가 되었다.

鍾會는 是荀濟北從舅[20]인데 二人은 情好不協이라 荀有寶劍可直百萬한대 常在母鍾夫人許①러니 會善書하여 學荀手跡하여 作書與母取劍하고 仍竊去不還②이라 荀勖(욱)知是鍾이나 而無由得也하여 思所以報之라 後鍾兄弟以千萬起一宅始成에 甚精麗한대 未得移住라 荀極善畵하여 乃潛往畵鍾門堂하여 作太傅形象한대 衣冠狀貌如平生에 二鍾入門하얀 便大感慟하여 宅遂空廢③라

① ≪孔氏志怪≫[21]에 말하였다. "荀勖은 보검을 아내에게 맡겼다."
孔氏志怪曰 "勖以寶劍付妻."

② ≪世語≫에 말하였다. "鍾會는 남의 필체를 잘 모방하였다. 蜀을 정벌하는 전쟁[22] 때

19) 荀濟北(荀勖) : 荀勖(?~289)은 字가 公曾이고, 潁川 潁陰(지금의 河南 許昌市) 사람이다. 三國시대에서 西晉 때까지 활동한 音律學家·文學家·藏書家이다. 서진의 開國功臣이며, 東漢 때 司空을 지낸 荀爽의 曾孫이다. 濟北郡公에 봉해져서 '荀濟北'이라 부르기도 하였다.

20) 從舅 : 母親의 叔伯父 소생 형제를 말한다. 여기서 종회의 모친인 鍾부인과 종회는 從兄弟 사이이다.

21) 孔氏志怪 : 孔氏가 저술한 志怪小說集으로, 東漢에서 晉에 이르는 鬼怪에 대한 일화를 담고 있다. 원본은 일실되었고 지금 魯迅의 ≪古小說鉤沈≫에 10則이 남아 있다.

22) 蜀을……전쟁 : 三國시대 後期인 263년에 曹魏의 실제 영수인 司馬昭가 蜀漢을 정벌한 전쟁을 말한다. 사마소는 鍾會·鄧艾·諸葛緖 등을 東·中·西 세 길로 나누어 漢中을 공격해 들어가도록 명령하였다. 漢軍은 大將軍 姜維를 영수로 삼아 저항군을 조직하여 劍閣에서 魏軍과 대치하였는데, 등애가 먼저 陰平을 건너 成都로 진격해 들어가 漢后主인 劉禪이 나와 항복하였고, 이 소식을 들은 강유가 종회에게 투항하여 마침내 촉한

劍閣에서 〈조정에 보내는〉 鄧艾의 章表를 탈취하여 그의 말을 모두 줄이고 말투와 내용을 오만하게 보이도록 하여 대부분 자신을 자랑하는 식으로 〈고쳐서〉 보냈다. 등애는 이로 인하여 체포되었다."

世語曰 "會善學人書. 伐蜀之役, 於劍閣要鄧艾章表, 皆約其言, 令詞旨倨傲, 多自矜伐. 艾由此被收也."

③ ≪孔氏志怪≫에 말하였다. "이때 모두들 순욱이 종회에게 복수한 것이 그가 잃었던 손실의 수십 배가 넘는다고 말하였다. 양쪽의 글씨와 그림이 지극히 정교하였다."

孔氏志怪曰 "于時咸謂勖之報會, 過於所失數十倍. 彼此書畫, 巧妙之極."

31-6 戴安道(戴逵)가 范宣에게 나아가 배울 때 범선의 행동을 살펴 범선이 읽는 책을 따라서 읽고 범선이 베껴 쓰는 글을 따라서 베껴 썼으나 유독 그림을 좋아하였다. 범선은 그림은 쓸모없으니 이것에 마음을 쓰는 것은 마땅하지 않다고 여겼는데, 대안도가 〈南都賦圖〉를 그리자 범선이 다 보고나서 감탄하며 매우 유익하다고 생각하여 이때부터 그림을 중시하였다.

戴安道就范宣學[①]에 **視范所爲**하여 **范讀書亦讀書**하고 **范抄書亦抄書**하대 **唯獨好畵**라 **范以爲無用**이니 **不宜勞思於此**라한대 **戴乃畵南都賦圖**하니 **范看畢咨嗟**하고 **甚以爲有益**이라하여 **始重畵**라

① 〈何法盛의〉 ≪中興書≫에 말하였다. "戴逵는 천 리를 멀다하지 않고 豫章에 가서 范宣에게 나아갔다. 범선이 대규를 만나보고 그를 특별하게 여겨 형의 딸과 혼인시켰다."

中興書曰 "逵不遠千里, 往豫章, 詣范宣. 宣見逵, 異之, 以兄女妻焉."

31-7 戴安道(戴逵)가 중년에 行像[23)]을 그렸는데 매우 정교하였다. 庾道季(庾龢)가 그것을 보고 대안도에게 말하였다.

"〈그림에 드러난〉 정신이 지나치게 세속적이니, 이는 경이 세속의 정을 다 없애지 못했기 때문입니다."

이 멸망하였다.(≪資治通鑑綱目≫ 권12 甲申年(264))

23) 行像 : ≪한어대사전≫ 등의 사전에는 '行樂圖'라고 나오나, 戴逵는 佛像을 잘 그리는 것으로 이름났고, 본문에서 庾龢(유화)가 대규의 그림을 세속적이라고 비난하는 것으로 보면, 여기서의 '行像'은 '佛像'을 가리키는 것으로 보인다.

그러자 대안도가 말하였다.

"務光만이 경의 이러한 말을 듣지 않을 수 있을 것입니다."

戴安道中年에 **畵行像**이 **甚精妙**라 **庾道季看之**하고 **語戴云 神明太俗**하니 **由卿世情未盡**이라하거늘 **戴云 惟務光當免卿此語耳**[①]라하다

①〈劉向의〉≪列仙傳≫에 말하였다. "務光은 夏나라 때 사람이다. 귀의 길이가 7치〔寸〕였고 거문고 타는 것을 좋아하였으며, 창포와 부추 뿌리를 먹었다. 湯이 桀을 정벌하려 할 때 무광과 상의하려 하자, 무광이 '나의 일이 아닙니다.'라고 하였다. 탕이 '伊尹은 어떠한가?'라고 하자, 무광이 '〈그는〉 힘을 다해 모욕을 참아냈습니다. 다른 것은 모릅니다.'라고 하였다. 탕이 천하를 정복하고서 무광에게 양보하려 하니, 무광이 '제가 듣기에, 도가 없는 세상에는 그 땅을 밟지 않는다 하였습니다. 그런데 더구나 제게 천하를 양보하신단 말입니까.'라고 하고 돌을 지고 스스로 廬水에 빠졌다."
列仙傳曰 "務光, 夏時人也. 耳長七寸, 好鼓琴, 服菖蒲韭根. 湯將伐桀, 謀於光, 光曰 '非吾事也.' 湯曰 '伊尹何如?' 務光曰 '强力忍詬, 不知其它.' 湯克天下, 讓於光, 光曰 '吾聞無道之世, 不踐其土. 况讓我乎?' 負石自沈於廬水."

31-8 顧長康(顧愷之)이 裴叔則(裴楷)을 그릴 때 뺨 위에 털 세 가닥을 더 그려 넣었다. 어떤 사람이 그 이유를 묻자 고장강이 말하였다.

"裴楷는 재주가 출중하고 성격이 활달하며 識見을 지녔으니, 바로 이것이 그의 식견입니다."

그림을 본 자가 살펴보니, 털 세 가닥을 더 그린 것이 마치 神明한 정신이 있는 것 같아 그려 넣지 않은 때보다 훨씬 더 낫다는 것을 바로 깨달았다.

顧長康畵裴叔則에 **頰上益三毛**라 **人問其故**하니 **顧曰 裴楷**는 **儁朗**하고 **有識具**하니 **正此是其識具**라하야늘 **看畵者尋之**하니 **定覺益三毛**가 **如有神明**하여 **殊勝未安時**[①]라

顧愷之

① 顧愷之는 先賢들을 두루 그리고, 그들의 畵贊을 모두 지었다.
愷之歷畵古賢, 皆爲之贊也.

31-9 顧長康(顧愷之)이 인물을 그릴 적에 어떤 때는 몇 년 동안 눈동자를 그려 넣지 않기도 하였다. 어떤 이가 그 이유를 묻자 고장강이 말하였다.

"신체의 아름다움과 추함은 본래 오묘한 곳과는 상관이 없습니다. 정신을 전하는 초상은 바로 이것(눈동자) 안에 있습니다."

顧長康畵人에 **或數年不點目精**이라 **人問其故**하니 **顧曰 四體姸蚩**(치)는 **本無關於妙處**요 **傳神寫照**는 **正在阿堵中**이라하다

31-10 顧長康(顧愷之)이 謝幼輿(謝鯤)를 암석 중에 있도록 그렸다. 사람들이 그 이유를 묻자 고장강이 말하였다.

"사유여가 '한 언덕과 한 골짜기에서 노니는 것은 자신이 더 낫다.'[24]라고 하였으니, 이 사람은 마땅히 언덕과 골짜기 중에 두어야 합니다."

顧長康畵謝幼輿在巖石裏라 **人問其所以**하니 **顧曰 謝云 一丘一壑**이 **自謂過之**라하니 **此子**는 **宜置丘壑中**이라하다

31-11 顧長康(顧愷之)은 인물의 형상을 잘 묘사하였다. 그가 殷荊州(殷仲堪)를 그리고 싶어 하자 은형주가 말하였다.

"나는 외모가 못났으니 수고하지 마시오."

고장강이 말하였다.

"明府[25]께서는 눈 때문에 그러시는군요. 그러나 눈동자를 밝게 찍고 흰색을 날려 그 위를 가려서 마치 가벼운 구름이 해를 가리는 것처럼 그리겠습니다."

顧長康好寫起人形①이라 **欲圖殷荊州**한대 **殷曰 我形惡**(악)하니 **不煩耳**라 **顧曰 明府**는 **正**

---

24) 한……낫다 : 晉明帝(司馬紹)가 謝鯤에게 庾亮과 비교해 누가 더 나은지 물었을 때 사곤이 대답한 말로, 한 언덕에서 은거하고 한 골짜기에서 낚시하는 것은 자신이 유량보다 낫다고 한 말에서 일부만 인용한 것이다. 본서 〈品藻〉편에 나온다.

25) 明府 : 漢·魏 이래 郡守·太守·縣令의 별칭이다. 府君 또는 明府君이라고도 한다. ≪後漢書≫ 〈張湛傳〉의 李賢 注에 "군수가 있는 곳을 '府'라고 하고 '明'은 존경하고 높이는 칭호이다.〔郡守所居曰府 明者 尊高之稱〕"라고 하였다.(≪後漢書≫ 〈張湛傳〉)

爲眼爾②라 但明點童子하고 飛白拂其上하여 使如輕雲之蔽日③이라하다

①〈檀道鸞의〉≪續晉陽秋≫에 말하였다. "顧愷之는 묘사가 지극히 정교하다."
續晉陽秋曰"愷之, 圖寫極妙."

② 殷仲堪은 애꾸눈이었기 때문이다.
仲堪(妙)〔眇〕[26]目故也

③〈蔽日의〉'日'은 어떤 곳에는 '月'이라고 되어 있다.
日一作月.

31-12 王中郎(王坦之)은 바둑을 坐隱이라 하였고, 支公(支遁)은 바둑을 手談이라 하였다.

王中郎은 以圍棊是坐隱이라하고 支公은 以圍棊爲手談①이라하다

①〈張華의〉≪博物志≫에 말하였다. "堯가 바둑을 고안하여 〈아들인〉 丹朱에게 가르쳤다." 〈裴啓의〉≪語林≫에 말하였다. "王中郎은 바둑을 手談이라 여겼기 때문에 喪中에 있을 때 小祥 이후에 손님이 오면 공공연히 모여 바둑을 두었다."
博物志曰"堯作圍棊, 以教丹朱." 語林曰"王以圍棊爲手談. 故其在哀制中, 祥後客來, 方幅[27]會戲.

31-13【補】 羊敬元(羊欣)은 어려서부터 조용하고 말이 없는 것을 편하게 여겼으며 말과 미소가 아름다웠고 용모와 행동거지가 뛰어났다. 부친 羊不疑가 烏程令이었을 때 王獻之가 吳興太守로 있었다. 양경원은 당시 12살이었는데, 왕헌지가 그를 매우 인정하고 아꼈다. 한번은 왕헌지가 한여름에 〈烏程〉縣에 들어가니, 양경원이 새 비단 치마를 입은 채 낮잠을 자고 있었다. 왕헌지가 여러 폭으로 된 치마에 글씨를 써놓고 갔다. 양경원은 본래 글씨를 잘 썼는데, 이로 인하여 더욱 잘 쓰게 되었다.

26) (妙)〔眇〕: 저본에는 '妙'로 되어 있으나, ≪李卓吾批點世說新語補≫(安永本) 등에 의거하여 '眇'로 바로잡았다.
27) 方幅 : 六朝시대의 方言으로, '공공연히', '정당하게' 등의 의미로 쓰였다. 余嘉錫은 ≪世說新語箋疏≫에서 "六朝 시대 사람들은 모든 일을 光明하게 드러내는 것을 '方幅'이라 하였다."라고 하였다.

羊敬元은 少便靜默하고 美言笑善容止라 父不疑가 爲烏程令이로 王獻之가 爲吳興太守러니 羊時年十二에 王甚知愛之라 嘗夏月入縣하니 羊著(착)新絹裙하고 晝寢이어늘 獻之가 書裙數幅而去하다 羊本工書로대 因此彌善①이라

① 竇蒙이 ≪述書賦≫[28]注에서 말하였다. "羊欣은 字가 敬元이고, 太山 사람이다. 宋나라의 中散大夫를 지냈다. 丘道護와 더불어 왕헌지의 필법을 전수받았다."

張懷瓘의 ≪書斷≫[29]에 말하였다. "羊欣은 大令(왕헌지)[30]에게 배웠다. 〈왕헌지에게 배웠던〉 당시의 많은 사람들이 〈스승과〉 엄청나게 수준 차이가 났지만, 직접 妙法을 계승하여 入室의 경지에 들어간 자로 말할 것 같으면 오직 羊公 뿐이었고, 또한 顏回가 夫子(孔子)를 따라하여 비슷해진 것과 같았다. 앙상한 모양은 마치 혹독한 서리가 내린 나무 같고 유연한 모양은 마치 바람 따라 날리는 눈 같아, 〈전체적인 筆勢가〉 놀라서 달리는 禽獸가 끊임없이 치닫는 것 같으니 왕의 진정한 신하요 조정의 원로라 이를 만하다."

沈約이 말하였다. "敬元(羊欣)은 隸書에 특히 뛰어나 子敬(王獻之) 이후로는 가히 독보적이었다."

당시 사람들이 말하였다. "왕헌지의 글씨를 사려다 양흔의 글씨를 얻었어도 실망하지 않는다."

---

28) 述書賦 : 唐나라 때 인물인 竇臮(두기)가 편찬하고 竇蒙(두몽)이 註를 냈다. 상·하 2편으로 구성되어 있는데 上篇은 上古시대부터 南北朝까지, 下篇은 唐代의 高祖·太宗·武后·睿宗·明皇 이하의 賦를 다루고 있으며 마지막에 자신의 兄인 두몽과 劉秦의 누이로 끝난다. 모두 13代에 걸쳐 198人을 다루었다. 두기는 字가 靈長이고, 檢校戶部員外郎 등의 관직을 지냈다. 두몽은 字가 子全이고 두기의 兄이며 試國子司業 兼 太原縣令 등의 관직을 지냈다. 둘 다 徐浩의 ≪古蹟記≫에 보인다. 예전에는 이 서책이 두기의 형인 두몽이 편찬한 것으로 알려졌으나, 본서의 내용에 "家兄蒙 字子全 司議安南都護"라는 두기의 自註가 있어 두기의 저술임을 알 수 있다.

29) 張懷瓘의 書斷 : ≪서단≫은 唐代에 張懷瓘이 저술한 저작으로, 書法家를 품평하고 書法을 評論하여 후대에 큰 영향을 미친 書法理論書이다. 上·中·下 3권으로 되어 있으나, 上卷은 각종 書体의 특징과 발전과정을 기술하였고, 中卷과 下卷은 "神·妙·能" 3品으로 歷代 書家의 傳記와 書法의 우열을 품평하였다. 張懷瓘은 唐 開元(713~741) 시기에 활동했으며 鄂州司馬·翰林院供奉 등의 관직을 지냈다. 그 역시 뛰어난 서예가였으며. ≪書斷≫3권 외에도 ≪書議≫ 1권, ≪書估≫1권 등의 저술과 ≪文字論≫·≪六体書論≫ 등의 書法理論著作이 남아 있으며, 繪畵 평론서인 ≪畵斷≫도 있었으나 전해지지 않는다.

30) 大令(왕헌지) : 왕헌지가 中書令이었을 때 王珉이 그를 대리하여 그 역시 중서령이 되었다. 그리하여 사람들이 왕헌지를 '大令'이라 하고, 왕민을 '小令'이라 하였다.(≪世說音釋≫)

竇蒙述書賦注曰“羊欣, 字敬元, 太山人. 宋中散大夫. 與丘道護, 同受獻之筆法.” 張懷瓘書斷曰“羊欣師資[31]大令, 時多衆賢, 非無雲塵之遠[32], 若親承妙旨, 入於室者, 唯獨此公, 亦猶顏回與夫子, 有步驟[33]之近. 槭(축)若嚴霜之材, 婉如流風之雪, 驚禽走獸, 駱驛飛馳, 可謂王之藎(신)臣, 朝之元老.” 沈約云“敬元尤長於隸書, 子敬之後, 可以獨步.” 時人云“買王得羊[34], 不失所望.”

31-14【補】 蕭賁은 竟陵王 蕭子良(蕭賾)의 손자이다. 문학적 재능이 있었고 글씨와 그림에 뛰어났다. 한번은 부채에 山水를 그렸는데 咫尺 안에 문득 萬里의 아득함이 느껴졌다. 성품이 근엄하고 신중하여 〈그림을〉 전하지 않고 스스로 즐길 따름이었다.

蕭賁은 **是竟陵王子良之孫**①이러니 **有文才善書畫**러니 **嘗於扇上**에 **圖山水**한대 **咫尺之內**에 **便覺萬里爲遙**라 **矜愼不傳**하고 **自娛而已**라

① ≪南史≫에 말하였다. “蕭子良은 字가 雲英이고, 齊武帝(蕭賾)의 둘째 아들이다. 어려서부터 깨끗하고 고상한 절조가 있었고, 재능 있는 선비를 예우하고 애호하여 천하의 인재와 학자들이 모두 그에게 모여들었다.”
南史曰“子良, 字雲英, 武帝第二子也. 少有淸尙, 禮才好士, 天下才學, 皆遊集焉.”

31-15【補】 唐玄宗(李隆基)이 문득 嘉陵江[35]의 산수가 생각나 吳生(吳道玄)에게 驛

---

31) 師資 : ≪老子≫에서 “선한 사람은 불선한 사람의 스승이 되고, 불선한 사람은 선한 사람의 쓰임이된다.〔善人者 不善人之師也 不善人者 善人之資也〕”라는 말에서 유래하였는데, 그 주석에서 “資는 取라.” 하였다. 남의 不善도 자신의 수양을 위한 반성의 자료로 삼는다는 말이다. 이후로 “師資”는 敎師 또는 배우다, 스승 삼다 등의 의미로 쓰인다.
32) 雲塵之遠 : 雲塵은 雲泥와 같다.(≪世說音釋≫) 雲은 하늘에 있고, 泥는 땅에 있으므로 양쪽의 거리가 너무 멀고 그 차이가 매우 큰 것을 비유하는 말이다.
33) 步驟 : ≪莊子≫에 “顔淵이 仲尼를 뵙고 말하기를 ‘夫子께서 천천히 걸으시면 저도 천천히 걷고 부자께서 빨리 걸으시면 저도 빨리 걷겠습니다.”라고 한데서 유래한 말로, 따라하는 것을 말한다.(≪世說音釋≫)
34) 買王得羊 : 왕헌지의 글씨라고 생각하여 샀는데 알고 보니 양흔의 글씨였다는 말로, 두 사람의 글씨가 매우 유사했다는 말이다.(≪書斷≫ 〈妙品 · 羊欣〉)
35) 嘉陵江 : 옛날에는 閬水 · 渝水로 불리었으며, 長江 상류의 支流이다. 발원지는 東 · 西 두 발원지가 있는데, 동쪽은 白龍江, 서쪽은 西漢水이다. 서한수가 趙王 嘉陵의 墓所가 있는 嘉陵關을 지나므로 ‘가릉강’이라는 명칭이 붙었다. 강이 지나는 지역은 陝西省 · 甘肅省 · 四川省 · 重慶市 등이고 주요한 支流로는 八渡河 · 西漢水 · 白龍江 · 渠江 · 涪江

馬를 갈아탈 수 있게 하여 그곳에 가서 모습을 그려오게 하였다. 그가 돌아오자 황제가 물으니 오도현이 말하였다.

"신은 粉本이 없고 모든 것을 마음에 기억하고 있습니다."

그를 大同殿에 보내 그림을 그리게 하니, 嘉陵江의 산수를 하루 만에 완성하였다. 당시에 李將軍(李思訓)도 산수화로 명성이 자자하였다. 그도 대동전에 그림을 그렸는데 몇 달 만에 완성하니 황제가 말하였다.

"李思訓의 몇 달 간의 공력과 오도현의 하루 만의 성취는 각각 지극히 정교하다."

玄宗이 忽思嘉陵江山水하여 假吳生驛遞하여 令往寫貌①라 及回에 帝問之하니 道玄云 臣無粉本[36]이요 竝記在心이니이다 遣於大同殿圖之하니 嘉陵江山水를 一日而就라 時有李將軍이 山水擅名이라 亦畵大同殿[37]한대 數月方畢하니 上曰 李思訓數月之功과 吳道玄一日之跡이 各極其妙也②라하다

① 朱景玄의 ≪唐朝名畵錄≫[38]에 말하였다. "吳道玄은 字가 道子이고, 東京(洛陽) 陽翟 사람이다. 어려서 부친을 잃고 가난하였으나 천부적인 재능을 타고나 弱冠의 나이가 되기 전에 繪畵의 오묘함을 다 터득하였다. 낙양을 떠돌 때 明皇(唐玄宗 李隆基)이 그의 명성을 알고 불러 들여 內供奉[39]으로 삼았다."

朱景玄唐朝名畵錄曰"吳道玄, 字道子, 東京陽翟人. 少孤貧, 天授之性, 年未弱冠, 窮丹靑之妙. 浪迹東洛[40], 明皇知其名, 召入內供奉."

등이 있다.

36) 粉本 : 畵稿이다. 대작의 회화를 그리기 전에 초벌로 그린 각 부분의 밑그림을 말한다.

37) 大同殿 : 唐나라 때 수도인 長安城 興慶宮의 宮殿名이다. 翰林學士들이 공무를 보던 곳이었다.

38) 朱景玄의 唐朝名畵錄 : 朱景玄은 吳郡(지금의 江蘇省 蘇州市) 사람으로, 唐 憲宗(李純) 元和(806~820)에서 唐文宗(李昻) 太和(827~835) 연간에 주로 활동하였으며 翰林學士를 지냈다. 그림에 탐닉하여 다방면으로 찾아다니며 직접 본 것을 기록하고 그 예술성을 평가하였다. ≪唐朝名畵錄≫은 朱景玄이 편찬한 繪畵史料로, ≪唐畵斷≫또는≪唐朝名畵綠≫으로도 불리는 중국 최초의 斷代 畵史이다. 唐代의 화가 124인을 "神·妙·能·逸" 四品으로 나누어 品評하고 화가의 傳記와 작품의 장단점을 서술한 評傳을 덧붙였다.

39) 內供奉 : 唐代의 官職名이다. 唐나라는 殿中侍御史 9인을 두었는데, 그 중에 3인이 內供奉이었다. 그들은 궁전 안에서의 侍從하는 예절을 담당하고 예절에 맞지 않는 百官을 규찰하는 업무를 맡았다.(≪新唐書≫ 〈百官志 3〉)

40) 東洛 : 洛陽을 말한다. 漢·唐 때 洛陽을 東都로 삼았기 때문에 붙여진 이름이다.

② 朱景玄의 ≪唐朝名畵錄≫에 말하였다. "李思訓은 開元(713~741) 연간에 衛將軍에 임명되었다. 그림을 잘 그렸는데, 〈작품의〉 품격이 고상하고 빼어나 唐代 산수화의 1인자가 되었다."
朱景玄唐朝名畵錄曰 "李思訓, 開元中除衛將軍. 善畵, 品格高奇, 爲國朝山水第一."

31-16【補】吳道玄이 殿閣 안에 다섯 마리의 용을 그린 적이 있는데 비늘이 날아 움직이는 듯하였고, 큰 비가 오려 할 때마다 바로 烟霧가 일었다.

吳道玄이 嘗畵殿內五龍한대 鱗甲飛動하고 每欲大雨에 卽生烟霧라

32. 총예받은 사람들 寵禮*

*'寵禮'란 寵愛하여 禮遇한다는 뜻으로, 본편에는 군주나 상관의 총애를 받은 인물들에 관한 일화를 모아놓았다. ≪세설신어≫에서 7건, ≪하씨어림≫에서 16건을 가져와 모두 23건의 일화가 실려 있다. 본래 ≪세설신어≫의 〈총례〉편에는 6건의 일화만 실려 있는데, 본서의 〈총례〉편은 23건으로 일화의 수가 증가하였고 특히 ≪하씨어림≫에서 상당수의 일화를 가져온 것이 눈에 띈다.

32-1【補】 皇甫度遼(皇甫規)가 관직에서 물러나 고향에 돌아와 있을 때 재물로 鴈門太守 자리를 샀던 자가 명함을 내밀고 만나기를 청하였다. 황보도료가 누운 채 바로 일어나지 않고, 그가 만나러 들어왔을 때 이렇게 물었다.

"경이 전에 〈안문〉 郡에 있을 때 먹은 기러기는 맛있었는가?"

얼마 뒤에 王節信(王符)이 문밖에 와 있다고 고하자, 황보도료가 놀라 벌떡 일어나 미처 허리띠를 차지도 못한 채 버선발로 나가 맞이하고는 손을 잡아끌고 들어와 앉히고 지극히 환대한 뒤 작별하였다. 당시 사람들이 이 일로 말하였다.

"二千石의 태수를 일개 儒生만도 못하게 보았네."

皇甫度遼解官歸鄕①時에 **有以貨得鴈門太守者書刺投謁**이어늘 **度遼臥不時起**하고 **旣入見**에 **問 卿前在郡食鴈美乎**아라 **有頃**에 **白王節信在門**하거늘 **度遼驚據而起**하여 **衣不及帶**하고 **屣履**(사리)**出迎**하여 **援手入坐**하고 **極歡而別**하니 **時人爲之語曰 徒見二千石**이 **不如一逢掖**②[1]이라하다

---

1) 逢掖 : '逢'이란 '크다'와 같고, '掖'은 겨드랑이이므로 逢掖은 겨드랑이를 크게 만든 옷이다. ≪禮記≫ 〈儒行〉에 "공자께서 魯나라에 있을 적에는 逢掖을 입고, 宋나라에 오래 있을 적에는 章甫冠을 착용하였다.〔丘少居魯 衣逢掖之衣 長居宋 冠章甫之冠〕"라고 하여, 이후로 '봉액'은 '儒生이 입는 옷' 또는 '儒生'을 가리키는 말로 쓰였다.

① 范曄의 ≪後漢書≫ 〈皇甫規傳〉에 말하였다. "皇甫規는 字가 威明이고, 安定 朝那 사람이다. 관직은 度遼將軍을 지냈다. 太常 張奐(字 然明)과 太尉 段熲(字 紀明)과 함께 顯達로 이름나서 '凉州三明[2)]'으로 불리었다."

范曄後漢書曰"皇甫規, 字威明, 安定朝那人. 官度遼將軍. 與太常張奐然明·太尉段熲(하경)紀明, 竝知名顯達, 稱爲凉州三明."

② 范曄의 ≪後漢書≫ 〈王符傳〉에 말하였다. "王符는 字가 節信이고, 安定 臨涇 사람이다. 어려서부터 학문을 좋아하였다. 馬融·竇章·張衡·崔瑗과 친하게 지냈다. 漢 和帝(劉肇)와 安帝(劉祜) 이후로 세상 사람들이 벼슬하는 데 힘써 번갈아 서로 천거하여 이끌어 주었는데, 왕부는 홀로 깨끗하고 꼿꼿하게 있으면서 세속에 동화되지 않았다. 이 때문에 관직에 나아가지 못하였고 마음에 울분을 쌓은 채 은거하며 30여 편의 저술을 하고 ≪潛夫論≫[3)]이라 이름 하였다."

范曄後漢書曰"王符, 字節信, 安定臨涇人. 少好學. 與馬融·竇章·張衡·崔瑗友善. (安和)〔和安〕[4)]之後, 世務游宦, 更相薦引, 符獨耿介, 不同於俗. 以此不得升進, 志意蘊憤, 隱居著書三十餘篇, 名潛夫論."

32-2【補】 趙元叔(趙壹)이 河南尹 羊陟을 만나러 갔는데 만날 수가 없었다. 조원숙이 公卿 중에서 양척이 아니면 이름을 의탁할 만한 자가 없다고 여겨 마침내 날마다 그의 집에 찾아갔다. 명함을 주어 만나기를 청했을 때 양척이 여전히 누워서 일어나지 않자, 조원숙이 곧바로 들어가 堂에 올라가서 마침내 앞으로 나가 哭하며 말하였다.

"삼가 아룁니다. 西州에서 오랫동안 당신의 고매한 풍모를 뵙고자 하다가 마침

---

2) 凉州三明 : 凉州는 中國의 古代 地名 중 하나로, 오늘날의 甘肅省과 寧夏 전역, 青海 동북부, 新疆 동남부, 內蒙古 阿拉善盟 일대에 해당한다. 漢나라가 天下를 통일한 뒤 13州로 나누어 각각 刺史를 두었는데, 감숙성에 凉州刺史部를 설치한 것에서 이 지명이 유래하였다. 皇甫規·段熲은 安定縣 출신이고 張奐은 敦煌縣 출신인데 모두 凉州에 속한 지역이고, 세 사람의 字에 모두 '明'자가 들어가므로 '凉州三明'라 부른 것이다.

3) 潛夫論 : 王符의 著書로, 10권 36編의 政治書이다. 潛夫는 '在野의 선비'라는 의미이다. 왕부는 이 저술을 통해 당시 자신이 살던 2세기 중엽의 시대상황을 비판하였다. 그의 주장은 學問과 道德을 중시하고 德에 의해 백성을 敎化시키는 政治를 목표로 하였으며, 迷信이나 점술도 배격하였다.

4) (安和)〔和安〕: 저본에는 '安和'로 되어 있으나, ≪李卓吾批點世說新語補≫(安永本) 등에 의거하여 '和安'으로 바로잡았다. 安帝는 後漢의 6대 황제이고, 和帝는 4대 황제이므로 시대 순서로 볼 때 화제가 안제보다 앞에 나와야 한다.

내 이제 만나 뵙게 되었는데 갑자기 돌아가시게 되었으니 이 무슨 운명이란 말입니까.”

말하고서 소리 높여 곡하자 門下가 모두 놀라 달려 들어와 곁에 가득하였다. 양척이 그가 범상치 않은 인물임을 알아 몸을 일으켜 영접하여 그와 대화하였다. 다음날 아침에 〈양척이〉 대대적으로 車馬를 따르게 하여 조원숙을 방문했는데, 이때 여러 관리들은 대부분 거마와 휘장을 성대하게 장식하였으나, 조원숙은 초라한 수레에 풀을 둘러 장식하고 그 곁에 노숙하고 있었다. 그가 양척을 맞아 수레 아래에 앉게 하고 서로 담론을 나누었는데, 해질녘이 되어 떠나갈 때 조원숙의 손을 잡고 말하였다.

“좋은 璞玉이 쪼개지지 않으면[5] 반드시 피눈물을 흘리며 눈 밝은 자를 기다리는 자가 있을 것입니다.”

마침내 司空 袁逢과 같이 그를 칭찬하여 천거하니 명성이 수도에 자자하게 되었다.

趙元叔①이 造河南尹羊陟②한대 不得見이라 趙以公卿中非陟이면 無足以托名이라하여 乃日往到門이라 旣通謁에 尙臥未起하니 元叔이 逕入上堂하여 遂前臨[6]之曰 竊伏西州承高風이 舊矣라가 乃今方遇어늘 而遽忽然[7]하니 奈何命也오 因擧聲哭하니 門下皆驚하여 奔入滿側이라 陟知非常人하고 起延與語하다 明旦에 大從車騎하여 造元叔한대 時諸計吏多盛飾車馬帷幙이어늘 元叔은 柴車草屛이로 露宿其旁이라 延陟坐於車下하여 相與言談하고 至曛夕而去할새 執其手曰 良璞不剖면 必有泣血以相明者③라하고 乃與司空袁逢共稱薦之하니 名動京師④라

① 華嶠의 ≪後漢書≫에 말하였다. “趙壹은 字가 元叔이고, 漢陽 西縣 사람이다. 체격과 외모가 특출하였는데, 키는 9자이고 수염이 아름답고 눈이 부리부리하여 쳐다보면 매우 위압적이었다. 재주를 믿고 거만하여 향리 사람들의 빈축을 샀다. 나중에 여러 번 죄에 걸려 거의 죽게 되었을 때마다 친구가 구해주어 죽음을 모면하였는데, 마침

5) 좋은……않으면 : 璞玉은 아직 정련되지 않은 천연의 옥돌인데, 쪼개어 정련을 거쳐야 美玉이 된다. 아직 선발되지 못한 賢才를 비유하는 말로 쓰인다.

6) 臨 : 哭과 같다.(≪世說音釋≫)

7) 忽然 : 죽는 것을 말한다.(≪世說音釋≫)

내 〈刺世疾邪賦〉를 지어 자신의 원망과 분노를 표출하기를, '아, 五帝들 간에도 禮가 같지 않았고 三王 간에도 역시 樂이 같지 않았다. 운수가 다하여 자연히 변화한 것이니, 이는 실로 서로 반박하여 다툰 것이 아니다. 德政도 세상의 혼탁을 구제할 수 없고 賞罰이 어찌 시대의 淸濁을 다스릴 수 있겠는가.

春秋시대는 재앙과 실패의 시작이요, 戰國시대는 더욱 더 그 독기를 더하였다. 秦나라와 漢나라는 어떠한 변화도 만들지 못하고 마침내 더욱 더 잔혹해졌으니 어찌 백성의 생명을 생각이나 했겠는가? 오로지 자신을 이롭게 하여 스스로 충족하였을 뿐이다. 이로부터 지금까지 거짓을 참으로 만드는 현상이 萬方에 나타났으니, 아첨하는 풍조가 나날이 치열해지고 정직한 풍조는 소멸되었으며, 아부하는 자는 네 마리 말이 끄는 수레를 타고 바르게 직언하는 자는 걸어서 다니게 되었다.

이름이 나고 권세 있는 자에게 허리를 숙이고 豪强한 사람과 친하게 지내며, 오만하여 時俗에 반항하면 그 즉시 禍를 입었다. 뒤처질까 두려워하며 서둘러 재물을 좇는 이들은 날마다 부유해지고 달마다 번창하며 혼연일체로 같이 미혹되어 어느 것이 뜨거운지 차가운지도 구별하지 못하였고 간사한 사람은 출세하고 정직한 선비는 은둔하였다. 이러한 폐단이 일어난 원인을 따져보면, 執政者가 현명하지 않기 때문이었다.

총애 받는 여인의 청탁이 군주의 눈과 귀를 가리고 아첨하는 측근이 권력을 잡으며, 좋아하는 자에 대해서는 가죽을 뚫어 터럭을 나오게 하듯이 우대하고, 미워하는 자에 대해서는 때를 씻어가며 그의 허물을 찾아내 처벌하려 하였다. 아무리 정성을 다 바쳐 충성하고자 한들 길이 험준하고 끊어져 어쩔 도리가 없었고, 궁궐의 문은 열리지 않은데다가 또 비난하는 무리가 짖어댔다. 국가의 멸망이 朝夕에 달려 있는 것을 익숙하게 여기고 눈앞의 탐욕을 멋대로 추구하니, 이것이 어찌 바다를 건너면서 키를 잃어버린 것과 섶을 쌓아둔 채 불이 붙길 기다리는 것과 다르단 말인가. 영광스런 채용이 아첨하는 자에게 달려 있으니 어느 누가 그 사람의 장단점을 알 것인가. 그러므로 법령과 禁令이 권문세족에게 막히고 임금의 은택이 한미한 가문에 미치지 못하였다. 차라리 堯舜 시대의 흉년에 굶주려 죽을지언정 오늘날의 풍년에서 배부르고 따뜻하지 않으리라.

도리를 지키면 비록 죽더라도 없어지지 않고, 의리를 어기면 비록 살더라도 존재하지 않는다. 秦客이 시를 지어 말하였다 「황하가 맑아지길 기다릴 수 없으니 사람의 목숨은 늘일 수 없어서라네. 바람이 세게 부는 대로 풀이 쓰러지고 부귀한 자가 어질다 칭하는구나. 서책이 아무리 뱃속에 그득하다 해도 한 자루의 돈만 못하도다. 아첨하는 자는 北堂에 오르고 강직한 자는 문에 기대 있구나.[8]」

---

8) 아첨하는……있구나 : 아첨하는 자는 친함을 받아 堂에 오르고, 강직한 자는 버림을 받아 문에 기대어 있다는 말이다.(≪後漢書≫ 〈趙壹傳〉 注)

魯生이 이 시를 듣고 이어서 노래하였다. 「권세가는 마땅한 게 많아 하는 말마다 저절로 구슬이 되고, 남루한 선비는 금과 옥을 품고 있어도 향기로운 풀이 꼴로 변하게 되는구나. 賢者가 홀로 깨어 있어도 우둔한 무리는 곤궁에 빠져 있으니 우선 각자 너희의 직분을 지켜 더 이상 부질없이 내달리지 말라. 슬프고 또 슬프다. 이것이 운명이로구나.」

華嶠≪後漢書≫曰"趙壹, 字元叔, 漢陽西縣人. 體貌魁梧, 身長九尺, 美須豪眉, 望之甚偉. 恃才倨傲, 爲鄕里所擯. 後屢抵罪, 幾至死, 友人救, 得免, 乃作〈刺世疾邪賦〉, 以舒其怨憤曰 '伊五帝之不同禮, 三王亦又不同樂. 數極自然變化, 非是故相反駮. 德政不能救世溷亂, 賞罰豈足懲時淸濁! 春秋時, 禍敗之始, 戰國愈復增其荼毒, 秦漢無以相踰越, 乃更加其怨酷, 寧計生民之命? 唯利己而自足. 于茲迄今, 情僞萬方, 佞諂日熾, 剛克[9]消亡, 舐痔[10](지치)結駟[11], 正色徒行. 嫗媽[12]名勢, 撫拍[13]豪强, 偃蹇[14]反俗, 立致咎殃. 捷慑[15]逐物, 日富月昌, 渾然同惑, 孰溫孰凉! 邪夫顯進, 直士幽藏. 原斯瘼之攸興, 實執政之匪賢. 女謁[16]掩其視聽兮, 近習[17]秉其威權, 所好則鑽皮出其毛羽, 所惡則洗垢求其瘢痕, 雖欲竭誠而盡忠, 路絶嶮而靡緣. 九重旣不可啓, 又群吠之狺狺. 安危亡於旦夕, 肆嗜慾於目前, 奚異涉海之失柂(타), 積薪而待燃? 榮納由於閃楡(섬유),[18] 孰知辨其蚩姸? 故法禁屈撓於勢族, 恩澤不逮於單門. 寧饑寒於堯舜之荒歲兮, 不飽暖於當今之豐年. 秉理雖死而非亡, 違義雖生而匪存. 有秦客者, 乃爲詩曰「河淸[19]不可俟, 人命不可

---

9) 剛克 : 강함으로 극복하는 것이다. 삼덕은 正直과 剛과 柔를 말하는데, ≪書經≫〈洪範〉에 "三德의 첫째는 정직이요, 둘째는 강함으로 극복하는 것이요, 셋째는 부드러움으로 극복하는 것이다. 평화롭고 안락한 자에게는 정직으로 대하고, 강경해서 따르지 않는 자에게는 강함으로 극복하고, 유화하여 굽신거리는 자에게는 부드러움으로 극복한다. 〔三德 一曰正直 二曰剛克 三曰柔克〕"라고 한데서 유래한 말이다.

10) 舐痔 : 혀로 남의 치질을 핥아준다는 말로, 비열하게 아첨하는 것을 말한다. ≪莊子≫〈列御寇〉의 "秦王이 병이 나 의사를 불러, 종기를 터뜨리고 부스럼을 없애주는 자는 수레 1乘을 얻고, 치질을 핥아 고쳐 준 자는 수레 5乘을 얻으니, 치료해 준 부위가 아래로 내려갈수록 수레를 더욱 많이 얻었다.〔秦王有病召醫 破癰潰痤者 得車一乘 舐痔者 得車五乘 所治愈下 得車愈多〕"라는 고사에서 유래하였다.

11) 結駟 : 수레 1대를 4마리의 말이 끄는 것으로, 지위가 높은 사람이 타는 수레를 의미한다.

12) 嫗媽 : 몸을 구부리다〔傴僂〕와 같은 의미이다.(≪世說音釋≫)

13) 撫拍 : 서로 친밀히 지내는 것이다.(≪世說音釋≫)

14) 偃蹇 : '오만하다', '건방지다〔驕傲〕'는 의미이다.(≪後漢書≫〈趙壹傳〉注)

15) 捷慑 : 급하게 서두르고 두려워하는 모양이다.(≪後漢書≫〈趙壹傳〉注)

16) 女謁 : 궁궐 안에서 총애 받는 여자를 통해 청탁하는 것을 말한다.

17) 近習 : 임금을 가까이서 모시는 총애 받는 신하를 말한다.(≪後漢書≫〈趙壹傳〉注)

18) 閃楡(섬유) : '閃揄'라고도 쓴다. 간교하고 아첨하는 모양을 말한다.(≪後漢書≫〈趙壹傳〉注)

19) 河淸 : ≪春秋左氏傳≫ 襄公 8년 條에 "황하가 맑아지길 기다리랴? 사람의 수명이 얼마

延, 順風激靡草, 富貴者稱賢, 文籍雖滿腹, 不如一囊錢, 伊(憂)〔優〕[20]北[21]堂上, 抗髒[22]倚門邊.」魯生聞此辭, 繫而作歌曰「勢家多所宜, 咳唾自成珠,[23] 被褐懷金(守)〔玉〕,[24] 蘭蕙化爲芻, 賢者雖獨悟,[25] 所困在群愚, 且各(玉)〔守〕[26]爾分, 勿復空馳驅, 哀哉復哀哉! 此是命矣夫.」"

② 謝承의 ≪後漢書≫에 말하였다. "羊陟이 河南尹으로 자리를 옮겨갔을 때 月數에 따라 봉록을 받았는데도 늘 말린 밥과 채소를 먹었다. 권세 있는 집안이 소송을 제기하는 것을 엄단하고 그들과 왕래하지 않았으며, 억울한 무리의 소송을 심리하였다. 善士를 등용하고 節操 있는 자에 대해서는 그 사람의 남다른 행위를 드러내어 표창하였다.
謝承後漢書曰 "羊陟遷河南尹, 計月受俸, 嘗[27]食乾飯茹菜. 禁斷豪右書疏, 不與交通, 斷理寃徒. 進用善士, 節操者旌表異行."

③ ≪琴操≫[28]에 말하였다. "卞和가 玉石을 얻어 楚(戰國) 懷王(熊槐)에게 바쳤다. 왕이 樂正子에게 그것을 살펴보게 하였더니 옥이 아니라고 하자, 왕을 기만하였다는 죄목으로 변화의 한쪽 다리를 자르게 하였다. 초회왕이 죽고 그 아들 平王(熊居)이 즉위

나 되기에.〔俟河之淸 人壽幾何〕"라고 한데서 유래하였다. 옛 傳說에 黃河는 천 년에 한 번 맑아지고, 황하가 맑아지면 淸明한 정치가 출현한다고 믿었다.

20) (憂)〔優〕: 저본에는 '憂'로 되어 있으나, ≪後漢書≫ 〈趙壹傳〉에 실린 〈刺世疾邪賦〉에 의거하여 '優'로 바로잡았다. '伊優'는 굽신거리고 아첨하는 모양이다.

21) 北 : ≪李卓吾批點世說新語補≫(安永本)에는 '在'로 되어 있다. 문맥으로 보면 '在'가 더 맞을 듯하나, ≪後漢書≫ 〈趙壹傳〉에 실린 〈刺世疾邪賦〉에 '北'으로 되어 있어 원문대로 번역하였다.

22) 抗髒 : 꼿꼿하고 강직한 모양이다.

23) 咳唾自成珠 : 咳唾(해타)는 기침하여 뱉어낸 침을 말하는데, ≪莊子≫ 〈秋水〉에, "자네는 저 침 뱉는 것을 보지 못했는가. 침을 뱉었을 때 침방울이 큰 것은 구슬과 같고, 작은 것들은 안개와 같아서 그 뒤섞여 내리는 것을 이루 다 셀 수가 없네.〔子不見夫唾者乎 噴則大者如珠 小者如霧 雜而下者 不可勝數也〕"라고 한 데서 온 말로, 고상한 언어나 아름다운 시문을 비유하는 말로 쓰인다.

24) (守)〔玉〕: 저본에는 '守'로 되어 있으나, ≪李卓吾批點世說新語補≫(安永本)에 의거하여 '玉'으로 바로잡았다.

25) 獨悟 : 屈原의 〈漁父辭〉에 "온 세상이 다 흐리거늘 나 홀로 맑고, 모든 사람이 다 취했거늘 나 홀로 깨었는지라〔擧世皆濁我獨淸 衆人皆醉我獨醒〕"라고 한 데서 온 말이다.

26) (玉)〔守〕: 저본에는 '玉'으로 되어 있으나, ≪李卓吾批點世說新語補≫(安永本)에 의거하여 '守'로 바로잡았다.

27) 嘗 : '常'의 통용자로 보아 '늘'로 번역하였다.

28) 琴操 : 東漢의 蔡邕이 편찬한 古代中國의 琴曲歌辭解題集이다. 2권이며 가장 오래된 琴曲 전문 서적이다. 예부터 전해오는 琴曲을 歌詩五曲, 十二操, 九引, 間雜歌二十一章으로 분류 수록하였으며, 제목 아래 작자를 명기하고, 관련 故事와 歌辭를 소개하는 형식으로 구성되어 있다. 원본은 이미 일실되었고 후인이 집록한 본이 남아 있다.

하자, 변화가 다시 그 옥석을 품고 가서 바쳤다. 평왕이 다시 기만하였다고 말하고 그의 다리 한 쪽을 자르게 하였다. 평왕이 죽자 변화가 다시 그 옥석을 바치려 하다가 또다시 처벌 받게 될 것이 두려워 마침내 그 옥석을 품고 荊山 속에 들어가 밤낮으로 그치지 않고 통곡하니 눈물이 다하자 이어서 피가 나왔다."

琴操曰 "卞和得玉璞, 以獻楚懷王. 使樂正子占之, 言非玉, 以其欺謾, 斬其一足. 懷王死, 子平王立, 和復抱其璞而獻之. 平王復以爲欺, 斬其一足. 平王死, 和復獻, 恐復見斷, 乃抱其玉, 而哭荊山之中, 晝夜不止, 泣盡繼之以血."

④ 范曄의 ≪後漢書≫에 말하였다. "袁逢은 字가 周陽이다. 증조부는 袁安, 조부는 袁京, 부친은 袁湯이며, 여러 대에 걸쳐 三公을 지냈다. 원봉은 관대하고 독실한 성품으로 당시에 존경을 받았다. 관직이 司空에 이르러 죽었다."

范曄後漢書曰 "袁逢, 字周陽. 曾祖安, 祖京, 父湯, 累世三公, 而逢以寬厚篤信, 著稱於時. 官至司空卒."

32-3 晉元帝(司馬睿)[29]가 正會 때 王丞相(王導)을 이끌어 御牀이 있는 곳으로 올라오게 하자, 왕공이 극력 사양하였다. 中宗(司馬睿)이 더욱 강하게 그를 이끌자 왕공이 말하였다.

"만약 태양을 만물과 같이 빛난다면 신하가 어떻게 우러러 바라보겠습니까."

元帝가 正會에 引王丞相登御牀하니 王公固辭어늘 中宗引之彌苦하니 王公曰 使太陽與萬物同輝면 臣下何以瞻仰①잇가

① ≪中興書≫에 말하였다. "元帝(司馬睿)가 帝位에 올라 백관이 자리에 늘어서 있을 때 王導에게 황제의 좌석으로 올라오도록 하였는데, 왕도가 극력 사양한 뒤에 그만두었다."
中興書曰 "元帝登尊號, 百官陪位, 詔王導升御坐, 固辭然後止."

32-4【補】謝幼輿(謝鯤)가 王大將軍(王敦)의 長史로 있을 때 王平子(王澄)가 당시에 왕돈과 자리를 함께 하고 있다가, 사유여가 지치지 않고 淸談을 하는 것을 보고는 유독 감탄하여 "謝長史(謝鯤)는 함께 담론할 만하구나."라고 하였고, 왕돈은 전혀 거들떠보지도 않았다.

---

29) 元帝(司馬睿) : 276~323. 東晉의 1대 황제로, 廟號가 中宗이고, 謚號가 元皇帝이다. 字는 景文이다. 江南의 琅邪 王氏의 협조를 받아 西晉 멸망 후 강남에 東晉을 일으켰다. 王導는 낭야 왕씨를 대표하는 인물이다.

謝幼輿爲王大將軍長史에 王平子時在敦坐하여 見幼輿淸談無倦하고 唯歎 謝長史可與言이라하고 都不盼敦이러라

32-5【補】[30] 王丞相(王導)이 항상 麈尾[31] 하나를 매달아놓고 장막 안에 두었는데, 후에 殷中軍(殷浩)이 오자 마침내 그것을 가져다 은중군에게 주며 말하였다.

"이제 이것을 그대에게 주겠다."

王丞相이 常懸一麈尾著帳中이러니 後에 殷中軍來에 乃取之與中軍曰 今以遺汝라하다

32-6 許玄度(許詢)가 수도에 머문 한 달 동안에 劉尹(劉惔)이 찾아가지 않은 날이 없었다. 그가 마침내 탄식하며 말하였다.

"경이 다시 잠시라도 떠나가지 않는다면, 나는 輕薄한 京兆尹이 될 것 같소."

許玄度停都一月에 劉尹無日不往이러니 乃歎曰 卿復少時不去면 我成輕薄京尹①이라하다

① ≪語林≫에 말하였다. "玄度(許詢)가 수도로 나왔을 때 眞長(劉惔)이 9일 동안 11번이나 그를 방문하고 말하기를, '경이 아직도 떠나지 않아 나를 덕이 부족한 二千石으로 만드는군요.'라고 하였다."

語林曰 "玄度出都, 眞長九日十一詣之曰 '卿尙不去, 使我成薄德二千石.'"

32-7 (補)[32] 晉 孝武帝(司馬曜)가 西堂에서 조회할 때 伏滔가 참석하였다. 집에 돌아와 수레에서 내려 아들을 불러 이렇게 말하였다.

"〈황제께서〉 많은 사람이 모인 자리에 오셔서 다른 말씀은 하지 않고 '伏滔는 어디 있는가? 이 자리에 있는가?'라고 먼저 물으셨으니, 이러한 것은 참으로 얻기가 쉽지 않다. 사람의 아비가 되어 이 정도이니 어떠하냐?"

---

30)【補】: 저본에는 '補'가 없으나, 이 일화는 ≪세설신어≫에 실려 있지 않고 ≪하씨어림≫에 실려 있으므로 이에 의거하여 '補'를 보충하였다.

31) 麈尾 : 고라니의 꼬리털로 만든 먼지떨이로, 淸談을 담론하는 사람들이 많이 지녔고, 후세에 佛徒들도 많이 지녀서 설법할 때에 흔히 사용했는데, '玉麈'라고도 한다.

32) (補) : 저본에는 '補'가 있으나, 이 일화는 ≪하씨어림≫에 실려 있지 않고 ≪세설신어≫에 실려 있으므로 이에 의거하여 '補'를 삭제하였다.

孝武在西堂會에 伏滔預坐①라 還下車하여 呼其兒②語之曰 百人高會에 臨坐未得他語하고 先問 伏滔何在오 在此不아하니 此는 故未易(이)得이라 爲人作父如此何如오하다

① ≪中興書≫에 말하였다. "伏滔는 字가 玄度이고, 平昌 安丘 사람이다. 어려서부터 재주와 학문을 지녔고, 秀才로 발탁되어 大司馬 桓溫의 參軍이 되었다. 領大著作[33]이 되어 國史 편찬을 담당하였다. 遊擊將軍으로 죽었다."

中興書曰 "伏滔, 字玄度, 平昌安丘人. 少有才學, 擧秀才, 大司馬桓溫叅軍. 領大著作, 掌國史. 遊擊將軍卒."

② 아들은 바로 伏系이다.

丘淵之[34]의 ≪文章錄≫에 말하였다. "伏系는 자가 敬魯이고, 벼슬이 光祿大夫에 이르렀다."

兒卽系也. 丘淵之文章錄曰 "系(卽)〔字〕[35]敬魯, 仕至光祿大夫."

【頭註】

○ 李贄 : 충분히 그러했을 것이다.

李云 "十分像."

○ 王世懋 : 어찌 그릇이 작은 것이 이와 같은가. 袁虎(袁宏)가 그 때문에 짝이 된 것을 수치스럽게 여긴 것이다.[36]

王云 "何器小乃爾? 袁虎所以耻爲伍也."

32-8【補】[37] 謝萬이 太傅(謝安)와 함께 簡文帝(司馬昱)에게 나아갔다. 사만이 〈간문제에게〉오려고 할 때 입고 올만한 옷이 없자, 간문제가 말하였다.

"나오기만 하면 되니, 의복을 갖출 필요는 없다."

즉시 불러서 들어오게 하니, 사만이 白綸巾[38]과 鶴氅裘(곡창구)[39]를 착용하고

---

33) 領大著作 : 晉代 秘書省 著作郎의 별칭이다. '大著作'이라고도 하였다.

34) 丘淵之 : ?~?. 宋(南朝)의 관원으로, 宋 文帝(劉義隆)때 侍中・吳郡太守를 지냈고, 太常으로 죽었다. 박학다식하였고 秘閣에서 典籍을 정리하여 ≪晉義熙已來新集目錄≫ 3권을 저술하였으나 지금은 전하지 않는다. 저서로 ≪文章≫ 100권이 있다.

35) (卽)〔字〕: 저본에는 '卽'으로 되어 있으나, ≪李卓吾批點世說新語補≫(安永本)에 의거하여 '字'로 바로잡았다.

36) 袁虎(袁宏)가……것이다 : 袁宏과 伏滔는 桓溫의 參軍으로 있을 때 항상 '袁・伏'으로 병칭되었다. 원굉은 이것을 늘 수치스럽게 여겼다.(본서 〈輕詆〉)

37)【補】: 저본에는 '補'가 없으나, 이 일화는 ≪세설신어≫에 실려 있지 않고 ≪하씨어림≫에 실려 있으므로 이에 의거하여 '補'를 보충하였다.

신을 끌고 홀을 잡은 차림으로 나아와 함께 한동안 담론하였다.

謝萬與太傅共詣簡文이라 萬來에 無衣幘可前하니 簡文曰 但前이요 不須衣幘(책)이라하고 卽呼使入하니 萬著(착)白綸巾鵠氅裘하고 履板[40]而前하여 共談移日[41]이라

32-9【補】王仲祖(王濛)가 병들었을 때 劉眞長(劉惔)은 약의 무게를 쟀고 荀令則(荀羨)은 물의 양을 맞추었다.

王仲祖病에 劉眞長爲稱藥하고 荀令則爲量水라

32-10【補】[42] 王孝孫(王尼)이 처음에 護軍府의 兵士가 되었는데, 이때 泰山 사람 胡毋彦國(胡毋輔之)이 瑯琊 사람 王澄과 北地 사람 傅暢과 中山 사람 劉輿와 潁川 사람 荀邃와 河東 사람 裴遐와 함께 양고기와 술을 가지고 〈호군부의〉 문에 이르러 왕효손을 찾았다. 門吏가 이들의 이름을 기록하여 護軍에게 올리자 호군이 놀라 말하였다.

"名士들이 무슨 일로 왔는가?"

왕효손은 이때 호군부의 말 기르는 일에 배치되어 있었는데, 이들이 곧 마굿간에 가서 함께 양고기를 굽고 술을 마시다가 취하고 배부른 뒤 갔다. 그런데 떠나면서 끝내 호군은 만나지도 않고 가버렸다. 호군이 크게 놀라 즉시 왕효손에게 긴 휴가를 주었다.

王孝孫이 初爲護軍府兵士①러니 時泰山胡毋彦國與瑯琊王澄・北地傅暢②・中山劉輿・潁川荀邃③・河東裴遐共齎羊酒하고 詣門邀孝孫하니 門吏疏名하여 呈護軍한대 護軍驚曰

38) 白綸巾 : '綸'은 '繩(승)'이니, 실을 합하여 끈을 만든 것으로 그 모습이 끈으로 두건을 짠 것 같았다.(≪世說音釋≫)

39) 鵠氅裘(곡창구) : '鵠'은 '고니'로, 그 깃털로 의복을 만들어 입은 것이다. 혹은 가을새〔秋鳥〕의 깃털로 만든 외투라고도 한다. '鶴氅裘'라고도 한다.(≪世說音釋≫)

40) 履板 : 신〔履〕을 끌고 手版을 잡은 것이다. 수판은 '笏'인데, 옛날에 신하가 군주를 뵐 때 글씨를 쓰거나 그림을 그리던 좁고 긴 판자를 말한다.(≪世說音釋≫)

41) 移日 : 해 그림자가 이동하는 것으로, 그다지 짧지 않은 시간을 가리키다.

42)【補】: 저본에는 '補'가 없으나, 이 일화는 ≪세설신어≫에 실려 있지 않고 ≪하씨어림≫에 실려 있으므로 이에 의거하여 '補'를 보충하였다.

諸名士何得來오 **孝孫**이 **時以給府中養馬**러니 **諸人便就馬廐下**하여 **炙羊飮酒**라가 **醉飽而去**한대 **竟不見護軍**이라 **護軍大驚**하여 **即與孝孫長假**하다

① ≪晉書≫에 말하였다. "王尼는 본래 兵士 출신의 자제로, 洛陽에서 타향살이를 하였다. 기량이 출중하고 법도에 얽매이지 않았다. 처음에 낙양에 들어와 東海王 司馬越에게 나아가서는 그에게 절하지 않자, 사마월이 그 이유를 물었다. 왕니가 '공은 재상의 능력이 없습니다. 그래서 절하지 않았습니다.'라고 하였다."
晉書曰 "尼, 本兵家[43]子, 寓居洛陽. 卓犖不羈. 初入洛, 詣東海王越, 不拜. 越問其故, 尼曰 '公無宰相之能. 是以不拜.'"

② ≪晉書≫에 말하였다. "傅暢은 字가 世道이다. 조부인 傅嘏는 魏(三國)나라 太常을 지냈고, 부친인 傅祗는 光祿大夫・侍中・右僕射를 지냈다. 부창은 弱冠의 나이가 되기도 전에 명망이 두터웠다. 東宮의 侍講으로 선발되어 들어가 秘書丞이 되었다. 얼마 후 石勒에게 〈前趙가〉 함락되었을 때,[44] 석륵이 그를 매우 중하게 여겨 大將軍右司馬로 삼았다."
晉書曰 "暢, 字世道. 祖嘏, 魏太常, 父祗, 光祿大夫・侍中・右僕射. 暢未弱冠, 有重名. 以選入侍講東宮, 爲秘書丞. 尋沒于石勒, 勒甚重之, 以爲大將軍右司馬."

③ ≪晉書≫에 말하였다. "荀邃는 字가 道玄이다. 조부 荀勖은 尙書令을 지냈고 부친 荀藩은 司空을 지냈다. 荀邃는 음악에 해박하였고 담론에 뛰어났다. 약관의 나이에 趙王 司馬倫[45]의 相國緣이 되었고 〈후에〉 太子洗馬로 승진하였다."
晉書曰 "邃, 字道玄. 祖勖, 尙書令, 父藩, 司空. 邃解音樂, 善談論, 弱冠辟趙王倫相國掾, 遷太子洗馬."

32-11 (補)[46] 張憑이 孝廉에 천거되어 도읍으로 나올 때 자신의 재주와 기량을 자부하여 반드시 당대의 명사에 끼겠다고 말하고 劉尹(劉惔)에게 나아가려 하니 고을

---

43) 兵家 : 魏晉시대에 兵士 出身을 가리키는 말이다.
44) 石勒에게……때 : 石勒(274~333)은 五十六國時代 後趙의 창건자이다. 그는 본래 羯族(匈奴 羌渠種)의 후예로, 前趙의 將軍으로서 河北・河南지방을 전전하며 싸워 王浚・劉琨・段匹磾・曹嶷등의 여러 北方 勢力을 차례로 물리쳤다. 前趙의 5대 황제 劉曜와 대립하여 전조를 멸망시키고 후조를 세웠다. 중국사에서 奴隸의 身分에서 中原을 통일하여 皇帝에 오른 유일한 인물이다.
45) 趙王 司馬倫 : 249?~301. 字는 子彝이고, 西晉의 제3대 皇帝이자 八王의 亂을 일으킨 왕들 중 한 명이다.
46) (補) : 저본에는 '補'가 있으나, 이 일화는 ≪하씨어림≫에 실려 있지 않고 ≪세설신어≫에 실려 있으므로 이에 의거하여 '補'를 삭제하였다.

사람들과 함께 천거된 자들이 모두 비웃었다. 장빙이 마침내 유윤에게 나아갔는데, 유윤이 발을 씻으며 일을 생각하느라 그를 末席에 앉히고 다만 날씨 얘기 정도만 하며 신경 써 대면하지 않자 장빙은 자신을 드러내고 싶어도 그럴 계기가 없었다. 얼마 뒤에 長史(王濛) 등의 賢人들이 와서 담론할 때 주인과 손님 간에 의견이 맞지 않는 곳이 있자, 장빙이 드디어 멀리 말석에서 그것을 판단하였는데, 말이 간략하고 뜻이 심원하여 양쪽의 마음을 시원하게 해주기에 충분하니 좌중에 있던 사람들이 모두 놀랐다. 유진장이 그를 上席으로 이끌어 하루 종일 청담을 나누었고 그 참에 머물러 묵게 되었다. 새벽이 되어 장빙이 물러가려 하자, 유윤이 말하였다.

"경은 우선 물러가라. 바로 경을 데리고 함께 撫軍(簡文帝 司馬昱)에게 나아갈 것이다."

장빙이 배로 돌아오자 동료가 어디서 묵었느냐고 물었으나 장빙은 웃기만 할 뿐 대답하지 않았다. 얼마 뒤에 劉眞長(劉惔)이 傳敎[47]를 보내 장효렴이 탄 배를 찾으니 동료가 깜짝 놀랐다. 즉시 함께 타고 무군에게 나아갔는데, 문에 도착하여 유윤이 앞서 나아가 무군에게 말하였다.

"下官[48]이 오늘 공을 위하여 太常博士로 선발할만한 인물을 데려 왔습니다."

만난 뒤 무군이 그와 더불어 담론하고는 탄복하고 칭찬하였다.

"장빙은 재기발랄하니 理窟[49]이로다."

즉시 그를 태상박사에 임용하였다.

張憑擧孝廉出都에 負其才氣하여 謂必參時彦이라하고 欲詣劉尹하니 鄕里及同擧者共笑之라 張遂詣劉하니 劉洗濯[50]料事라가 處之下坐하고 唯通寒暑요 神意不接하니 張欲自發無端이라 頃之에 長史諸賢來하여 淸言에 客主有不通處하니 張乃遙於末坐判之한대 言約旨遠하여 足暢彼我之懷하니 一坐皆驚이라 眞長이 延之上坐하여 淸言彌日하고 因留宿이라 至曉張退할새 劉曰 卿且去하라 正當取卿하고 共詣撫軍하리라 張還船하니 同侶問何處宿고 張笑而不答이라 須臾에 眞長이 遣傳教하여 覓張孝廉船하니 同侶惋愕이라 即同載詣撫軍하여

47) 傳教 : 教令을 전하는 郡吏이다.(≪世說音釋≫)
48) 下官 : 上官에게 자신을 낮추는 겸칭이다.(≪世說音釋≫)
49) 理窟 : 의리가 발흥하여 나오는 곳이라는 말로, 재주와 학문이 풍부함을 의미한다.
50) 洗濯 : ≪世說箋本≫에서는 '발을 씻다〔洒足〕'라고 보았다.

至門에 劉前進하여 謂撫軍曰 下官이 今日爲公하여 得一太常博士妙選이라 旣前에 撫軍與之話言하고 咨嗟稱善曰 張憑勃窣(발솔)[51]爲理窟이라하고 卽用爲太常博士하다

【頭註】

○ 劉辰翁 : 이것은 곡절이 자세하여 높이 평가할 만하다.
劉云 "此纖悉曲折可尙."

○ 王世懋 : <이 일화는> 예전에 <文學>편에 실렸었다.
王云 "舊載文學."

32-12 (補)[52] 謝公(謝安)이 宣武(桓溫)의 司馬가 되자 門生 수십 명〈의 임용〉을 田曹中郎 趙悅子(趙悅)에게 부탁하였다. 조열자가 그 일을 선무에게 보고하니 선무가 말하였다.

"우선 반만 임용하라."

조열자가 얼마 후 그들 모두를 임용하고 말하였다.

"예전에 安石(謝安)이 東山에 〈은거하고〉 있을 때 搢紳들이 권유하고 핍박하면서 그가 人事에 관여하지 않을까봐 염려하였는데, 더군다나 지금 그가 스스로 고을에서 인재를 선발하였는데 도리어 그걸 어긴단 말인가."

謝公이 作宣武司馬하여 屬(촉)門生數十人於田曹中郎趙悅子①라 悅子以告宣武하니 宣武云 且爲用半하라 趙俄而悉用之曰 昔安石在東山에 搢紳敦逼하여 恐不豫人事어든 況今自鄉選이어늘 反違之邪(야)아

① 伏滔의 ≪大司馬寮屬名≫에 말하였다. "趙悅은 字가 悅子이고 下邳 사람이다. 大司馬參軍・左衛將軍을 역임하였다."
伏滔大司馬寮屬名曰 "悅, 字悅子, 下邳人. 歷大司馬參軍・左衛將軍."

【頭註】

○ 劉辰翁 : 悅子(趙悅)가 훌륭하다.
劉云 "悅子自佳."

---

51) 勃窣(발솔) : 才氣가 넘치고 언어 구사가 다채로운 것을 형용하는 말이다. '婆娑'와 같다.
52) (補) : 저본에는 '補'가 있으나, 이 일화는 ≪하씨어림≫에 실려 있지 않고 ≪세설신어≫에 실려 있으므로 이에 의거하여 '補'를 삭제하였다.

32-13 (補)[53] 羅君章(羅含)이 桓宣武(桓溫)의 從事가 되었을 때 謝鎭西(謝尙)가 江夏相이 되어 그곳에 가서 감찰하게 되었다. 나군장은 도착한 뒤 郡의 일은 묻지 않고 곧바로 사진서를 찾아가서 여러 날 동안 술만 마시고 돌아갔다. 桓公(환온)이 물었다.

"무슨 일이 있던가?"

나군장이 말하였다.

"살피지 않았습니다. 공께서는 謝尙을 어떤 사람이라고 생각하십니까?"

환공이 말하였다.

"仁祖(사상)는 나보다 나은 사람이지."

나군장이 말하였다.

"어찌 공보다 나은 사람이 비리를 저지를 사람이겠습니까. 그래서 하나도 묻지 않았습니다."

환공이 그의 뜻이 뛰어나다고 여겨 나무라지 않았다.

羅君章爲桓宣武從事①에 謝鎭西作江夏하여 往檢校之②러니 羅旣至하여 初不問郡事하고 徑就謝하여 數日飮酒而還이라 桓公問有何事오 君章云 不審이라 公謂謝尙何似人가 桓公曰 仁祖是勝我許人[54]이라 君章云 豈有勝公人而行非者이리오 故一無所問이라하니 桓公奇其意而不責也라

①〈陳運溶의〉≪羅含別傳≫에 말하였다. "刺史 庾亮이 처음에 나함을 部從事로 삼도록 명하였는데, 桓溫이 州에 부임하여 그를 참군으로 전임시켰다."
含別傳曰 "刺史庾亮, 初命含爲部從事, 桓溫臨州, 轉參軍."

②〈何法盛의〉≪中興書≫에 말하였다. "謝尙은 建武將軍·江夏相을 지냈다."
中興書曰 "尙爲建武將軍·江夏相."

32-14 卞範之가 丹陽尹일 때 羊孚가 南州에서 잠시 돌아와서 변범지를 방문하여

53) (補) : 저본에는 '補'가 있으나, 이 일화는 ≪하씨어림≫에 실려 있지 않고 ≪세설신어≫에 실려 있으므로 이에 의거하여 '補'를 삭제하였다.

54) 我許人 : 이때의 '許'는 어조사이다.(≪世說音釋≫)

말하였다.

"제가 병이 나 앉아 있기가 어렵습니다."

변범지가 즉시 휘장을 열고 요를 펼쳐 주니, 양부는 곧바로 큰 침상에 올라가 이불속으로 들어가 베개에 기대었다. 변범지가 그리로 자리를 돌리고 새벽부터 해질 때까지 그를 보살펴 주었다. 양부가 떠나갈 때 변범지가 말하였다.

"나는 경이 최고의 인물이 되기를 기대하니[55] 경은 나〈의 기대〉를 저버리지 말라."

卞範之爲丹陽尹에 **羊孚南州暫還**하여 **往卞許云 下官疾動**하여 **不堪坐**로이다 **卞便開帳拂褥**하니 **羊徑上大牀**하여 **入被須枕**이어늘 **卞回坐傾睞**[56]하여 **移晨達莫**(모)라 **羊去**에 **卞語曰 我**는 **以第一理期卿**하노니 **卿**은 **莫負我**①하라

① 丘淵之의 《文章錄》에 말하였다. "卞範之는 字가 敬祖이고, 濟陰 冤句 사람이다. 조부 卞㟪는 下邳太守를 지냈고, 부친 卞循은 尙書郎을 지냈다. 桓玄이 輔政할 때[57] 변범지가 단양윤으로 승진하였는데, 환현이 패하자 처형되었다."

丘淵之文章錄曰"範之, 字敬祖, 濟陰冤句人. 祖㟪(외), 下邳太守, 父循尙書郎. 桓玄輔政, 範之遷丹陽尹, 玄敗, 伏誅."

劉義隆

32-15【補】 蕭思話가 太祖(劉義隆)[58]를 따라 鍾山의 북쪽 고개에 오를 때 도중에 평평한 바위와 맑은 샘이 있자 주상이 그에게 바위 위에서 거문고를 타게 하였다. 〈연주가〉 끝나자 그에게 술을 하사하며 말하였다.

---

55) 최고의……기대하니 : 최고 등급의 사람이 되기를 바란다는 말이다.(《李卓吾批點世說新語補》〈安永本〉)

56) 傾睞 : 《世說音釋》에는 "눈을 돌려 바라보다[遊眺]"와 같은 말이라 하였고, 《李卓吾批點世說新語補》에는 "곁에서 찬찬히 살피다[自旁熟視]"라고 하였다.

57) 桓玄이 輔政할 때 : 환현(369~404)은 東晉의 名將인 桓溫의 아들로, 동진 말기에 실권을 장악하여 元興 3년(403)에 동진의 安帝에게 선양을 받아 황제에 즉위하였다. 그는 국호를 楚라고 하고 연호를 永始라고 하였다가 3개월 뒤 劉裕에게 패해 죽임을 당하였다. 여기서는 환현이 황제가 되기 전 국정을 장악하고 있던 시기를 말한다.

58) 太祖(劉義隆) : 劉宋의 제3대 皇帝인 宋 文帝 劉義隆(407~453)이다. 어릴 적 이름은 車兒이고, 宋武帝(劉裕)의 셋째아들이다.

"감상해보니, 소나무와 돌 사이에서 노닐려는 뜻이 있구나."

蕭思話從太祖하여 登鍾山北嶺할새 中道에 有磐石淸泉이어늘 上使於石上彈琴하고 因賜以酒하고 謂曰 相賞有松石間意①라하다

① 沈約의 ≪宋書≫에 말하였다. "蕭思話는 南蘭陵 사람으로, 孝懿皇后[59] 남동생(蕭源之)의 아들이다. 典籍을 두루 섭렵하였고 隸書를 잘 썼으며 音律에 해박하였고 활과 말을 잘 다루었다. 관직이 鎭西將軍에 이르렀다." 沈約宋書曰"蕭思話, 南蘭陵人, 孝懿皇后弟子也. 涉獵書傳, 能隸書, 解音律, 便弓馬. 官至鎭西將軍."

鍾山

32-16【補】王僕射(王儉)는 자신을 고상하게 여기고 높이 평가하여 항상 스스로를 漢나라 때의 李膺[60]에 견주니 당시 사람들이 〈그의 관부를〉 '儉府'라고 부르고 〈그곳으로 들어가는 것을〉 芙蓉池에 들어간다고 하였다. 한번은 庾杲之를 등용하여 衛軍長史로 삼고는 사람들에게 말하였다.

"옛날에 袁公(袁粲)[61]이 衛軍이 되었을 때 나를 등용하여 장사로 삼고자 하였다. 비록 그렇

李膺

59) 孝懿皇后 : 宋(南朝) 武帝(劉裕)의 繼母인 蕭文壽(342~422)의 諡號이다. 元熙 2년(420)에 劉裕가 晉나라를 대신하여 국호를 宋이라 한 뒤 소문수를 皇太后로 높였다.

60) 李膺 : ?~169. 字는 元禮이다. 東漢 말 혼란스런 시기에 淸流의 대표적인 인물로, 당시에 명망이 높아 그의 문하에 들어가는 것을 '登龍門'이라고 하였다. 환관의 전횡에 반대하다가 黨錮의 禍를 당한 東漢 八駿의 한 명이다.

61) 袁公(袁粲) : 420~477. 字는 景倩이고, 小名은 愍孫이다. 宋(南朝)의 宰相이며 충신이었다.

게 되지는 못하였으나, 만일 의향이 이와 같았다면 지금도 응당 우리 무리였을 것이다."

王僕射①高自標位하여 常自比漢李膺하니 時人呼儉府하고 爲入芙蓉池라 嘗用庾杲(고)之爲衛軍長史하고 謂人曰 昔袁公②作衛軍에 欲用我爲長史라 雖不獲就나 要是意向如此면 今亦應須我輩人也③라하다

① 〈왕복야는〉 王儉이다.
儉也.
② 〈원공은〉 袁粲이다.
粲也.
③ 살피건대, 蕭緬이 王儉에게 편지를 보내 말하기를 "귀하의 官府의 元僚는 참으로 선발하기 어려운데, 庾景行(庾杲之)이 淥水에 떠서 芙蓉에 의지하고 있으니 얼마나 아름다운가."라고 하였다. 당시에 儉府를 '蓮花池'라고 하였으므로 소면이 편지하여 그것을 찬미한 것이다.
按蕭緬與儉書曰 "盛府[62]元僚, 寔難其選, 庾景行泛淥水依芙蓉, 何其麗也!" 時以儉府爲蓮花池, 故緬書美之.

32-17【補】 柳惔과 그의 형 柳悅은 어려서부터 나란히 이름났다. 王僕射(王儉)가 어느 날 柳世隆의 집을 방문하니, 유세륭은 그가 자기를 찾아온 것이라 생각하였으나 문에 도착하여서는 오직 유담과 유열만 찾았다. 그리고는 사람을 보내 유세륭에게 말하였다.

"자제분이 둘 다 훌륭한 재주를 지녔고 어느 날 방문해 주었기에 지금 일부러 답례 차 온 것입니다. 만약 당신을 또 만난다면[63] 〈찾아온〉 본래의 의도가 아닐 듯하니,[64] 연소자들이 저의 마음을 엿볼까 염려됩니다."[65]

---

62) 盛府 : 地方軍政을 맡은 長官의 官府를 높여 부르는 호칭이다.
63) 당신을……만난다면 : 원문은 "若仍相造"인데, 유담과 유열을 만나고 "또 유세륭을 만난다면"이라는 의미이다.(≪世說箋本≫)
64) 본래의……듯하니 : 아들들을 만나러 왔다가 그 부친을 만나는 것은 義로서는 그럴 수 있으나 본래의 의도가 아니라는 말이다.(≪世說講義≫)
65) 연소자들이……염려됩니다 : 여기서 연소자는 柳惔과 柳悅을 가리킨다. 왕검이 만약 두 아들과 부친을 거듭 만난다면, 왕검의 마음이 答禮에 있지 않다는 것을 두 아들이 알게 되어 수치스럽게 여겨 만나지 않으려 할까봐 염려된다는 말이다.(≪世說講義≫)

柳惔與兄悅이 小時齊名이라 王僕射一日造世隆宅①하니 世隆謂爲詣已나 及至門하여 唯求悅與惔하고 遣謂世隆曰 賢子俱有盛才하고 一日見顧하여 今故報禮라 若仍相造면 似非本意니 恐年少窺人②이라하다

① ≪南史≫ 〈柳世隆傳〉에 말하였다. "柳世隆은 字가 彦緖이고, 河東 解 사람이다. 부친은 柳叔宗이다. 유세륭은 어려서 부친을 잃었으나 특출하여 자립하였다. 문학과 사학을 두루 익혔고 말을 온화하고 부드럽게 하였으며, 관직은 尙書僕射에 이르렀다. 성품이 청렴하였고 오로지 옛 典籍만 일삼았다. 張緖가 그에게 묻기를, '그대의 처신을 보아하니 청렴한 이름만 자손에게 전하려 하십니까?'라고 하니, 그가 '내 한 몸 외에 더 이상 무엇이 필요하겠습니까. 자손이 재주가 없으면 〈재물을 남기는 것은〉 장차 다툼의 창고가 될 것이고, 자손이 재주가 있으면 經典 하나〈를 남기는 것〉만 못합니다.'[66]라고 대답하였다."
南史曰 "世隆, 字彦緖, 河東解人. 父叔宗. 世隆幼孤, 挺然自立. 涉獵文史, 音吐溫潤, 位至尙書僕射. 性淸廉, 唯事墳典. 張緖問曰 '觀君擧措, 當以淸名貽子孫耶?' 答曰 '一身之外, 亦復何須! 子孫不才, 〈遺財〉將爲爭府, 如其才也, 不如一經〔之遺〕."

② ≪南史≫ 〈柳世隆傳〉에 말하였다. "柳世隆의 맏아들 柳悅은 字가 文殊이다. 어려서부터 맑은 운치가 있었고 中書郎을 지냈다. 둘째 아들 柳惔은 자가 文通인데 배우기를 좋아하고 문장을 잘 지었으며 특히 音律에 해박하였다. 어려서부터 형인 유열과 나란히 이름났고, 벼슬이 尙書左僕射에 이르렀다."
南史曰 "柳世隆長子悅, 字文殊, 少有淸致, 位中書郎. 次子惔, 字文通, 好學工文, 尤曉音律. 少與兄悅齊名, 仕至尙書左僕射."

32-18【補】 孔休源이 晉安王(蕭綱)의 長史일 때 진안왕이 그를 깊이 신임하였다. 한번은 집 안에 별도로 의자 하나를 마련하고는 말하였다.
"이것은 孔長史의 자리이다."

孔休源①이 爲晉安王長史②에 王深相倚仗이라 嘗於齋中에 別施一榻云 此是孔長史坐③라하다

① ≪梁書≫ 〈孔休源傳〉에 말하였다. "孔休源은 字가 慶緖이고, 會稽 사람이다. 晉나라 尙書 孔沖의 8세손인데, 공충은 바로 孔愉의 큰아버지이다. 공휴원은 沈麟士에게 經

66) 자손이……못합니다 : 원문은 "子孫不才 將爲爭府 如其才也 不如一經"인데, ≪世說箋本≫ 頭註에 의거하여 '將' 앞에 '遺財'를, '經' 뒤에 '之遺'를 보충하여 번역하였다.

學을 배웠다. 梁臺가 세워지자[67] 劉之遴과 함께 태학박사가 되었는데, 당시에 훌륭한 선발이라고 평가받았다. 후에 晉安王(蕭綱)의 長史가 되었고, 金紫光祿大夫가 더해졌다."

梁書曰 "孔休源, 字慶緖, 會稽人. 晉尙書沖八世孫, 沖卽愉之世父.[68] 休源從沈麟士受經. 梁臺建, 與劉之遴同爲太學博士, 當時以爲美選. 後爲晉安王長史, 加金紫光祿大夫."

② 梁(南朝) 簡文帝(蕭綱)는 처음에 晉安王에 봉해졌다.

簡文初封晉安王.

③ ≪續世說≫[69]에 말하였다. "昭明太子가 죽은 뒤 〈조정에서〉 孔休源을 宴居殿에 불러들여 여러 公들과 함께 논의하게 하여 晉安王(蕭綱)을 태자로 세웠다. 公卿들이 담비꼬리를 冠에 꽂고 붓을 꽂은 채 공휴원 앞에서 상주하여 결정하였는데, 그는 흡족해하며 부끄러운 기색이 없었다. 당시 사람들이 그를 '兼天子'라고 불렀다."

續世說曰 "昭明太子亡後, 召休源, 入宴居殿, 與群公參定謀議, 立晉安王爲太子. 公卿珥貂[70]揷筆, 奏決於休源前, 休源怡然無愧, 時人名爲兼天子."

32-19【補】[71] 陶貞白(陶弘景)이 茅山에 은거할 때 梁武帝(蕭衍)[72]가 정벌하는 大事

---

67) 梁臺가 세워지자 : 梁臺는 南朝 梁나라의 禁城 즉 궁성을 말하므로 여기서는 양나라가 건국한 것을 가리킨다. 馮浩의 ≪玉谿生詩箋注≫에 "≪容齋隨筆≫에서 '晉・宋 이후에 朝廷의 禁省을 臺라 하였기 때문에 禁城을 臺城이라 하였다.'라고 하였는데, 내가 살피건대 南朝에서는 한 왕조가 흥기할 때마다 '○臺'를 세웠으므로 '梁臺建'이라는 글자가 사료에 많이 나온다."라고 하였다.

68) 世父 : 집안의 대를 잇는 아버지라는 뜻으로, '큰아버지'를 달리 이르는 말이다.

69) 續世說 : 北宋의 孔平仲이 편찬하였다. 12권으로 구성되어 있으나, 체재는 ≪世說新語≫를 모방하였고, 南北朝시대에서 唐・五代朝까지의 野史 등을 내용으로 하였다. 孔平仲(1044~1111)은 北宋의 저명한 文臣이자 詩人으로, 孔子의 후예이며 字는 毅父이다. 두 형 孔文仲・孔武仲과 더불어 文章으로 이름났다. 저서로 ≪속세설≫ 외에 ≪孔氏談苑≫, ≪珩璜新論≫ 등이 있다.

70) 珥貂 : 담비꼬리를 冠에 꽂는 것이다. 漢代에 侍中이나 中常侍가 冠위에 담비꼬리를 꽂아 장식을 삼은 데서 유래하여, 후대에는 황제의 측근이나 고관대작을 의미하는 말이 되었다.

71)【補】: 저본에는 없으나, 이 일화는 ≪世說新語≫에는 실려 있지 않고 ≪何氏語林≫에 실려 있으므로 '補'자를 보충하였다.

72) 梁武帝(蕭衍) : 464~549. 字는 叔達이다. 南北朝時代 南梁의 開國皇帝로, 廟號는 高祖이다. 본래 南齊의 宗室이자 權臣이었으나, 자신의 형인 蕭懿가 피살된 후 점차 제위에 대한 야심을 지녀 南齊 中興 2년(502)에 齊和帝에게 禪位 받아 南梁을 건립하였다. 48년간의 재위 기간 중 초반에는 善政을 펼치고 여러 차례 經史文書를 정리하였으나 만년에는 2차례 出家하는 등 불교에 심취하여 재정을 낭비하였다.

가 있을 때마다 번번이 먼저 그를 찾아갔고 한 달에 늘 여러 번 안부를 전하니 당시 사람들이 '산중의 재상'이라고 하였다.

陶貞白隱茅山에 **武帝每有征討大事**면 **輒先以咨訪**하고 **月中常有數信**하니 **時謂山中宰相**①이라하다

①〈陶弘景傳〉에 말하였다. "도홍경은 집이 가난하여 縣官 자리를 구하였으나 얻지 못하였다. 永明 10년(492)에 句曲山에 멈추고 말하기를, '이 산 아래는 제8洞이고 궁전의 명칭은 金壇이며 華陽의 하늘은 둘레가 150리이다. 옛날 漢나라 때 咸陽 출신 三茅君[73]이 있었는데 得道한 뒤 와서 이 산을 다스렸기 때문에 이 산을 「茅山」이라 하였다.'라고 하고서 산속에 집을 짓고 華陽이라고 스스로 호를 짓고 은거하였다. 그는 특히 솔바람을 좋아하여 정원에 모두 소나무를 심고 매번 그 소리를 들을 때마다 기뻐하며 즐거워하였다.

한번은 문인에게 말하기를, '나는 붉은 칠한 대문의 넓은 집을 보면 그것이 화려하고 좋은 것은 알지만 거기에 살고 싶은 마음은 없고, 높은 바위를 바라보고 큰 못을 쳐다보면 그곳에 편안히 있기 어렵다는 걸 알지만 늘 그곳에 가고 싶다.'라고 하였다. 梁武帝(蕭衍)가 일찍이 그와 교유하였고, 즉위한 후에도 안부편지가 끊이지 않았다. 도홍경은 부적과 비결을 얻어 神丹을 만들

茅山

73) 漢나라……三茅君 : 三茅는 道家의 전설에 나오는 세 신선으로, 즉 茅盈·茅固·茅衷 3형제를 가리킨다. 전설에 의하면 그들은 漢景帝(劉啓)때 咸陽 사람으로, 형제가 서로 전후하여 句曲山에 들어가 은거하다가 得道하여 신선이 되었는데, 太上老君이 그들 형제에게 각각 司命眞君, 定籙眞君, 保命眞君의 호를 내려 주었으므로, '삼모군'이라 칭하게 되었다고 한다.

수 있다고 생각하였으나 약재를 도저히 구할 수 없었는데, 무제가 黃金・朱砂・曾青・雄黃 등을 주었다. 나중에 飛丹[74]에 합하니 색이 마치 이슬이나 눈과 같았다.

무제가 그것을 복용하여 효험을 보자 더욱 그를 존중하고 소중하게 여겼으며 그의 편지를 받을 때마다 향을 피우고 절하고서 받았다. 2宮[75]과 고관, 권력자들이 잇달아 선물을 보냈으나 대부분 받지 않았고, 설사 남겨두고 간 것이라 하더라도 功德을 쌓는데 썼다. 大同 2년(536)에 죽었는데, 안색도 변하지 않았고 평소처럼 몸이 굽혀지고 펴졌으며 향기가 여러 날 동안 온 산에 가득하였다."

陶弘景傳曰 "弘景家貧, 求宰縣不遂. 永明十年止於句曲山 曰 '此山下是第八洞, 宮名金壇, 華陽之天, 周回一百五十里. 昔漢有咸陽三茅君, 得道來掌此山. 故謂之茅山.' 乃中山立館, 自號華陽, 隱居. 特愛松風, 庭院皆植松, 每聞其響, 欣然爲樂. 嘗謂門人曰 '吾見朱門廣厦, 雖識其華樂, 而無欲住之心, 望高巖瞰大澤, 知此難立, 止恒自欲就之.' 武帝旣早與之游, 及卽位書問不絶. 弘景得神符秘訣, 以爲神丹可成, 而苦無藥物, 帝給黃金朱砂曾青雄黃等. 後合飛丹, 色如霜雪. 帝服有驗, 益敬重之, 每得其書, 焚香拜受. 二宮及侯王貴要, 相繼贈遺, 多不納, 縱留者亦作功德. 大同二年卒, 顏色不變, 屈申如常, 香氣累日氛氳(분온)滿山."

32-20【補】 李德林[76]이 매번 陳을 평정하는 계책을 돕자, 隋高祖(楊堅)가 말채찍으로 남쪽을 가리키며 말하였다.

"陳을 평정하게 되면 반드시 七寶[77]로 공을 장식해주겠노라."

李德林이 **每贊平陳之計**①하니 **隋高祖**②가 **以馬鞭南指曰 待平陳之後**에 **會**[78]**以七寶莊嚴**[79]**公**하리라하다

① ≪隋書≫에 말하였다. "開皇 8년(588)에 高熲(고경)을 元帥로 삼고 군대를 이끌어 陳

74) 飛丹 : 道家에서 만드는 丹藥이다.
75) 2宮 : 천자와 태자를 말한다.(≪世說音釋≫)
76) 李德林 : 532~592. 字는 公輔이다. 北齊(남북조) 때 中書侍郎을 지냈고, 國史 편찬에 참여하여 ≪齊史≫ 27권을 완성하였다. 隋나라가 중국을 통일하는데 공로가 많아 隋代에 內史令에 올랐고 安平公에 봉해졌다.(≪隋書≫〈李德林傳〉)
77) 七寶 : 佛敎語로, 7종의 진기한 보물을 말한다. 7종에 속하는 보물은 조금씩 달라, ≪法華經≫에서는 금・은・유리・硨磲(차거)・碼碯(마노)・진주・玫瑰(매괴)를 꼽았고, ≪無量壽經≫에서는 금・은・유리・산호・호박・차거・마노를 꼽았다. ≪世說音釋≫에서는 금・은・유리・차거・마노・호박・玻璃(파리)를 꼽았다.
78) 會 : 기약하는 말이다.(≪世說音釋≫)
79) 莊嚴 : '裝飾하다'의 의미이다.(≪世說箋本≫)

을 정벌하였다. 고경이 郎中 薛道衡에게 말하기를, '江東을 이길 수 있겠는가?'라고 하자, 설도형이 말하였다. '이길 것입니다. 郭璞이 「江東에 왕이 分立한 지 300년에 다시 중국과 합할 것이다.」라고 하였는데 지금 이 年數가 거의 가까워졌으니, 이것이 〈우리 隋나라가〉 이기는 첫 번째 이유입니다.

주상은 공경과 근검으로 부지런히 수고하시나 陳叔寶[80]는 酒色에 빠진데다가 교만하고 사치하니, 이것이 우리가 이기는 두 번째 이유입니다.

국가의 安危는 국정을 맡고 있는 자에 달려 있는데, 저들은 江總을 재상으로 삼고 오로지 詩와 술만을 일삼고 있고 소인 施文慶을 발탁하여 정사를 맡겼으며 蕭摩訶[81]와 任蠻奴(任忠)[82]를 대장으로 삼았습니다. 이는 모두 평범한 사람을 등용한 것일 뿐이니, 이것이 우리가 이기는 세 번째 이유입니다.

우리는 正道를 지녔고 大國이고 저쪽은 德이 없고 소국입니다. 그들의 군사력을 헤아려보면 10만에 불과한데 서쪽의 巫峽에서부터 동쪽의 滄海에 이르기까지 군사를 분산시켰으니, 세력은 멀리 미치나 힘이 약하고 모아놓으면 여기는 지킬 수 있으나 저기는 패배하니, 이것이 우리가 이기는 네 번째 이유입니다. 席卷[83]할 형세이니, 이 일은 의심하지 않는 것에 달려 있습니다.'라고 하였다."

隋書曰 "開皇八年, 以高熲爲元帥, 帥師伐陳. 熲謂郎中薛道衡曰 '江東可克乎?' 道衡曰 '克之. 郭璞言「江東分王三百年, 復與中國合.」今此數將周, 一也. 主上恭儉勤勞, 叔寶荒淫驕侈, 二也. 國之安危, 在所寄任. 彼以江總爲相, 唯事詩酒, 拔小人施文慶, 委以政事, 蕭摩訶・任蠻奴爲大將, 皆一夫之用耳, 三也. 我有道而大, 彼無德而小, 量其甲士, 不過十萬, 西自巫峽, 東至滄海, 分之則勢懸而力弱, 聚之則守此而失彼, 四也. 席卷之勢, 事在不疑.'"

② ≪隋書≫ 〈帝紀〉에 말하였다. "황제의 이름은 堅이고, 성은 楊氏이며 漢나라 태위 楊震의 후손이다. 부친 楊忠은 魏나라와 周나라를 섬겨 隋公[84]에 봉해졌다. 양견 때에

80) 陳叔寶 : 553~ 604. 남북조 시대 陳나라의 제5대 황제이다. 보통 後主로 많이 알려져 있다. 어리석은 군주의 전형으로 여겨지며, 진나라가 멸망당한 뒤 隋文帝(楊堅)가 그를 長城縣公에 책봉하였다.

81) 蕭摩訶 : 532~604. 남북조 시대 陳나라 後主 때의 관원으로, 후주가 황제에 오르는 데 도운 공로로 散騎常侍・車騎大將軍에 임명되고 綏建郡公에 봉해졌으며, 그의 딸은 太子 陳胤의 正妃가 되었다.

82) 任蠻奴(任忠) : ?~?. 字가 奉誠이고, 어릴 적 이름이 蠻奴이다. 梁朝때 豫寧太守・衡陽內史를 지냈고, 陳朝때 領軍將軍・侍中을 지냈으며 梁信郡公에 봉해졌다.

83) 席卷 : 거침없는 氣勢로 優位나 頂上을 차지하여 휩쓰는 것을 말한다.

84) 隋公 : 隨國公의 작위를 받은 楊忠(507~568)을 이른다. 그는 北周 건국 후 元首로 임명되어 10여 명의 대장을 이끌고 北齊를 공격하여 20여 개 성을 함락시켰고, 이후 晉陽에 쳐들어온 돌궐의 10만 대군을 맞아 싸워 격퇴한 공적을 인정받아 12대장군・隨國公에

이르러 관작을 올려 王이 되었으며, 그 다음해에 황제를 칭하였다."
隋書曰"帝諱堅, 姓楊氏, 漢太尉震之裔. 父忠事魏及周, 封隋公. 至堅, 進爵爲王, 明年稱帝."

32-21【補】 韋綬가 翰林院 관원으로 있을 때 唐德宗(李适)이 한번은 한림원을 방문했는데 韋妃가 동행하였다. 이때 위수가 마침 낮잠을 자고 있자 학사 鄭絪(정인)이 달려가 〈황제의 방문을〉 알려주려 하니 황제가 말렸다. 그때가 마침 大寒이었는데 황제가 위비의 비단옷을 그에게 덮어주고 갔다.

韋綬在翰林①에 **德宗嘗至其院**한대 **韋妃從幸**②이라 **會綬方寢**하니 **學士鄭絪**이 **欲馳告之**어늘 **帝不許**하고 **時適大寒**이라 **帝以妃蜀纈**(힐)**袍覆而去**③하다

① ≪唐書≫ 〈韋貫之傳〉에 말하였다. "위관지의 8대조 韋夐(위형)은 周나라에서 벼슬하였고 호는 逍遙公이었다. 부친 韋肇는 벼슬이 吏部侍郎에 이르렀고 명망이 높았다. 위관지의 伯兄인 韋綬는 唐德宗(李适)[85]때 한림학사가 되었다. 그는 貞元(785~805) 연간의 정사에서 한림원의 결정에 많이 참여하였는데, 그의 의론이 대부분 中道에 맞았다. 그러나 해를 입게 될까 두려워하여 조심하였고, 만년에는 대부분 심장병 때문에 그 쓰임을 다하지 못하였다."
≪唐書≫ 〈韋貫之傳〉曰"貫之八代祖夐仕周, 號逍遙公. 父肇, 官至吏部侍郎, 有重名. 貫之伯兄綬, 德宗朝爲翰林學士. 貞元之政, 多參決於內署,[86] 綬所議多合中道. 然畏愼致傷, 晚多心疾, 故不極其用."

② ≪唐書≫ 〈后妃傳〉에 말하였다. "韋賢妃는 어느 씨족 출신인지 알 수 없다. 貞元 2년(786)에 賢妃에 책봉되었으며, 6宮[87]이 그의 덕행을 본받았다."
≪唐書≫ 〈后妃傳〉曰"韋賢妃不知氏族所出. 貞元二年, 冊爲賢妃, 六宮師其德行."

③ 劉昫의 ≪唐書≫에 말하였다. "鄭絪은 字가 文明이다. 어려서부터 뛰어난 뜻을 가졌

봉해졌다.(≪周書≫ 〈楊忠傳〉) 처음에는 隨國公이라고 불렀으나 후에 길하지 않다고 여겨 隋國公으로 바꾸었다.

85) 唐德宗(李适) : 唐 代宗(李豫)과 睿眞皇后의 소생 중 長子로, 당 왕조의 제12대 황제이다. 26년간(779~805) 재위하였다.

86) 內署 : 翰林院을 말한다. 한림원이 궁궐 안에 설치되었기 때문에 붙여진 별칭이다.

87) 6宮 : 고대에 天子后는 6宮에 거주하였는데, 앞의 1궁은 천자의 正寢이고 뒤의 5궁은 천자의 小寢이었다. 5궁에는 后가 1궁, 3夫人이 1궁, 9嬪이 1궁, 27世婦가 1궁, 81御妻이 1궁을 이루어 모두 120인이 거주하였다고 한다.(≪古今事文類聚 前集≫ 권21) 여기서는 后妃를 모두 아울러 말한 것이다.

고 배우기를 좋아하였으며 문장을 잘 지었다. 張參・蔣乂・楊綰・常袞이 모두 서로 그를 인정해주고 소중하게 여겼다. 唐憲宗(李純)[88] 때 中書侍郎・集賢殿大學士에 임명되었다. 정인은 文學으로 진출하여 높고 중요한 관직을 40년간 역임하였는데, 역임했던 자리에서 혁혁했다는 칭찬은 없었으나 正道를 독실하게 지키고 典籍을 열렬히 좋아하였으므로 박학다식하고, 옛 것을 좋아하는 선비들이 그와 名理를 강론하는 교유를 맺었다. 당시 사람들이 그의 耆德[89]을 우러러 보았다."

劉昫唐書曰 "鄭絪, 字文明. 少有奇志, 好學, 善屬文. 張參・蔣乂・楊綰・常袞, 皆相知重. 憲宗朝拜中書侍郎・集賢殿大學士. 絪以文學進, 踐歷華顯者四十年, 所居雖無赫奕稱, 而守道敦篤, 耽悅墳典[90], 博聞好古之士, 爲講論名理之游, 時人仰其耆德."

32-22【補】 令狐綯(영호도)가 한림원에 근무할 때 궁중에서 夜對[91]를 하였는데, 황제가 乘輿[92]에 태워 금으로 만든 연꽃 모양의 등촉을 밝혀 한림원으로 돌려보내라고 명하였다. 한림원의 아전이 멀리서 바라보고는 천자가 오는 것이라 여기다가 조금 뒤 소리쳐 전하였다.

"學士가 돌아온다."

令狐綯在翰林日에 **夜對禁中**이러니 **帝命以乘輿金蓮華炬**[93] **送還院**이라 **吏望見**하고 **以爲天子來**라가 **俄傳呼曰 學士歸院**①이라하다

① 康駢[94]의 ≪劇談錄≫ 〈宣宗夜召翰林學士〉에 말하였다. "唐 宣宗皇帝(李忱)는 국사에 전념하려는 포부를 지녔고 현자를 예우하기를 늘 미치지 못하는 듯 정성껏 하였다. 令狐相國(令狐綯)이 처음에 學士들과 召對[95]를 기다리고 있을 때, 재상이 될 인재로

88) 唐憲宗(李純) : 原名은 李淳이고, 唐朝 제14대 황제로, 15년간(805~820) 재위하였다. 즉위 후 조정에 복종하지 않는 藩鎭세력을 정벌하여 다시 中國을 통일하여 역사상 '元和中興'이라고 불린다. 安史의 난 이후 즉위한 唐 황제 중 가장 훌륭한 황제로 평가된다.
89) 耆德 : 나이 많고 덕이 높은 것, 또는 그런 사람을 뜻한다.
90) 墳典 : 三墳과 五典의 竝稱으로, 고대의 典籍을 통칭하는 말로 쓰인다.
91) 夜對 : 임금이 숙직하는 신하를 불러 經筵을 베푸는 것을 이른다.
92) 乘輿 : 앉아서 타는 황제의 수레이다.
93) 金蓮華炬 : 금으로 연꽃 모양의 형태를 만들어 거기에 초를 꽂게 한 기구를 말한다.
94) 康駢 : ?~?. 字는 駕言이고 池陽(지금의 安徽 貴池) 사람이다. 唐 僖宗(李儇) 光啓(885~888) 연간에 활약하였으며 崇文館 校書郎을 지냈다. 저서로 ≪劇談錄≫ 3권이 있는데, ≪新唐書≫ 〈藝文志〉와 ≪宋史≫ 〈예문지〉에는 모두 이름이 '康軿'으로 되어 있다.
95) 召對 : 군주가 밤에 신하들을 불러 經典이나 史書를 강론하고 고금의 治亂에 대하여 문답하는 것으로, 대개 閉門 시각 이후에 행하는 것이 예이다.

여겨졌다. 어느 날 저녁 한림원에서 直宿을 하고 있는데 갑자기 中使가 불러 便殿에 가서 御榻 앞으로 이끌려갔다.

주상이 그에게 앉으라고 명하고, 묻기를 '경이 江南에서 왔으니 저쪽의 백성들의 상황을 보았는가? 지역을 다스리는 군수가 백성을 사랑하고 폐단을 해결하는 방도는 어떠하던가? 짐이 늘 생각하건대, 크나큰 四海와 광대한 九州는 아무리 明君이라 하여도 혼자서는 다스릴 수 없으므로 늘 어질고 현명한 인물을 필요로 하는 법이다. 그런데 근래 조정을 은밀히 살펴보아도 모두 忠情을 지닌 자를 보지 못하였다.'라고 하니, 상국이 섬돌에서 내려와 엎드려 말하였다. '성상의 뜻이 이와 같으시니 신이 곧 죄를 받아야 합니다.' 주상이 말하기를, '경은 겨우 한림학사이고, 맡은 직분이 짐의 詔書이니 좀 전에 한 말은 경에게 해당되지 않는다.'라고 하였다.

얼마 뒤 다시 앉으라고 명하고 옥잔에 술을 따라 하사하였다. 주상의 책상에 책 두 권이 있었는데 그것을 가리키며 상국에게 말하기를 '짐은 정무를 처리하는 여가 시간에 역사서를 보지 않은 적이 없다. 이것은 先朝가 찬술한 〈金鏡〉[96]이고 다른 한 권은 ≪尙書≫ 〈大禹謨〉편이다.'라고 하고서 다시 물었다. '경은 〈금경〉을 읽어보았는가?' 그에게 그 요점을 말해보게 하자 상국이 목청 높이 그 내용을 암송하다가 '亂世에는 不肖한 인물을 임용하지 않은 적이 없었고 治世에는 忠賢한 인물을 임용하지 않은 적이 없었다.

忠賢한 이를 임용하면 천하의 복을 누리고, 불초한 이를 임용하면 천하의 화를 입는다.'라는 구절에 이르자, 주상이 멈추게 하고 말하였다. '짐은 책을 읽을 때마다 이 구절에 이르면 세 번 반복하지 않은 적이 없었다. ≪상서≫에 또 이르기를 「현자를 임용하였으면 두 마음을 갖지 말고 사악한 자를 제거하였으면 의심하지 말라.」라고 하였으니, 이것은 태평성세를 이룩하기를 원한다면 이 말을 으뜸으로 삼아야 한다는 것이다.'

상국이 손뼉을 치고 춤을 추며 칭송하기를, '신의 아비가 늘 말하기를 「〈금경〉은 후세에 전하여 만고의 격언으로 삼을 만한데, 총명하고 文思를 갖춘 인물이 아니면 그 깊은 의미를 알 수 없을 것이다.」라고 하였습니다. 더구나 堯·舜·禹·湯의 道가 ≪상서≫안에 있으니 더 말할 게 있겠습니까. 폐하께서는 천자의 지위를 존귀하게 여기지 않으시고 새벽부터 밤까지 매번 그 책들을 보시며 장차 현자를 선발하고 善者를 발탁하여 모든 공적을 넓히려 하시니, 이와 같다면 공적이 모든 제왕의 으뜸이 될 것이고 사업이 三皇五帝보다 나을 것입니다.'라고 하니, 주상이 말하였다. '전에는 경의 才器를 우러러보았는데 오늘은 경의 文學을 보았다.' 난간에 임하여 우두커니

96) 金鏡 : 唐太宗(李世民)이 찬술하였고, 治國과 修身에 대한 내용이다. ≪通鑑總類≫ 권1, ≪山堂肆考≫ 권33 등에는 書名이 '金鏡錄'으로 되어 있다.

한참 섰다가 中使에게 말하였다. '촛불을 밝혀 학사를 전송하여 한림원으로 돌아가게 하라.' 한림원에 돌아오니 夜漏[97]가 절반이 넘은 한 밤중이었다. 모두들 近臣 중 황제에게 받은 은택이 그에 비할 자가 없다고 하였다."

康駢劇談錄曰 "宣宗皇帝有宵衣旰食[98]之懷, 仄席[99]竚賢, 每如不及. 令狐相國, 初與學士候對, 便以爲有宰輔之才. 一夕於禁林[100]寓直, 忽有中使, 召至便殿, 引於御榻之前. 上自宣令坐, 問'卿來從江表,[101] 見彼中甿庶安否? 廉察郡守字人求瘼之道如何? 朕常思四海之大九州之廣, 雖明君不能自理, 常須良弼賢佐, 邇來竊窺朝廷, 皆未覩其忠赤.' 相國降堦俯伏曰 '聖意如此, 微臣便合得罪.' 上曰 '卿纔爲翰林學士, 所職者朕之絲綸,[102] 向來之言, 本不相及.' 旣而復宣令坐, 以玉杯斟酒賜之. 御牀案上有書兩卷, 指謂相國曰 '朕聽政之暇, 未嘗不披尋史籍. 此先朝所述金鏡,[103] 一卷則尙書大禹謨. 復問'卿曾讀金鏡否?' 試擧其要, 相國抗聲而誦, 至'亂未嘗不任不肖, 理未嘗不任忠賢. 任忠賢則享天下之福, 任不肖則受天下之禍.' 上止之曰 '朕每讀至此, 未嘗不三復(복)後已. 書又云「任賢勿貳, 去邪勿疑.」是則欲致昇平, 當用此言爲首.' 相公抃舞而稱曰 '先臣父每言「金鏡垂裕, 可爲萬古格言, 自非聰明文思, 無以探其壼奧.」况堯舜禹湯之道, 在典謨訓誥[104]之間! 陛下不以黃屋[105]爲尊, 每觀之於夙夜, 將欲擇賢擧善, 使庶績咸熙, 如此則功冠百王, 事超三五[106]矣.' 上曰 '曩者仰卿材器, 今日覩卿詞學.' 臨軒竚立久之, 謂中使曰 '持燭送學士歸院.' 及還禁林, 夜漏將半, 咸以近臣恩澤, 殆無其比."

---

97) 夜漏 : 밤에 시각을 알려주는 물시계이다.

98) 宵衣旰食 : 날이 밝기 전에 옷을 입고, 해가 진 후에 저녁밥을 먹는다는 뜻으로, 天子가 아침 일찍부터 저녁 늦게까지 政事에 골몰함을 기리는 말이다.

99) 仄席 : 여기서 '仄'은 '側'과 같다. 몸을 현자에게 기울여 앉는다는 뜻으로, 고대에 제왕이 현자를 예우하는 것을 형용하는 말이다.

100) 禁林 : 翰林院의 별칭이다.

101) 江表 : 長江 이남 지역을 말한다. 江南과 같다.

102) 絲綸 : 帝王의 詔書를 가리킨다. ≪禮記≫ 〈緇衣〉의 "임금의 말은 실과 같아도 나오면 굵은 밧줄과 같다.〔王言如絲 其出如綸〕"라는 구절에서 나온 표현이다.

103) 金鏡 : 唐太宗(李世民)이 지은, 나라를 다스리고 자신을 수양하는 내용의 글이다.

104) 典謨訓誥 : 堯典・舜典의 典과 大禹謨・皐陶謨의 謨와 伊訓의 訓과 湯誥・康誥 등의 誥를 합칭한 말로 ≪尙書≫를 총칭하는 말이다.

105) 黃屋 : 노란 비단으로 덮개를 한 천자의 수레를 말하는 것으로, 천자를 가리키는 말로 전용하였다.

106) 三五 : 三皇五帝를 가리킨다. 삼황과 오제에 대해서는 여러 가지 설이 있는데, 대체로 삼황은 伏羲・神農・黃帝를 가리키고, 오제는 少昊(소호)・顓頊(전욱)・高辛・唐堯・虞舜을 가리킨다.(≪周禮≫ 〈春官 外史〉 注, ≪書經≫ 序) 일반적으로 아주 먼 상고 시대의 제왕을 이른다.

32-23【補】 錢文僖(錢維演)가 西都의 留守로 있을 때 謝希深(謝絳)과 歐陽永叔(歐陽脩)이 함께 그 막하에 있었다. 어느 날 嵩山을 유람하고 穎陽으로 돌아오다가 날이 저물어 龍門 香山에 이르렀다. 조금 뒤 눈이 내리기에 石樓에 올라 都城을 바라보며 각자 감회에 젖어 있는데, 갑자기 안개 속으로 車馬가 伊水를 건너왔다. 도착한 뒤에 보니 전문희가 보낸 음식과 歌妓가 온 것이었다. 그리고 공(전문희)의 말을 전하였다.

"山行이 매우 아름다웠을 것이다. 龍門에 잠시 머물며 눈 내리는 것을 감상하고, 서둘러 돌아오지는 말라."

대범하고 인재를 아끼는 그의 성품이 이와 같았다.

錢文僖留守西都①에 **謝希深**② · **歐陽永叔**③이 **同在幕下**라 **一日游嵩山**하고 **自穎陽歸**라가 **暮抵龍門香山**이라 **俄而雪作**이라 **登石樓望都城**하고 **各有所懷**④러니 **忽於烟靄中**에 **有車馬渡伊水來**한대 **既至則文僖遣廚傳歌妓至**라 **傳公語曰 山行良佳**리라 **少留龍門賞雪**하고 **無遽歸也**라하니 **其高曠**[107] **愛才如此**⑤라

① ≪東都事略≫[108]에 말하였다. "錢維演은 字가 希聖이다. 어려서부터 뛰어난 재주를 지녔다. 부친 錢俶(전척)이 그에게 먼 산에 대해 賦를 짓게 하였더니 그가 지은 시에 '높다란 하늘의 한 기둥이요, 빼어난 바다의 세 봉우리로다.'라는 구절이 있어, 전척이 그를 특별하게 여겼다. 咸平(998~1003) 연간에 자신이 지은 문장을 바쳐 知制誥에 발탁되었다. 전유연은 젊어서부터 부귀하였고 학문에 뜻을 두었으며 문장으로 楊億 · 劉筠과 나란히 이름났다. 일찌기 '學士는 顧問에 대비해야 하니 해박하지 않아서는 안 된다.'라고 말하였고, 그 때문에 자신의 집에 모은 서적이 秘府[109]와 같았다. 또 옛날 書畫를 많이 소장하였다. 후에 平章事 · 判許州[110]로 죽었다. 시호는 文僖이다."

東都事略曰 "錢維演, 字希聖. 幼有俊才, 父俶使賦遠山, 詩有高爲天一柱秀作海三峯

107) 高曠 : 고상하면서 曠達한 것을 말한다.
108) 東都事略 : 중국 北宋의 역사를 기록한 紀傳體 역사서로, 南宋 孝宗(趙昚) 때의 王稱에 의해 저술되었다. 북송의 수도 汴梁을 東京이라고도 불렀으므로 제목을 ≪동도사략≫으로 지었다. 全 130권으로, 역대 황제들의 중요한 사건을 기록한 帝紀 12권, 북송의 후비 및 종실들에 대해 서술한 世家 5권, 북송 시대 인물 697명의 사적을 기록한 列傳 105권, 遼 · 金 · 夏 · 西蕃 · 交阯의 정황을 기록한 附錄 8권으로 이루어져 있다.
109) 秘府 : 궁중의 도서와 秘記 등을 보관하는 書庫를 말한다.
110) 判許州 : 宋制에 재상이 지방으로 나가 州를 맡으면 '判'이라 한다. 여기서는 許州의 장관이 된 것을 말한다.

之句, 俶異之. 咸平中獻所爲文章, 擢知制誥. 惟演少富貴, 能志於學, 文章與楊億·劉筠齊名. 嘗曰 '學士備顧問, 不可不該博.' 故其家聚書, 侔於秘府. 又多藏古書畵. 後以平章事·判許州卒. 謚文僖."

② 龔明之의 ≪中吳紀聞≫[111]에 말하였다. "謝絳은 字가 希深이고, 太子賓客 謝濤의 아들이다. 楊文公이 그의 재주를 천거하여 조정에 불러 秘閣[112]의 校理에 임용되었고, 寶元(1038~1040) 초에 知鄧州가 되었다. 젊어서부터 무려 50년 간 벼슬하였는데 자신의 신념을 굽히지 않았고 겉모습 역시 그다지 다르지 않아 당대의 어진 사대부들이 모두 그를 존경하였다. 아들 景初·景溫은 모두 이름난 儒者가 되었다."

龔明之中吳紀聞曰 "謝絳, 字希深, 太子賓客濤之子. 楊文公薦其才, 召充秘閣校理, 寶元初知鄧州. 自少而仕凡五十年, 自守不回, 而外亦不甚異, 一時賢士大夫, 無不敬之. 子景初·景溫, 皆爲名儒."

③ ≪東都事略≫에 말하였다. "歐陽脩는 字가 永叔이고, 吉州 廬陵 사람이다. 進士에 천거되었고 국자감과 예부의 시험에서 모두 수석을 차지하였으며 宋 仁宗(趙禎) 때 知制誥를 지냈다. 황제가 항상 그를 지목하여 말하기를, '구양수 같은 자를 어느 곳에서 얻어오겠는가.'라고 하였다. 후에 觀文殿學士·太子少師로 致仕하였다."

東都事略曰 "歐(楊)〔陽〕[113]脩, 字永叔, 吉州廬陵人. 擧進士, 試國子監禮部, 皆第一. 仁宗朝知制誥, 帝常目之曰 '如歐陽脩者, 何處得來?' 後以觀文殿學士·太子少師致仕."

歐陽脩

111) 中吳紀聞 : 南宋의 龔明之가 편찬했다. 6권으로 구성되어 있으며, 吳 땅에 전해지는 嘉言과 懿行 및 風土와 人文을 다루었다. 체재는 范純仁의 ≪東齋紀事≫와 蘇軾의 ≪志林≫을 본 따 구성하였다. 이 책은 淳熙 9년(1182)에 완성되었는데, 그때 공명지가 92세였다. 龔明之(1091?~1182)는 字가 希仲이고, 號가 五休居士이며 벼슬은 宣教郎에 이르렀다.

112) 秘閣 : 官司名이다. 北宋 宋太宗이 988년에 崇文院안에 건물을 지어 '秘閣'이라 칭하고, 三館의 서적 眞本과 궁정의 古畵와 墨迹 등을 그곳에 보관하였다. 直秘閣·秘閣校理 등의 관원을 두었다.

113) (楊)〔陽〕: 저본에는 '楊'으로 되어 있으나, ≪李卓吾批點世說新語補≫(安永本) 등에 의거하여 '陽'으로 바로잡았다.

④ 希深(謝絳)이 보낸 편지[114]에, "근래 받은 詔書에 '사람을 보내 嵩岳에 고하며 축문을 읽고 폐백을 바치라.'라고 하셨기에 府에서 歐陽永叔(歐陽脩)과 楊子聰에게 그 일을 함께 맡도록 하였습니다. 마침 尹師魯(尹洙)와 王幾道(王淵)가 도착하니, 이 때 가을 날씨는 청량하고 해는 흐렸으며 철늦은 꽃과 그윽한 풀이 암벽을 덮고 있었고, 바야흐로 사람들의 기력은 맑고 왕성하였으며 게다가 벗들과의 즐거운 담론까지 더해졌습니다. 높이 올라가 험준한 곳을 밟으니 기상은 호쾌하고 마음은 과감해졌습니다. 길이 조금 평탄한 곳을 지날 때면 腰輿[115]를 타고 가고, 매우 험준한 곳이면 芒蹻[116]를 신고 나아갔습니다.

峻極山[117] 上院에 이르러 封禪壇에 올라 아래로 여러 봉우리를 내려다보니, 바로 예전에 소원했으나 날개 없이는 도달할 수 없다고 여겼던 것들이 모두 흙덩이 같았고, 고을의 집들과 누각, 사람들이 마치 개미집처럼 보였습니다. 또 韓文公(韓愈)이 石室이라 한 곳을 찾아갔습니다. 盡東峰 정상에 나아가 저녁에 정상에서 묵었는데, 이슬이 내려 냉기가 뼈와 털 속까지 스몄습니다.

다음날 歸路에 들어 登封縣 西門을 나와 潁陽으로 길을 잡았습니다. 太室山을 두루 바라보고 少室山의 아름다움을 구경하였습니다. 石堂山 紫雲洞을 찾았는데 마침 비가 내리려하여 떠났습니다. 題名한 곳이 대략 열네 곳이었고, 長夏門으로 들어가 崧岳과 轘轅山을 돌아 400리를 한 바퀴 돌았으니 실컷 유람하였다 할 수 있습니다. 이제 관부로 돌아왔으니 곧 世俗事에 치일 것이므로 급히 이 글을 지어 보내니, 부디 하룻저녁의 담소꺼리로 삼길 바랍니다."

希深書曰 "近詔書遣告嵩岳讀祝捧幣, 府以歐陽永叔・楊子聰分攝. 會尹師魯・王幾道至, 是時秋淸日陰, 晩花幽草, 虧蔽巖壁, 正當人力淸壯, 加有朋簪談燕之適, 升高躡險, 氣豪心果. 道徑差平, 則腰輿以行, 嶄崒斗甚,[118] 則芒蹻以進. 抵峻極上院, 躋封禪壇, 下瞰群峰, 乃向所跂望謂非挿翼不可到者, 皆培塿焉. 邑居・樓觀・人物之夥, 視若蟻壤. 又尋韓文公所謂石室. 詣盡東峰頂, 夕宿頂上, 露下, 冷透骨髮. 明日訪歸路, 出登封[119]西門, 道潁陽. 縱望太室, 觀少室之美. 訪石堂山紫雲洞, 會將雨而去. 題名蓋十有四處. 自長夏門入, 繞崧・轘,[120] 一匝(잡)四百里, 可謂窮極勝覽矣. 今旣還府,

114) 希深(謝絳)이……편지 : 이 편지는 ≪文忠集≫ 부록4 〈記神淸洞〉에 실려 있다. ≪文忠集≫은 北宋 歐陽脩가 창작한 別集으로, 全書는 153권이고 부록은 5권이다.
115) 腰輿 : 사람이 들고 가는 수레로, 그 높이가 겨우 허리〔腰〕에 이른다.(≪世說音釋≫)
116) 芒蹻 : 짚으로 삼은 신이다.
117) 峻極山 : 河南省 登封縣 북쪽에 있는 嵩岳에 속한 산이다. 숭악은 五嶽 중 中嶽으로, 동쪽에 太室山, 중앙에 峻極山, 서쪽에 少室山을 포함한다.
118) 斗甚 : 여기서 '斗'는 '陡(두)'와 같으며, 벼랑이 깎아지른 듯 위험한 것을 말한다.
119) 登封 : 河南府 河南郡에 登封縣이 있다.(≪世說音釋≫)

便有塵事侵汨, 急寫此奉報, 庶代一夕之談."

⑤ 周煇의 ≪淸波雜志≫에 말하였다. "思公(錢維演)이 漢東에 좌천된 후 文康公 王曙가 후임 留守가 되었다. 어느 날 왕서가 幕客[121]들이 자주 유람하는 것에 의아해하며 '그대들은 寇萊公(寇準)[122]과 비교하여 어떤 사람들인가. 구래공 같은 사람도 사치와 방종에 걸려 화를 입었는데 더군다나 그보다 못한 사람들이야 더 말할게 있겠는가.' 라고 책망하였다. 그러자 사람들이 감히 대답하지 못하였는데, 永叔(歐陽脩)이 手板을 잡고 일어나 말하였다. '구래공이 화를 입은 것은 술에 원인이 있는 것이 아니라 늙었는데도 물러날 줄 모른 때문입니다.' 당시 문강공이 나이가 매우 많았으므로 그 때문에 움찔하였다. 사방의 막객들이 영숙을 훌륭하게 여겼다."

周煇淸波雜志曰 "思公[123]旣貶漢東, 王文康公曙代爲留守. 一日訝幕客多遊, 責曰 '君等自比寇萊公何如? 萊公尙坐奢縱取禍, 況其下者!' 衆不敢對, 永叔取手板, 起立曰 '萊公之禍, 不在杯酒, 在老不知退耳.' 時文康年已高, 爲之動. 四座偉之."

---

120) 崧轘 : '崧'은 '嵩'과 같으며 嵩岳을 말한다. 轘은 轘轅山을 가리키며, 이 산은 河南省 登封縣에 소재하는데, 길이 험하기로 이름났다.(≪世說音釋≫)

121) 幕客 : 幕賓과 같은 말로, 機密에 참여하는 幕僚를 일컫는 말이다. 이 말은 晉 나라 桓溫이 謝安 등과 국사를 논하면서 郗超로 하여금 장막 속에 들어가 엿듣게 하였는데 바람에 장막이 날려 탄로나자, 사안이 웃으며 "郗生이야말로 入幕賓이라고 해야 하겠다."라고 한 고사에서 유래하였다.(≪世說新語補≫ 〈雅量〉, ≪晉書≫ 〈郗超傳〉)

122) 寇萊公(寇準) : 961~1023. 字는 平仲이고, 華州 下邽 사람이다. 北宋의 名相으로, 白居易·張仁願과 함께 '渭南三賢'으로 불린다.

123) 思公 : 錢維演의 두 번째 시호이다. 처음 시호는 '文墨'이었고, 마지막에 다시 정한 시호는 '文僖'이다.

33. 거침없는 처신(上) 任誕 上*

*任誕은 禮制에 얽매이지 않고 마음 가는대로 행동하는 것, 원하는 대로 내맡겨 두는 것을 말한다. 본편에는 이러한 任達放誕한 인물들에 관한 일화 64항목을 上(38)·下(26)로 나누어 실었는데, 이는 魏晉시대 이후의 귀족 생활이 老莊風의 사상적 영향을 받은 것을 보여준다. ≪세설신어≫에서 가져온 일화가 40건, ≪하씨어림≫에서 가져온 일화가 24건이다.

33-1【補】 鄭泉이 임종할 때 동료에게 말하였다.

"반드시 나를 옹기 굽는 집 옆에 장사 지내주게. 백 년 뒤에 시신이 썩어 흙이 된 뒤 요행히 누군가 그 흙을 가져다 술병을 만들면 참으로 내 마음에 들것이네."

鄭泉臨卒時에 **語同輩曰 必葬我陶家之側**하라 **庶百歲之後**에 **化而成土**하여 **幸見取爲酒壺**면 **實獲我心矣**①라하다

① ≪吳書≫에 말하였다. "鄭泉은 字가 文淵이고, 陳郡 사람이다. 박학하였고 특출한 뜻을 지녔으나 술을 무척 좋아하였다. 吳나라에서 벼슬하여 太中大夫의 벼슬을 할 때 蜀나라에 사신으로 갔는데, 先主(劉備)가 묻기를 '吳王은 어찌하여 나의 서찰에 답장을 하지 않는가? 내가 명분을 바로잡은 것[1]을 옳지 않다고 여기는 것이 아니겠는가.'라고 하자, 정천이 말하였다. '曹氏가 漢室을 능멸하고 결국에 그 지위를 빼앗았으니, 전하께서는 漢의 宗室로서 황실을 수호할 책무가 있었습니다. 그런데 창을 베고 몽둥이를 잡아 海內를 위해 앞장서지 않았습니다. 이리하여 자연히 명분이 천하의 논의와 맞지 않게 되었으므로 저희 임금께서 답서를 보내지 않으셨을 뿐입니다.' 선주가 부끄러운 기색이 있었다."

吳書曰 "鄭泉, 字文淵, 陳郡人. 博學有奇志, 而性嗜酒. 仕吳, 官太中大夫, 使(시)蜀,

---

1) 명분을……것 : 황제를 칭한 것을 말한다.(≪世說音釋≫)

先主問曰 '吳王何以不答吾書? 得無以吾正名不宜乎?' 泉曰 '曹氏凌轢漢室, 終奪其位, 殿下旣爲宗室, 有維城[2]之責, 不荷戈執殳(수), 爲海內率先, 而於是自名未合天下之議. 是以寡君未復(복)書耳.' 先主有慙色."

33-2【補】 晉文帝(司馬昭)가 阮嗣宗(阮籍)을 매우 친애하여 항상 그와 대화하고 노닐 적에 그가 원하는 대로 하게 하고 職事로 그를 몰아치지 않았다. 완사종이 한번은 느긋하게 황제에게 말하였다.

"전에 東平을 유람할 때 그 지역의 風土를 좋아하였으니, 동평태수가 되기를 원합니다."

문제가 기뻐하며 그의 뜻을 따라주었다. 완사종이 나귀를 타고 곧바로 동평군에 가서 도착하자마자 관시의 벽과 담을 다 허물어 안팎이 서로 보이게 하였다. 그런 뒤 교령을 내렸는데 공정하고 편안하였다. 10여 일 뒤에 다시 나귀를 타고 떠났다.

晉文帝大親愛阮嗣宗하여 恒與談戲에 任其所欲하고 不迫以職事라라 阮嘗從容言호대 曾遊東平에 樂其土風하니 願得爲東平太守하노이다 文帝說(열)從其意라 阮騎驢徑到郡하여 至則壞府舍諸壁障하여 使內外相望然後敎令淸寧이라 十許日에 便復(부)乘驢去하다

33-3 劉伶이 술병이 나서 갈증이 심하자 부인에게 술을 구해오게 하였다. 그러자 부인이 술을 버리고 그릇을 부수면서 울며 간하였다.

"당신은 술을 너무 마시니, 이는 섭생의 도리가 아닙니다. 필히 술을 끊어야 합니다."

그러자 유령이 말하였다.

"매우 좋은 말이오. 그러나 나는 스스로 술을 금할 수 없으니, 오직 귀신에게 빌어서 스스로 술을 끊기를 맹세할 뿐이오. 곧바로 술과 고기를 준비하시오."

부인이 말하였다.

---

2) 維城 : 나라를 지키는 성곽이라는 뜻으로, 宗室의 역할을 비유하는 말이다. ≪詩經≫ 〈大雅 板〉에 "종자는 나라의 성곽이니, 성이 무너지게 하지 말아서 임금 홀로 벌벌 떨게 하지 말지어다.〔宗子維城 無俾城壞 無獨斯畏〕"라는 구절이 있다.

"공손히 명을 받들겠습니다."

귀신에게 술과 고기를 바치고 유령에게 맹세할 것을 청하자, 유령이 무릎 꿇고 이렇게 빌었다.

"하늘이 유령을 내시고 술로써 이름나게 하셨으니 한번에 1斛을 마시고 5말로 술병을 낫게 하시며, 부녀자의 말을 절대 들어주지 마소서."

곧이어 술을 마시고 고기를 먹으며 느긋하게 만취하였다.

劉伶이 **病酒渴甚**하여 **從婦求酒**하니 **婦捐酒毁器**하고 **涕泣諫曰 君飮太過**하니 **非攝生之道**라 **必宜斷之**라 **伶曰 甚善**이나 **我不能自禁**하니 **唯當祝鬼神**하여 **自誓斷之耳**니 **便可具酒肉**하라 **婦曰 敬聞命**이라하고 **供酒肉於神前**하고 **請伶祝誓**하니 **伶跪而祝曰 天生劉伶**하고 **以酒爲名**이라 **一飮一斛**하고 **五斗解酲**①하며 **婦人之言**을 **愼不可聽**이라하고 **便引酒進肉**하여 (隗)〔**塊**〕[3] **然已醉矣**②라

① 毛公(毛亨)이 注를 내기를, "술병이 난 것을 '酲'이라 한다."라고 하였다.[4]
毛公注曰 "酒病曰酲(정)."

② 〈이 일화는〉 〈竹林七賢論〉에 보인다.
見(현)竹林七賢論.

33-4 劉伶이 늘 멋대로 술을 마시고 放達하게 굴어 간혹 집안에서 옷을 벗은 채 나체로 있기도 하자 사람들이 〈이를〉 보고 비난하였다. 그러자 유령이 말하였다.

"나는 天地로 집을 삼고 집으로 옷을 삼는데, 그대들은 어찌하여 나의 옷 속에 들어왔는가?"

劉伶恒縱酒放達하여 **或脫衣裸形在屋中**하니 **人見譏之**어늘 **伶曰 我**는 **以天地爲棟宇**하고 **屋室爲幝**(곤)**衣**어늘 **諸君**은 **何爲入我幝中**①고하다

---

3) (隗)〔塊〕: 저본에는 '隗'로 되어 있으나, ≪世說音釋≫에 의거하여 '塊'로 바로잡았다. 塊然은 흙덩이처럼 편안한 모양을 말한다.

4) 毛公(毛亨)이……하였다 : ≪詩經≫ 〈小雅 節南山〉의 "憂心如酲" 구절에 대해 毛亨이 낸 주석에 나온다. 毛亨(?~?)은 漢나라 초기의 학자로, ≪시경≫을 전한 4家 가운데 한 사람이다. 그는 ≪시경≫을 연구하여 ≪詩詁訓傳≫을 지어 毛萇에게 주었는데, 이것이 ≪毛詩≫가 되었다.

① 鄧粲의 ≪晉紀≫에 말하였다. "어떤 손님이 유령을 찾아갔는데 마침 그는 나체로 있었다. 유령이 웃으며 말하였다. '나는 천지로 집을 삼고 집으로 옷을 삼으니 그대들은 나의 옷 속에 들어와서는 안 되는데, 또 어찌 싫어하는가?' 그가 당당한 것이 이와 같았다."
鄧粲晉紀曰"客有詣伶, 値其裸袒, 伶笑曰'吾以天地爲宅舍, 以屋宇爲幝衣, 諸君自不當入我幝中, 又何惡乎?' 其自任若是."

33-5 阮步兵(阮籍)이 모친상을 당했을 때 裴令公(裴楷)이 조문하러 갔는데, 마침 완보병은 술에 취하여 머리를 풀어헤치고 상에 앉은 채 다리를 떠억 벌리고 있으면서 곡도 하지 않았다. 배영공이 도착하여 좌석에서 내려와 땅에서 곡하고, 조문을 마친 뒤 이내 떠났다. 어떤 이가 배영공에게 물었다.

"조문이란 주인이 곡하면 손님이 비로소 예를 행하는 것인데, 완보병이 곡하지 않았는데 그대는 어찌하여 곡하였습니까?"

배영공이 말하였다.

"완보병은 세속 밖의 사람이기 때문에 禮制를 받들지 않지만 우리는 세속에 속한 사람이므로 예법에 맞게 처신한 것입니다."

당시 사람들이 양쪽 모두 자신에게 맞게 처신하였다고 감탄하였다.

阮步兵喪母에 **裴令公往弔之**러니 **阮方醉**하여 **散髮坐牀**하고 **箕踞不哭**이라 **裴至**하여 **下席於地哭**하고 **弔唁畢**에 **便去**라 **或問裴**호대 **凡弔**는 **主人哭**이면 **客乃爲禮**이니 **阮旣不哭**이어늘 **君何爲哭**고 **裴曰 阮**은 **方外之人**이라 **故不崇禮制**요 **我輩**는 **俗中人**이라 **故以儀軌**[5] **自居**라하니 **時人歎爲兩得其中**①이라

① ≪名士傳≫에 말하였다. "阮籍이 모친상을 당했을 때 常禮를 따르지 않았다. 裴楷가 조문하러 갔는데, 마침 완적이 취하여 산발을 하고 다리를 벌리고 앉아 곁에 아무도 없는 듯이 행동하였다. 배해가 곡하면서 애도를 다하고 물러나며 전혀 다른 기색이 없었으니, 그가 서로 다른 차이에 대해 아랑곳하지 않는 것이 이와 같았다." 戴逵가 논평하기를, "裴公(裴楷)이 조문한 방식으로 말할 것 같으면, 그와 다투지 않으면서 자신의 禮를 지키려 한 것이니 통달한 뜻이 있는 것이요, 잘 대처한 것이다."라고 하였다.

5) 儀軌 : 禮法規矩를 말한다.

名士傳曰 "阮籍喪親, 不率常禮. 裴楷往弔之, 遇籍方醉, 散髮箕踞, 旁若無人. 楷哭泣盡哀而退, 了無異色, 其安同異如此." 戴逵論之曰 "若裴公之制弔, 欲冥外以護內[6], 有達意也, 有弘防也."

【頭註】

○ 왕세무 : 어찌 嗣宗(阮籍)을 바르게 처신하였다고 할 수 있단 말인가. 이 말을 어찌 교훈으로 삼을 수 있겠는가.
王云 "豈可以嗣宗爲得中? 此言何可訓也?"

33-6 阮公(阮籍)의 이웃에 美色을 지닌 아낙네가 있어 주점을 차리고 술을 팔았는데 완공이 王安豐(王戎)[7]과 더불어 늘 그 아낙네에게 가서 술을 마셨다. 완공은 취하기만 하면 그대로 그 아낙네 곁에서 자니, 그 남편이 처음에는 매우 의심하였으나 살펴보니 〈그에게〉 끝내 다른 마음이 없었다.

阮公隣家婦有美色하여 當壚(로)酤酒러니 阮與王安豐이 常從婦飮酒라 阮醉면 便眠其婦側하니 夫始殊疑之나 伺察에 終無他意①러라

① 王隱의 ≪晉書≫에 말하였다. "阮籍의 이웃에 사는 처자가 才色이 있었는데 시집을 가지 못하고 죽었다. 완적은 그 처자와 친척사이도 아니었으나 곧바로 가서 곡하고 애도를 다한 뒤 떠났다. 방달하여 구애받는 것이 없는 그의 태도가 대개 이러한 식이었다."
王隱晉書曰 "籍隣家處子有才色, 未嫁而卒. 籍與無親, 生不相識, 徑往哭之, 盡哀而去. 其達而無檢, 皆此類也."

33-7 阮籍의 형수가 언젠가 집으로 돌아갈 때 완적이 만나서 작별하였다. 어떤 사람이 그것을 비난하니 완적이 말하였다.
"禮制가 어찌 우리 무리를 위해 만들어졌겠는가."[8]

---

6) 冥外以護內 : '冥外'는 그와 다투지 않는 것이고, '護內'는 자기의 禮를 지키는 것이다.(≪世說箋本≫)
7) 王安豐(王戎) : 234~305. 字는 濬沖이고 小字는 阿戎이다. 西晉의 大臣으로, 安豐侯에 봉해졌으므로 사람들이 '王安豐'이라 불렀다. 竹林七賢 가운데 가장 나이가 어린 인물이었다.
8) 禮制가……만들어졌겠는가 : 禮制는 다만 小人들이 亂을 일으키는 것을 막기 위해 만든

阮籍嫂嘗還家에 籍見與別①이어늘 或譏之하니 籍曰 禮豈爲我輩設也아하니라

① ≪禮記≫ 〈曲禮〉에 "형수와 시숙은 서로 안부를 묻지 않는다."라고 하였으므로 〈완적이 형수를 직접 만나 작별한 것을〉 비난한 것이다.
曲禮"嫂叔不通問" 故譏之.

33-8 劉公榮(劉昶)이 사람들과 더불어 술을 마실 때 천한 자들이 섞여 있자 사람들이 혹 그것을 비난하니, 그가 대답하였다.

"나보다 나은 자와는 함께 마시지 않을 수 없고, 나만 못한 자와도 함께 마시지 않을 수 없으며, 나와 같은 이 무리와는 더욱 함께 마시지 않을 수 없다."

그리하여 종일토록 함께 마시고 취하였다.

劉公榮이 與人飮酒에 雜穢非類[9)]어늘 人或譏之하니 答曰 勝公榮者는 不可不與飮이요 不如公榮者도 亦不可不與飮이요 是公榮輩者도 又不可不與飮이라 故終日共飮而醉①라

① ≪劉氏譜≫에 말하였다. "劉昶은 字가 公榮이고, 沛國 사람이다."
≪晉陽秋≫에 말하였다. "유창은 사람됨이 通達하였고, 벼슬은 兗州刺史에 이르렀다."
劉氏譜曰"昶字公榮, 沛國人." 晉陽秋曰"昶爲人通達, 仕至兗州刺史."

33-9【補】[10)] 王安豐(王戎)은 세속의 틀을 벗어나 격식을 차리지 않았다. 巴滇(전)馬[11)] 타기를 좋아하여 비록 三司[12)]가 되었어도 느닷없이 私行하여 田園을 순시하니, 한 사람도 따르는 사람이 없어 스스로 수건을 허리에 꽂고 다녔다.

王安豐은 穎脫[13)]하여 不持儀形이라 好乘巴(驔)〔滇〕[14)]馬하여 雖爲三司나 率爾私行하여

것이라는 뜻이다.(≪세설강의≫)
9) 非類 : 賤者를 말한다.(≪世說音釋≫)
10)【補】: 저본에는 '補'가 없으나, 이 일화는 ≪世說新語≫에 실려 있지 않고 ≪何氏語林≫에 실려 있으므로 이에 의거하여 '補'를 보충하였다.
11) 巴滇馬 : '滇(전)'은 중국 西南의 오랑캐 나라 이름으로, 滇國은 益州에 속하고 익주는 巴蜀에 속하므로 이곳에서 난 말을 '파전마'라고 하였다.(≪世說箋本≫)
12) 三司 : 司徒·司空·太尉 벼슬로, 高官을 말한다.(≪世說箋本≫)
13) 穎脫 : 재주와 기량이 보통 사람보다 특출하다는 뜻도 있고, 세속의 속박을 초월하다는 의미도 있는데, 여기서는 후자의 의미로 번역하였다.
14) (驔)〔滇〕: 저본에는 '驔'으로 되어 있으나, ≪世說音釋≫에 의거하여 '滇'으로 바로잡았다.

巡省田園하니 不從一人하여 自以手巾揷腰①러라

① 〈竹林七賢論〉에 말하였다. "왕융이 전에 알던 관리 중에는 高官이 많았다. 〈왕융은〉 그들을 만날 때마다 사잇길로 피하였다."
竹林七賢論曰 "戎故吏多大官, 相逢輒下道避之."

33-10 阮仲容(阮咸)과 阮步兵(阮籍)은 道南에 살고 다른 阮씨들은 道北에 살았는데 북쪽에 사는 완씨들은 모두 부유하고 남쪽의 완씨는 가난하였다. 7월 7일에 북쪽의 완씨들이 성대하게 옷들을 볕에 말릴 적에 모두 값 비싸고 화려한 비단옷들을 걸어놓았는데, 완중용은 장대에 베로 만든 큰 쇠코잠방이를 마당 가운데 걸어놓았다. 사람들이 더러 그것을 괴이하게 여기자 완중용이 대답하였다.
"아직 세속을 벗어나지 못하여 그저 다시 그렇게 했을 뿐입니다."

阮仲容・步兵居道南하고 諸阮居道北한대 北阮皆富하고 南阮貧이라 七月七日에 北阮盛曬(쇄)衣에 皆紗羅錦綺어늘 仲容은 以竿掛大布犢鼻褌於中庭하니 人或怪之한대 答曰 未能免俗하여 聊復爾耳①라하다

① 〈竹林七賢論〉에 말하였다. "다른 완씨들은 前世에 모두 儒學이었고 좋은 집에 살았는데, 오직 완함 일가는 道家를 숭상하고 일하지 않았으며 술을 좋아하고 가난하였다. 옛 습속에 7월 7일에는 옷을 볕에 말리는 풍습이 있었다. 이 날에 다른 완씨들의 마당에는 화려한 비단옷들이 널려 있었는데, 당시 未成年이었던 완함은 긴 장대에 쇠코잠방이를 걸어놓았다."
竹林七賢論曰 "諸阮前世皆儒學, 善居室, 唯咸一家尙道棄事, 好酒而貧. 舊俗七月七日, 法當曬衣. 諸阮庭中, 爛然錦綺. 咸時總角, 乃豎長竿, 掛犢鼻褌(곤)也."

33-11 阮渾이 장성하자 풍채와 기품이 부친(阮咸)과 흡사하였고 그 역시 放達한 행위를 따라 하고자 하였다. 그러자, 步兵(阮籍)이 말하였다.
"仲容(阮咸)이 이미 〈방달한 대열에〉 끼었으니, 경은 더 이상 그렇게 해서는 안 된다."

阮渾長成에 風氣韻度似父하고 亦欲作達[15]어늘 步兵曰 仲容已預之니 卿不得復爾①라하다

15) 作達 : 放達한 행위를 모방하는 것을 말한다. '作達'은 진정한 '達'이 아니다.

① 〈竹林七賢論〉에 말하였다. "阮籍이 阮渾을 억누른 것은 아마도 완혼이 자신들이 放達하는 까닭을 알지 못해서인 듯하다. 후에 완함의 형의 아들인 阮簡도 放達로써 처신하였다. 부친상 때 길을 가다가 큰 눈을 만나 춥고 몸이 얼어 마침내 浚儀令을 찾아갔는데, 준의령이 그를 위해 고깃국을 대접하자 완간이 그것을 먹었다. 그는 이 일로 비난을 받게 되어 거의 30년 간 〈관직에 나아가지 못하고〉 폐기되었다.[16)]

이 당시 竹林의 현자들의 기풍이 높긴 하였으나 禮教가 여전히 준엄하였는데, 元康(291~299) 연간에 이르러 마침내 방탕하고 예교를 무너뜨리는데 이르렀다. 樂廣이 그러한 세태를 나무라며 말하였다. '名教 안에도 즐거운 경지가 있거늘 어찌하여 이러한 지경에 이른단 말인가.' 樂令의 말에 의미가 있도다. 저들은 玄心이 아니니 단지 멋대로 행동하는 것을 이롭게 여겼을 뿐이다."

竹林七賢論曰 "籍之抑渾, 蓋以渾未識已之所以爲達也. 後咸兄子簡, 亦以曠達自居. 父喪, 行遇大雪, 寒凍, 遂詣浚儀令, 令爲它賓設黍臛[17)], 簡食之. 以致淸議[18)], 廢頓幾三十年. 是時竹林諸賢之風雖高, 而禮教尙峻, 迨元康中, 遂至放蕩越禮. 樂廣譏之曰 '名教中自有樂地, 何至於此?' 樂令之言有旨哉! 謂彼非玄心, 徒利其縱恣而已.'"

【頭註】

○ 劉辰翁 : 말이 되지 않는다.
劉云 "不成語."

33-12 阮仲容(阮咸)이 처음에 고모집의 鮮卑族 여종을 총애하였다. 모친상 중에 고모가 멀리 이사하게 되었는데, 처음에는 여종을 남겨두겠다고 해놓고 출발할 때는 정작 데리고 떠났다. 완중용이 빈객의 나귀를 빌려 喪服을 입은 채 직접 따라가 여종과 함께 말을 타고 돌아와 말하였다.

"사람의 씨를 잃을 수 없다."

그 여종이 바로 遙集(阮孚)의 생모이다.

阮仲容이 先幸姑家鮮卑婢러니 及居母喪에 姑當遠移한대 初云當留婢라가 旣發에 定將去하니 仲容이 借客驢著(작)重服[19)]하고 自追之하여 累騎[20)]而返曰 人種[21)]不可失이라하니

16) 완간이……폐기되었다 : 喪中에는 술을 마시거나 고기를 먹지 않는 것이 당시의 예법인데, 완간이 고깃국을 먹었기 때문에 비난을 받아 30년 간 관직에 나가지 못한 것이다.(≪世說新語箋疏≫(余嘉錫))
17) 黍臛(서학) : 좁쌀을 넣고 끓인 일종의 고깃국이다.
18) 淸議 : 名教의 비난을 받았다는 말이다.(≪世說箋本≫)

卽遙集之母也①라

①〈竹林七賢論〉에 말하였다. "阮咸이 여종을 좇아간 것에 대해 세간의 의론이 분분하여 〈완함은〉 魏나라 말부터 閭巷에 은둔하였다가 晉나라 咸寧(275~280) 연간에 이르러 비로소 벼슬길에 올랐다."

≪阮孚別傳≫에 말하였다. "완함이 고모에게 편지하여 '胡婢가 마침내 胡兒를 낳았습니다.'라고 하자, 고모가 답장하기를 '〈靈光殿賦〉[22]에 「胡人이 멀리서 와서 기둥 상부에 모여 있네〔胡人遙集於上楹〕」라고 하였으니, 그 아이의 字를 遙集이라 하면 되겠다.' 하였다. 그리하여 완부의 자가 '요집'이 되었다."

竹林七賢論曰"咸旣追婢, 於是世議紛然, 自魏末沈淪閭巷, 逮晉咸寧中, 始登王途[23]." 阮孚別傳曰 "咸與姑書曰 '胡婢遂生胡兒.' 姑答書曰 '魯靈光殿賦曰「胡人遙集於上楹」, 可字曰遙集也.' 故孚字遙集."

33-13 山季倫(山簡)이 형주를 다스릴 때 때때로 성 밖으로 나가 大醉하니 사람들이 이렇게 노래하였다.

"山公은 가끔 한 번 취하고 싶으면
곧바로 高陽池로 간다네
해질녘에 엎어진 채 실려 돌아오니
술에 흠뻑 취해 아무 것도 모르네
다시 준마를 타기는 했으나
白接䍦(백접리)[24]를 거꾸로 쓰셨구나[25]

---

19) 重服 : 본래는 사촌이나 고모 또는 고종사촌 등 大功親의 喪事 때에 아홉 달 동안 입던 服制를 말하지만, 여기서는 모친상 중이므로 범범하게 喪服을 가리키는 것으로 보았다.
20) 累騎 : 말 한 마리에 두 사람이 타는 것을 말한다.(≪世說音釋≫)
21) 人種 : 여종이 이때 阮孚를 잉태하고 있었기 때문에 이렇게 표현한 것이다.(≪世說新語箋疏≫(余嘉錫))
22) 靈光殿賦 : 漢나라 때 王延壽가 지은 賦名으로, 靈光殿은 漢 景帝의 아들로 魯王에 봉해진 劉餘(B.C. 160~B.C. 128)가 세운 전각이다.(≪文選≫ 권11) 영광전 기둥 상부에 胡人의 모습이 새겨져 있었다고 한다.
23) 王途 : 天子가 사는 궁전의 섬돌을 말하는데, 仕途를 비유한 것이다.
24) 白接䍦 : 白鷺 깃털로 장식한 모자를 말한다. ≪爾雅≫에는 '䁥䍦'로 되어 있으나, 그 注에 "江東에서는 백로의 등 위의 긴 깃털로 䁥䍦를 만들고 '鷺縗(노최)'라고 불렀다."(≪世說音釋≫)

손들어 葛彊에게 묻노니

幷州의 사내와 비교해 어떠하냐"[26]

高陽池는 襄陽에 있고, 彊은 그가 아끼는 장수였으니 幷州 사람이다.

山季倫爲荊州에 **時出酣暢**하니 **人爲之歌曰 山公時一醉**면 **徑造高陽池**라 **日莫**(모)[27]**倒載**[28]**歸**하니 **茗芋**[29]**無所知**라 **復能乘駿馬**[30]로대 **倒着白接(罹)〔䍦〕**[31]라 **擧手問葛彊**하되 **何如幷州兒**오하니라 **高陽池**는 **在襄陽**하고 **彊**은 **是其愛將**이니 **幷州人也**①라

① ≪襄陽記≫[32]에 말하였다. "漢나라의 侍中 習郁(습욱)이 峴山 남쪽에 范蠡(범려)의 ≪養魚法≫[33]에 의거하여 魚池를 만들고, 못 주변에 높은 제방을 쌓고 대나무와 長楸[34]를 심으니, 연꽃과 마름, 수련이 수면을 덮어 노닐며 즐기는 名所가 되었다. 山簡은 이 연못에 가기만 하면 만취하여 돌아오지 않은 적이 없었는데, 그가 말하기를

---

25) 다시……쓰셨구나 : 처음에 돌아올 때는 술에 만취하였으므로 수레 안에 엎어진 채 실려 왔으나, 얼마 뒤 城에 들어오고 나서는 술이 약간 깨어 말을 탈 수 있게 되었다. 그러나 여전히 술에 취한 상태이어서 白接䍦를 거꾸로 쓴 것이다.(≪世說音釋≫)

26) 幷州……어떠하냐 : 병주의 사내는 葛彊을 가리킨다. 山簡이 갈강에게 자신이 술에 취한 흥취가 너와 비교해 어떠하냐고 물은 것이다.(≪세설강의≫)

27) 莫(모) : '暮'의 古字이다.(≪世說音釋≫)

28) 倒載 : ≪古今黈≫에 "'倒載'는 수레 안에 몸이 엎어진 것이니, '倒'는 엎어져 누운 것이고, '載'는 수레에 엎어진 채 실려 온 것이다."라고 하였다.(≪世說音釋≫)

29) 茗芋 : '酩酊'의 의미이니, 즉 술에 흠뻑 취한 것이다.(≪世說音釋≫)

30) 復能乘駿馬 : ≪晉書≫ 〈山簡傳〉에는 '復'가 '時時'로 되어 있다. 그에 따르면 이 부분의 번역은 '때때로 준마를 탔으나'가 된다.

31) (罹)〔䍦〕 : 저본에는 '罹'로 되어 있으나, ≪李卓吾批點世說新語補≫, ≪世說音釋≫ 등에 의거하여 '䍦'로 바로잡았다.

32) 襄陽記 : 東晉의 習鑿齒가 편찬한 襄陽郡의 地方志이다. ≪襄陽耆舊記≫, ≪襄陽耆舊傳≫이라고도 불린다. 일찍 散逸되어 淸나라 때 吳慶燾가 만든 輯本이 전한다. 內容은 前篇에는 襄陽의 人物을 다루었고, 中篇에는 山川과 城邑에 대해 기재하였으며, 後篇에는 牧守에 대해 기재하였다.

33) 范蠡(범려)의 養魚法 : 范蠡(B.C. 536~B.C. 448)는 字가 少伯이고 춘추시대 말기 楚나라의 巨商이다. 재물을 잘 불리는 것으로 세상에 알려져 사람들이 그를 財神으로 섬겼다. 그의 저작은 ≪兵法≫과 ≪養魚經≫이 있었는데 모두 散佚되었다. ≪養魚經≫은 고기를 기르는 것에 관한 중국 최초의 저술로, 모두 1권이다. 범려가 만년에 陶지역에 살면서 朱公이라 칭하였으므로 후세인들이 그 책을 ≪陶朱公養魚經≫, ≪陶朱公養魚法≫, ≪陶朱公養魚方≫ 등으로 불렀다.

34) 長楸 : 옛사람들은 길가에 가래나무〔楸〕를 심었는데, 이 나무는 무성하게 잘 자랐으므로 '長楸'라고 이름하였다.

'이곳은 나의 高陽池이다.'라고 하였다. 양양의 어린아이들이 그것을 노래하였다."
襄陽記曰 "漢侍中習郁, 於峴山南, 依范蠡養魚法作魚池, 池邊有高隄, 種竹及長楸, 芙蓉蔆芡覆水, 是遊燕名處也. 山簡每臨此池, 未嘗不大醉而還, 曰 '此是我高陽池也!' 襄陽小兒歌之."

33-14 祖車騎(祖逖)가 長江을 건너올 적에는 공적으로나 사적으로 검소하여 좋은 옷이나 노리개가 없었다. 王導와 庾亮 등 諸公이 조거기를 찾아갔을 때 별안간 갖옷과 도포가 겹겹이 쌓여 있고 진기한 장식물이 가득 줄지어 있는 것을 보았다. 제공이 괴이하게 여겨 묻자 조적이 대답하였다.

"어젯밤에 다시 南唐[35]에 한 번 나갔었습니다."

조거기가 이때 항상 건장한 사내들에게 북을 치고 가서 약탈해오게 하였는데, 〈처벌하는〉 직분을 맡은 사람도 〈그런 행태를〉 용인하고 따져 묻지 않았다.

祖車騎過江時에 **公私儉薄**하여 **無好服玩**이라 **王・庾諸公**이 **共就祖**에 **忽見裘袍重疊珍飾盈列**하고 **諸公怪問之**하니 **祖曰 昨夜**에 **復南塘一出**이라 **祖于時**에 **恒自使健兒鼓行**[36] **劫鈔**[37]어늘 **在事之人**도 **亦容而不問**①이라

①〈孫盛의〉 ≪晉陽秋≫에 말하였다. "祖逖은 성품이 화통하였고 활달하였으며 자잘한 일에 구애받지 않았다. 또 그의 빈객과 수행인들이 대부분 桀처럼 흉폭한 용사들이었는데, 조적은 그들을 子弟처럼 대하였다. 永嘉(307~313) 연간에 流民들이 萬으로 헤아릴 정도로 많고 揚州 땅에 큰 기근이 들자 빈객들이 약탈을 하였는데, 조적은 그때마다 그들을 옹호하고 온전히 보전해주었다. 담론하는 자들이 조적의 이러한 행동을 잘못이라고 여겼으므로 오랫동안 調用되지 못하였다. 천고에 〈비난하는〉 말을 하는 자는 모두 같은 어미의 소생이다."[38]
晉陽秋曰 "逖性通濟, 不拘小節. 又賓從多是桀黠[39]勇士, 逖待之皆如子弟. 永嘉中, 流

---

35) 南唐 : 晉나라는 健康에 도읍하고 江口에서부터 淮水 가를 따라 제방을 쌓았는데, 남당은 秦淮河의 남쪽 연안이다.(≪世說音釋≫) 당시 남당은 富戶들이 모여 살던 지역이었다.
36) 鼓行 : 북을 울리며 가는 것이니, 두려움이 없는 것이다.(≪世說音釋≫)
37) 劫鈔 : 겁을 주어 약탈하는 것이다.(≪世說音釋≫)
38) 천고에……소생이다 : 祖逖은 豪傑인데 비난하는 자들은 그를 과소평가하니, 古今에 안목을 가진 자가 없는 것은 온 세상이 똑같다는 의미이다.(≪世說箋本≫)
39) 桀黠 : 桀처럼 흉폭한 것을 말한다.(≪世說音釋≫)

民以萬數, 揚土大饑, 賓客攻剽,[40] 逖輒擁護全衛. 談者以此少之, 故久不得調. 千古談者, 總一母生."

【頭註】

○ 王世懋 : 嵇康과 阮籍이 노략질했다는 말은 듣지 못하였다.
王云"未聞嵇阮作賊."

33-15 桓宣武(桓溫)가 젊어서 집이 빈한하였는데 노름에서 크게 졌다. 채권자가 빚을 갚으라고 심하게 독촉하였으나 환선무는 스스로 갚을 방법을 생각해도 벗어날 방도가 없었다. 陳郡의 袁耽은 출중하고 재주가 많았다. 환선무는 원탐에게 구해줄 것을 요청하고 싶었으나 원탐은 이때 喪中이었으므로 비난을 받을까 두려워 시험 삼아 그에게 사정을 말하였더니, 그가 내번에 승낙하고 조금도 꺼림이 없었다. 마침내 의복을 바꿔 입고 베두건을 가슴에 품고는 환온을 따라가 채권자와 노름을 하게 되었는데, 원탐은 본래 기예에 뛰어나다는 명성이 있었다. 채권자가 대국에 나오면서 말하였다.

"당신이 참으로 袁彦道(원탐)와 겨루게 될 줄은 몰랐겠지!"[41]

마침내 같이 노름을 하여 한 번 던지는데 10만을 걸었다가 곧장 100만으로 올렸는데, 원탐은 말을 던지며 소리치면서 곁에 사람이 없는 듯하였다. 그러다가 베두건을 꺼내 상대에게 던지며[42] 말하였다.

"당신이 마침내 원언도를 알아보겠느냐?"

桓宣武少家貧한대 戲大輸라 債主敦求甚切이어늘 思自振之方이로대 莫知所出이러니 陳郡袁耽이 俊邁多能①이라 宣武가 欲求救於耽로대 耽時居艱[43]하여 恐致疑[44]하여 試以告焉하니 應聲便許하고 略無慊吝이라 遂變服懷布帽하고 隨溫去하여 與債主戲하니 耽素有藝名이라 債主就局曰 汝故當不辦作袁彦道邪(야)인저하고 遂共戲하여 十萬一擲이라가 直

40) 攻剽 : 백성의 재물을 강제로 빼앗는 것이다.
41) 당신이……몰랐겠지 : 채권자는 喪中에 있는 袁彦道(袁耽)가 환선무를 구제해주기 위해 올 줄은 생각지도 못하고, 자신을 원언도와 같은 高手로 여겨 이렇게 말한 것이다.
42) 베두건을……던지며 : 자신이 바로 袁彦道(袁耽)라는 것을 증명하기 위해서 베두건을 던진 것이다.(≪世說箋本≫)
43) 居艱 : 喪中에 있다는 말이다.
44) 疑 : 마음속으로 비난하는 것을 말한다.(≪世說箋本≫)

上百萬數한대 投馬絶叫하여 傍若無人이라 探布帽擲對人曰 汝竟識袁彥道不②아하다

① ≪袁氏家傳≫에 말하였다. "袁耽은 字가 彥道이고 陳郡 陽夏 사람으로, 魏의 郎中 袁令渙의 증손이다. 체구가 장대하고 시원스럽게 생겼으며 고상한 품격이 출중하였다. 젊어서부터 기개가 있고 뛰어나 남에게 눌리지 않았으며, 남다른 재주를 지녀 士人들이 많이 그를 따랐다. 벼슬이 司徒從事中郎에 이르렀다."
袁氏家傳曰 "耽字彥道, 陳郡陽夏人, 魏郎中令渙曾孫也. 魁梧爽朗, 高風振邁, 少倜(척)儻不羈, 有異才, 士人多歸之. 仕至司徒從事中郎."

② ≪郭子≫에 말하였다. "桓公이 樗蒲(저포)[45]를 하여 쌀 수백 斛(곡)을 잃고는 袁耽에게 구제해 줄 것을 청하였다. 원탐은 喪中이었는데 곧바로 말하기를, '매우 좋다. 내가 반드시 貴采[46]를 잡겠다. 경은 크게 소리치기만 하라.'라고 하고는 곧바로 자신의 상복을 벗고 함께 문밖으로 나갔다. 머리에 베두건을 쓴 것을 알아차리고서 그것을 던져 버리고 小帽[47]를 썼다. 저포를 시작하자 원탐은 형세를 펼치는 소리를 지르고 소매를 걷어 올렸으며, 말을 던지기만 하면 반드시 盧나 雉가 나왔다.[48] 두 사람이 같이 소리치자 상대가 순식간에 수백만을 잃었다."
郭子曰 "桓公樗蒲, 失數百斛米, 求救於袁耽. 耽在艱中, 便云'大快. 我必作采[49], 卿但大喚.' 卽脫其衰, 共出門去. 覺頭上有布帽[50], 擲去, 著(착)小帽. 旣戲, 袁形勢呼袒(단)[51], 擲必盧雉. 二人齊叫, 敵家[52]頃刻失數百萬也."

33-16【補】 王孝孫(王尼)이 이른 나이에 喪妻하고 아들 하나가 있었다. 가난하여 살 집이 없었고 오로지 露車[53] 한 대에 소 한 마리가 있을 뿐이었다. 다닐 때마

---

45) 樗蒲(저포) : '저포'는 樗(가죽나무)와 蒲(부들)의 열매로 양면만 있는 납작한 형태의 주사위 5개를 만들고, 그것을 던져서 말을 움직여 승부를 다투는 놀이이다. 5개의 주사위 중 앞면에 흑색을 칠한 뒤 犢(송아지)을 그려 넣고 뒷면에 백색을 칠한 뒤 雉(꿩)를 그려 넣었다.
46) 貴采 : 樗蒲 놀이에서 높은 점수를 얻는 4가지 경우로, 귀채에는 盧・白・雉・犢이 있다.
47) 小帽 : 禮冠이나 官帽가 아닌, 편한 모자를 말한다.
48) 盧나……나왔다 : 盧와 雉는 樗蒲 놀이에서 높은 점수를 받는 조합의 두 가지 경우이다. 5개의 주사위를 던져 모두 흑색만 나온 것이 '盧'이고 2개의 雉와 3개의 흑색이 나온 것이 '雉'이다.
49) 作采 : '作貴采'를 말한다.
50) 布帽 : 상복에 갖추어 쓰는 베로 만든 두건이다.
51) 形勢呼袒 : 형세를 펼칠 때 크게 소리치고 소매를 걷어 올리는 것이다.(≪世說音釋≫)
52) 敵家 : 노름을 하는 상대를 말한다. 옛날에는 사람을 '家'라고 하였다.(≪世說音釋≫)
53) 露車 : 수레에 덮개가 없는 것으로, 민간에서 짐을 실을 때 주로 사용하는 수레이다.

다 〈아들에게〉 그 수레를 몰게 하고 저녁에는 같이 수레에서 잤다. 그는 늘 탄식하며 이렇게 말하였다.

"바닷물이 멋대로 흐르니 가는 곳마다 편치 않구나."

王孝孫이 早歲喪妻하고 有一子라 貧無居宅이요 惟畜露車하고 有牛一頭라 每行에 輒使御之하고 暮則共宿車上이라 常歎曰 滄海橫流[54]하니 處〔處〕[55]不安也라하다

33-17 【補】 光孟祖(光逸)가 난리를 피하여 강남으로 건너가 胡毋彦國에게 의탁하려 하였다. 처음에 왔을 때 호무언국이 謝鯤 등 여러 사람과 더불어 머리를 풀어헤치고 나체로 있으면서 문을 닫고 술에 만취하며 지낸 지 여러 날이 지난 때였나. 광맹소가 문을 밀치고 들어가려 하자 문지기가 허락하지 않았다. 그러자 광맹조가 곧바로 지게문 밖에서 상의를 벗고 머리를 드러낸 채 개구멍으로 엿보며 크게 소리를 질렀다. 호무언국이 놀라 말하였다.

"다른 사람은 결코 이렇게 할 수 없으니, 필시 우리 孟祖(광일)일 것이다."

급히 소리쳐 들어오게 하여 함께 마셨다. 당시 사람들이 이들을 '八達'이라 하였다.

光孟祖가 避難渡江하여 欲投胡毋(무)彦國이러니 初至에 値彦國與謝鯤諸이 散髮裸袒하여 閉室酣飮이 已累日이라 孟祖將排戶나 守者不聽하니 孟祖便於戶外에 脫衣露頭하고 於狗竇中에 窺之而大叫하니 彦國驚曰 他人은 決不能爾라 必我孟祖라하고 遽呼入與飮이라 時人謂之八達①이라

① ≪晉書≫ 〈光逸傳〉에 말하였다. "光逸은 字가 孟祖이고, 樂安 사람이다. 처음에 博昌의 小吏였을 때, 현령이 광일에게 손님을 전송하게 하여 감기에 걸려 온몸이 얼고 젖었다. 돌아왔을 때 마침 현령이 부재중이자 광일이 옷을 벗어 말리고 현령의 이불 속에 들어가 누워 있었나. 현령이 돌아와 크게 화를 내며 엄한 처벌을 내리려 하자 광일이 말하였다. "집이 가난하여 단벌옷이 젖으면 갈아입을 옷이 없습니다. 만약 잠

(≪世說音釋≫)

54) 滄海橫流 : ≪孟子≫ 〈滕文公 上〉에 "洪水橫流"라는 말이 있으니, 亂世를 비유한 것이다.(≪世說箋本≫)

55) 〔處〕 : 저본에는 '處'가 없으나, ≪晉書≫에 의거하여 보충하였다. 處處는 '到處'와 같다.

시라도 온기를 쐬지 못할 것 같으면 필시 凍死하게 될 것이니, 어찌 이불 하나를 아까워하여 한 사람을 죽이신단 말입니까."

현령이 기특하게 여겨 석방하였다. 후에 孝廉에 천거되었고 晉元帝(司馬睿)가 軍諮祭酒(군자좨주)로 삼았다.

晉書曰"光逸, 字孟祖, 樂安人. 初爲博昌小吏, 縣令使逸送客, 冒寒擧體凍濕. 還遇令不在, 解衣炙之, 入令被中臥. 令還大怒, 將加嚴罰, 逸曰'家貧, 衣單沾濕, 無可代. 若不暫溫, 勢必凍死, 奈何惜一被而殺一人乎?' 令奇而釋之. 後擧孝廉, 元帝以爲軍諮祭酒."

33-18 任愷가 권세를 잃은 뒤에 더 이상 스스로를 단속하지 못하자, 어떤 이가 和嶠에게 말하였다.

"경은 어째서 元裒(任愷)가 무너지는 것을 앉아서 보고만 있고 구제하지 않으시오?"

화교가 말하였다.

"원부는 北夏門[56]이 우지끈 갈라져 스스로 무너지려 하는 것과 같으니, 나무 하나로 지탱할 수 있는 것이 아닙니다."

任愷既失權勢에 **不復自檢括**이어늘 **或謂和嶠曰 卿**은 **何以坐視元裒敗而不救**오 **和曰 元裒**는 **如北夏門拉攞**(납라)[57] **自欲壞**니 **非一木所能支**①라하다

① ≪晉諸公贊≫에 말하였다. "任愷는 字가 元裒(원부)이고, 樂安 博昌 사람이다. 고명한 식견과 국정 능력을 지녀, 크고 작은 온갖 국정을 대부분 기획하였다. 賈充과 不和하였는데, 가충이 마침내 임개가 吏部를 맡아야 한다고 황제에게 아뢰고, 또 담당관에게 임개가 황제의 食器를 사용한다고 상주하게 하였다. 그 결과 임개는 관직에서 파면되고 晉世祖(司馬炎)의 신임도 마침내 받지 못하게 되었다."

晉諸公贊曰"愷, 字元裒, 樂安博昌人. 有雅識國幹, 萬機大小多綜之. 與賈充不平, 充乃啓愷掌吏部, 又使有司奏愷用御食器, 坐免官, 世祖情遂薄焉."

33-19【補】 胡毋彦國이 湘州에 부임했는데, 그때가 마침 三伏 중이었다. 호무언국이 官衙에 앉아 부채질을 하며 정무를 보고 있자, 그의 아들 子光(胡毋謙之)이 조

56) 北夏門 : 洛陽 북쪽에는 大夏門과 廣莫門이 있었으니, 북하문은 즉 大夏門을 가리킨다. 和嶠가 洛陽12門 중에서 유독 이 북하문을 거론한 것은 그 문이 가장 장대하고 화려해서였다.(≪世說新語箋疏≫)

57) 拉攞(납라) : 나무가 갈라져 쪼개지는 소리이니, '拉'은 '摧折'이고 '攞'는 '裂'과 같다.(≪世說箋本≫)

용히 돌아보며 말하였다.

"彦國이 또 어찌하여 스스로 저런 근심을 초래하는가."[58)]

胡母(무)彦國至湘州에 爾時三伏中이라 彦國坐正衙하여 搖扇視事러니 其子子光이 從容顧語 曰 彦國이 復何爲自貽伊戚①[59)]고라하다

① ≪晉陽秋≫에 말하였다. "胡母彦國의 아들 胡母謙之는 字가 子光이다."
晉陽秋曰 "彦國子謙之, 字子光."

33-20 劉道眞(劉寶)[60)]이 젊었을 때 항상 늪지에서 고기잡이를 할 때면 노래하고 휘파람을 잘 부니 듣는 사람마다 모두 가던 길을 멈추었다. 유도진이 보통 사람이 아니리라는 것을 안 어떤 노파가 그의 노래와 휘파람소리를 매우 좋아하여 마침내 돼지를 잡아 그에게 올렸다. 유도진이 돼지고기를 다 먹고 전혀 감사해 하지 않자[61)] 노파는 그가 배부르지 않은 것이라 보고 다시 돼지 한 마리를 바치니, 반만 먹고 반은 남기고서 돌아갔다.

후에 유도진이 吏部郞이 되었을 때 노파의 아들이 小令史였는데, 유도진이 그를 발탁하여 승진시켰다. 노파의 아들이 그 이유를 알지 못하여 모친에게 묻자, 모친이 그간의 일을 말해주었다. 이에 소고기와 술을 가지고 유도진을 찾아가니, 유도진이 말하였다.

"가라 가. 더는 보답할 만한 것이 없다."

劉道眞少時常漁草澤에 善歌嘯하니 聞者莫不留連이라 有一老嫗識其非常人하고 甚樂其歌嘯하여 乃殺豚進之하니 道眞食豚盡了不謝하니 嫗見不飽하고 又進一豚한대 食半하고 餘半迺還之라 後爲吏部郞에 嫗兒爲小令史어늘 道眞超用之한대 不知所由하여 問母하니

58) 彦國이……초래하는가 : 아들이 아버지가 정무를 보는 것을 기롱한 것이다. 여기서는 아들인 胡母謙之가 아버지의 이름인 '彦國'을 말한 것을 任誕한 행위로 본 것이다.(≪世說箋本≫)

59) 自貽伊戚 : 이 말은 ≪詩經≫ 〈小雅 小明〉에서 인용한 것이다. '스스로 번뇌를 찾다', '스스로 재앙을 초래하다'의 의미로 쓰인다.

60) 劉道眞(劉寶) : ?~301. 西晉의 관원으로, 道眞은 字이다. 시를 잘 짓고 문장을 잘 하였다. 저서로 ≪漢書駁議≫ 2권이 있다.

61) 유도진이……않자 : 유도진은 나중에 노파에게 은혜를 갚으려 한 것이다.(≪세설강의≫)

母告之라 於是齎牛酒詣道眞하니 道眞曰 去去하라 無可復用相報라하다

【頭註】

○ 劉辰翁 : 세간의 우스갯소리이다.
劉云 "市井咲(소)[62]語"

33-21 阮宣子(阮修)는 항상 걸어서 다닐 적에 100錢을 막대기 끝에 매달고 다니다가 주점에 이르러서는 곧 홀로 만취하도록 마셨다. 아무리 당대의 귀하고 권세 있는 사람이라 해도 찾아가려 하지 않았다.

阮宣子常步行에 以百錢掛杖頭라가 至酒店하여 便獨酣暢이라 雖當世貴盛不肯詣也①라

①〈袁宏의〉≪名士傳≫에 말하였다. "阮修는 字가 宣子이고, 陳留 尉氏(위지) 사람이다. ≪노자≫와 ≪주역≫을 좋아하였고 理에 대한 담론에 능하였다. 성품이 대범하고 任達하였다. 俗人을 만나는 것을 좋아하지 않아 때때로 어쩌다 서로 만나게 되면 즉시 가버렸다. 거만하여 먹고 살 궁리를 하지 않았고 집안에 비축해 놓은 한 섬의 〈곡식이〉 없어도 태평하였다. 瑯邪王 處仲이 鴻臚卿이 되었을 때, 그에게 이르기를 '鴻臚丞 자리는 약간의 녹봉이 있는데, 경은 늘 먹을 것이 없으니 해보시겠소?'라고 하니 완수가 '그것도 괜찮을 것 같군요.'라고 하였다. 마침내 鴻臚丞·太子洗馬가 되었다."
名士傳曰 "阮修, 字宣子, 陳留尉氏人. 好老·易, 能言理. 性簡任. 不喜見俗人, 時誤相逢, 卽舍去. 傲然無營, 家無儋石之儲, 晏如也. 琅邪王處仲爲鴻臚卿, 謂曰 '鴻臚丞差有祿, 卿常無食, 能作不?' 修曰 '爲復(부)可耳.' 遂爲鴻臚丞·太子洗馬."

33-22【補】宋褘는 石崇의 妓인 綠珠의 제자인데, 절세미인이고 피리를 잘 불었다. 후에 晉明帝(司馬紹)의 궁에 있었는데, 황제가 병들어 위독해지자 신하들이 간언을 올려 송휘를 궁에서 내보낼 것을 청하였다. 때마침 조정의 신하들이 다 모여 있을 때 황제가 말하였다.

"경들 중에 누가 송휘를 얻기를 원하는가?"

사람들이 아무 말이 없자, 당시 이부상서였던 阮遙集(阮孚)이 대답하였다.

"신에게 주시기를 원합니다."

62) 咲(소) : 笑의 古字이다.

황제가 송휘를 즉시 궁에서 내보내 그에게 주었다.

宋褘(휘)는 是石崇妓綠珠弟子니 有國色善吹笛이라 後在晉明帝宮이러니 帝疾患危篤에 群臣進諫請出宋褘하니 時朝賢悉見에 帝曰 卿諸人誰欲得者오 衆人無言한대 阮遙集이 時爲吏部尙書라 對曰 願以賜臣하노이다 帝卽遣出與之하다

33-23 張季鷹(張翰)은 제멋대로 행동하며 거리낌이 없어 당시 사람들이 그를 '江東의 步兵'이라 불렀다. 어떤 이가 그에게 말하였다.

"경이 한때는 멋대로 살 수는 있겠으나, 어찌 죽고 나서 이름을 남기는 것에 대해 생각하지 않는가?"

장계응이 대답하였다.

"나에게 죽고 나서 이름을 남기는 것은 당장의 술 한 잔만 못하다네."

張季鷹縱任不拘하니 時人號爲江東步兵이라 或謂之曰 卿乃可縱適一時나 獨不爲身後名邪(야)오 答曰 使我有身後名이 不如卽時一桮酒①라하다

① ≪文士傳≫에 말하였다. "張翰이 유유자적하는 성품을 지녀 당세에 아무 것도 구하지 않으니, 당시 사람들이 그의 曠達함을 존경하였다."
文士傳曰 "翰任性自適, 無求當世, 時人貴其曠達."

【頭註】

○ 王世懋 : 季鷹(張翰)의 이러한 뜻은 매우 심원하나, 명성을 탐하는 세간의 빈객들을 이기려고 한 것일 뿐이니, 그 역시 어찌 모든 것을 다 잊을 수 있었겠는가. 본래는 명성을 잊었다고 말한 것인데, 마침내 이 말을 천년동안 전해지게 하였다.
王云 "季鷹此意甚遠, 欲破世間啖(담)名客耳. 渠亦那能盡忘? 本謂忘名, 乃令此言千載."

33-24 畢茂世(畢卓)가 말하였다.

"한 손엔 게의 집게발 들고
다른 손엔 술잔 잡고서
酒池 가운데 떠다닌다면
일생을 마치기에 족하리라"

畢茂世云 一手持蟹螯(해오)하고 **一手持酒杯**하여 **拍浮**[63] **酒池中**이면 **便足了一生**①이라하다

①〈何法盛의〉 ≪晉中興書≫에 말하였다. "畢卓은 字가 茂世이고, 新蔡 사람이다. 젊어서부터 오만하고 방달하여 胡毋輔之의 인정을 받았다. 太興(318~321) 말에 吏部郎이 되었다. 한번은 술을 마시고 근무를 내팽개친 채 이웃에 사는 동료가 빚은 술이 익자 필탁이 취한 상태로 밤에 그 집 술동이 사이로 가서 〈술을〉 퍼 마셨다. 주인이 도둑이라고 생각하여 잡아서 포박하였으나 吏部郎이라는 것을 알고 풀어 주었다. 필탁이 마침내 주인을 이끌고 술동이 옆에서 놀다가 취해서 돌아갔다. 溫嶠가 평소 필탁을 인정하고 아껴서 〈조정에〉 청하여 平南長史로 삼았는데 죽었다."
晉中興書曰 "畢卓, 字茂世, 新蔡人. 少傲達, 爲胡毋(무)輔之所知. 太興末, 爲吏部郎. 嘗飮酒廢職, 比舍郎釀酒熟, 卓因醉, 夜至其甕間, 取飮之. 主者謂是盜, 執而縛之, 知爲吏部也, 釋之. 卓遂引主人燕甕側, 取醉而去. 溫嶠素知愛卓, 請爲平南長史, 卒."

33-25 賀司空(賀循)이 洛陽에 들어가 황제의 부름을 받아 太孫舍人이 되어 吳 땅의 閶門을 지날 때 배 안에서 거문고를 타고 있었다. 張季鷹(張翰)이 본래 그와 알던 사이가 아니었는데, 먼저 金閶亭에 있다가 거문고 소리가 매우 청아한 것을 듣고는 배에서 내려 그에게 나아가 함께 대화하고는 곧 서로를 알고 기뻐하였다. 장계응이 하사공에게 물었다.

"경은 어디로 가시려 하십니까?"

하사공이 말하였다.

"낙양에 들어오라는 명을 받아 마침 이렇게 가는 중입니다."

장계응이 말하였다.

"저 역시 北京[64]에 일이 있습니다."

路程이 같아 배를 얻어 타고 하사공과 함께 출발하였다. 〈장계응이〉 처음에 집에 알리지 않아 집에서 수소문하여 사정을 마침내 알게 되었다.[65]

賀司空入洛赴命하여 **爲太孫舍人**이라 **經吳閶門**할새 **在船中彈琴**이러니 **張季鷹**이 **本不相**

63) 拍浮 : '浮遊하다', '遊泳하다'의 의미이다.
64) 北京 : 洛陽을 말한다.
65) 처음에……되었다 : 張翰은 애초에 벼슬하러 북경에 갈 의도가 없었는데, 賀循을 만나 같이 배를 타고 가는 바람에 집에 알리지 못한 것이다.(≪世說箋本≫)

識이로대 先在金閶亭이라가 聞絃甚清하고 下船就賀하여 因共語하고 便大相知說(열)이라 問賀卿欲何之오 賀曰 入洛赴命하여 正爾進路로라 張曰 吾亦有事北京이라 因路寄載하여 便與賀同發하다 初不告家하여 家追問迺知①라

① ≪賀循別傳≫에 말하였다. "賀循은 字가 彦先이고, 會稽 山陰 사람이다. 本姓은 慶氏였으나 고조인 賀純이 漢帝와 避諱하기 위하여[66] 賀氏로 바꿨다. 부친인 賀劭는 吳(삼국)나라의 중서령이었는데, 忠正하였기 때문에 죽임을 당했다. 하순은 어렸을 때 집안이 화를 당하여 변방으로 유배되었다가 오나라가 평정되자 돌아왔다. 절조를 지키고 행동이 고상하였다. 晉元帝(司馬睿)가 安東王이었을 때 하순을 吳國內史로 삼았다."
賀循別傳曰 "循, 字彦先, 會稽山陰人. 本姓慶, 高祖純避漢帝諱, 改爲賀氏. 父劭, 吳中書令, 以忠正見害. 循少嬰家禍, 流放荒裔, 吳平乃還. 秉節高擧. 元帝爲安東王, 循爲吳國內史."

【頭註】
○ 왕세무 : 이 일화는 참으로 운치가 있다.
王云 "此故有致."

33-26 鴻臚卿 孔群이 술 마시는 것을 좋아하자, 王丞相(王導)이 그에게 말하였다. "경은 어찌하여 늘 술을 마시는가. 주점의 술독을 덮는 베가 세월이 갈수록 썩는 것을 보지 못하였는가."[67)]

공군이 말하였다.

"그렇지 않습니다. 술과 고기가 결국은 더욱 〈수명을〉 오래 버티게 하는 것을 보지 못하셨습니까."

공군이 언젠가 친구에게 이렇게 편지하였다.

"금년에 밭에서 700斛의 차좁쌀을 거두었으나 술 빚는 일을 끝내기에는 부족하네."

鴻臚卿孔群好飮酒하니 王丞相謂云 卿은 何爲恒飮酒오 不見酒家覆瓿布日月糜爛가 群曰 不爾라 不見糟肉乃更堪久아라하다 群嘗書與親舊에 今年田得七百斛秫米로대 不了麴糵(국얼)事[68)]라하다

66) 漢帝와……위하여 : 漢安帝(劉祜)의 부친 淸河王의 이름이 慶이었다.(≪世說音釋≫)
67) 주점의……못하였는가 : 술이 베를 썩히는 것이니, 사람의 腸도 마찬가지라고 말한 것이다.(≪世說講義≫)

33-27 어떤 이가 周僕射(周顗)를 비난하였다.

"친한 벗들과 담소할 때 난잡하여 절제하는 모습이 없습니다."

주복야가 말하였다.

"나는 萬里에 달하는 長江과 같으니, 어찌 千里마다 한 번씩 굽이치지 않을 수 있겠는가."

有人譏周僕射(야)호대 **與親友言戲**에 **穢雜無檢節**①이라하니 **周曰 吾若萬里長江**이니 **何能不千里一曲**가하다

① 鄧粲의 ≪晉紀≫에 말하였다. "王導가 周顗와 朝仕들과 더불어 尙書인 紀瞻을 찾아가 기예를 구경하였다. 기첨은 愛妾이 있었는데, 新聲[69]을 잘 하였다. 주의가 사람들이 많은 곳에서 그 첩과 사통하려고 하다가 추잡함이 드러났으나 안색에 부끄러워하는 기색이 없었다. 담당 관원이 주의를 免官시킬 것을 청하였으나, 〈천자가〉 조서를 내려 특별히 용서해주었다."

鄧粲晉紀曰 "王導與周顗及朝士, 詣尙書紀瞻觀伎. 瞻有愛妾, 能爲新聲. 顗於衆中欲通其妾, 露其醜穢, 顔無怍色. 有司奏免顗官, 詔特原之."

【頭註】

○ 왕세무 : 達人은 우선 욕망을 없애야 하거늘, 周顗와 謝鯤은 어찌하여 色을 밝히는 것을 達이라 여겼는가?

王云 "達人先須去慾, 周顗・謝鯤, 何乃以色爲達?"

33-28 王長史(王濛)와 謝仁祖(謝尙)가 함께 王公의 掾吏가 되었을 때, 왕장사가 말하였다.

"謝掾(사상)은 특이한 춤을 출 수 있습니다."

사인조가 곧바로 일어나 춤을 추었는데 기색이 매우 차분하였다. 왕공이 한참 쳐다보더니 손님에게 이렇게 말하였다.

"〈기상이〉 安豐(王戎)을 생각나게 하는군요."

---

68) 不了麴糵事 : ≪世說講義≫에서는 이 구절을 '술에 대한 수요가 아직 끝나지 않은 것'이라 하였고, ≪通典≫ 권128에도 이 구절을 "不足了麴糵事"라 하였다.

69) 新聲 : 새로 만든 樂曲 또는 古樂府에 들어가지 않은 음악을 말한다.

王長史・謝仁祖同爲王公掾①에 **長史云 謝掾能作異舞**라하니 **謝便起舞**한대 **神意甚暇**②러라 **王公熟視**라가 **謂客曰 使人思安豐**③이라하다

① ≪王濛別傳≫에 말하였다. "丞相인 王導는 名士와 당대의 賢者를 초빙하여 〈국가가〉 中興하도록 도왔다. 旌命[70]이 추가될 때면 반드시 걸출한 인재를 끌어왔는데, 王濛을 초빙하여 掾吏로 삼았다."
王濛別傳曰 "丞相王導辟名士時賢, 協贊中興. 旌命所加, 必延俊乂, 辟濛爲掾."
② ≪晉陽秋≫에 말하였다. "謝尙은 성품이 통달하고 대범하였으며 음악을 잘 하였다." ≪語林≫에 말하였다. "謝鎭西(謝尙)가 술을 마신 뒤 연회석 사이에서 낙양의 市肆工들이 추던 鴝鵒舞(구욕무)[71]를 추었는데 매우 아름다웠다."
晉陽秋曰 "尙性通任, 善音樂." 語林曰 "謝鎭西酒後, 於槃案間, 爲洛市肆工[72]鴝鵒舞, 甚佳."
③ 王戎은 성품이 통달하고 대범하였는데, 謝尙이 그와 비슷했다.
戎性通任, 尙類之.

33-29【補】 謝鎭西(謝尙)가 자주색 비단 상의를 입고 胡床에 걸터앉아 큰 시장 가운데 佛圖가 있는 문루 위에서 비파를 타며 〈大道曲〉[73]을 연주하였다.

謝鎭西著(착)**紫羅襦**(유)하고 **據胡床**하여 **在大市中佛圖門樓上彈琵琶**하며 **作大道曲**이라

33-30 溫太眞(溫嶠)이 지위가 아직 높지 않았을 때, 자주 揚州와 淮中의 상인들과 樗蒲(저포)[74]를 하였는데 번번이 그들의 상대가 되지 못하였다. 언젠가 한 판에 크게 재물을 걸었다가 노름에서 지게 되어 〈집으로〉 돌아갈 방도가 없게 되었다. 그는 庾亮과 친하였으므로 배 안에서 크게 유량을 불러 말하였다.

---

70) 旌命 : 旌은 깃발의 종류인데, 현자를 구하러 가는 使者가 군주의 증표로 가져갔다.(≪世說音釋≫)
71) 鴝鵒舞(구욕무) : 鸜鵒舞라고도 한다. 樂舞의 이름이다.
72) 洛市肆工 : 낙양의 市肆에서 樂舞를 배우는 자들을 말한다.(≪世說音釋≫)
73) 大道曲 : 東晉의 謝尙이 創作한 4句로 이루어진 五言古詩이다. 곡조는 사라지고 현재 가사만 전하는데, 원문은 "靑陽二三月 柳靑復桃紅 車馬不相識 音落黃埃中"이다.
74) 樗蒲(저포) : 樗(가죽나무)와 蒲(부들)의 열매로 양면만 있는 납작한 형태의 주사위 5개를 만들고, 그것을 던져서 말을 움직여 승부를 다투는 놀이이다.

"경이 나를 빼내주게나."

유량이 즉시 몸값을 보낸 뒤에야 돌아갈 수 있었다. 이렇게 하기를 서너 차례 하였다.

溫太眞位未高時에 屢與揚州淮中估客樗蒱로대 與輒不競이라 嘗一過大輸物이라가 戲屈하여 無因得反이러니 與庾亮善이라 於舫中大喚亮曰 卿可贖我하라하니 庾卽送直(치)然後得還이라 經此數四①러라

① ≪中興書≫에 말하였다. "溫嶠는 걸출하고 똑똑하다는 평판을 지녔고 자잘한 행동에 구애받지 않았다."
中興書曰 "嶠有俊朗之目, 而不拘細行."

【頭註】

○ 劉辰翁 : 太眞(溫嶠)이 자신을 종의 몸값으로 노름에 걸었다.
劉云 "太眞賭身奴價."

33-31 溫公(溫嶠)은 남을 깎아내리는 말을 즐겨 하였고, 卞令(卞壼)은 예법에 따라 처신하였다. 庾公(庾亮)의 처소에 이르러 심하게 서로 공격할 때 온공이 입만 열면 비속한 말을 하였다. 그러자 유공이 천천히 말하였다.

"太眞(溫嶠)은 종일토록 비속한 말을 하지 않는구나."

溫公은 喜慢語하고 卞令은 禮法自居①라 至庾公許하여 大相剖擊에 溫發口鄙穢하니 庾公徐曰 太眞은 終日無鄙言②이라하다

① ≪卞壼別傳≫에 말하였다. "卞壼가 얼굴빛을 엄숙하게 하고 조정에 서면 백관이 두려워하였으며, 귀족 자제들이 모두 공경하였다."
卞壼別傳曰 "壼正色立朝, 百寮嚴憚, 貴遊[75]子弟, 莫不祗肅."

② 〈온교가 비속한 말을 하였는데도 이렇게 말한 것은〉 그의 방달함을 소중하게 여긴 것이다.
重其達也.

---

75) 貴遊 : 官職이 없는 王公貴族을 말하는데, 신분이 높고 귀한 자를 범칭한다.

33-32 周伯仁(周顗)은 풍모와 덕행이 고상하고 진중하였으며 위험과 환란에 깊이 통달하였는데, 長江을 건넌 뒤 여러 해 동안 항상 술에 만취해 있었다. 한번은 3일 동안 술에서 깨지 않자, 당시 사람들은 그를 '三日僕射'[76]라고 불렀다.

周伯仁이 風德雅重하고 深達危亂이라 過江積年에 恒大飮酒러니 嘗經三日不醒하여 時人謂之 三日僕射(야)①라하다

① ≪晉陽秋≫에 말하였다. "처음에 周顗는 고상한 명망을 지닌 것으로 전국에서 높은 명성을 떨쳤으나, 나중에는 술로 인해 실수가 잦았다. 庾亮이 말하기를, '周侯(주의)의 말년은 鳳德[77]이 쇠퇴했다 할 만하다.'라고 하였다."

≪語林≫에 말하였다. "伯仁(주의)이 누이상을 당했을 때는 3일 동안 취하였고, 고모상을 당했을 때는 2일 동안 취하여 명성이 크게 훼손되었다. 취할 때마다 諸公이 항상 같이 모여서 그를 지켰다."

晉陽秋曰 "初, 顗以雅望, 獲海內盛名, 後屢以酒失. 庾亮曰 '周侯末年, 可謂鳳德之衰也.'" 語林曰 "伯仁正有姊喪, 三日醉, 姑喪, 二日醉, 大損資望. 每醉, 諸公常共屯守."[78]

33-33 蘇峻의 亂[79] 때 庾氏들이 도망하여 흩어졌다. 庾氷이 당시 吳郡을 다스리고 있다가 혼자 달아나니 백성과 관원은 모두 떠났고, 오직 郡卒 한 사람이 작은 배에 유빙을 태우고 錢塘口를 빠져 나와 돗자리로 그를 덮어 숨겨 주었다. 이때 소준이 현상금을 걸어 유빙을 찾고 있어 닿는 곳마다 매우 극렬하게 조사하고 있었는데, 군졸은 부두에 배를 내버려두고 술에 취해 돌아와 노를 들고 춤추며 배를 향해 말하기를 '어느 곳에 가서 庾吳郡(유빙)을 찾을꼬. 여기 이 속에 있다네.'

76) 三日僕射 : 僕射(복야)는 관직명이다. 周顗가 복야 벼슬을 할 때 항상 술에 취해 있었고 3일 동안 깨지 않은 적이 있어 붙여진 별명이다.

77) 鳳德 : ≪論語≫ 〈微子〉에서 "楚나라의 狂人 接輿가 노래를 하면서 孔子를 지나치며 말하였다. '봉새여, 봉새여. 어찌 그리 덕이 쇠하였는가.〔楚狂接輿 歌而過孔子曰 鳳兮鳳兮 何德之衰〕'에서 인용한 말로, 봉새란 세상이 도가 있을 때에만 나타나고 無道한 때에는 숨어버리는 것이므로, 접여는 공자가 무도한 세상에 은거하지 않는 것을 기롱한 것이다. 이후 '鳳德'은 '德行의 名望'을 가리키는 말이 되었다.

78) 屯守 : 모여서 지키고 살피는 것을 말한다.(≪世說音釋≫)

79) 蘇峻의 亂 : 蘇峻(?~328)은 西晉때 郡의 主簿였는데 永嘉의 난이 일어나자 流民 수 천家를 모아 저항하다가 토벌을 받아 강남으로 건너가 東晉의 臨淮內史에 임명되었다. 晉成帝(司馬衍) 咸和 2년(327)에 군주 곁의 간신을 제거한다는 명분으로 난을 일으켜 수도인 建康을 점령하였으나, 다음해에 陶侃에게 평정되었다.

라고 하니, 유빙은 매우 두려웠으나 움직이지 않고 있었다. 監司가 배가 작고 협소한 것을 보고, 군졸이 취해서 제 정신이 아니라고 생각하여 더 이상 전혀 의심하지 않았다. 배를 타고 淛江[80]으로 건너간 뒤로는 山陰에 사는 魏氏 집안에 몸을 의탁하여 화를 면할 수 있었다.

나중에 일이 진정되어 유빙이 군졸에게 보답하려고 소원을 따져 묻자, 군졸이 말하였다. '저는 출신이 미천하니 관작을 원하지 않습니다. 어려서부터 천한 일을 하느라 고생하여 술을 맘껏 마실 수 없는 것을 늘 한탄하였으니, 술을 풍족하게 마시며 여생을 마칠 수 있게 해주신다면 더 이상 바랄 것이 없습니다.'

유빙이 그를 위해 큰 집을 짓고 노비를 사주어 집안에 100斛의 술을 두게 하여 그 생을 마치게 하니, 당시 사람들이 이 군졸은 지혜로울 뿐 아니라 또한 삶을 達觀하였다고 말하였다.

蘇峻亂에 **諸庾逃散**이라 **庾氷**이 **時爲吳郡**이라가 **單身奔亡**하니 **民吏皆去**하고 **唯郡卒獨以小船載氷**하고 **出錢塘口**하여 **蘧篨**(거저)[81]**覆之**라 **時峻賞募覓氷**하여 **屬所在**에 **搜檢甚急**이어늘 **卒捨船市渚**(저)하고 **因飮酒醉還**하여 **舞棹向船曰 何處覓庾吳郡**고 **此中便是**라하니 **氷大惶怖**나 **然不敢動**이라 **監司見船小裝狹**하고 **謂卒狂醉**라하여 **都不復疑**라 **自送過淛**(제)**江**하여 **寄山陰魏家得免**①이라 **後事平**에 **氷欲報卒**하여 **適其所願**하니 **卒曰 出自廝**(시)**下**[82]하여 **不願名器**[83]요 **少苦執鞭**[84]하여 **恒患不得快飮酒**하니 **使其酒足餘年畢矣**면 **無所復**(부)**須**라하니 **氷爲起大舍**하고 **市奴婢**하여 **使門內有百斛酒**하여 **終其身**하니 **時謂此卒非唯有智**요 **且亦達生**이라하니라

① ≪中興書≫에 말하였다. "庾氷이 吳郡을 다스릴 때 蘇峻이 반역을 일으켜 군대를 보내 유빙을 치게 하니, 유빙이 郡을 버리고 會稽로 달아났다."
中興書曰 "氷爲吳郡, 蘇峻作逆, 遣軍伐氷, 氷棄郡奔會稽."

---

80) 淛江 : 浙江의 옛 이름이다.(≪世說音釋≫)
81) 蘧篨(거저) : 대오리로 엮어 만든 자리이다.
82) 廝(시)下 : 지위가 낮고 천한 것이다.(≪世說音釋≫)
83) 名器 : '名'은 爵位 이름이고 '器'는 車服을 말한다. 작위와 그에 따른 수레와 옷 따위를 뜻하는 것으로, 관작을 의미하는 말이다.
84) 執鞭 : '수레나 마차의 채찍을 잡다'라는 뜻으로, 천한 사람의 일을 가리키는 말이다.(≪世說音釋≫)

【頭註】

○ 왕세무 : 군졸의 계책이 참으로 이것을 뛰어넘을 것이 없다.
王云 "爲卒計, 誠無踰此."

33-34 殷洪喬(殷羨)가 豫章太守가 되어 부임해갈 때 수도의 사람들이 그 편에 100여 통의 편지를 부탁하였는데, 石頭에 도착한 뒤에 그 편지들을 모두 물에 던지며 빌었다.

"가라앉을 것은 가라앉고 떠오를 것은 떠오르라. 은홍교는 우체부가 될 수 없다."

殷洪喬作豫章郡①臨去에 都下人이 因附百許函書한대 既至石頭하여 悉擲水中하고 因祝曰 沈者自沈하고 浮者自浮하라 殷洪喬不能作致書郵라하다

① ≪殷氏譜≫에 말하였다. "殷羨은 字가 洪喬이고 陳郡 사람이다. 부친인 殷識은 鎭東司馬였다. 은선은 벼슬이 豫章太守에 이르렀다."
殷氏譜曰 "羨, 字洪喬, 陳郡人. 父識, 鎭東司馬. 羨仕至豫章太守."

33-35 王光祿(王蘊)이 말하였다.

"술은 정말 사람들을 저절로 高遠하게 하는구나."

王光祿云 酒正使人人自遠①이라하다

① 周祗의 ≪隆安記≫에 말하였다. "王蘊은 字가 叔仁이고, 어릴 때 이름은 阿興이다. 부친 王濛은 司徒左長史를 지냈고 풍류가 있는 것으로 명성이 매우 높았다. 왕온은 鎭軍將軍이 되었으며, 그 역시 세상의 존경을 받았다."
≪續晉陽秋≫에 말하였다. "왕온이 평소 술을 무척 좋아하였는데 말년에는 더욱 심하였다. 會稽에 있을 때는 깨어 있는 날이 거의 드물었다."
周祗隆安記曰 "王蘊, 字叔仁, 小字阿興. 父濛, 司徒左長史, 風流標望.[85] 蘊爲鎭軍將軍, 亦得世譽." 續晉陽秋曰 "蘊素嗜酒, 末年尤甚. 及在會稽, 略少醒日."

【頭註】

○ 왕세무 : 너무나 無賴하다.
王云 "大無賴."

85) 標望 : 명성이 매우 높다는 말이다.

33-36 桓車騎(桓溫)가 荊州刺史였을 때 張玄이 〈조정의〉 侍中이 되어 使者로서 江陵[86]에 가게 되었다. 〈도중에〉 陽岐村을 지나갈 적에 문득 어떤 사람이 생선이 반 쯤 찬 작은 소쿠리를 가지고 서슴없이 배에 와서 말하였다.

"생선이 있어 그 배에서 회를 뜨고 싶습니다."

장현이 이내 배를 정박하여 그를 태우고서 이름을 물으니, 劉遺民(劉驎之)이라고 하였다. 장현은 평소에 그의 이름을 들어 알고 있었으므로 크게 기뻐하며 접대하였으나, 유유민은 장현이 사자의 임무를 받은 것을 안 뒤 이렇게 물었다.

"謝安[87]과 王文度(王坦之)[88]는 모두 평안하십니까?"

장현은 그와 담론을 나누고 싶었지만 유유민은 전혀 머물 뜻이 없었고, 회를 주자 곧바로 떠나며 말하였다.

"아까 이 고기를 잡았을 때 그대의 배에 회 뜨는 도구가 있는 것을 보았습니다. 이 때문에 왔을 뿐입니다."

그렇게 말하고는 바로 떠났다. 장현이 유유민의 집에 뒤따라가자 그를 위해 주안상을 차려주었으나 별반 술맛이 나지 않았다. 그러나 장현은 그를 고상하게 여겼으므로 어쩔 수 없이 술을 마셨다. 한창 같이 마주하여 술을 마시다가 유유민이 문득 먼저 일어서며 말하였다.

"지금 억새를 베던 중이라 오래 일을 멈춰서는 안 됩니다."

장현 역시 그를 만류하지 않았다.

桓車騎在荊州에 張玄爲侍中하여 使(시)至江陵이러니 路經陽岐村①에 俄見一人持半小籠生魚하고 徑來造船云 有魚欲寄作膾[89]어늘 張乃維舟而納之하고 問其姓字하니 稱是劉遺民②이라 張素聞其名하여 大相忻待로대 劉旣知張銜命하고 問 謝安・王文度並佳不아 張欲話言이나 劉了無停意하고 旣進膾하니 便去에 云 向得此魚하고 觀君船上에 當有膾具라

---

86) 江陵 : 荊州城이라고도 하며, 형주의 治所가 있던 곳이다. 春秋戰國시대에 楚國의 도읍지로서 중국 남방의 최대 도시였으며, 魏晉南北朝 시대에도 揚州의 治所가 있던 建康과 함께 명성을 떨친 도시였다.

87) 謝安 : 320~385. 東晉의 貴族政治家로, 字는 安石이다. 桓溫의 찬탈을 저지하고 淝水戰을 승리로 이끄는 등 동진을 여러 차례 위기에서 구하였다.

88) 王文度(王坦之) : 330~375. 文度는 字이고, 東晉의 名臣이며 書法家이다.

89) 欲寄作膾 : 장현의 배를 빌려 그곳에서 회를 뜨고 싶다는 뜻이다.(≪世說箋本≫)

是故來耳라하고 於是便去라 張乃追至劉家하니 爲設酒에 殊不淸旨로대 張高其人하여 不得已而飮之라 方共對飮에 劉便先起云 今正伐荻이라 不宜久廢라하니 張亦無以留之라

①〈陽岐〉村은 강에 인접하였고 荊州와 200리 떨어져 있다.
村臨江, 去荊州二百里.

②〈何法盛의〉≪中興書≫에 말하였다. "劉驎之는 또 다른 字가 遺民이다."〈앞에서〉이미 나왔다.
中興書曰 "劉驎之, 一字遺民." 已見.

33-37 桓子野(桓伊)[90]는 淸歌[91]를 들을 때마다 번번이 '奈何'라고 외쳤는데, 謝公(謝安)이 그 이야기를 듣고 말하였다.

"子野(환이)는 한결같이 깊은 감정을 지녔다고 할 만하구나."

桓子野每聞淸歌에 輒喚奈何[92]하니 謝公聞之曰 子野는 可謂一往有深情이라하다

33-38 王濛과 劉惔이 함께 杭南[93]에 있을 때 桓子野(桓伊)의 집에서 酒宴을 열고 있었다. 謝鎭西(謝尙)는 尙書(謝裒)의 묘에 갔다가 돌아오던 중이었고, 장사지낸 뒤 3일 동안 反哭[94]을 할 예정이었다. 사람들이 그를 불러오려고 처음에 심부름꾼 하나를 보냈는데도 승낙하지는 않았다. 그렇지만 이미 수레를 멈추었고, 다시 부르자 바로 수레를 돌렸다. 사람들이 문밖에서 그를 영접하여 팔을 잡아〈수레에서〉내리게 하니 겨우〈장례용〉두건을 벗고〈일상의〉모자로 바꿔 쓰긴 했으나, 주연이 반쯤 무르익었을 때 보니 喪服을 아직 벗지 않았다는 것을 알았다.

王・劉共在杭南에 酣宴於(王)〔桓〕[95]子野家라 謝鎭西往尙書墓還①하니 葬後三日反

90) 桓子野(桓伊) : ?~?. 字는 叔夏이고 어릴 적 이름은 子野, 또는 野王이다. 東晉 때의 將領・名士・音樂家였으며, 특히 피리를 잘 불었다.

91) 淸歌 : 악기의 반주 없이 노래하는 것을 말한다.(≪晉書≫〈樂志〉)

92) 奈何 : 감정을 이기지 못해 찬탄하는 소리이다.(≪世說箋本≫) 본래 淸歌를 들을 때는 찬탄하는 소리를 내지 않는 법인데, 환온은 鄭・衛의 음악을 들을 때처럼 찬탄한 것이다.(≪世說講義≫)

93) 杭南 : '杭'은 '航'과 통한다. 健康城에 있던 朱雀航 남쪽을 가리키는 듯하다. 이때 '航'은 행인이나 수레를 건너게 하는 '浮橋'를 말한다.

94) 反哭 : 葬地에서 집으로 돌아와 神主와 혼백상자를 靈座에 모시고 곡하는 의례이다.

哭이라 諸人欲要之하여 初遣一信에 猶未許로대 然已停車하고 重要에 便回駕라 諸人門外迎之하여 把臂便下하니 裁[96]得脫幘(책)着帽로대 酣宴半坐에 乃覺未脫衰(최)②라

① ≪謝氏譜≫에 말하였다. "謝裒는 字가 幼儒이고, 陳郡 사람이다. 부친인 謝衡은 博士를 지냈다. 사부는 侍中・吏部尙書・吳國內史를 지냈다."
謝氏譜曰 "謝裒, 字幼儒, 陳郡人. 父衡, 博士. 裒歷侍中・吏部尙書・吳國內史."

② 宋明帝(劉彧)의 ≪晉江左文章志≫[97]에 말하였다. "謝尙은 경솔한 성품을 지녔고 자잘한 일에 구애받지 않았다. 그가 형의 장례 뒤 묘소에 갔다가 돌아올 즈음, 王濛과 劉惔이 같이 新亭에서 노닐다가 왕몽이 사상을 부르려고 하여 먼저 유담에게 물었다. '仁祖(사상)는 정녕 〈우리 뜻과〉 다르지 않을 겁니다.'
유담이 말하기를, '인조는 〈우리와〉 마음이 맞으니 스스로 올 것입니다.'라고 하고 사람을 보내 그를 불렀다. 사상이 처음에는 거절하였으나 이미 돌아갈 뜻이 없었고, 다시 청하자 즉시 수레를 돌렸다. 그의 경솔함이 이와 같았다."
宋明帝文章志曰 "尙性輕率, 不拘細行. 兄[98]葬後, 往墓還, 王濛・劉惔共遊新亭, 濛欲招尙, 先以問惔曰 '計仁祖正當不爲異同耳.' 惔曰 '仁祖韻中[99]自應來.' 乃遣要之. 尙初辭, 然已無歸意. 及再請, 卽回軒焉. 其率如此."

---

95) (王)〔桓〕: 저본에는 '王'으로 되어 있으나, ≪李卓吾批點世說新語補≫ 등에 의거하여 '桓'으로 바로잡았다.
96) 裁 : '纔'와 통하며, 여기서는 '방금', '겨우' 등의 의미로 쓰였다.
97) 宋明帝(劉彧)의 晉江左文章志 : 명제(439~472)는 宋(南朝)의 제6대 황제인 劉彧으로, 字는 休炳이고 어릴 때 이름은 榮期이다. 讀書를 좋아하여 즉위하기 전에 ≪晉江左文章志≫와 ≪論語注≫ 등의 저술이 있었다.(≪宋書≫ 〈明帝本紀〉)
98) 兄 : 저본에는 '兄'이라 하였으나, 謝裒는 謝尙의 숙부이므로 맞지 않는다.
99) 韻中 : 마음이 맞는 것을 말한다.(≪世說音釋≫)

世說新語補 17卷

34. 거침없는 처신(下) 任誕 下

34-1 王子猷(王徽之)가 山陰縣에 살 때에 어느날 밤 큰 눈이 내렸다. 잠에서 깨어나 방문을 열고 술을 따르도록 명하였다. 사방을 둘러보니 온 세상이 환하고 깨끗하였다. 이어서 일어나 배회하면서 左思의 〈招隱詩〉를 읊고 있자니 문득 戴安道(戴逵) 생각이 났다. 당시 대안도는 剡縣에 있었다. 바로 그길로 밤에 작은 배를 타고 찾아갔다. 하룻밤이 지나서야 도착했는데 문 앞에 가서는 더 이상 나아가지 않고 돌아왔다. 사람들이 그 까닭을 묻자 왕자유가 말하였다.

"나는 본래 흥이 일어서 갔다가 흥이 다해 돌아왔습니다. 어찌 굳이 대안도를 볼 필요가 있겠소?"

王子猷居山陰에 夜大雪이라 眠覺開室하고 命酌酒하니 四望皎然이어늘 因起彷徨하여 詠左思招隱詩①하고 忽憶戴安道하니 時戴在剡이라 卽便夜乘小船就之하여 經宿方至하여 造門不前而返이어늘 人問其故하니 王曰 吾本乘興而行라가 興盡而返이니 何必見戴리오하니라

① 〈何法盛의〉 ≪中興書≫에 말했다. "王徽之는 마음가는 대로 행동하고 호방하며 예법에 구애되지 않았다. 관직을 버리고 동쪽으로 돌아가 山陰縣에 거주하였다."

左思의 〈招隱詩〉는 이러하다. "지팡이 짚고 隱士를 부르러 나서니, 황량한 길은 옛날과 지금 사이에 가로놓여 있구나.[1] 巖穴은 변변한 집의 형태도 갖추지 못하고, 언덕에는 연주하는 琴만 있이라. 하얀 눈은 그늘진 산능성이에 남았는데, 붉은 꽃이 햇살 비치는 숲에서 빛나네."

中興書曰 "徽之任性放達, 棄官東歸, 居山陰也." 左詩曰 "杖策招隱士, 荒塗橫古今. 巖

1) 황량한……있구나 : 은사가 있는 곳으로 이어진 길이, 가다 보니 마치 현재에서 과거로 가는 듯한 기분이 든다는 뜻이다.

穴無結構, 丘中有鳴琴. 白雪停陰岡, 丹葩曜陽林."

【頭註】

○ 王世懋 : 참으로 아름다운 정경이다.
王云 "大是佳境."

34-2 王衛軍(王薈)이 말했다.

"술은 참으로 저절로 사람을 끌어서 훌륭한 경지로 데려다 준다."

王衛軍云 酒正自引人著勝地로다

【頭註】

○ 王世懋 : 스스로 〈훌륭한 경지에〉 도달하는 것이나 마찬가지이다.[2)]
王云 "與自達同."

34-3 王子猷(王徽之)가 도성(建康)으로 들어갔는데 〈배에서 내리지 않고〉 아직 부두에 있었다. 예전에 桓子野(桓伊)가 피리를 잘 분다는 이야기를 들었는데 서로 아는 사이는 아니었다. 때마침 환자야가 강둑 위를 지나가고 있었고 왕자유는 배 안에 있었는데, 문객 중에서 그를 알아본 사람이 있어 〈왕자유에게〉 말하였다.

"저 사람이 환자야입니다."

왕자유는 바로 사람을 시켜 환자야에게 말을 전하도록 하였다.

"당신이 피리를 잘 분다고 들었습니다. 저를 위해 한 곡 연주해 주십시오."

환자야는 이때 이미 지위가 높고 유명하였는데, 평소 왕자유의 이름을 들었던 지라 바로 〈몸을〉 돌려 수레에서 내렸다. 胡牀[3)]에 걸터앉아 세 곡조를 연주하였고 연주가 끝나자 바로 수레에 올라 떠났다. 〈그러는 동안〉 손님과 주인은 말 한 마디 나누지 않았다.

王子猷出都하여 尙在渚下에 舊聞桓子野善吹笛而不相識이라 遇桓於岸上過로되 王在船中이라 客有識之者云 是桓子野라하니 王便令人與相聞云 聞君善吹笛하니 試爲我一

2) 스스로……마찬가지이다 : 술 때문에 훌륭한 경지에 도달한 것이 아니라 王薈 본인의 덕이 높아 스스로 도달한 것이라는 말이다.

3) 胡牀 : 접을 수 있는 간이의자이다.

奏하라하니 桓時已貴顯이나 素聞王名이라 卽便回下車하여 踞胡牀하여 爲作三調하고 弄畢에 便上車去하여 客主不交一言이라

【頭註】

○ 王世懋 : 아름다운 意境은 〈손님과 주인이 말 한마디 나누지 않았다는〉 마지막 말에 있다. 王云 "佳境乃在末語."

34-4 桓南郡(桓玄)이 太子洗馬가 되어 〈도성으로〉 불려가는 길에 荻渚[4]에 배를 댔다. 王大(王忱)가 五石散을 복용한 뒤 이미 조금 〈약 기운에〉 취한 상태에서 환남군을 보러 갔다. 환남군은 〈왕대를 위해〉 술상을 차렸는데, 〈그는〉 찬 것을 마실 수가 없어 자주 좌우의 시중드는 이들에게 술을 데워 오게 하였다. 환남군이 그러고는 눈물을 흘리며 오열하니, 왕대가 떠나려고 하였다. 환남군이 수건으로 눈물을 훔치고는 이어 왕대에게 말하였다.

"우리집 〈선친의〉 諱을 범한 것[5]이 어찌 그대와 상관있겠습니까."

왕대가 감탄하며 말하였다.

"靈寶(환현)는 참으로 曠達하구나."[6]

桓南郡被召作太子洗馬①하여 船泊荻渚에 王大服散後已小醉하여 往看桓하니 桓爲設酒로되 不能冷飮하라 頻語左右하여 令溫酒來하다 桓乃流涕嗚咽이어늘 王便欲去라 桓以手巾掩淚하고 因謂王曰 犯我家諱 何預卿事②리오하니 王歎曰 靈寶故自達③이라하니라

① ≪桓玄別傳≫에 말하였다. "환현은 맨처음 太子洗馬에 제수되었는데, 당시 조정에서는 〈그의 부친인〉 桓溫에게 신하답지 못한 행적이 있다고 여겼기 때문에[7] 환현을 억눌러 실권이 없는 한산한 관직에 있도록 한 것이다."

---

4) 荻渚 : 지명이다. 南京 부근인 秦淮河 가까이에 있다.

5) 우리집……것 : 桓玄의 부친은 桓溫이다. 당시의 풍습으로는 죽은 尊長의 이름을 듣게 되면 반드시 곡을 해야 하였다. 환현이 술을 데워 오라고 하며 스스로 '溫'이라고 말을 하여 부친의 휘를 범한 것이다.

6) 靈寶는……曠達하구나 : 桓玄이 王忱을 위해 술을 데워오게 하느라 당시의 법도에 개의치 않고 스스로 선친의 휘를 범하였기에 이렇게 말한 것이다.

7) 桓溫에게……때문에 : 환온은 東晉의 정치가로 軍權을 장악한 실력자였다. 황제였던 司馬奕이 자식을 낳을 수 없자 寵臣인 相龍, 計好, 朱靈寶 등을 후궁과 사통하게 하고 이렇게 낳은 아들을 후계로 세우려고 한다고 무함하여 奚아내고 簡文帝를 세웠다.(≪晉書≫ 〈簡文帝本紀〉)

玄別傳曰 "玄初拜太子洗馬, 時朝廷以溫有不臣之跡, 故抑玄爲素官."

② ≪晉安帝紀≫[8]에 말하였다. "환현은 슬픔과 기쁨이 일반 사람들보다 지나쳐 매번 기쁘거나 슬픈 감정이 올라올 때마다 오열하지 않은 적이 없었다."

晉安帝紀曰 "玄哀樂過人, 每歡戚之發, 未嘗不至嗚咽."

③ ≪異苑≫에 말하였다. "환현이 태어나자 빛이 방을 비추었다. 점을 잘 보는 자가 '이 아이는 태어나면서 기이한 빛이 있었으니 「天人」으로 이름을 짓는 것이 좋겠습니다.' 라고 하였다. 桓宣武(桓溫)가 세 글자인 것을 꺼려했는데도,[9] 〈그 사람은〉 다시 '神靈寶'라고 지으며 여전히 세 글자를 썼다. 〈환선무는〉 이미 더이상 요구하기도 어려운지라 앞에서 '神' 자를 빼고 '靈寶'라고 이름하였다."

≪語林≫에 말하였다. "환현은 忌日을 지내지 않고 단지 〈기일 중의〉 忌時만을 지냈으니, 그의 광달하고 구속되지 않음이 모두 이러하였다."

異苑曰 "玄生而有光照室, 善占者云 '此兒生有奇耀, 宜目爲「天人」.' 宣武嫌其三文, 復言爲'神靈寶', 猶復用三. 旣難重, 前卻減'神'一字, 名曰 '靈寶'." 語林曰 "玄不立[10]忌日, 止立忌時, 其達而不拘, 皆此類."

【頭註】

○ 王世懋 : 靈寶(桓玄)의 슬프고도 즐거운 상황[11]을 잘 말하였다.

王云 "道得靈寶哀樂情狀."

34-5 羅友가 荊州刺史의 從事였을 때 桓宣武(桓溫)가 王車騎(王洽)를 위해 송별연을 열었다. 나우가 〈잔치 자리에〉 나아가서 한참을 앉았다가 나가겠다고 하자, 환선무가 말하였다.

"경은 아까 무슨 일을 물어보려고 하더니만 어째서 금방 가려는가?"

나우가 대답하였다.

"저는 흰 羊의 고기가 맛있다고 들었는데 일생 동안 한번도 먹어보지 못했습니다. 그래서 염치 불고하고 뵙기를 청했을 따름입니다. 여쭤 볼 일은 없습니다. 지금 이미 배불리 먹었으니 더 이상 있을 필요 없습니다."

---

8) 晉安帝紀 : ≪晉安帝陽秋≫ 또는 ≪晉紀≫라고도 한다. 南朝宋의 王韶가 지었다. 편년체의 사서로 10권이며 東晉 安帝 때의 역사를 기록하였다. 현재는 일부만 남아 전한다.

9) 세……꺼려했는데도 : '天人'은 두 글자이므로 오류가 있는 듯하다. ≪世說新語箋疏≫에서는 '天人' 다음에 글자가 빠진 듯하다고 하였다.

10) 立 : '泣'과 통한다.

11) 슬프고도……상황 : 부친을 위해 哭하고 벗을 위해 술을 대접하는 두 일을 가리킨다.

〈이렇게 말하면서〉 조금도 부끄러워하는 기색이 없었다.

羅友作荊州從事에 桓宣武爲王車騎集別①이라 友進坐良久에 辭出이어늘 宣武曰 卿向欲咨事러니 何以便去오하니 答曰 友聞白羊肉美로되 一生未曾得喫이라 故冒求前耳요 無事可咨라 今已飽하니 不復須駐라하고 了無慚色②이러라

① 車騎는 王洽이다.
車騎, 王洽也.

② ≪晉陽秋≫에 말하였다. "羅友의 자는 它仁으로 襄陽 사람이다. 어려서부터 학문을 좋아했는데 언행을 신중히 하지는 않았다. 천성이 술을 좋아하여 만나는 사람에 대해서는 〈상대가〉 士人인지 庶人인지를 가리지 않았다. 또 남들이 제사 지내는 것을 엿보다가 음식을 구걸하러 가기를 좋아했는데, 아무리 妓房이나 酒店이라 하더라도 부끄럽게 생각하지 않았다.

桓溫이 항상 나무라며 '자네는 너무나 모자라구만. 먹을 것이 필요하면 어째서 나한테 와서 달라고 하지 않고 이렇게까지 한단 말인가.'라고 하니, 나우는 거만한 태도로 대수롭게 여지지 않으며 '공에게 가서 먹을 것을 구걸하면 지금이야 얻어 먹을 수 있겠지만 내일이 되면 이미 더 이상 없지요.'라고 대답하여 환온이 크게 웃었다. 荊州에서 벼슬을 시작했고 나중에 환온 밑에 있었다. 집이 가난하여 벼슬을 구했는데, 환온은 재주와 학문으로는 그를 대우하였지만 그가 호방하고 구애됨이 없어서 백성을 다스릴 재주는 아니라고 여겨 인정은 하되 기용하지는 않았다. 나중에 같이 환온의 밑에 있다가 郡의 자리를 얻은 사람이 있었다.

환온이 전별연을 열었는데 나우가 유달리 늦게 도착하였다. 이유를 물어보니 나우가 '저는 타고나기를 술을 〈많이〉 마시고[12] 맛있는 것을 좋아합니다. 어제 말씀을 들었기에 새벽같이 문을 나섰습니다. 오는 중간에 귀신 하나를 만나 크게 핀잔을 들었는데, 「나는 네가 郡守가 되어 가는 다른 사람을 전송하는 것만 보았다. 어찌하여 다른 사람들이 군수가 되어 가는 너를 전송하는 것을 보지 못하는가?」라고 하였습니다.

제가 처음에는 무섭다가 나중에는 부끄러운 생각이 들어서 집으로 돌아가 災厄에서 벗어나게 해달라고 기도하느라 저도 모르게 지각하는 죄를 저지르고 말았습니다.'라고 하였다. 환온은 비록 그의 익살에 웃었지만 마음 속으로는 자못 부끄러웠

12) 술을 마시고 : 원문은 '飮道'이다. 문맥에 의거하여 '道'를 '酒'로 보아 번역하였다. 비록 후대의 표현이지만 李白의 〈月下獨酌〉의 "석 잔의 술에 대도를 통달하고, 한 말의 술에 자연과 합해진다.〔三杯通大道 一斗合自然〕"와 같은 구절을 참고해보면 '술'을 '도'라고 표현한 듯하다.

다. 나중에 〈환온은〉 그를 襄陽太守로 삼았고, 〈나우는〉 여러 자리를 거쳐 廣州와 益州 두 곳의 刺史가 되었다. 지방에 있으면서 큰 기강만 세우고 자잘한 일들을 살피지 않아 아전들과 백성들이 몹시 편안해 하고 기뻐하였다. 익주에서 죽었다."

晉陽秋曰 "友字它仁, 襄陽人. 少好學, 不持節檢. 性嗜酒, 當其所遇, 不擇士庶. 又好伺人祠, 往乞飲[13]食, 雖復營署壚肆, 不以爲羞. 桓溫常責之云 '君太不逮. 須食, 何不就身求, 乃至於此?' 友傲然不屑, 答曰 '就公乞食, 今乃可得, 明日已復無.' 溫大笑之. 始仕荊州, 後在溫府. 以家貧乞祿, 溫雖以才學遇之, 而謂其誕肆, 非治民才, 許而不用. 後同府人有得郡者, 溫爲席起別, 友至尤晩. 問之, 友答曰 '民性飮道嗜味, (非)〔昨〕[14]奉敎旨, 乃是首旦出門, 於中路逢一鬼, 大見揶揄, 云「我只見汝送人作郡, 何以不見人送汝作郡?」民始怖終慚, 回還以解, 不覺成淹緩之罪.' 溫雖笑其滑稽, 而心頗愧焉. 後以爲襄陽太守, 累遷廣·益二州刺史. 在藩擧其宏綱, 不存小察, 甚爲吏民所安說. 薨於益州."

34-6 張驎(張湛)이 술을 마신 뒤에 挽歌를 불렀는데 몹시 구슬펐다. 桓車騎(桓沖)가 말하였다.

"卿은 田橫[15]의 門人도 아닌데 어찌하여 갑자기 〈이렇게〉 지극한 경지에 이르렀습니까?"

張驎①이 **酒後挽歌甚悽苦**하니 **桓車騎曰 卿非田橫門人**이어늘 **何乃頓爾至致**②오하니라

① 驎은 張湛의 어릴 적 이름이다.

≪晉東宮官名≫[16]에 말하였다. "장담의 字는 處度로, 高平 사람이다."

≪張氏譜≫에 말하였다. "장담의 조부 張嶷은 正員郎이었고, 부친 張曠은 鎭軍司馬였다. 장담은 벼슬이 中書郎에 이르렀다."

驎, 張湛小字也. 晉東宮官名曰 "湛字處度, 高平人." 張氏譜曰 "湛祖嶷, 正員(外)〔郎〕[17], 父曠, 鎭軍司馬. 湛仕至中書郎."

---

13) 飮 : ≪世說新語≫에는 '餘'로 되어 있다.

14) (非)〔昨〕 : 저본에는 '非'로 되어 있으나, ≪世說新語≫에 의거하여 '昨'으로 바로잡았다.

15) 田橫 : 秦나라 말기의 사람이다. 楚나라와 漢나라가 싸우는 와중에 스스로 齊나라 王으로 칭하였다가 나중에 바다의 섬으로 도망갔다. 漢高祖 劉邦이 천하를 평정하자 투항하러 오다가 洛陽에 못미쳐 부끄러워하며 자살하였다. 수행하던 인원들이 만가를 불러 애도하였다.(≪史記≫ 〈田儋列傳〉)

16) 晉東宮官名 : 宋나라 高似孫이 편찬한 ≪緯略≫에서는 ≪世說新語≫에서 인용한 서책의 하나로 들고 있다. 어떤 책인지는 명확하지 않으나 晉나라 東宮에 속한 官屬에 관한 내용인 듯하다.

17) (外)〔郎〕 : 저본에는 '外'로 되어 있으나, ≪世說新語≫에 의거하여 '郎'으로 바로잡았다.

② 譙子의 ≪法訓≫에 말하였다. "喪을 치르면서 음악을 연주하는 사람이 있었다. 어떤 이가 '저 사람이 음악을 연주하며 상을 치르는데 잘못된 것이 아닙니까?'라고 하자, 초자가 '≪書經≫에 「천하에 음악 소리가 끊어져 조용하였다.」[18]라고 하였으니, 어찌 음악을 연주하면서 상을 치르는 일이 있겠는가.'라고 하였다. 〈그가 또〉 '요즘 상에는 挽歌가 있는데 어째서입니까?'라고 하니, 초자가 '내가 듣건대 漢高祖(劉邦)가 齊나라의 田橫을 불렀는데, 전횡이 尸鄕亭[19]에 이르러 자신의 목을 바치라고 하면서 스스로 목을 찔러 죽었다.

시종하던 이들이 유해를 끌고 궁까지 왔는데, 감히 곡을 할 수는 없었지만 슬픔을 이길 수가 없어 그를 위해 노래를 불러 슬픈 감정을 그 소리에 담았다. 그들은 〈그때만〉 일시적으로 그렇게 한 것이다. 이웃에 초상이 나면 절구질하면서 노래를 부르지 않고, 남의 운구를 끌 때는 재갈을 무는데, 누가 음악을 연주하면서 상을 치른단 말인가.'라고 하였다."

살펴보건대 ≪莊子≫에 "상여소리〔紼謳〕가 생긴 이유는 틀림없이 수고를 덜려는 데 있다."라고 하였고, 司馬彪의 주석에는 "紼은 상여를 끄는 밧줄이다. 斥은 '느슨히한다'는 뜻이다. 苦는 '힘을 쓴다'는 뜻이다. 상여의 밧줄을 끌 때 상여소리를 하는 것은 사람들이 힘을 쓰는 것이 고르지 않기 때문에 다그치기 위한 것이다."라고 하였다.

≪春秋左氏傳≫에서 "魯나라 哀公이 吳나라와 회합하여 齊나라를 쳤는데, 노나라 장군 公孫夏가 〈부하들에게〉 虞殯을 노래하게 하였다."라고 하였고, 〈이와 관련해〉 杜預는 "虞殯은 장송곡이니 필사의 의지를 보인 것이다."라고 하였다.

≪史記≫ 〈絳侯世家〉에 "周勃이 퉁소로 음악을 연주하며 상을 치렀다."라고 하였다. 그렇다면 挽歌의 유래는 오래되었으니, 전횡에게서 처음 유래된 것은 아니다. 그렇지만 譙氏가 禮와 관련된 문장을 인용할 때는 자못 분명한 근거가 있었으니, 固陋한 나 같은 사람이 잘 알 수 있는 바가 아니다. 의심스러운 것은 의심스러운 대로 전하여 〈후대의〉 博通한 이를 기다려 본다.

譙子法訓云 "有喪而歌者. 或曰 '彼爲樂喪也, 有不可乎?' 譙子曰 '書云 「四海遏密八音.」 何樂喪之有?' 曰 '今喪有挽歌者, 何以哉?' 譙子曰 '周聞之, 蓋高帝召齊田橫至尸鄕亭, 自刎奉首, 從者挽至於宮, 不敢哭而不勝哀, 故爲歌以寄哀音. 彼則一時之爲也.

18) 천하에……조용하였다 : ≪書經≫ 〈舜典〉에 "순 임금이 攝位한 지 28년 만에 요 임금이 마침내 돌아가시니, 백성은 어버이를 잃은 것처럼 슬퍼하여 삼년복을 입었고, 천하에 음악 소리가 끊어져 조용하였다.〔二十有八載 帝乃殂落 百姓如喪考妣三載 四海遏密八音〕"라고 하였다.

19) 尸鄕亭 : ≪世說新語≫에는 '戶鄕亭'으로 되어 있다. 尸鄕은 '尸氏'로 쓰기도 하는데 '西亳'이다. 지금의 河南省 偃師市 서쪽에 위치하였다. 亭은 秦나라와 漢나라 시기 鄕보다는 아래 里보다는 위에 해당하는 행정 기구의 이름이다.

隣有喪, 舂不相, 引挽人銜枚, 孰樂喪者耶?'”

按莊子曰“紼謳所生, 必於斥苦.” 司馬彪注曰“紼, 引柩索也. 斥, 疏緩也. 苦, 用力也. 引紼所以有謳歌者, 爲人有用力不齊, 故促急之也.” 春秋左氏傳曰“魯哀公會吳伐齊, 其將公孫夏命歌虞殯.” 杜預曰“虞殯, 送葬歌, 示必死也.” 史記絳侯世家曰“周勃以吹簫樂喪.” 然則挽歌之來久矣, 非始起於田橫也. 然譙氏引禮之文, 頗有明據, 非固陋者所能詳聞. 疑以傳疑, 以俟通博.

【頭註】

○ 王世懋 : 이 주석은 바로 挽歌의 시작에 관한 것으로, 박학다식함이 이와 같다.
王云“此注卽是挽歌事始, 博洽乃爾.”

34-7 王孝伯(王恭)이 王大(王忱)에게 물었다.

“阮籍은 司馬相如와 비교해 어떻습니까?”

왕대가 말하였다.

“완적은 가슴 속에 응어리가 쌓여 있습니다. 그러므로 술로 시름을 달래야 합니다.”

王孝伯問王大호대 **阮籍何如司馬相如**오하니 **王大曰 阮籍胸中壘塊**라 **故須酒澆之**①라하니라

① 阮籍은 모든 것이 司馬相如와 같고 음주만 다를 뿐이라는 말이다.
言阮皆同相如, 而飮酒異耳.

34-8 王佛大(王忱)가 탄식하며 말하였다.

“사흘만 술을 마시지 않아도 육체와 정신이 더 이상 서로 붙어 있지 않는 것처럼 느껴진다.”

王佛大歎言 三日不飮酒면 **覺形神不復相親**①이라

① ≪晉安帝紀≫에 말하였다. “王忱은 어려서부터 曠達함을 흠모하여 술 마시기를 좋아하였다. 荊州에 있으면서 점차 심해져서 한번 술을 마시면 며칠 동안 술에서 깨어나지 못하기까지 했고 마침내 이로 인해 죽었다.”

宋나라 明帝의 ≪文章志≫[20]에 말하였다. “왕침은 술을 좋아하여 취하기만 하면

20) 文章志 : ≪隋書≫ 〈經籍志〉와 ≪新唐書≫ 〈藝文志〉에는 2권이라고 하였다.

며칠씩 갔으며, 스스로를 '上頓'[21]이라고 불렀다. 〈세간에서〉 술을 많이 마시는 것을 '上頓'이라 하는데 이는 왕침에게서 비롯되었다."

晉安帝紀曰 "忱少慕達, 好酒, 在荊州轉甚, 一飮或至連日不醒, 遂以此死." 宋明帝文章志曰 "忱嗜酒, 醉輒經日, 自號上頓. 以大飮爲上頓, 起自忱也."

34-9 王孝伯(王恭)이 말하였다.

"名士에게는 기이한 재주가 꼭 필요한 것은 아니다. 늘 별다른 일 없이 실컷 술을 마시고 〈離騷〉를 찬찬히 읽을 수 있으면 명사라고 칭할 수 있다."

王孝伯言 名士不必須奇才요 **但使常得無事**하고 **痛飮酒**하고 **熟讀離騷**면 **便可稱名士**라하니라

34-10 王長史(王廞)가 茅山에 올라 크게 통곡하며 말하였다.

"琅邪의 王伯輿(왕흠)가 끝내 감정 때문에 죽겠구나!"

王長史登茅山하여 **大慟哭曰 琅邪王伯輿**는 **終當爲情死**①로다하다

① ≪王氏譜≫에 말하였다. "王廞은 字가 伯輿로 琅邪 사람이다. 부친 王薈는 衛將軍[22]이었다. 왕흠은 司徒長史를 역임하였다."

周祗의 ≪隆安記≫에 말하였다. "처음에 王恭이 장차 唱義하려고 하면서[23] 三吳 지역[24]에 〈취지를〉 알렸고, 상중에 있던 왕흠을 吳國內史로 발탁하였다. 王國寶가 죽고 나자 왕공은 거병을 그만두고 왕흠에게는 돌아가 상을 치르도록 하였다. 왕흠은 크게 노하여 그날로 吳都(建康)를 근거지로 삼아 반란을 일으켰다. 왕공은 司馬 劉牢之로 하여금 왕흠을 토벌하게 하였고, 왕흠은 패배한 뒤 행방을 알 수 없게 되었다."

王氏譜曰 "廞, 字伯輿, 琅邪人. 父薈, 衛將軍. 廞歷司徒長史." 周祗隆安記曰 "初, 王恭將唱義, 使喩三吳, 廞居喪, 拔以爲吳國內史. 國寶旣死, 恭罷兵, 令廞反喪服. 廞大怒, 卽日據吳都以叛. 恭使司馬劉牢之討廞, 廞敗, 不知所在."

---

21) 上頓 : '頓'은 식사 등의 횟수를 세는 단위이다. 한번 술을 마시면 많이 마신다는 의미에서 '上頓'이라고 한 것이다.

22) 衛將軍 : 西漢부터 南北朝에 이르는 시기 동안의 장군 호칭 중 하나이다. 도성의 禁衛軍 및 주변의 방어를 관장하였다. 大將軍, 驃騎將軍, 車騎將軍과 함께 지위가 公에 비견되었으며 1만석의 봉록을 받았다.

23) 王恭이……하면서 : 東晉 安帝 때 會稽王 司馬道子와 王國寶가 권력을 전횡하여 王恭과 殷仲堪이 표문을 올리고 왕국보를 토벌하고자 하였다. 이에 사마도자가 왕국보에게 죄를 씌워 죽였다.(≪晉書≫ 〈王恭傳〉)

24) 三吳 지역 : 吳郡, 吳興, 會稽를 가리킨다. 揚子江 하류의 강남 지방을 가리키는 명칭이다.

【頭註】

○ 劉應登 : 〈王廞은〉 王導의 손자이다.
應登云"導孫."

34-11【補】陶靖節(陶潛)이 집에 있을 때 郡將[25)]이 인사하러 왔는데 마침 술이 다 익었을 때였다. 〈도정절은〉 머리 위에 썼던 葛巾을 벗어 술을 거르더니 다 거르자 그것을 도로 다시 썼다.

陶靖節在家에 郡將候陶 値其酒熟이라 取頭上葛巾漉酒하고 漉畢에 還復著之하니라

34-12【補】陶淵明(陶潛)이 彭澤令이 되었을 때 公田 300畝에 아전들을 시켜 죄다 찰벼를 심게 하였다. 아내가 메벼를 심어달라고 굳이 청하자, 이에 2頃[26)] 50畝에는 찰벼를 심고 50畝에는 메벼를 심게 하였다.[27)]

陶淵明爲彭澤令하여 公田三百畝에 悉令吏種秫稻하니 妻子固請種秔하여 乃使二頃五十畝에 種秫하고 五十畝에 種秔하니라

34-13【補】王敬弘(王裕)이 尙書僕射가 되었을 때 문서를 결재하면서 애초부터 훑어보지를 않았다. 한번은 소송의 심의에 참여하였는데, 황제가 의심스러운 안건을 물어보았다. 왕경홍이 대답하지 못하자 황제가 낯빛을 바꾸면서 좌우에 있는 사람들에게 물었다.

"무슨 까닭에 심문 기록을 복야에게 건네주지 않았는가?"

황경홍이 말하였다.

"신이 심문 기록을 받아 읽어보았습니다만 이해하지 못하였습니다."

王敬弘爲尙書僕射하여 關署文案하며 初不省讀이라 嘗豫聽訟에 上問以疑獄하니 敬弘不

25) 郡將 : 郡守이다. 군수가 군대의 일도 겸하여 관장하였기 때문에 이렇게 부른 것이다.
26) 頃 : 100畝에 해당한다.
27) 아내가……하였다 : 찰벼는 찰기가 많은 벼인데, 술을 빚기에 좋으므로 도연명이 이렇게 한 것이다.

對어늘 上變色問左右호되 何故不以訊牒副[28)]僕射아하니 敬弘曰 臣乃得訊牒讀之로되 政自不解니이다하니라

34-14【補】顔延之는 당시 사람들에게 환심 사는 일을 하지 못하였다. 宋 文帝(劉義隆)가 조서를 전하게 하여 불렀으나 그때마다 조정에 나아가려 하지를 않았다. 날마다 그저 주점에 들어가 몸을 드러내 놓고 挽歌를 부르며 전혀 응하지 않았다. 다른 날 술에서 깨자 황제를 알현하러 〈궁으로〉 들어갔는데 황제가 아들들의 재능을 물어보자, 안연지가 말하였다.

"顔竣은 신의 筆力을 물려받았고, 顔測은 신의 文章을 물려받았고, 顔㚟(안착)은 신의 義理를 물려받았고, 顔躍은 신의 주량을 물려받았습니다."

何尙之가 이어서 물어보았다.

"누가 경의 狂氣를 물려받았습니까?"

〈그러자 안연지가〉 대답하였다.

"저의 광기는 따라올 수가 없지요."

顔延之不能取容當世러니 宋文帝傳詔召之로되 頻不肯詣하고 常日但入酒店하여 裸袒挽歌하고 了不應對라 他日醉醒入見帝어늘 帝問以諸子才能하니 延之曰 竣得臣筆하고 測得臣文하고 㚟(착)得臣義하고 躍得臣酒니이다 何尙之因問 誰得卿狂고하니 答曰 其狂不可及①이라하니라

① ≪南史≫에 말하였다. "顔竣은 일찍부터 문장이 뛰어나 문집이 세상에 유행하였다. 안준의 동생 顔測도 문장으로 알려졌고 벼슬이 江夏王(劉義恭) 大司馬의 錄事參軍에 이르렀다. 顔㚟은 明帝(劉彧) 때 中書侍郎에 발탁되었다."
南史曰 "竣早有文義, 有文集行於世. 竣弟測亦以文章見知, 官至江夏王大司馬錄事參軍. 㚟明帝時擢爲中書侍郞."

34-15【補】謝康樂(謝靈運)은 부친과 조부 덕택에 재산이 매우 넉넉하였다. 奴僕들이 많은데다 의리와 은혜로 맺어진 門生들이 수백 명이어서 산을 뚫고 강을 준설하는 공사가 그치지 않았다. 산을 찾아가고 산마루에 올라서는 반드시 그윽하고

28) 副 : 여기서는 '交付'의 뜻이다.

높은 곳에 찾아갔으니, 바위와 산이 아무리 험해도 두루 돌아보지 않은 곳이 없었다. 산을 오를 때 늘 나막신을 신었는데, 산을 오를 때면 신의 앞굽을 떼어내고 산을 내려올 때면 신의 뒷굽을 떼어냈다. 한번은 寧南山에서 시작해 나무를 베면서 길을 개척해 곧장 臨海까지 간 적이 있었다. 따르던 자들이 수백 명이었기에 임해 태수 王琇가 놀라 山賊이라고 여겼다가 늦게서야 사영운 일행인 것을 알고는 안심하였다.

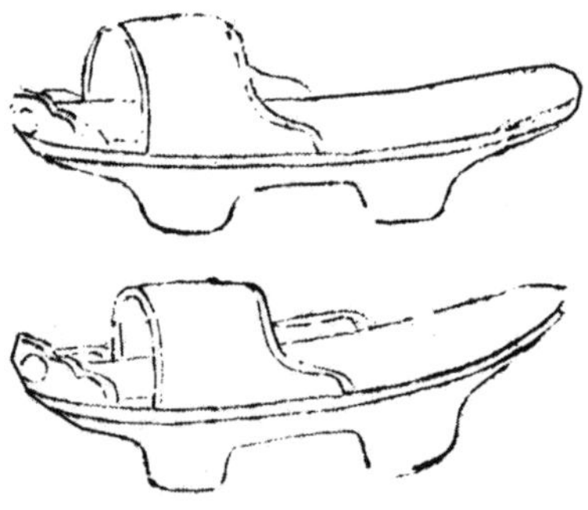

屐

謝康樂因父祖之資하여 生業甚厚하고 奴僕既衆이요 義故門生數百이라 鑿山浚河에 功役無已요 尋山陟嶺에 必造幽峻하여 巖嶂千重을 莫不遍歷이라 登躡에 常着木屐[29)]하니 上山則去前齒하고 下山去其後齒라 嘗自始寧南山伐木開逕하여 直至臨海에 從者數百人이라 臨海太守王琇驚駭謂是山賊이라가 徐知是靈運하고 乃安①하니라

① 沈約의 ≪宋書≫에 말하였다. "謝靈運이 王琇에게 더 전진하겠다고 요청하였는데 왕수는 동의하지 않았다. 〈이에〉 사령운이 〈다음과 같이〉 시를 써서 주었다. '邦君[30)]께서는 땅이 험하다고 어려워하시나, 나그네는 산길 가는 게 편하다오.' 사령운은 나중에 會稽에서도 따르는 무리가 많아서 그 고을 사람들을 화들짝 놀라게 하였다."
沈約宋書曰 "靈運要琇更進, 琇不肯. 靈運贈詩曰 '邦君難地險, 旅客易山行.' 靈運後在會稽, 亦多徒衆, 驚動縣邑."

白楊

34-16【補】 袁尹(袁粲)은 호방하고 술을 좋아하였다. 한번은 白楊나무가 늘어선 교외의 들판에서 나막신을 신고 천천히 걷다가 어떤 선비를 만나

29) 屐 : ≪何氏語林≫에는 '履'로 되어 있으나, ≪南史≫, ≪太平御覽≫ 등에는 屐으로 되어 있다.
30) 邦君 : 刺史 등의 지방관이라는 뜻이다. 여기서는 臨海 太守를 가리킨다.

자 바로 불러다 함께 술을 취하도록 실컷 마셨다. 다음날 그 사람이 知遇를 입었다고 생각해 집으로 찾아가 성명을 알리며 만나기를 청하였다. 〈그러자〉 원윤이 말하였다.

"어제 술을 마시는 데 같이 짝할 이가 없어 잠깐 그대를 불렀을 뿐이니, 다시는 번거롭게 하지 마시게."

袁尹疏放好酒하여 **嘗步屧白楊郊野間**이라가 **道遇一士人**하여 **便呼與酣飲**하고 **明日**에 **此人謂被知遇**라하여 **詣門求通**하니 **袁曰 昨日飮酒**에 **無偶**하여 **聊相邀爾**니 **勿復爲煩**하라하니라

34-17【補】謝長史(謝幾卿)는 성격이 호방하고 소탈하였으며 마음이 내키면 바로 실행하였다. 한번은 樂遊苑에서 열린 연회에 참여한 적이 있었는데 실컷 취하지 못하고 돌아오게 되었다. 그러자 길가에 있는 술집으로 가서 수레를 세우고 휘장을 걷고는 수레를 몰던 세 명의 마부와 마주하여 술을 마셨다. 구경하는 사람들이 담을 두르듯 많았지만 사장사는 아랑곳하지 않았다.

謝長史性通脫하여 **會意便行**이라 **嘗預樂遊苑宴**이라가 **不得醉而還**이라 **因詣道邊酒壚**하여 **停車**褰幔하고 **與車前三騶**로 **對飮**하니 **觀者如堵**로되 **謝處之自若**①하니라

① ≪南史≫에 말하였다. "謝幾卿은 謝靈運의 증손자이고 謝超宗의 아들이다. 12세에 國子生이 되었다. 齊나라 文慧太子(蕭長懋)가 策試를 보는 데 직접 나와 王儉에게 '사기경은 본래 〈老莊의〉 심오한 이치에 뛰어나니 지금 경전의 뜻을 물어보라.'라고 하여, 왕검이 뜻을 받들어 질문하였다. 사기경이 막힘없이 분석하고 해석하니 문혜태자가 크게 칭찬하였다. 왕검이 이를 두고 '사초종이 죽지 않았구나.'[31]라고 하였다. 장성해서는 박학다식하고 문장이 뛰어났다. 梁나라 天監 연간(502~519)에 벼슬이 光祿長史에 이르렀다."

南史曰"謝幾卿, 靈運之曾孫, 超宗子也. 十二補國子生. 齊文慧太子自臨策試, 謂王儉曰'幾卿本長玄理, 今以經義訪之.' 儉承旨發問, 幾卿辨釋無滯, 文慧大稱賞焉. 儉謂之曰'謝超宗爲不死矣.' 及長, 博學有文. 梁天監中, 至左光祿長史."

---

31) 사초종이……않았구나 : 사기경의 부친인 사초종은 학문을 좋아하고 문장이 뛰어났다. 그의 학문과 문장이 사기경에게 전해졌다는 말이다.

34-18【補】 陳暄은 文才가 뛰어났으나 지나치게 술에 빠져 지냈다. 형의 아들인 陳秀가 편지를 보내 만류하니, 진훤이 답하였다.

"빨리 술지게미 언덕이나 만들어라. 내 장차 거기서 늙으련다."

陳暄文才俊逸이나 而沈湎過度어늘 兄子秀致書止之하니 暄答曰 速營糟邱하라 吾將老焉①하리라하니라

① ≪南史≫에 말하였다. "陳暄은 義興 國山 사람이다. 부친 陳慶之는 南司州와 北司州[32] 두 곳의 刺史를 지냈다. 진훤은 文才가 俊逸하였으나 술을 무절제하게 좋아하였다. 형의 아들인 陳秀는 진훤이 술을 지나치게 마시는 것이 늘 걱정이어서 진훤의 친구인 何胥에게 편지를 보내 완곡하게 말려주기를 바랬다.

〈그러자〉 진훤이 진수에게 편지를 보내 '네가 孝典(하서)에게 보낸 편지를 봤는데, 내가 술을 과도하게 마신다고 하였다. 내가 이것을 좋아한지 50여 년이다. 옛날 吳國의 張公(張季舒)도 몹시 좋아하였다고 한다. 내가 장공을 보았을 때 당시 이미 예순이었는데, 스스로 말하기를 술을 가득 따라 마시는 것이 젊을 때보다도 낫다고 하였다. 내가 요즘 마시는 양도 지난날보다 낫다. 늙을수록 더 느는 이는 오직 나와 張季舒 뿐이다. 내 〈나중에〉 장차 그분과 지하에서 즐거움을 같이 나누려고 하는데 너는 나의 이러한 뜻을 꺾으려고 하는 게냐?

옛날 阮咸과 阮籍은 같이 竹林에서 노닐었는데 〈그 조카인〉 阮宣子(阮修)는 그들의 말을 이해하지 못하였다. 王湛은 玄談에 뛰어나고 말을 잘 탔는데 王武子(王濟)는 〈그를 처음에는〉 바보 숙부라고 불렀었다.[33] 어찌하여 陳留의 가풍은 이어지지 않고 太原의 기개는 드높은 것인가![34] 완전히 판이하게 다르니 참으로 괴이하구나. 나는 이미 요즘 세상에 받아들여지지 못하고 만년에 늙고 병들었으며, 재산은 顏淵이나 原憲과 별반 다르지 않고[35] 이름은 아직 卿相으로 옮겨가지 못하였다. 만약 날마다

32) 南司州와 北司州 : 南朝의 梁나라 때 설치된 행정 구역의 이름이다. 남사주는 지금의 湖北省 安陸市, 북사주는 麻城市 지역이다.

33) 王湛은……불렀었다 : 王濟는 처음에는 從叔인 王湛을 몰라보고 존경하지 않았는데 나중에 시사에 대한 뛰어난 식견과 뛰어난 기마술을 알고는 경외심을 갖고 존경하게 되었다.(≪世說新語補≫ 〈賞譽〉)

34) 어찌하여……것인가 : 陳留는 阮氏를, 太原은 王氏를 가리킨다. 阮咸 등은 陳留 尉氏(지) 출신이고, 王湛 등은 太原 晉陽 출신이다. 완씨의 기풍은 다음 세대로 전해지지 않고 왕씨의 경우는 이어져서 이 두 집안이 판이하게 달라졌다는 말이다.

35) 재산은……않고 : 안연은 孔子의 제자로 밥 한 그릇과 물 한 바가지를 먹고 마시면서 누추한 곳에 살면서도 태연하게 지내며 자신의 즐거움을 바꾸지 않았다.(≪論語≫ 〈雍也〉) 원헌은 ≪莊子≫에 나오는 인물로 한 칸의 움집에 지붕은 생풀로 이고 쑥대로 문을 엮

진한 술을 마시지 않는다면 달리 어디에 의지하라는 것이냐? 너는 술 마시는 것이 잘못이라고 생각하지만 나는 술 마시지 않는 것이 잘못이라고 생각한다.

옛날 周伯仁(周顗)이 강남으로 건너와서 오직 사흘만 술이 깨어 있었는데 나는 〈깨어있던 사흘을〉 적다고 생각하지 않는다. 鄭康成(鄭玄)은 하루에 술을 300잔 마셨는데 나는 〈300잔이〉 많다고 생각하지 않는다. 내 일찍이 술을 물에 비유한 적이 있었다. 〈물은〉 배를 건너가게 할 수 있지만 배를 뒤집어 버릴 수도 있다. 돌아가신 江諮議(江總)는 「술은 군대와 같다. 군대는 천 일이라도 쓰지 않을 수 있지만 하루라도 준비해 놓지 않으면 안되며, 술은 천일이라도 마시지 않을 수 있지만 한 번 마셔서는 취하지 않으면 안된다.」라는 말을 했었다. 훌륭하도다, 江公이여! 더불어 술에 대해 논할 수 있겠구나. 너는 내가 侍中의 집 문에서 수레에서 떨어진 것과 武陵의 저택에서 구덩이에 빠진 것에 놀라 朝野를 두루 돌며 스스로 말하기를 〈숙부 때문에〉 걱정이라고 한다. 「나는 다행이로다. 진실로 나에게 잘못이 있으면 남들이 반드시 아는구나.」[36]라는 격이로구나.

나의 평생 소원은 죽고 난 뒤에 나의 묘에 「陳故酒徒陳君之神道」 라고 쓰는 것이다. 이와 같은 뜻이니 〈昭王이〉 남쪽으로 순행을 나갔다가 돌아오지 못하고[37] 賈誼가 〈당시의 형세를 보고 슬퍼하여〉 통곡했던[38] 것과 같은 상황을 어찌 피하겠는가. 何水曹(何遜)는 눈이 술잔인지 솥단지인지를 알아보지 못하고, 나는 입이 술바가지와 술국자에서 떨어지지 않는데, 너는 하수조와 함께 같은 날 깨어 있기보다 차라리 나와 함께 같은 날 취해 있는 것이 낫지 않겠느냐. 이는 바로 깨어있음은 미칠 수 있지만 취함은 미칠 수 없음을 말하는 것이다.'라고 하였다. 後主(陳叔寶)가 散騎常侍로 기용하였다. 어떤 일[39]로 인해 심장 발작이 일어나 죽었다."

는 등 매우 가난했으나 바르게 앉아 거문고를 타며 즐겁게 살았다.(≪莊子≫〈讓王〉)

36) 나……아는구나 : ≪論語≫〈述而〉에 나오는 말이다. 여기서는 조카가 걱정해 주는 것에 대한 고마움과 동시에 술 마시고 한 실수에 대해 잘못을 인정한다는 의미로 썼다.

37) 남쪽으로……못하고 : 周나라 昭王이 楚 땅을 순수하다가 강가에서 배를 타게 되었는데, 평소 失政을 미워하던 초나라 사람들이 아교로 만든 배를 바치는 바람에 소왕이 이 배를 타고 강을 건너다가 아교가 녹아 배가 침몰하여 물에 빠져 죽은 일이 있었다.(≪史記≫〈周本紀〉)

38) 賈誼가……통곡했던 : 가의는 漢나라 文帝의 깊은 신임을 얻어 太中大夫로 발탁되어 대대적인 개혁을 주장하며 올린 상소에 "지금의 형세를 보건대, 慟哭할 만한 일이 한 가지이고, 눈물을 흘릴 만한 일이 두 가지이고, 크게 탄식할 만한 일이 여섯 가지입니다."라고 한 대목이 있다. 그러나 당시의 대신인 周勃, 灌嬰 등의 참소로 인해 문제의 신임을 잃고 長沙王의 太傅로 좌천되어 서른셋의 젊은 나이로 죽었다.(≪漢書≫〈賈誼傳〉)

39) 어떤 일 : 陳暄는 後主(陳叔寶)가 동궁일 때 學士로 있었다. 후주가 즉위하고 난 뒤 叔達, 孔範, 袁權, 王差, 陳褒, 沈瓘, 王儀 등과 늘 궁궐에 들어가 후주를 모시고 연회를

南史曰"暄, 義興國山人. 父慶之, 南北司二州刺史. 暄文才俊逸, 嗜酒無節操, 兄子秀常憂暄飮酒過多, 致書於暄友人何胥, 冀其諷諫. 暄與秀書曰 '見汝書與孝典, 陳吾飮酒過差. 吾有此好五十餘年. 昔吳國張公, 亦稱耽耆. 吾見張公時已六十, 自言引滿大勝少年. 吾今所進亦勝於往日. 老而彌篤, 唯吾與張季舒耳. 吾方與此子交歡地下, 汝欲夭我此志耶? 昔阮咸·阮籍同遊竹林, 宣子不明[40]斯言. 王湛能玄言巧騎, 武子呼爲痴叔. 何陳留之風不嗣, 太原之氣巋然, 翻成可怪. 吾旣寂寥當世, 朽病殘年, 產不異於顔原, 名未動於卿相. 若不日飮醇酒, 復欲安歸. 汝以飮酒爲非, 吾以不飮爲過. 昔周伯仁渡江, 唯三日醒, 吾不以爲少. 鄭康成一日三百盃, 吾不以爲多. 吾嘗譬酒猶水也. 可以濟舟, 亦可以覆舟. 故江諮議有言, 酒猶兵也, 兵可千日而不用, 不可一日而不備, 酒可千日而不飮, 不可一飮而不醉. 美哉! 江公, 可與論酒矣. 汝驚吾墜車侍中之門, 陷地武陵之第. 遍叵朝野, 自言憔悴. 丘也幸, 苟有過, 人必知之. 吾平生所願, 身沒之後, 題吾墓云「陳故酒徒陳君之神道」若斯志意, 豈避南征之不復賈誼之慟哭者哉. 何水曹眼不識盃鐺, 吾口不離瓢杓. 汝寧與何同日而醒, 與吾同日而醉乎? 政言其醒可及, 其醉不可及也.' 後主用爲散騎常侍, 以事發(悖)〔悸〕[41]死."

【頭註】

○ 王世懋 : 술꾼의 글은 많이 보이지 않는데, 이 편지의 글은 〈酒德訟〉과 나란히 전할 만하다. 王云"酒人文不多見, 此書便堪與酒德訟竝傳."

34-19【補】 北齊의 神武帝(高歡)가 李元忠을 僕射(복야)로 등용하려고 하자, 文襄帝(高澄)[42]가 '그 사람은 늘 취해 있어서 臺閣을 맡길 수 없다.'고 하였다. 그 아들인 李搔가 그말을 듣고는 이원충에게 음주를 절제해 달라고 청하였다. 이원충이 말하였다.

"내 말하겠노니, 복야가 되는 것은 술을 마시는 즐거움을 능가할 수 없다. 너는 복야라는 지위를 좋아하니 술을 마시지 말거라."

齊神武①欲用李元忠爲僕射②어늘 **文襄言 其常醉③**하여 **不可委以臺閣**이라하니 **其子搔聞之**하고

벌일 정도로 허물이 없었다. 그러다가 진훤의 오만한 태도가 심해지자 후주가 용납하지 못하고 쑥으로 모자를 만들어 진훤의 머리에 씌우고 불을 붙여 머리카락에 불이 붙었다. 진훤이 울면서 풀어달라고 애걸하였으나 후주가 풀어주지 않았는데, 衛尉卿이던 柳莊의 도움으로 벗을 수 있었다.(≪南史≫ 〈陳慶之列傳〉)

40) 明 : ≪南史≫ 〈陳慶之列傳〉, ≪太平御覽≫ 〈飮食部〉 등에는 '聞'으로 되어 있다.

41) (悖)〔悸〕: 저본에는 '悖'로 되어 있으나, ≪南史≫ 〈陳慶之列傳〉에 의거하여 '悸'로 바로잡았다.

42) 文襄帝(高澄) : 神武帝 高歡의 첫째 아들이다. 바로 밑의 동생인 高洋이 北齊를 세운 뒤에 부친과 함께 황제로 추존되었다.

請元忠節飮하니 **元忠曰 我言 作僕射**는 **不勝飮酒樂**이라 **爾愛僕射**하니 **宜勿飮酒**④하라하니라

① ≪北史≫ 〈齊本紀〉에 말하였다. "北齊의 高祖 神武皇帝는 姓이 高氏이고 諱가 歡으로 渤海 蓚 사람이다. 西魏에서 벼슬하여 丞相이 되었다. 수많은 전투를 벌여 흉악한 무리를 물리쳤다. 군주를 존숭하고 나라를 바로잡으며 공을 세워 천하를 구제하여 마침내 九錫의 특별한 예우를 받았다.[43] 시호는 獻武王인데 天統 元年(565)에 神武帝로 시호를 바꾸었다."

北史曰"齊高祖神武皇帝, 姓高氏, 諱歡, 渤海蓚人. 仕魏, 爲丞相. 百戰而剪凶徒, 尊主匡國, 功濟天下, 卒備九錫殊禮. 謚獻武王, 天統元年, 改謚神武."

② 李百藥의 ≪齊書≫에 말하였다. "李元忠은 趙郡 平棘 사람이다. 어려서부터 지조와 절개를 연마하고 典籍을 대략 읽었다. 神武帝(高歡)가 거병하면서[44] 侍中에 임명하였다. 비록 중요한 직임에 있었으나 事務로 마음을 어지럽히지 않고 대체로 늘 취해 있었다. 집안의 크고작은 일에는 전혀 관심을 두지 않았다. 정원에 갖가지 과일과 약재를 심었고, 벗들이 찾아오면 반드시 붙잡아 두고 술자리를 벌였으며, 彈弓을 옆에 끼고 술동이를 들고서 마을을 거닐며 놀았다. 늘 '차라리 밥을 못먹을지언정 술은 없을 수는 없다. 阮步兵(阮籍)은 나의 스승이요, 孔少府(孔融)가 어찌 나를 속이리오.'라고 입버릇처럼 말하였다. 나중에 中書令에서 다시 太常卿이 되기를 청하였으니, 〈太常寺에는〉 음악이 있고 좋은 술이 많았기 때문이었다."

李(白)〔百〕[45]藥齊書曰"李元忠, 趙郡平棘人. 少厲志操, 粗覽書史. 神武建義, 拜侍中. 雖處要任, 不以物務(于)〔干〕[46]懷, 大率常醉. 家事大小, 了不關心. 園庭羅種果藥, 親朋尋詣, 必留連宴賞. 挾彈携壺, 遊遨里閈. 每言'寧無食, 不可使我無酒. 阮步兵吾師也, 孔少府豈欺我哉!' 後自中書令, 復求爲太常卿, 以其有音樂而多美酒也."

③ ≪北史≫ 〈齊本紀〉에 말하였다. "文襄帝는 諱가 澄으로 神武帝의 맏아들이다."

北史曰"文襄帝, 諱澄, 神武長子."

---

43) 九錫의……받았다 : 九錫은 고대 天子가 諸侯와 大臣을 최고의 예우로 대우하기 위해 내리는 아홉 가지의 器物로, 車馬, 衣服, 樂器, 朱戶, 納陛, 虎賁, 弓矢, 鈇鉞, 秬鬯을 말한다. 이때 神武帝는 東魏의 실권을 장악하고 있었기 때문에 이런 예우를 받은 것이다. 그의 사후에 둘째 아들 高洋이 北齊를 세운 뒤에 황제로 추존되었다.

44) 거병하면서 : 高歡은 531년 6월에 信都에서 거병하여 北魏의 실권을 잡고 있던 爾朱氏들을 몰아내고 孝武帝 元修를 옹립하였다. 533년 이주씨들의 잔존 세력을 제거하고 大丞相과 渤海王이 되어 북위의 정권을 완전히 장악하였다. 534년에는 효무제를 쫓아내고 元善見을 황제로 세우고 鄴城으로 천도하였는데, 이후를 東魏로 부른다.(≪北齊書≫ 〈帝紀 神武〉, ≪北史≫ 〈齊本紀〉)

45) (白)〔百〕: 저본에는 '白'으로 되어 있으나, ≪何氏語林≫에 의거하여 '百'으로 바로잡았다.

46) (于)〔干〕: 저본에는 '于'로 되어 있으나, ≪何氏語林≫에 의거하여 '干'으로 바로잡았다.

④ ≪齊書≫ 〈李靈列傳〉에 말하였다. "李搔는 字가 德沈이다. 당시 사람들이 思考하고 분별하는 능력이 뛰어나다고 칭송하였다. 儀曹郎으로 있다가 죽었다."
齊書曰 "搔, 字德沈. 時人稱有思理. 終於儀曹郎."

34-20【補】 張思光(張融)은 평상시 늘 탄식하였다.

"내가 옛사람을 보지 못하는 것은 한스럽지 않다. 옛사람이 나를 보지 못하는 것이 한스럽다."

張思光居常嘆曰 不恨我不見古人이요 所恨은 古人不見我라하니라

34-21【補】 王無功(王績)이 門下省 待詔[47]로 있었다. 〈문하성의〉 옛 관례에는 관에서 하루에 술 석 되를 지급하였다. 어떤 이가 물었다.

"대조는 무슨 즐거움이 있습니까?"

왕무공이 답하였다.

"좋은 술이 그리울 따름이오."

侍中 陳叔達이 이 말을 듣고 하루에 술 한 말을 지급하였다. 〈이리하여〉 당시의 사람들이 〈왕무공을〉 '斗酒學士'라고 불렀다.

王無功待詔에 門下省故事官 官給酒日三升이라 或問 待詔何樂耶오 無功答曰 良醞可戀耳라하니 侍中陳叔達聞之하고 日給一斗하여 時號斗酒學士①라하니라

① 劉昫의 ≪唐書≫에 말하였다. "陳叔達은 字가 子聰으로 陳나라 宣帝의 열여섯째 아들이다. 몸가짐과 행동거지가 훌륭하였고 재주와 학문이 뛰어났다. 진나라에서 義陽王에 봉해졌다. 열 살 남짓 되었을 때 황제를 모시고 연회에 참석하여 시 10韻을 지은 적이 있었는데 붓을 잡자 바로 완성하였다. 僕射(복야)인 徐陵이 매우 기특하게 여겼다. 隋나라에 들어가서 오래도록 기용되지 못하다가 〈당나라〉 武德 4년(621)에 侍中에 제수되었다."
劉昫唐書曰 "陳叔達, 字子聰, 陳宣帝第十六子也. 善容止, 有才學. 在陳封義陽王. 年十餘歲, 嘗侍宴賦詩十韻, 援筆便就, 僕射徐陵甚奇之. 入隋久不得調, 武德四年拜侍中."

34-22【補】 韓朝宗(韓會)이 山南 지방의 採訪使[48]가 되었을 때, 孟浩然의 조용함

47) 待詔 : 관직 이름으로, 황제의 고문 역할을 하였다.

과 詩律로는 그를 조정에 둔다면 반드시 〈尹吉甫처럼〉 온화하고 아름다운 頌을 읊을 것이라고 생각하였다.[49] 그리하여 〈황제에게〉 아뢰려고 들어가는 길에 그를 데리고 〈경사로〉 갔다. 미리 조정에 〈그의 뛰어남을〉 알리고, 알현하기 위해 데리고 갈 날짜를 잡았다. 〈그런데 그날〉 마침 맹호연은 벗이 찾아오는 바람에 아주 즐겁게 실컷 술을 마시고 있었다. 어떤 이가 말하였다.

"韓公과 약조를 했으니 시간에 늦으면 안됩니다."

맹호연이 큰소리로 꾸짖었다.

"이미 술을 마셨으니 나는 즐기련다. 다른 일은 신경 쓸 겨를이 있겠는가."

그대로 끝까지 마시고 가지 않았다.

孟浩然

韓朝宗爲山南採訪①하여 謂孟浩然深閑詩律하니 寘諸周行이면 必詠穆如之頌②이라하고 因入奏에 挾與俱行하다 先揚于朝하고 約日引謁이러니 會浩然有故人至하여 劇飮歡甚이라 或言 與韓公約하니 不當後期라하니 浩然叱曰 業已飮矣라 身行樂耳니 遑恤其他③리오하고 遂畢飮不赴④하니라

① 柳子厚(柳宗元)의 〈先友記〉에 말하였다. "韓會는 字가 朝宗으로 昌黎 사람이다. 淸談을 잘하고 문장이 뛰어나 〈당세에〉 명성이 가장 높았다. 그렇지만 이런 까닭에 많은 비방을 받았다. 起居郎[50]에 이르렀는데 좌천되었다가 〈그곳에서〉 죽었다."
柳子厚先友記曰 "韓會, 字朝宗, 昌黎人. 善淸言, 有文章, 名最高. 然以故多謗, 至起居郎, 貶官卒."

② ≪詩經≫ 〈大雅 烝民〉에 말하였다. "尹吉甫가 誦詩를 지으니 온화하고 아름답기가 淸風과 같도다."

---

48) 採訪使 : 관직 이름이다. 唐나라 開元 21년(733) 전국을 15개의 道로 나누고, 각 도마다 采訪處置使를 두었는데 간단하게 '채방사'라고 하였다. 刑獄의 점검과 지방 관리의 감찰을 관장하였다.

49) 반드시……생각하였다 : 尹吉甫는 周나라 宣王 때의 어진 신하이다. 맹호연이 윤길보처럼 황제의 德을 노래로 잘 칭송하고 보좌할 것이라 기대하였다는 말이다.

50) 起居郎 : 관직명으로 隋 煬帝(楊廣)때 처음 설치되었다. 황제의 일상 행동과 국가의 대사를 기록하였다. 이런 기록을 ≪起居注≫라고 하는데 조선의 ≪承政院日記≫와 비슷하다. 기거랑은 조선의 史官과 注書와 비슷한 역할을 하였다고 볼 수 있다.

雅詩曰 “吉甫作誦, 穆如淸風.”

③ 漢나라 楊惲의 〈南山種荳歌〉에 말하였다. “인생은 즐기며 살 뿐이거늘, 언제 부귀하기를 기다리랴.”

漢楊惲南山種荳歌曰 “人生行樂耳, 須富貴何時.”

④ 王士源의 〈浩然集序〉에 말하였다. “孟浩然은 字가 浩然으로 襄陽 사람이다. 용모가 맑고 깨끗했으며 정신이 시원하고 밝았다. 환난을 구제하고 분규를 해결하여 표본을 세웠으며, 푸성귀에 물을 주고 대나무를 길러 고상함을 온전히 하였다. 사람들과 교유하는 중에는 소탈하고 친하게 지내며 〈자신의〉 영민함을 숨기지 않았다. 학문은 儒學을 하지 않고 그 精髓만 취했으며, 문학은 옛 것을 좇지 않고 독특함을 추구하였다. 그의 五言詩를 두고 천하의 사람들은 지극히 아름답다고 칭찬하였다.”

王士源浩然集序曰 “孟浩然, 字浩然, 襄陽人. 骨貌淑淸, 風神散朗. 救患釋紛, 以立義表, 灌蔬藝竹, 以全高尙. 交遊之中, 通脫傾蓋, 機警無匿. 學不爲儒, 務掇菁藻, 文不按古, 匠心獨妙. 五言詩, 天下稱其盡美.”

34-23【補】 韓熙載는 〈천성이〉 방탕하고 솔직하였으며 명예와 예법을 지키려고 하지 않았다. 노래하고 춤추는 기생을 백 명 넘게 사서 날마다 함께 무절제하게 놀았으며 받은 月俸을 그녀들에게 뿌렸다. 한희재는 해진 옷과 짚신에 맹인 행색을 하고 獨絃琴[51]을 들었고 〈門生인〉 舒雅에게는 拍板[52]을 들고 〈자신을〉 이끌게 하고는 〈기생들의〉 房을 돌며 먹을 것을 구걸하면서 웃고 즐겼다.

韓熙載肆情坦率하여 **不持名檢**이라 **售妓樂百數人**하여 **日與荒樂**하고 **所得月俸**을 **散與諸姬**라 **熙載弊衣芒履**로 **作瞽者**하여 **持獨絃琴**하고 **俾舒雅執板挽之**①하고 **隨房乞食以爲笑樂**②이라

① 馬令의 ≪南唐書≫에 말하였다. “舒雅는 宣城 사람이다. 용모가 빼어났으며, 재주와 사고력이 뛰어나다고 자부하였다. 擧子로서 과거 시험에 응시하러 갔다가 배운 바를 韓熙載에게 바친 적이 있었는데, 한희재는 한 번 보고는 오랜 지인처럼 대했고 서아는 성품이 간교하고 꾀가 많아 〈물음에〉 물 흐르듯 응답하였다.

한희재는 서아와 함께 침실을 출입했으며 항상 서아와 옷을 바꿔 입고 燕戱를 벌였는데, 〈서아가〉 侍婢들과 뒤섞여 놀고 〈으슥한 곳으로 시비와〉 들어가도 〈이에 대

51) 獨絃琴 : 악기 이름이다. 絃이 하나만 있는 琴이다. 중국 남부의 전통 악기이며 베트남에서 전래되었다고 한다.

52) 拍板 : 타악기의 일종으로 여러 개의 板木을 줄로 꿰어 만든다. 박자를 맞추는 데 쓰인다.

해〉 질투하지 않고 〈오히려〉 유쾌한 즐거움으로 여겼다. 어떤 이는 한희재가 지은 ≪格言≫은 반이 서아의 말이라고 한다.

한희재가 〈과거 시험을 주관하는〉 知貢擧가 되었을 때 서아를 일등으로 뽑았는데 朝野에서 비난하는 사람이 없었으니, 이는 서아의 재주로 당연한 것이었기 때문이었다."
馬令南唐書曰"舒雅,宣城人, 姿容秀發, 以才思自命. 嘗因隨計,[53] 以所學獻於韓熙載, 一見如疇昔, 雅性巧黠, 應答如流. 熙載與之出入臥內, 常與雅易服燕戲, 猱雜侍婢, 入末[54]念酸, 以爲笑樂. 或云熙載所著格言, 半雅之詞. 迨熙載知貢擧, 以雅爲第一, 朝野無間者, 以雅之才爲當也."

② ≪湘山野錄≫에 말하였다. "한희재는 북방 사람이다. 江南에서 벼슬해 지위가 현달한 데 이르렀다. 婢妾을 단속하지 않았고 北齊의 徐之才 같은 기풍이 있어서[55] 시녀가 이따금 손님과 정을 통했고 손님이 지은 시에 '五更이라 더 이상 머물지 못해 내 베게 옆에서 옷을 주워 입는 것이라네.'라는 구절이 있어도 한희재는 또한 개의치 않았다."
(相)〔湘〕[56]山野錄曰"韓熙載, 北人. 仕江南, 致位通顯. 不防閑婢妾, 有北齊徐之才之風, 侍兒往往私客, 客賦詩有「最是五更留不住, 向人枕畔着衣裳.」之句, 熙載亦不介意."

34-24【補】 何承裕는 盩厔과 咸陽 두 곳의 縣令이 되었을 때 취하면 〈관을 쓰지 않고〉 맨머리를 드러낸 채 소를 타고 官府로 나아갔다. 이따금 힘 있는 아전을 불러다 앉히고 같이 술을 실컷 마셨는데, 아전이 취한 김에 사심을 품고 일을 청탁하자 하승유가 웃으며 말하였다.

"이렇게 하는 것은 〈자네가〉 속은 것이다. 마땅히 곤장 좀 맞아야 하겠다."[57]

---

53) 隨計 : 원래는 조정의 부름을 받은 사람이 計吏를 따라간다는 뜻인데, 뒤에 擧子가 시험에 응시하는 것을 가리키게 되었다.
54) 末 : ≪南唐書≫ 〈舒雅傳〉과 ≪李卓吾批點世說新語補≫(安永本)에는 '末'로 되어 있다.
55) 北齊의……있어서 : 徐之才는 대대로 의술에 종사했던 집안 출신으로 北齊의 유명한 醫員이고, 和士開는 북제의 寵臣이자 大臣으로 유명한 호색한이다. 화사개는 서지재의 처가 傾國之色이라는 이야기를 듣고 집으로 찾아가 간통하였다. 그러던 어느날 서지재와 마주쳤는데, 서지재가 황급히 자리를 피하면서 "젊은 사람이 노는 데 방해되겠네." 라고 하며 자리를 피하였다.(≪北齊書≫ 〈和士開傳〉)
56) (相)〔湘〕 : 저본에는 '相'으로 되어 있으나, ≪何氏語林≫ 및 ≪李卓吾批點世說新語補≫(安永本) 등에 의거하여 '湘'으로 바로잡았다.
57) 이렇게……하겠다 : 아전이 사적인 이익을 위해 말한 것임을 알면서도 짐짓 다른 사람에게 속아서 그런 것이니 곤장을 맞아 정신을 차려야 하겠다고 말한 듯하다. ≪世說箋本≫의 두주에서는 '誣罔我也(나를 속이는 것이다.)'라고 하였으나, 이렇게 하면 하승유의 말이 무미건조해지고 원문에서 굳이 '見'자를 써서 피동형으로 한 의미도 살지 않는

아전이 곤장을 다 맞고 나자 다시 불러 같이 술을 마셨다.

何承裕爲盩厔(주질)**咸陽二縣令**하여 **醉則露首跨牛趨府**하고 **往往召豪吏**하여 **接坐引滿**하고 **吏因醉挾私白事**면 **承裕笑曰 此見罔也**니 **當受杖**이라하고 **杖訖**에 **復召與飮**①하니라

① ≪文苑傳≫에 말하였다. "何承裕는 재주가 뛰어나고 詩歌 짓는 것을 좋아했으며 술을 좋아하고 자유분방하였다. 처음에 中都縣 主簿가 되었다. 桑維翰이 兗州를 다스리고 있었는데 그가 순진하고 솔직하다는 것을 알고 있어서 관부의 일로 책망하지 않았다. 著作佐郎으로 있다가 盩厔과 咸陽의 현령이 되었는데, 술에 취하면 맨머리를 드러낸 채 소를 타고 관부로 나아갔다. 府尹 王彦昭는 그가 名士라고 하여 용납하였다."
文苑傳曰 "何承裕有淸才, 好爲歌詩, 嗜酒狂逸. 初爲中都主簿, 桑(惟)〔維〕[58]翰鎭兗州, 知其眞率, 不責以吏事. 官著作佐郎, 出爲盩厔·咸陽令, 醉則露首跨牛趨府. 府尹王彦昭以其名士容之."

34-25【補】 喩明仲(喩陟)은 긴 橫笛을 잘 불었다. 여러 郡의 持節[59]로 있을 때 매번 밖으로 나아가 시찰하다가 산수가 아름다운 곳에 이르면 말 위에서 바람을 맞으며 몇 곡조를 연주하곤 하였다.

喩明仲妙於長笛이러니 **持節數郡**에 **每出按行至山水佳處**면 **馬上臨風**하여 **輒快作數弄**①하니라

① ≪墨莊漫錄≫에 말하였다. "喩陟은 字가 明仲으로 睦州 사람이다. 여러 郡의 持節을 지냈는데 치적이 많았다. 평소 散隷[60]에 뛰어났고 특히나 긴 橫笛을 잘 불었다. 〈馬上吹笛〉라는 시를 지은 적이 있는데 張芸叟[61]가 이 시에 唱和하였다."

듯하므로 따르지 않았다.

58) (惟)〔維〕: 저본에는 '惟'로 되어 있으나, ≪新五代史≫ 〈晉臣傳〉, ≪李卓吾批點世說新語補≫(安永本) 등에 의거하여 '維'로 바로잡았다.

59) 持節 : 관직 이름으로 刺史에 해당한다. 魏晉 이후로 使持節, 持節, 假節, 假使節 등이 명칭이 있었는데 모두 刺史이면서 군대의 일도 총괄한 경우를 말한다. 唐나라 초기에 여러 州의 자사에게 '지절'이라는 명칭을 추가하였다가 나중에 '節度使'를 두면서 폐지하였다.

60) 散隷 : 서체의 한 종류로, 散筆로 쓴 예서이다. 산필은 '散卓筆'이라고도 한다. 하나 또는 두 종류의 짐승 털을 섞어 만드는데 붓의 성질이 부드럽고 윤택하며 튼실하여 오래 써도 흐트러지지 않고 유려하게 써지는 특징이 있으며 宋나라 때 아주 유행하였다고 한다.

61) 張芸叟 : 張芸叟는 宋나라 사람 張舜民으로 운수는 자이다. 호는 浮休居士 또는 矴齋이며, 監察御史, 吏部侍郎을 역임하였다. 사람됨이 정직하고 직언을 과감하게 했으며 書畵에 뛰어났다. 저서로는 ≪畫墁錄≫, ≪畫墁集≫이 있다.(≪宋史≫, ≪元祐黨人傳≫, ≪宋元學案≫) 장운수가 지은 시는 〈和喩明仲馬上吹笛〉이다.

墨莊漫錄曰"喩陟, 字明仲, 睦州人. 持節數郡, 政績藹著. 雅善散隸, 尤妙長笛. 嘗有馬上吹笛詩 張芸叟和之."

34-26【補】蘇子瞻(蘇軾)은 黃州와 嶺外[62]에 있을 때[63] 매일 아침 일어나서 손님을 초대해 함께 담소를 나누지 않으면 반드시 밖으로 나가서 손님을 찾아갔다. 함께 교유하는 사람을 전혀 가리지 않았으며 각각 그 사람의 高下에 따라 거리낌 없이 담소하며 아무런 한계를 두지 않았다. 말을 잘하지 못하는 사람이 있으면 억지로 귀신 이야기라도 하도록 시켰으며, 혹 할 이야기가 없다고 사양하면 〈이렇게〉 말하였다.

蘇軾

"일단 아무렇게라도 말해 보시오."

蘇子瞻在黃州及嶺外에 每旦起하여 不招客與語면 必出訪客하고 所與遊를 亦不盡擇하고 各隨其人高下하여 談諧放蕩하며 不復爲畛畦라 有不能談者면 則彊之使說鬼하고 或辭無有면 則曰 姑妄言之하라하니라

【頭註】

○ 王世懋 : 蘇子瞻(蘇軾)은 스스로 위로는 부처와 보살과도 짝하고 아래로는 悲田院[64]의 거지와도 짝할 수 있다고 늘 말했는데, 바로 이 뜻이다.
王云"子瞻常自言'上可陪諸佛菩薩, 下陪悲田乞兒.' 顧是此意."

---

62) 嶺外 : 五嶺, 즉 大庾嶺, 越城嶺, 騎田嶺, 萌渚嶺, 都龐嶺의 바깥인 江西, 湖南, 廣東, 廣西 지역을 말한다.

63) 黃州와……때 : 귀양가 있던 때를 말한다. 당시 北宋은 王安石 등이 주창한 新法을 둘러싸고 당쟁이 확산되었는데, 소식은 신법에 반대하는 입장인 舊法黨이었다. 이로 인해 정치적인 부침을 거듭하다가 1079년에 湖北省 黃州로 유배를 갔다가 6년 만에 돌아왔다. 이후 승진을 거듭하여 한림학사의 지위에 올랐으나 1094년에 다시 新法黨이 득세하면서 廣東省 惠州로 유배되었고 3년 후인 1097년에는 海南島까지 귀양을 갔다.

64) 悲田院 : 빈민 구제를 위한 기구이다. 唐 開元 연간에 病坊을 설치해 거지를 수용하였는데 武宗 때 이를 '悲田養病坊'으로 고쳤다. 나중에는 養濟院을 '悲田院'으로 불렀다.

35. 거리낌 없는 오만함 簡傲*

* 簡傲는 '오만하다', '도도하다'의 뜻으로 〈간오〉편에서는 황제나 고관대작 같이 신분이 높은 이들을 상대로도 거리낌 없이 말하거나 당시의 예법과 관습에 전혀 구애받지 않고 행동하는 아무 명사들의 오만하고 도도한 모습을 그리고 있다. 앞의 〈任誕〉편과 비슷한 점이 있다. 전체 35條의 일화가 실려 있는데, 그중 ≪世說新語≫에서 12조, ≪何氏語林≫에서 23조를 가져왔다.

35-1【補】世祖(光武帝 劉秀)가 嚴子陵(嚴光)이 머무르는 館舍로 갔는데 엄자릉은 누워서 일어나지 않았다. 세조가 그의 배를 어루만지면서 말하였다.

"허어 참, 자릉! 나를 도와 나라를 다스리면 안되겠는가?"

엄자릉은 대답도 하지 않고 한참 동안 눈을 크게 뜨고 응시하였다.

"옛날 堯임금이 덕을 분명히 드러냈는데도 巢父가 귀를 씻었으니,[1)] 선비는 본래 자신의 뜻이 있는 것입니다. 어찌하여 압박하기까지 하십니까?"

세조가 말하였다.

"자릉! 내 끝내 자네의 뜻을 굽히게 할 수가 없는 것인가!"

嚴光

1) 옛날……씻었으니 : 許由와 巢父(보)가 箕山 潁水에 숨어 살았는데, 堯임금이 帝位를 맡기려 하자 허유가 이를 거절하고서 더러운 말을 들었다면서 귀를 씻었다. 소보는 이 말을 듣자 "그대가 만약 높은 산 깊은 골에 살면서 세상과 통하지 않았다면 누가 그대를 볼 수 있었겠는가."라며 꾸짖고는, 귀를 씻은 더러운 물을 자기 소에게 마시게 할 수 없다고 하며 소를 끌고 상류로 올라가서 물을 먹였다.(≪高士傳≫ 〈許由〉)

그리고는 탄식하며 수레에 올라 떠났다.

世祖幸嚴子陵館에 子陵臥不起어늘 帝撫其腹曰 咄咄 子陵이아不可相助爲理耶아 子陵不應아 良久에 張目熟視曰 昔唐堯著德이로되 巢父洗耳러니 士故有志어늘 何至相迫乎오 帝曰 子陵아 我竟不能下汝耶아하고 歎息升輿而去하니라

35-2【補】시월 초하루 黃祖가 〈전투용 배인〉 艨衝船 위에서 모임을 갖고 기장밥과 고깃국을 마련하였다. 〈그때〉 禰衡은 젊은 나이지만 그 자리에 참석하였다. 기장밥과 고깃국이 오자 예형은 먼저 혼자서 배불리 먹더니 다른 손님들은 전혀 아랑곳 하지 않은 채 주먹밥을 들고 만지작거리며 놀기만 하였다.

十月朝에 黃祖在艨衝舟上① 會하고 設黍臛이러니 衡年少在坐②라 黍臛至에 衡先自飽食하고 都不顧衆賓하고 唯摶博[2)] 以弄戲③하니라

① ≪釋名≫에 말하였다. "바깥쪽이 좁고 긴 배를 '艨衝'이라고 하는데 적의 배를 충돌할 때 쓴나."
釋名曰 "外狹而長曰艨衝, 以衝突敵舡."

② ≪後漢書≫에 말하였다. "禰衡이 曹操를 만나러 가면서 베로 된 홑옷과 엉성한 두건을 쓰고 손에는 3척 길이의 나무 지팡이를 들었다. 大營門에 앉아 지팡이로 땅을 치며 크게 욕을 해댔다. 〈그러자〉 조조가 '예형은 애다. 내가 그를 죽이는 것은 참새나 쥐를 죽이는 것이나 마찬가지이다. 다만 이 사람은 평소 헛된 명성이 있어 〈내가 그를 죽인다면〉 원근의 사람들이 장차 나를 두고 포용하지 못하였다고 할 것이다. 지금 劉表에게 보내 어떻게 할지 한번 봐야겠다.'라고 하였다.

유표와 荊州의 사대부들은 이전부터 그의 재주와 명성에 탐복하고 있었기에 그를 賓客으로 후하게 예우하였다. 文章과 논의는 모두 예형을 통해 정해졌다. 유표가 한번은 여러 문인들과 章奏文의 초안을 작성하고 있었는데, 모두 자신들의 재주와 능력을 다 기울였다. 그때 예형이 밖에 나갔다가 돌아와서 보았다. 펼쳐서 다 보지도 않고 훼손하여 땅에 팽개쳤다. 유표는 〈그의 행동에〉 깜짝 놀랐다. 예형은 이어서 붓과 簡牘을 달라고 하더니 금방 〈상주문을〉 완성하였는데, 말과 뜻이 참으로 훌륭하였다. 유표는 크게 기뻐하며 그를 더욱 중히 여겼다.

뒤에 〈예형이〉 다시 유표를 업신여기고 거만하게 굴자, 유표는 치욕스럽게 여기며 〈더

2) 摶 : 발음은 '團'이다. 손으로 밥을 둥글게 만드는 것이다.(≪世說音釋≫)

이상〉 용납하지 못하였다. 江夏太守 黃祖는 성질이 급했기 때문에 그에게 예형을 보냈다. 황조도 〈그를〉 잘 대우해 주었다. 예형은 〈황조의〉 書記가 되었는데 〈상황에 맞춰 문장의〉 가벼움과 무거움, 간략함과 상세함을 딱 들어맞게 하였다. 황조가 손을 붙잡고 '處士! 이는 참으로 내 생각 그대로요. 내가 속으로 말하고자 했던 바와 같소.'라고 하였다.

황조의 큰아들 黃射은 章陵太守였는데 예형에게 특히 잘하였다. 한번은 예형과 함께 놀러나갔다가 함께 蔡邕이 지은 碑文을 읽었다. 황역은 그 문장을 좋아하여 돌아와서는 베껴오지 못한 것을 아쉬워하였다. 예형이 '비록 한번 봤지만 기억할 수 있습니다. 오직 그 중 돌이 떨어져나간 두 글자가 명확하지 않을 뿐입니다.'라고 하였다. 그리고는 써냈다.

황역이 급히 사람을 보내 비문을 베껴 와서 대조해 보게 하였더니 예형이 쓴 것과 같아 모두들 탄복하였다. 황역이 이 때 빈객들을 크게 모았는데 앵무새를 바친 이가 있었다.

황역이 예형을 향해 잔을 들며 '원컨대 선생께서 이것을 주제로 詩歌를 지어 嘉賓들을 즐겁게 해주십시오.'라고 하니, 예형이 붓을 잡고 〈금방〉 지었는데 〈완성 후〉 글을 수정도 하지 않았으며 표현은 매우 아름다웠다.

나중에 황조가 艨衝船 위에서 빈객들을 크게 모아 연회를 베풀었는데 예형의 말이 불손하였다. 황조가 수치스럽게 여기고 이에 꾸짖자, 예형이 다시 한참을 빤히 보며 '죽일 놈 같으니라고! 무슨 소리를 하는 거야.'라고 하였다. 황조가 크게 노해 五伯[3]에게 끌고 나가게 하고 매질을 하려고 하였는데, 예형이 크게 욕을 해대자 황조가 극노해 마침내 죽이게 하였다."

後漢書曰 "衡往見操, 着布單衣疎巾, 手持三尺梲杖, 坐大營門, 以杖箠地大罵. 操曰 '禰衡豎子, 孤殺之猶雀鼠耳. 顧此人素有虛名, 遠近將謂孤不能容之. 今送與劉表, 視當何如.' 表及荊州士大夫先服其才名, 甚賓禮之, 文章言議, 非衡不定. 表嘗與諸文人(其)〔共〕[4]草章奏, 竝極其才思. 時衡出, 還見之, 開省未周, 因毀以抵地. 表憮然爲駭. 衡乃從求筆札, 須臾立成, 辭義可觀. 表大悅, 益重之. 後復侮慢於表, 表恥不能容, 以江夏太守黃祖性急, 故送衡與之, 祖亦善待焉. 衡爲作書記, 輕重疏密, 各得體宜. 祖持其手曰 '處士, 此正得祖意, 如祖腹中之所欲言也.' 祖長子射(역)爲章陵太守, 尤善於衡. 嘗與衡俱遊, 共讀蔡邕所作碑文, 射愛其辭, 還恨不繕寫. 衡曰 '吾雖一覽, 猶能識之, 唯其中石缺二字爲不明耳.' 因書出之. 射馳使寫碑還校, 如衡所書, 莫不歎伏. 射時大會賓客, 人有獻鸚鵡者, 射擧卮於衡曰 '願先生賦之, 以娛嘉賓.' 衡攬筆而作, 文無加

3) 五伯 : '五百'과 같다. 杖刑을 집행하는 役卒이다.
4) (其)〔共〕: 저본에는 '其'로 되어 있으나, ≪李卓吾批點世說新語補≫(安永本)와 ≪後漢書≫ 〈文苑列傳 禰衡〉에 의거하여 '共'으로 바로잡았다.

點, 辭采甚麗. 後黃祖在艨衝舡上, 大會賓客, 而衡言不遜順, 祖慚, 乃訶之, 衡更熟視曰 '死公! 云等道?' 祖大怒, 令五伯將出, 欲加箠, 衡方大罵, 祖恚, 遂令殺之."

③ ≪禰衡別傳≫에 말하였다. "이 때 江夏에 張伯雲이 있었는데 그 역시 자리에 참석하고 있었다. 예형에게 '禮敎에서 뭐라 하였는데 이것을 먹는 것입니까?'라고 하였는데, 禰正平(예형)은 대답하지 않고 하던대로 기장밥을 먹었다. 황조가 '처사는 답할 것 없소.'라고 하니, 예형이 황조에게 '君子가 어찌 수레 앞의 말방귀같은 소리를 들을까.'라고 하였다. 황조가 꾸짖으니 예형은 황조를 빤히 쳐다보며 '죽일 놈의 영감 같으니라고!'라고 하였다.

황조가 크게 노해 五伯에게 끌고 나가게 하였다. 곤장을 치려고 하였는데 〈예형이〉 욕을 멈추지 않자 마침내 絞殺하도록 하였다. 황역이 구하러 왔지만 이미 돌이킬 수가 없었다. 슬피 눈물을 흘리며 '이 사람에게는 남다른 재주가 있어 曹操와 劉荊州(劉表)도 죽이지 않았는데 大人께서는 어찌하여 죽이셨습니까?'라고 하니, 황조가 '그자가 네 아비를 죽일 놈의 영감이라고 욕하는데 어찌 죽이지 않겠느냐.'라고 하였다."

禰衡別傳曰 "時江夏有張伯雲, 亦在坐, 謂之曰 '禮敎云何而食此?' 正平不答, 弄黍如故. 祖曰 '處士不當答之也.' 衡謂祖曰 '君子寧聞車前馬(槽)〔糟〕[5].' 祖呵之, 衡熟視祖罵曰 '死鍛錫公.' 祖大怒, 令五伯將出, 欲杖之, 而罵不止, 遂令絞殺. 黃射來救, 無所復及, 悽愴流涕曰 '此有異才, 曹操及劉荊州不殺, 大人奈何殺之?' 祖曰 '人罵汝父作鍛錫公, 奈何不殺?'"

35-3【補】 孫子荊(孫楚)이 石苞의 驃騎參軍이 되었다. 자신의 재주와 氣魄을 자부하는데다 석포를 업신여기고 있었던터라 처음 부임했을 때 절도 하지 않고 단지 길게 揖만 하더니 곧바로 석포에게 말하였다.

"天子께서 나에게 卿의 군대에 관한 일에 간여하라고 명하셨습니다."

孫子荊爲石苞驃騎參軍에 **既負其才氣**하고 **又侮易苞**하여 **初至**에 **不拜**하고 **但長揖**하고 **直語苞曰 天子命我參卿軍事**①라하니라

① ≪晉書≫에 말하였다. "石苞는 字가 仲容으로 渤海 南皮 사람이다. 고상하고 활달하며 지혜가 있고 도량이 컸다. 처음에는 〈魏나라 수도〉 鄴의 시장에서 쇠를 팔았다. 市長[6]인 趙元儒은 사람을 알아보는 것으로 이름이 났는데, 〈석포를 보고〉 그의 원대

---

5) (槽)〔糟〕: 저본에는 '槽'로 되어 있으나, ≪何氏語林≫과 ≪李卓吾批點世說新語補≫(安永本) 등에 의거하여 '糟'로 바로잡았다.

6) 市長 : 관직 이름으로 市場을 관리하는 일을 맡았다. ≪唐六典≫의 주석에 따르면, 漢나라 때에는 여러 郡國에 모두 시장을 두었고 晉과 南朝宋 이래로 모두 답습하다가 隋나

한 기량으로는 당연히 公輔의 지위에 이를 것이라며 감탄하였다. 이로 말미암아 이름이 알려졌다. 관직은 驃騎將軍과 大司馬에 이르렀다."
晉書曰 "石苞, 字仲容, 渤海南皮人. 雅曠有智局. 初販鐵於鄴市, 市長趙元儒名知人, 嘆苞遠量, 當至公輔, 由是知名. 官至驃騎將軍・大司馬."

35-4 王融이 弱冠의 나이일 때 阮籍을 찾아갔는데 그 때 劉公榮(劉昶)이 그 자리에 있었다. 완적이 왕융에게 말하였다.

"내게 좋은 술 두 말이 우연히 생겼으니 그대와 함께 마셔야겠네. 저 유공영은 빼고."

두 사람은 주거니 받거니 술을 마셨고, 유공영은 끝내 한 잔도 얻어 마시지 못했으나 이야기 나누며 담소하는 모습은 세 사람이 다르지 않았다. 어떤 이가 그것에 대해 물어보자 완적이 대답하였다.

"유공영보다 나은 사람이면 〈그 사람과〉 함께 술을 마시지 않을 수 없고, 유공영보다 못한 사람이면 〈그 사람과〉 함께 술을 마시지 않으면 안된다. 오직 유공영만 함께 술을 마시지 않을 수 있다."

王融弱冠에 詣阮籍하니 時劉公榮在坐라 阮謂王曰 (僕)〔偶〕[7]有二斗美酒하여 當與君共飮이요 彼公榮者無預焉이라하고 二人交觴酬酢하되 公榮遂不得一桮로되 而言語談戲는 三人無異라 或有問之者하니 阮答曰 勝公榮者는 不得不與飮酒요 不如公榮者는 不可不與飮酒라 唯公榮은 可不與飮酒①라하니라

① ≪晉陽秋≫에 말하였다. "王戎이 15세 때 부친 王渾을 따라 官署에 있었는데 阮籍이 보고서 마음에 들어하였다. 매번 왕혼에게 가서는 잠깐 있다가 바로 왕융의 방으로 가서 한참을 있었다. 왕혼에게 '濬沖(왕융)은 맑고 고상하여 그대와는 부류가 다릅니다.'라고 하였다. 왕융이 한번은 완적을 찾아가 함께 술을 마셨는데, 劉昶이 자리에 같이 있으면서도 끼지를 못하였다. 〈그런데도〉 유창은 서운해 하는 기색이 없었다.
잠시 후 왕융이 완적에게 '저분은 누구십니까?'라고 물으니, '劉公榮이다.'라고 하였다. 濬沖(왕융)이 '유공영보다 낫기 때문에 술을 주셨군요. 유공영보다 못해도 술을 주지 않을 수 없습니다.[8] 오직 유공영만 술을 주지 않을 수 있군요.'라고 하였다."

라 때부터는 市令을 두었다고 한다.
7) (僕)〔偶〕: 저본에는 '僕'으로 되어 있으나, ≪世說新語≫와 ≪李卓吾批點世說新語補≫(安永本) 등에 의거하여 '偶'로 바로잡았다.

≪竹林七賢論≫에 말하였다. "처음에 완적이 왕융의 부친 왕혼과 함께 尙書郎이 되었다. 〈완적이〉 매번 왕혼을 찾아가 자리에 앉기도 전에 '경과 이야기 나누는 것은 戎과 이야기 나누는 것만 못합니다.'라고 하고는 바로 왕융에게로 가서는 날이 저물 때가 되어서야 돌아갔다. 완적은 왕융보다 20살이 많았으나 마치 동년배처럼 서로 잘 맞았다. 유공영은 통달한 사람으로 천성으로 술을 몹시 좋아하였다. 완적이 왕융과 종일토록 술잔을 기울이면서도 유공영은 한 잔도 얻어 마시지 못했으나 세 사람은 각각 아무렇지도 않게 태연자약하였다. 왕융이 세상 사람들로부터 높이 평가받았다는 이야기는 모두 이런 유형이다."

晉陽秋曰 "戎年十五, 隨父渾在郎舍, 阮籍見而說焉. 每適渾俄頃, 輒在戎室久之. 乃謂渾 '濬冲淸尙, 非卿倫也.' 戎嘗詣籍共飮, 而劉昶在坐不與焉. 昶無恨色. 旣而戎問籍曰 '彼爲誰也?' 曰 '劉公榮也.' 濬冲曰 '勝公榮, 故與酒. 不如公榮, 不可不與酒. 唯公榮者, 可不與酒.'"

竹林七賢論曰 "初, 籍與戎父渾俱爲尙書郎, 每造渾, 坐未安, 輒曰 '與卿語, 不如與阿戎語.' 就戎, 必日夕而返. 籍長戎二十歲, 相得如時輩. 劉公榮通士, 性尤好酒. 籍與戎酬酢終日, 而公榮不蒙一桮, 三人各自得也. 戎爲物論所先, 皆此類."

【頭註】

○ 王世懋 : 아마 劉公榮(劉昶)의 말을 써서 유공영을 놀렸을 것이다.
王云 "殆用公榮語, 調公榮."

○ 왕세무 : 유공영의 말을 뒤집어 새롭게 만든 것으로 더욱 교묘하다. 익살이 뛰어난 사람이다.
王云 "卽以公榮語飜出, 更妙. 滑稽之雄."

35-5 鍾士季(鍾會)는 재치가 뛰어났는데 전부터 嵇康을 알지는 못하였다. 종사계는 당시의 賢人과 俊士들을 초청하여 함께 혜강을 찾아갔다. 혜강은 큰 나무 아래에서 한창 쇠를 불리고 있었고, 向子期는 옆에서 풀무질을 하고 있었다. 혜강은 옆에 아무도 없다는 듯이 망치질을 멈추지 않았고 한참이 지나도 말 한마디 건네지 않았다. 종사계가 가려고 일어나자, 혜강이 말하였다.

"무엇을 들었기에 왔다가, 무엇을 보았기에 가는 게요?"

종사계가 말하였다.

---

8) 유공영보다……없습니다 : 이 말은 ≪晉陽秋≫에서는 王戎의 말로 나오고, 본문에서는 阮籍의 말로 나오고, ≪세설신어≫ 〈任誕〉에서는 劉昶의 말로 나오고, ≪晉書≫ 〈王戎傳〉에서는 완적의 말로 나온다. ≪世說新語箋疏≫에서 余嘉錫은 같은 이야기를 두고 글이 달라진 것이라고 하였다.

"들리는 것을 듣고 왔다가, 보이는 것을 보고 갑니다."

鍾士季精有才理로되 **先不識嵇康**이라 **鍾要于時賢俊之士**하여 **俱往尋康**하니 **康方大樹下鍛**하고 **向**(상)**子期爲佐鼓排**라 **康**이 **揚槌不輟**하여 **傍若無人**하고 **移時不交一言**이어늘 **鍾起去**한대 **康曰 何所聞而來**라가 **何所見而去**오하니 **鍾曰 聞所聞而來**라가 **見所見而去**①라하니라

① ≪文士傳≫에 말하였다. "嵇康은 천성으로 재주가 몹시 뛰어나 쇠 불리는 일에 능하였다. 집에 무성한 버드나무가 있었는데 물을 끌어들여와 둘레를 흐르게 하니 여름날에는 매우 청량하였다. 늘 그 아래에 있으면서 유유자적했으며 자신이 직접 쇠를 불렸다. 집은 비록 가난했으나 쇠를 불려달라는 사람이 있으면 값을 받지 않았다. 다만 親舊들이 닭고기와 술을 가지고 찾아가면 함께 먹고 마시면서 淸談을 나눌 따름이었다."

≪魏氏春秋≫[9]에 말하였다. "鍾會는 大將軍 兄弟[10]와 친했는데, 혜강의 이름을 듣고서 만나려고 찾아갔다. 종회는 귀공자로 재능이 있고 신분이 높고 〈황제의〉 총애를 받았기에 살찐 말을 타고 가벼운 비단 옷을 입었으며 빈객과 수행하는 이들이 구름처럼 많았다. 혜강은 한창 두 다리를 뻗고 앉아 쇠를 불리고 있었는데, 종회가 와도 예를 차리지 않았다. 종회는 크게 앙심을 품게 되었다. 나중에 呂安의 일[11]로 마침내 혜강을 참소하였다."

文士傳曰 "康性絶巧, 能鍛鐵. 家有盛柳樹, 乃激水以圜之, 夏天甚淸涼, 恒居其下傲戲, 乃身自鍛. 家雖貧, 有人說鍛者, 康不受直. 唯親舊以鷄酒往與共飮噉, 淸言而已."
魏氏春秋曰 "鍾會爲大將軍兄弟所暱, 聞康名而造焉. 會名公子, 以才能貴幸, 乘肥衣輕, 賓從如雲. 康方箕踞而鍛, 會至不爲之禮, 會深銜之. 後因呂安事, 而遂譖康焉."

35-6 嵇康은 呂安과 사이가 좋아 매번 그리워지면 천 리를 마다 않고 수레를 채비하게 하여 찾아갔다. 여안이 뒤에 찾아왔을 때 마침 혜강은 집에 있지 않고 〈형인〉 嵇喜가 문을 나와 맞이하였다. 〈여안은〉 들어가지 않고 문 위에 '鳳' 자를

9) 魏氏春秋 : 저자는 東晉의 孫盛이다. 전체 20권의 편년체 사서로 삼국시대 魏나라의 일을 기록하였다. 현재는 일부만 여러 책에 남아 전한다.
10) 大將軍 兄弟 : 司馬師와 司馬昭를 말한다.
11) 呂安의 일 : 여안의 처 徐氏는 아름다웠는데 여안의 형인 呂巽이 술로 서씨를 취하게 한 다음 간음한 일이 있었다. 일이 발각되자 여손은 스스로 지레 불안한 마음에 여안이 모친을 구타하는 불효를 저질렀다고 무고하여 변경으로 유배되도록 만들었다. 혜강이 여안을 위해 변론하다가 종회의 참소를 당하였고, 司馬昭가 혜강과 여안을 잡아 감옥에 가두었다가 이내 모두 죽여버렸다.(≪晉書≫ 〈嵇康傳〉)

쓰고는 떠났다. 혜희는 〈무슨 뜻인지〉 알아차리지 못하고 오히려 기뻐하였다. 원래 '봉' 자를 쓴 것은 보통 새라는 뜻이었다.[12)]

嵇康與呂安善하여 每一相思면 千里命駕①라 安後來値康不在하여 喜出戶延之로되 不入②하고 題門上作鳳字而去하니 喜不覺하고 猶以爲欣하니 故作鳳字는 凡鳥也③라

① ≪晉陽秋≫에 말하였다. "呂安은 字가 中悌로 東平 사람이다. 冀州刺史 呂招의 둘째 아들이다. 뜻과 그릇이 컸으며 세속을 초탈한 기풍이 있었다."

干寶의 ≪晉紀≫에 말하였다. "처음 여안이 혜강과 교제할 때 보고 싶으면 바로 수레를 급작스럽게 채비하도록 하였다."

晉陽秋曰 "安, 字中悌, 東平人, 冀州刺史招[13)]之第二子. 志量開曠, 有拔俗風氣."

(于)〔干〕[14)]寶晉紀曰 "初, 安之交康也, 其相思則率爾命駕."

② ≪晉百官名≫에 말하였다. "嵇喜는 字가 公穆으로 揚州刺史를 역임했으며 혜강의 형이다. 阮籍이 상을 당했을 때 조문하러 갔다. 완적은 靑眼視와 白眼視를 잘 했는데, 평범한 세속의 선비를 보면 白眼으로 대하였다. 혜희가 가자 완적은 곡도 하지 않고 백안을 드러냈다. 혜희는 불쾌해하며 물러갔다. 혜강은 이를 듣자 술을 들고 琴을 옆에 끼고서 완적을 찾아갔고 마침내 서로 친하게 되었다."

干寶의 ≪晉紀≫에 말하였다. "여안은 늘 혜강을 찾아가곤 하였다. 혹 〈찾아갔는데〉 혜강이 출타하고 없을 때면 혜강의 형인 혜희가 자리를 깨끗이 하고 맞이해도 〈여안은〉 돌아보지도 않고 혼자 수레 안에 앉아 기다렸다. 혜강의 모친이 바로 술과 음식을 마련하면 〈여안은〉 혜강의 아이를 불러달라고 하여 함께 놀고 한참 있다가 떠났다. 그가 신분이 높은 사람들을 가볍게 여기는 것이 이와 같았다."

晉百官名曰 "嵇喜, 字公穆, 歷揚州刺史, 康兄也. 阮籍遭喪, 往弔之. 籍能爲靑白眼, 見凡俗之士, 以白眼對之. 及喜往, 籍不哭, 見其白眼, 喜不懌而退. 康聞之, 乃齎酒挾琴而造之, 遂相與善."

(于)〔干〕[15)]寶晉紀曰 "安嘗從康. 或遇其行, 康兄喜拭席而待之, 弗顧, 獨坐車中. 康母就設酒食, 求康兒共與戲, 良久則去. 其輕貴如此."

③ 許愼의 ≪說文解字≫에 말하였다. "鳳은 신령스러운 새이다. 〈뜻은〉 '鳥'를 따르고, '凡'은 소리 부분이다."

許愼說文曰 "鳳, 神鳥也. 從鳥, 凡聲."

---

12) 봉……뜻이었다 : '鳳'을 破字하면 '凡'자와 '鳥'자가 된다.
13) 招 : ≪三國志≫ 〈魏志 杜恕傳〉에 인용된 주에는 '昭'로 되어 있다.
14) (于)〔干〕: 저본에는 '于'로 되어 있으나, ≪世說新語≫에 의거하여 '干'으로 바로잡았다.
15) (于)〔干〕: 저본에는 '于'로 되어 있으나, ≪世說新語≫에 의거하여 '干'으로 바로잡았다.

35-7 陸士衡(陸機)이 처음 낙양에 들어가서는 張公(張華)에게 찾아가 봐야 할 사람을 물어보았는데, 劉道眞(劉寶)이 그 중 한명이었다. 육사형이 〈찾아〉갔더니 유도진은 아직 상중에 있었다. 〈유도진은〉 천성으로 술을 좋아해서 인사가 끝나자 애초 다른 말은 하지 않고 오직 이렇게 물었다.

"東吳 지역에 자루가 긴 표주박이 있는데 그대는 씨앗을 가져 왔는가?"

육사형 형제는 몹시 실망하여 〈괜히〉 갔다고 후회하였다.

陸士衡初入洛하여 咨張公所宜詣하니 劉道眞是其一이라 陸旣往에 劉尙在哀制中이로되 性嗜酒하여 禮畢에 初無他言하고 唯問東吳有長柄壺盧[16)]하니 卿得種來不아 陸兄弟殊失望하여 乃悔往하니라

35-8 王平子(王澄)가 荊州刺史가 되어 나갈 때 王太尉(王衍)와 당시의 名賢들이 전송하느라 길을 가득 메웠다. 그때 정원 가운데에 큰 나무가 있고 그 위에 까치집이 있었다. 왕평자가 옷과 두건을 벗더니 까치 새끼를 잡으려 곧장 나무를 올라갔는데, 속옷이 나뭇가지에 걸려 꼼짝하지 못하자 바로 그것마저 벗어버렸다. 까치 새끼를 잡고는 도로 내려와 노는데 곁에 아무도 없다는 듯이 안색이 태연하였다.

王平子出爲荊州①에 王太尉及時賢送者傾路라 時庭中有大樹하고 上有鵲巢어늘 平子脫衣巾하고 徑上樹取鵲子라 涼衣拘閡樹枝에 便復脫去하다 得鵲子還下弄호되 神色自若하여 傍若無人②이러라

① ≪晉陽秋≫에 말하였다. "惠帝(司馬衷) 때 太尉 王夷甫(王衍)가 〈인재를〉 선발하는 사람[17)]에게 말해 동생인 王澄을 荊州刺史로, 從弟인 王敦을 靑州刺史로 임명하게 하였다. 왕징과 왕돈이 함께 왕태위를 찾아가 인사하니, 왕태위가 '지금 왕실이 장차 기울어지려 하기에 동생들을 齊와 楚[18)] 지역에 앉히도록 하였다. 밖으로는 霸業을 세울 수 있고 안으로는 황실을 바로잡기에 충분하게 되는 것이 두 아우에게 바라는 바

16) 壺盧 : '壺蘆'로도 쓴다. 葫蘆, 즉 조롱박, 표주박이다. 술을 담는 용기로 썼는데 목이 길면 술이 새지 않아 술을 담아 다니기에 편하기 때문에 유도진이 가져왔는지 물은 것이다.
17) 인재를……사람 : 東海王 司馬越을 가리킨다.(≪晉書≫ 〈王衍傳〉)
18) 齊와 楚 : '齊'는 靑州, '楚'는 荊州를 가리킨다.

일세.'라고 하였다."

晉陽秋曰 "惠帝時, 太尉王夷甫言於選者, 以弟澄爲荊州刺史, 從弟敦爲青州刺史. 澄·敦俱詣太尉辭. 太尉謂曰 '今王室將卑, 故使弟等居齊·楚之地, 外可以建霸業, 內足以匡帝室, 所望於二弟也.'"

② 鄧粲의 ≪晉紀≫에 말하였다. "王澄은 행실이 자유분방하고 거리낌이 없어서 당시 사람들이 그를 曠達하다고 하였다."

鄧粲晉紀曰 "澄放蕩不拘, 時謂之達."

【頭註】

○ 劉辰翁 : 이 까치 새끼가 어찌 〈王平子(王澄)를〉 욕되게 할 수 있겠는가.

劉云 "此鵲子何足以辱."

35-9 高坐道人(尸黎密)은 丞相(王導)과 자리를 같이 할 때는 늘 그 옆에 누워 있었는데, 卞令(卞壺)을 보면 엄숙하게 몸가짐을 고치며 말하였다.

"저 사람은 禮法이 바른 사람이다."

高坐道人이 **於丞相坐**에 **恒偃臥其側**이러니 **見卞令**하고 **肅然改容云 彼是禮法人**①이라하니라

① ≪高坐傳≫에 말하였다. "王公(王導)이 高坐和上을 찾아갔더니 화상은 허리띠를 풀고 드러누워 있었다. 대화를 나누는데 통찰력이 뛰어났다. 尙書令 卞望之를 보면 바로 옷깃을 여미고 몸가짐을 바로하였으니, 당시 사람들이 〈두 사람〉 모두 어울리는 상대를 만났다고 감탄하였다."

高坐傳曰 "王公曾詣和上, 和上解帶偃伏, 悟[19]言神解. 見尙書令卞望之, 便斂衿飾容, 時歎皆得其所."

35-10 【補】 王子猷(王羲之)가 桓沖의 參軍이 되었는데 한번은 수행하다가 비를 만났다. 그러자 말에서 내려 환충의 수레로 걸어 들어가더니 말하였다.

"공께서 어찌 수레 하나를 홀로 다 차지하실 수 있겠습니까?"

王子猷爲桓沖參軍에 **嘗從行**이러니 **値雨**하여 **因下馬**하고 **步入沖車中曰 公豈得獨擅一車**오하니라

19) 悟 : '晤'와 통하며 '對'의 뜻이다. 悟言은 '면담' 또는 '대담'의 뜻이다.

35-11 謝公(謝安)이 한번은 謝萬과 함께 서쪽으로 나가다가[20] 吳郡에 들렀는데, 사만이 〈사안과〉 함께 王恬의 처소에 가고 싶어하였다. 謝太傅(사안)가 말하였다.

"아무래도 그 사람은 너를 상대해 주지 않을 수도 있을 것 같구나. 내 생각으로는 그럴 것 없다."

사만은 그럼에도 한사코 졸랐는데 사태부는 굳게 마음을 먹고 돌리지 않았기에 사만 혼자서만 찾아갔다. 잠깐 앉았다가 왕념이 이내 문 안으로 들어가자 사만은 몹시 기쁜 기색을 하며 자신을 후하게 대접할 것이라 생각하였다. 〈그런데〉 한참 있다가 왕념은 머리를 감고 산발한 채 나오더니 앉지도 않고 胡牀[21]에 걸터앉아 中庭에서 머리를 말렸는데, 표정이 오만하고 상대하려는 뜻이 전혀 없었다. 사만은 이에 바로 돌아갔다. 배에 도착하기도 전에 먼저 사태부를 소리쳐 부르자, 사안이 말하였다.

"阿螭(왕념)가 상대해주지 않았군."[22]

謝安

謝公嘗與謝萬共出西하여 (遇)〔過〕[23]吳郡이러니 阿萬欲相與共萃王恬許①하니 太傅云 恐伊不必酬汝리니 意不足爾라 萬猶苦要로되 太傅堅不回하여 萬乃獨往이라 坐少時에 王便入門內어늘 謝殊有欣色하여 以爲厚待已라 良久에 乃沐頭散髮而出하여 亦不坐하고 仍據胡牀하여 在中庭曬頭호되 神氣傲邁하고 了無相酬對意어늘 謝於是乃還하여 未至船에 逆呼太傅하니 安曰 阿螭不作爾②라하니라

① 王恬은 그때 吳郡太守였다.

---

20) 서쪽으로 나가다가 : 서울인 建康으로 가는 것을 가리킨다. 사안과 사만은 건강의 동쪽에 있는 會稽에 살고 있었기 때문에 건강으로 가는 것을 '서쪽으로 나간다'라고 한 것이다.

21) 胡牀 : 접을 수 있는 가벼운 간이용 의자이다.

22) 상대해주지 않았군 : 원문은 '不作爾'이다. ≪世說音釋≫과 ≪世說箋本≫에서는 '不作酬對'의 뜻으로 보아 이를 따랐다.

23) (遇)〔過〕: 저본에는 '遇'로 되어 있으나, ≪世說新語≫와 ≪李卓吾批點世說新語補≫(安永本) 등에 의거하여 '過'로 바로잡았다.

恬時爲吳郡太守.

② 왕념은 어릴 적 이름이 螭虎(이호)였다.

王恬, 小字螭虎.

【頭註】

○ 王世懋 : 劉辰翁이 "'故作爾' 세 글자는 지극히 운치가 있다."라고 했는데 어찌 꼭 그렇겠는가. 생각건대 舊本에 "阿螭(왕념)는 일부러 그렇게 하였다."라고 되어있기 때문에 그렇게 말한 것이다.

王云 "劉云'故作爾三字極得情趣.' 何必爾. 按舊本作'阿螭故作爾', 故云然也."

○ 王世懋 : 이 말은 요즘말로 "그는 너를 인정하지 않는다."라고 하는 것과 같다.

王云 "此語猶今諺云 '他不作准你.'"

35-12 (補)[24] 王恭이 江盧奴(江敳)에게 長史가 되어 달라고 요청하려고[25] 새벽에 강노노를 찾아갔는데, 아직 침상에 있었다. 왕공은 앉아서 감히 곧바로 말하지 못하다가 한참이 지나 말을 꺼낼 수 있었다. 강노노는 대답하지 않고 곧장 사람을 불러 술을 가져오게 하여 혼자 한 사발을 마시더니 왕공에게는 주지도 않았다. 왕공이 웃으면서 말하였다.

"어찌 혼자 마실 수 있소?"

강노노가 말하였다.

"그대도 마시고 싶소?"

다시 사람을 시켜 왕공에게 따라 주도록 하였다. 왕공은 술을 다 마시고 바로 가겠다 말하고는 그 자리에서 일어났다. 문을 미처 다 나서기 전에 강노노가 탄식하며 말하였다.

"사람이 자신의 능력을 헤아리기는 참으로 어렵지."

王恭欲請江盧奴爲長史하여 晨往詣江하니 江猶在帳中이라 王坐不敢卽言하고 良久에 乃得及하니 江不應①하고 直喚人取酒하여 自飮一盌하고 又不與王이라 王且笑且言那得獨

---

24) (補) : 저본에는 '補'가 있으나, 이 일화는 ≪何氏語林≫에는 실려 있지 않고 ≪世說新語≫에 실려 있으므로 '補'자를 삭제하였다.

25) 王恭이……요청하려고 : 왕공은 前將軍과 靑州와 兗州의 刺史를 지낸 적이 있다. 長史는 將軍과 刺史의 보좌관이다. 왕공은 강노노를 자신의 보좌관으로 삼고 싶어 했던 것이다.

飮이리오하니 江云 卿亦復須邪아하고 更使酌與王하미 王飮酒畢에 因得自解去라 未出戶에 江歎曰 人自量이 固爲難②이로다하다

① 盧奴는 江敳(애)의 어릴 적 이름이다. ≪晉安帝紀≫에 말하였다. "강애는 자가 仲凱로 濟陽 사람이다. 조부 江正은 散騎常侍였고 부친 江彪은 僕射였다. 모두 정의롭고 자질이 순박하여 당대에 이름이 알려졌다. 강애는 내외에서 여러 자리를 거쳤는데 대범하고 겸손한 것으로 유명하였다. 黃門侍郎, 驃騎咨議를 역임하였다."
盧奴, 江敳(애)小字也. 晉安帝紀曰 "敳, 字仲凱, 濟陽人. 祖正, 散騎常侍. 父彪(반), 僕射. 竝以義正器素, 知名當世. 敳歷位內外, 簡退著稱, 歷黃門侍郎・驃騎咨議."

② ≪宋書≫에 말하였다. "敳는 湘州刺史 江夷의 부친이다. 강이는 字가 茂遠으로 湘州刺史였다."
宋書曰 "敳卽湘州江夷之父也. 夷, 字茂遠, 湘州刺史."

35-13 王子猷(王徽之)가 桓車騎(桓沖)의 騎兵參軍이 되었다. 환거기가 물었다.

"경은 어디 관서인가?"

대답하였다.

"어디 관서인지 모르겠습니다. 때때로 말을 끌고 오는 걸 보아하니 馬曹[26)]인 듯합니다."

환거기가 또 물었다.

"관서에 말이 몇 마리 있는가?"

대답하였다.

"〈공자도〉 말에 대해 묻지 않으셨으니, 무슨 수로 숫자를 알겠습니까."

또 물었다.

"말이 근래 몇 마리나 죽었는가?"

대답하였다.

"살아있는 것도 모르는데, 어찌 죽은 것을 알겠습니까."

王子猷作桓車騎騎兵參軍에 桓問曰 卿何署오 答曰 不知何署요 時見牽馬來하니 似是馬曹①라다 桓又問 官有幾馬오 答曰 不問馬하니 何由知其數②오 又問 馬比死多少오 答

26) 馬曹 : 말을 관리하던 관서이다.

曰 未知生이어니 焉知死③리오하니라

① 〈何法盛의〉 ≪中興書≫에 말하였다. "桓沖이 王徽之를 데려와 參軍으로 삼았는데, 머리를 풀어 헤치고 봉두난발에 허리띠는 풀어놓은 채 지냈으며 軍府의 일을 전혀 몰랐다."

中興書曰 "桓沖引徽之爲參軍, 蓬首散帶, 不綜知其府事."

② ≪論語≫ 〈鄕黨〉에 말하였다. "마구간이 불탔는데, 孔子께서 조정에서 물러 나와 '사람이 다쳤느냐?' 하시고, 말에 대해서는 묻지 않으셨다." 그 注에 "사람을 귀하게 여기고 가축을 천하게 여겼기 때문에 묻지 않으신 것이다."라고 하였다.

論語曰 "廏焚, 孔子退朝曰 '傷人乎?' 不問馬." 注 "貴人賤畜, 故不問也."

③ ≪論語≫ 〈先進〉에 말하였다. "子路가 죽음에 대해 물으니 孔子께서 '삶을 모르는데 어찌 죽음을 알겠는가.'라고 하셨다." 馬融의 注에 말하였다. "죽음에 관한 일은 명확하게 알기 어려워 말해도 무익하다. 그러므로 대답하지 않으셨다."

論語曰 "子路問死. 孔子曰 '未知生, 焉知死?'" 馬融注曰 "死事難明, 語之無益, 故不答."

【頭註】

○ 劉辰翁 : 역시 '소설 주머니' 같다.

劉云 "亦似小說書袋子."

○ 王世懋 : 王子猷는 행실이 추악하였지만 그의 풍류는 후세 사람들의 이야깃거리가 되기에 충분하고 말도 아름답다.

王云 "子猷穢行, 然風流足爲後世口實, 語亦自佳."

35-14 王子猷(王徽之)가 桓車騎(桓沖)의 參軍으로 있었는데, 환거기가 왕자유에게 말하였다.

"그대가 幕府에 있은 지 오래되었으니 요즘은 당연히 〈일을 잘〉 처리할 수 있게 되었겠군."

〈왕자유는〉 애당초 대답도 하지 않고 다만 먼 곳을 보며 手版[27]으로 뺨을 괸 채 말하였다.

"西山에 아침이 오니 상쾌한 기운이 드는구나."[28]

---

27) 手版 : 手板으로도 쓰며 笏을 말한다. 관리가 휴대하고 다니면서 일이 있으면 손에 올려놓고 기록했으며 사용하지 않을 때는 허리에 꽂았다.

28) 西山에……드는구나 : 서산은 首陽山을 가리킨다. 伯夷와 叔齊가 周나라 武王이 殷나라

王子猷作桓車騎參軍에 桓謂王曰 卿在府日久하니 比當相料理라하니 初不答하고 直高視하며 以手版拄頰云 西山朝來에 致有爽氣라하니라

35-15 王子猷(王徽之)가 한번은 출타하여 吳中[29]을 지나다가 어느 士大夫 집에 아주 좋은 대나무가 있는 것을 보았다. 그 주인은 왕자유가 당연히 〈보러〉 갈 것이라고 진작에 알고서 물 뿌리고 비질하고 자리를 마련하고는 대청에 앉아 기다렸다. 〈그런데〉 왕자유가 탄 肩輿가 곧바로 대나무 아래로 가더니 〈왕자유는〉 한참 동안 소리를 길게 뽑아 詩歌를 읊조렸다. 주인은 실망스러웠으나 그래도 돌아갈 때는 당연히 인사라도 하리라 기대하였다. 그런데 그대로 문을 나가려고 하자, 주인은 도저히 참지를 못하고 바로 좌우의 사람들을 시켜 문을 닫아걸고 나가지 못하도록 하였다. 왕자유는 다시금 이 일로 주인〈의 기개를〉 높이 사고는 머물러 앉아 실컷 즐기고 떠났다.

肩輿

王子猷嘗行過吳中이라가 見一士大夫家에 極有好竹이라 主已知子猷當往하고 乃洒掃施設하고 在聽事坐相待러니 王肩輿徑造竹下하여 諷嘯良久어늘 主已失望이나 猶冀還當通이러니 遂直欲出門이어늘 主人大不堪하여 便令左右閉門不聽出하니 王更以此賞主人하고 乃留坐盡歡而去하니라

를 멸망시키고 천자의 지위에 오르자, 주나라의 녹봉을 먹는 것을 부끄러워하여 수양산에 은둔하였다. 당시 부른 〈採薇歌〉에 "저 서산에 올라가 고사리를 캐도다.〔登彼西山兮 採其薇矣〕"라는 구절이 있다.(≪史記≫ 〈伯夷列傳〉) 왕자유는 이렇게 말해 세속을 초탈하고자 하는 뜻을 드러낸 것이다.

29) 吳中 : 지금의 江蘇省 吳縣 일대를 말하는데, 넓게는 江蘇省 南部와 浙江省 北部를 가리키기도 한다.

35-16 謝萬이 북방을 정벌하면서[30] 항상 詩歌를 읊조리며 오만하게 굴었고 군사들을 위로하거나 달랜 적이 없었다. 謝公(謝安)은 사만을 신임하고 아꼈으나 그가 반드시 패배할 것임을 살펴 알았기에 함께 〈정벌에〉 나섰다. 〈사공이〉 조용히 사만에게 말하였다.

"너는 元帥이니 장수들을 자주 불러 연회를 베풀어 그들의 마음을 기쁘게 해야 할 것이다."

사만은 그 의견을 좇아 장수들을 소집하고는 아무런 말도 없이 다만 如意[31]로 사방의 좌석을 가리키며 말하였다.

"諸君들은 모두 굳세고 강한 병사들이다."

장수들은 그 말에 대해 몹시 분하게 생각하였다.[32] 사공은 恩德과 信義를 돈독히 하고자 隊長과 장군 이하를 모두 직접 찾아가서 〈사만을 대신해〉 정중하게 사죄하였다. 사만이 주도하던 일이 실패로 돌아가자, 軍中에서는 이를 계기로 사만을 제거하려다가 다시 〈생각을 바꾸어〉 말하였다.

"隱士[33]의 입장을 생각해 주자."

이 때문에 〈사만은〉 요행히 죽음을 면할 수 있었다.

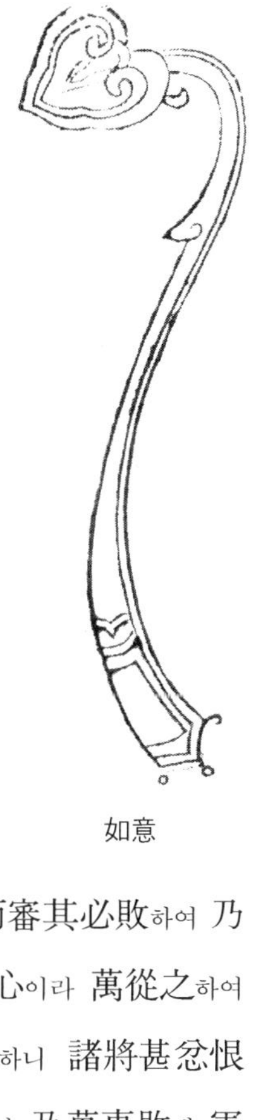

如意

謝萬北征에 常以嘯詠自高하고 未嘗撫慰衆士어늘 謝公甚器愛萬이나 而審其必敗하여 乃俱行이라 從容謂萬曰 汝爲元帥니 宜數(삭)喚諸將宴會하여 以說(열)衆心이라 萬從之하여 因召集諸將이요 都無所說하고 直以如意指四坐云 諸君皆是勁卒이라하니 諸將甚忿恨之라 謝公欲深著恩信하여 自隊主將帥以下로 無不身造하여 厚相遜謝라 及萬事敗에 軍中因欲除之라가 復云 當爲隱士라 故幸而得免이라

---

30) 북방을 정벌하면서 : 북방은 前燕을 가리킨다. 謝萬은 升平 3년(359) 황제의 명을 받아 전연을 정벌하였으나 실패하는 바람에 許昌, 穎川이 연이어 함락되었고 이 일로 서인으로 강등되었다.(≪晉書≫ 〈謝萬傳〉)

31) 如意 : 梵語 '阿那律'을 意譯한 것으로, 등이 가려울 때 긁는 도구인 효자손과 비슷한 물건이다. 손이 닿지 않는 가려운 곳을 생각대로 긁을 수 있다고 하여 붙여진 이름이다.

32) 그……생각하였다 : 장수들을 병사라고 칭하였기 때문에 분하게 생각한 것이다.

33) 隱士 : 謝安을 가리킨다. 당시 사안은 出仕하기 전으로 東山에서 은거하고 있었다.

【頭註】

○ 劉辰翁 : 어리석은 태도를 잘 드러냈다.
劉云 "甚得騃態."

○ 劉應登 : 은사는 謝安을 가리킨다. 당시에는 아직 벼슬길에 나서지 않았다.
應登云 "隱士指安. 時未出仕."

35-17【補】 陶徵士[34] (陶潛)는 집에 있을 때 신분이 높던 낮던 사람이 찾아오기만 하면 술이 있으면 바로 술상을 차렸다. 도징사는 먼저 취하면 바로 손님에게 말하였다.

"내가 취해서 자고 싶으니 그대는 가시오."

陶徵士居家에 **凡貴賤造之**면 **有酒輒設**하고 **陶若先醉**에 **便語客 我醉欲眠**이니 **卿可去**라하니라

陶潛

35-18【補】 王敬弘(王裕)가 한번은 딸을 보러 何氏 집으로 간 적이 있었는데, 마침 何尙之가 집에 없었다. 書齋 가운데 누워있는데 잠시 후 하상지가 돌아왔다. 왕경홍은 두 하녀에게 문을 지키게 하면서 하상지가 들어오겠다는 것을 허락하지 않고는 단지 〈이렇게〉 말하였다.

"〈날씨가〉 한창 더워 만나지 못하겠으니 君은 일단 가시오."

〈이러는 바람에〉 하상지는 그대로 다른 방으로 갔다.

王敬弘嘗往何氏看女①로되 **値尙之不在**하여 **寄齋中臥**러니 **俄頃尙之還**이어늘 **敬弘使二婢守閤**하여 **不聽尙之前**하고 **直語云 正熱不堪相見**이니 **君可且去**라하니 **尙之遂移於他室**하니라

① ≪南史≫에 말하였다. "王敬弘의 딸은 何尙之의 동생인 何述之에게 시집갔다."
南史曰 "敬弘女適何尙之弟述之."

34) 徵士 : 조정의 부름을 받았으나 벼슬하러 나아가지 않은 隱士를 말한다.

35-19【補】 謝譓는 함부로 사람들과 교유하지 않아서 집에 〈찾아오는〉 잡된 손님이 없었다. 이따금씩 혼자서 취하곤 했는데 한번은 〈이렇게〉 말하였다.

"내 방에 들어오는 것은 단지 맑은 바람 뿐이요, 내가 술 마실 때 상대해 주는 것은 오직 밝은 달이로다."

謝譓不妄交接하여 **門無雜賓**이라 **有時獨醉**하여 **嘗曰 入吾室者**는 **但有淸風**이요 **對吾飮者**는 **唯當明月**①이라하니라

① ≪南史≫에 말하였다. "謝譓의 조부 謝莊은 金紫光祿大夫였고, 부친 謝朏는 尙書令이었다. 사혜는 벼슬이 右光祿大夫에 이르렀다."
南史曰 "謝譓祖莊, 金紫光祿大夫. 父朏(비), 尙書令. 譓仕至右光祿大夫"

35-20【補】 高爽이 한번은 晉陵을 지나다가 劉蒨을 찾아간 적이 있었는데, 〈유천은〉 아예 상대해 주지 않자 고상은 이 일을 마음 속 깊이 담아두었다. 얼마 후 고상이 유천의 후임이 되자, 유천은 맞이하면서 매우 성대하게 음식을 보냈다. 고상은 대접을 받고는 答書에 "高 晉陵令이 스스로에게 답하노라."[35]라고 하였다. 사람들이 그 까닭을 물어보자 고상이 말하였다.

"유천이 스스로 晉陵令을 대접했을 뿐이니 나와 무슨 상관이란 말인가."

高爽嘗經晉陵하여 **詣劉蒨**이로되 **了不相接**하여 **高甚銜之**라 **俄爽代蒨爲縣**에 **蒨迎贈甚厚**어늘 **爽受餉**하고 **答書云 高晉陵自答**이라 **人問其故**하니 **爽曰 劉蒨自餉晉陵令耳**니 **何關爽事**①오하니라

① ≪南史≫에 말하였다. "高爽은 廣陵 사람으로 博學하고 재주가 많았다. 어떤 사건에 연좌되어 구금되자 〈鑊魚賦〉를 지어 자신의 처지를 비유하였는데, 그 문장이 매우 뛰어났다. 나중에 사면을 받아 형을 면하였다."
南史曰 "高爽, 廣陵人, 博學多才. 坐事被繫, 作鑊魚賦, 以自況, 其文甚工. 後遇赦得免."

35) 高 晉陵令이……답하노라 : 高爽이 晉陵令으로서 晉陵令에게 답한다는 뜻이다. 劉蒨은 高爽이 전에 찾아갔을 때 대접하지 않다가 고상이 후임이 되어 오자 대접하였기 때문에 고상이 이런 식으로 풍자한 것이다.

35-21【補】 范曄은 琵琶 연주에 뛰어났는데 새로운 곡을 잘 하였다. 宋 武帝(劉裕)가 들어보고 싶어서 여러 번 넌지시 뜻을 보였으나, 〈범엽은〉 모르는 척하고 끝내 연주하려고 하지 않았다. 하루는 연회에서 흥이 일자 범엽에게 말하였다.

"내가 노래를 부를 터이니 경은 비파를 타오."

범엽은 이에 뜻을 받들었지만, 무제의 노래가 끝나자 범엽도 연주를 멈추었다.

范曄(엽)善彈琵琶하여 能爲新聲이러니 宋武帝欲聞之하여 屢諷以微旨로되 僞爲不曉하고 終不肯彈이라 一日因飮宴歡適하여 謂曄曰 我欲歌니 卿可彈이라 曄乃奉旨라 上歌旣畢에 曄亦罷絃하니라

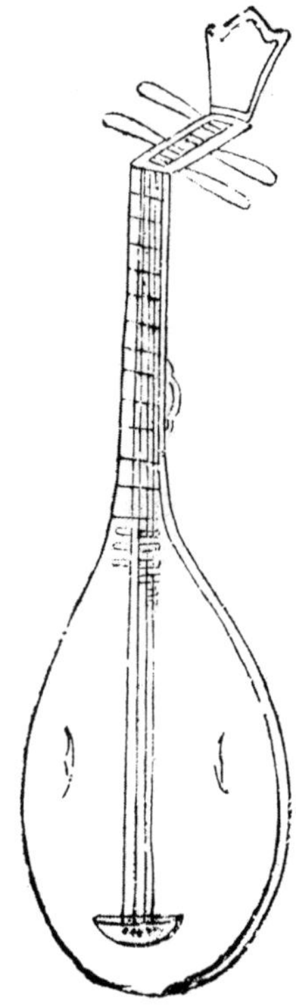
琵琶

35-22【補】 張思光(張融)이 한번은 吏部尙書 何戢을 찾아간 적이 있는데 실수로 尙書 劉澄이 있는 곳으로 가서 명함을 전하였다. 장융은 수레에서 내려 대문에 들어가서 말하였다.

"〈이곳이〉 아닌데."

지게문 밖에 이르러 유징이 바라보이자 또 말하였다.

"〈이 사람이〉 아닌데."

자리에 앉고서 유징을 자세히 살펴보더니 말하였다.

"전부 아니로군."

그리고는 떠났다.

張思光嘗詣吏部尙書何戢러니 誤通尙書劉澄이라 融下車入門 曰非是라하고 至戶外望澄하고 又曰非是라하고 旣造席視澄曰 都自[36)]非是라하고는 乃去①하니라

① ≪南史≫에 말하였다. "何戢은 字가 惠景으로 吏部尙書 何偃의 아들이다. 용모와 예의, 행동거지가 훌륭하였다. 벼슬은 吏部尙書와 驍騎將軍에 이르렀다."
南史曰 "何戢, 字惠景, 吏部尙書偃子. 美容儀動止. 官至吏部尙書・驍騎將軍."

---

36) 自 : ≪何氏語林≫에는 '目'으로 되어 있으나 ≪南齊書≫, ≪南史≫ 등에는 모두 '自'로 되어 있다.

35-23【補】 梁 武帝(蕭衍)는 何子晳(何點)과 오랜 친분이 있었다. 황제의 자리에 오르고서 직접 詔書를 내려 지난 일들을 이야기하고는 사슴 가죽으로 만든 두건을 하사하였다. 〈하자석을〉 불러들여 보면서 매우 깍듯하게 예우하였고 조서를 내려 侍中으로 삼으니, 하자석이 손으로 무제의 수염을 어루만지며 말하였다.

"늙은이를 신하로 삼고 싶은 것입니까?"

그러고는 병을 이유로 사양하고 벼슬에 나아가지 않았다.

梁武帝與何子晳有舊러니 及踐祚에 手詔論舊하여 賜鹿皮巾하고 召見에 恩禮甚厚하고 詔徵爲侍中하니 子晳以手捋(랄)帝鬚曰 乃欲臣老子耶아하고 辭疾不起하니라

35-24【補】 張吏部(張讚)는 何敬容과 뜻이 맞지 않았다. 하경용이 권력의 핵심에 있자 賓客들이 바큇살이 차축으로 모이듯 몰려들었다. 지나다가 吏部에 들리는 자가 있으면 〈장이부는〉 번번이 거절하고 들이지 않으며 말하였다.

"나는 何敬容의 자질구레한 손님들을 상대할 수 없다."

張吏部①與何敬容意趣不協이러니 敬容居權軸에 賓客輻輳라 有過詣吏部者면 輒拒不前曰 吾不能對何敬容殘客②이라하니라

① ≪南史≫에 말하였다. "張讚은 字가 伯緖로 范陽 方城 사람이며, 衛尉卿 張弘策의 아들이다. 얼굴이 시원스럽고 훤했으며 풍채가 환하게 빛이 났다. 천성으로 학문을 좋아하여 형 張緬이 가진 수만 권의 책을 밤낮으로 손에서 놓지 않고 읽었다. 여러 벼슬을 거쳐 吏部郞을 지냈다."
南史曰 "張讚, 字伯緖, 范陽方城人, 衛尉卿弘策子也. 眉目踈朗, 神采爽發. 性好學, 兄緬有書萬卷, 晝夜披讀不去手. 歷官吏部郞官."

② ≪南史≫에 말하였다. "何敬容은 字가 國禮로, 弱冠의 나이에 南齊 武帝(蕭賾)의 딸 〈長城公主〉에게 장가들었다. 天監 연간(502~519)에 建安內史가 되었는데, 청렴하고 공정하여 아름다운 치적이 있었다. 여러 벼슬을 거쳐 吏部尙書·侍中·僕射가 되었다. 인재의 선발을 관장하고 국가의 중대사를 전담하고 관여했으나 선물과 뇌물을 받아 당시 사람들이 비루하다고 여겼다."
南史曰 "何敬容, 字國禮. 弱冠尙齊武帝女. 天監中, 爲建安內史, 淸公有美績. 累遷吏部尙書·侍中·僕射. 參掌大選, 專預機密, 而通苞苴賄賂, 爲時所鄙."

35-25【補】 劉瓛은 겸허하고 솔직하며 활달하고 다정했으며, 명성이 높다고 자부하지도 않았다. 오랜 벗을 찾아가 놀 때에는 오직 門生 한 명만이 胡牀을 들고 그 뒤를 따랐으며 주인이 명함을 전하기도 전에 바로 앉아 문답을 나누었다.

劉瓛謙率通美하고 **不以高名自居**라 **遊詣故人**에 **唯一門生持胡牀隨後**하고 **主人未通**에 **便坐問答**하니라

35-26【補】 北齊의 神武帝(高歡)가 동쪽으로 행차하였을 때 李元忠이 路車[37]에 素箏과 濁酒를 싣고 맞이하였다. 신무제는 그가 술꾼이라는 소리를 듣고는 바로 만나주지 않았다. 이원충은 수레에서 내려 혼자 앉더니 술을 따르고 육포를 찢어 먹으면서 문지기에게 말하였다.

"본래는 公께서 영웅호걸을 불러모은다고 하더니만, 지금은 나라의 뛰어난 선비가 문 앞에 왔다는 소리를 듣고도 먹던 밥을 뱉어버리고 머리 감던 것을 멈추지[38] 않으니 그 사람됨을 알 수 있겠다. 나의 名刺(명함)를 돌려주고 다시는 올리지 마라."

문지기가 이 말을 고하자 신무제가 황급히 접견하였다.

齊神武東出에 **李元忠以路車載素箏濁酒**하고 **奉迎**이어늘 **神武聞其酒客**하고 **未卽見之**라 **元忠下車獨坐**하여 **酌酒擘脯食之**하고 **謂門者曰 本言公招延英傑**이러니 **今聞國士到門**이나 **不吐哺輟洗**①하니 **其人可知**라 **還吾刺**하고 **勿復通也**하라 **門者以告**하니 **神武遽見之**하니라

① ≪史記≫에 말하였다. "酈生이 알현하러 들어가니, 沛公(劉邦)은 평상에 걸터앉은 채 두 시녀에게 발을 씻게 하면서 역생을 접견하였다. 역생이 '반드시 무리를 모으고 義兵을 합쳐서 無道한 秦나라를 치려한다면 걸터앉은 채 長者를 접견해서는 안 됩니다.'라고 하였다. 이에 패공이 씻다가 그만두고 일어나 옷매무새를 가다듬고는 역생을 윗자리로 모시고 사죄하였다."

史記曰 "酈(역)生入謁, 沛公方倨[39]牀, 使兩女子洗足, 而見酈生. 酈生曰 '必聚徒合義兵, 誅無道秦, 不宜倨見長者.' 於是沛公輟洗, 起攝衣, 延酈生上坐, 謝之."

---

37) 路車 : 輅車와 같다. 天子나 諸侯, 貴族들이 타던 수레이다.

38) 먹던……멈추지 : 周나라 周公은 어린 成王을 보좌하면서 어진 사람을 구하기 위해 밥을 먹다가도 입속의 밥을 뱉고 일어나고, 머리를 감다가도 젖은 머리를 움켜쥐고 일어났다.(≪史記≫ 〈魯周公世家〉)

39) 倨 : 踞와 통한다.

35-27【補】崔瞻이 御史臺에 있을 때 늘 집에서 진수성찬을 모두 갖추어 식사를 보내왔는데 別室에서 천연덕스럽게 혼자 먹었다. 裵氏인 御史가 한 명 있었는데 최첨이 식사하는 것을 엿보고 찾아갔다. 최첨은 말도 걸지 않고 또 〈아랫 사람에게〉 수저를 〈더〉 가져오라고 명하지도 않았다. 배어사는 앉아서 최첨이 식사를 다 마치는 것을 보고 물러났다. 다음날 배어사는 수저를 직접 가지고 와서는 마음대로 먹었다. 최첨은 그제야 배어사에게 말하였다.

"내 처음에 그대를 먹으라고 부르지도 않았고, 그대에게 말을 걸지도 않았는데 그대는 끝까지 훌륭하게 작은 예의범절에 구애받지 않았소. 옛날 劉毅가 京口에 있을 때 염치 불고하고 구운 거위 고기를 달라고 한 일 또한 어찌 이에 다르겠소. 그대는 분명히 名士로다."

이에 매번 그와 함께 식사를 하였다.

崔瞻在御史臺에 恒於宅中送食호데 備盡珍羞라 別室獨餐하고 處之自若이하 有一御史姓裵伺瞻食하여 便往造焉하니 瞻不與交言하고 又不命匕筯라 裴坐視瞻食罷而退라 明日에 裴自携匕筯하고 恣情飮噉하니 瞻方謂裴曰 我初不喚君食하고 亦不共君語로되 君遂能不拘小節이라 昔劉毅在京口에 冒請鵞炙이 豈亦異是리오 君定名士라하고 於是每與之同食①하니라

① ≪晉書≫에 말하였다. "劉毅는 字가 希樂으로, 彭城 沛 사람이다. 젊어서부터 큰 뜻을 가졌고 식구들을 위해 재산을 늘리지도 않았다. 桓玄이 帝位를 찬탈하자[40] 劉裕와 何無忌 등과 함께 義兵을 일으켰다. 유의는 나라를 구하여 회복한 공로로 都督揚豫五郡諸軍事를 지냈고 南平郡公에 봉해졌으며 開府儀同三司로 승진하였다.

처음에 유의는 몹시 가난하였다. 서울에 있던 때에 먼저 官府에 가서 東堂[41]을 빌리고 벗들과 나가서 활을 쏘고 있었는데, 江州刺史 庾悅이 나중에 屬官들과 곧장 동당으로 〈활을 쏘러〉 들이닥쳤다. 유의가 유열에게 '저희들은 힘들고 가난하게 사는 사람들인지리 함께 모어 활을 쏘기가 몹시 힘듭니다. 府君께서는 〈다른〉 여러 곳에

---

40) 桓玄이……찬탈하자 : 환현은 大亨 원년(403) 겨울에 晉 安帝를 위협하여 선위받았다. 환현의 봉지가 옛 楚나라 지역에 있었으므로 국명을 '楚'라고 하였다. 수도는 建康이고 연호는 永始였다.(≪晉書≫ 〈桓玄傳〉)

41) 東堂 : 처음에는 황궁 또는 官舍를 뜻하는 말이었는데, 활쏘기 연습을 하는 곳을 의미하게 되었다.

서도 모두 하실 수 있으니 오늘은 〈저희들에게〉 양보해 주시기를 바랍니다.'라고 하였으나 유열은 허락하지 않았다. 활을 쏘던 이들은 모두 흩어지고 오직 유의만 남아서 전처럼 활을 쏘았다. 얼마 후 유열이 거위 고기를 먹자 유의가 남은 것을 달라고 요청했는데 유열은 또 대답하지 않았다. 유의는 이를 늘 마음에 담아 두었다.

義熙 연간(405~418)에 고의로 유열에게서 豫章太守의 지위를 박탈하고 그 軍府를 해산하고는 사람을 시켜 자신의 뜻을 넌지시 보이니, 유열이 분노하고 두려워하다 죽었다."

晉書曰 "劉毅, 字希樂, 彭城沛人. 少有大志, 不修家人產業. 桓玄簒位, 與劉裕・何無忌等起義兵. 毅匡復功, 歷都督揚豫五郡諸軍事, 封南平郡公, 進開府儀同三司. 初, 毅甚屯窶. 在京日, 先就府借東堂與親故出射, 江州刺史庾悅, 後與僚佐徑來詣堂. 毅告之曰 '毅輩屯否之人, 合一射甚難. 君於諸堂竝可, 望以今日見讓.' 悅不許. 射者皆散, 唯毅留射如故. 旣而悅食鵝, 毅求其餘, 悅又不答, 毅常銜之. 義熙中, 故奪悅豫章, 解其軍府, 使人微示其旨, 悅忿懼而死."

35-28【補】 柳季雲(柳遠)은 천성적으로 구애됨이 없었고 琴을 연주하고 술 마시는 것을 좋아하였다. 매번 외출하였다가 집으로 돌아올 때 사람들이 무슨 소식이라도 있는지 물으면 이렇게 답하였다.

"들은 것이 없다. 설사 들었다 한들 이해하지도 못한다."

柳季雲性不拘檢하고 好彈琴飮酒①러니 每出返家에 人問有何消息이면 答曰 無所聞이요 縱聞이라도 亦不解②라하니라

① ≪北史≫에 말하였다. "柳玄達은 河東 解 사람으로 北魏의 司徒諮議參軍이었다. 〈맏〉아들은 柳絳이다. 유강의 동생 柳遠은 字가 季雲으로 성격이 호방하고 언행에 거리낌이 없어서 당시의 사람들이 '柳미치광이'라고 부르기도 하였다. 〈北魏〉 孝武帝(元修) 초기에 儀同開府參軍이 되었다."

北史曰 "柳玄達, 河東解人, 魏司徒諮議參軍. 子絳. 絳弟遠, 字季雲,[42] 粗放無拘檢, 時人或謂之柳顚. 孝武初, 儀同開府參軍."

② ≪北史≫를 살펴보건대 유현달 부자의 列傳은 없고 裵叔業의 열전 안에 붙어있다. 何氏(何良俊)는 〈이를〉 모르고 裴季雲이라고 잘못 썼고, 근래 어떤 시인은 마침내 버

42) 子絳……字季雲 : ≪北史≫ 〈裵叔業傳〉에는 이 부분이 "柳玄達……卒改封夏陽縣子 絳襲 絳弟遠 字季雲"으로 되어 있다. 인용하면서 封號인 '縣子'의 '子'자를 잘못 가져왔으나 원문대로 번역하였다.

것이 裴季雲이라고 편지에 써넣었으니 우습다. 내가 약관 시절에 雲間(松江府)에서 노닐었는데 何元朗(하량준)이 매우 반갑게 맞아주었고 서로 忘年之交를 맺었다. 일부러 그의 단점을 드러내는 것이 아니라, 이 책(≪何氏語林≫)의 忠臣을 위해 후세에 잘못된 이야기가 반복되지 않도록 하는 것일 뿐이다.

按北史, 玄達父子不立傳, 附裵叔業傳中, 何氏不解, 誤作裵季雲. 近有詞家, 遂儼然用裵季雲入簡牘, 可笑. 予弱冠遊雲間, 元朗倒屣, 締忘年之知. 非故暴其所短, 要當爲是書之忠臣, 毋令重誤千載爾.

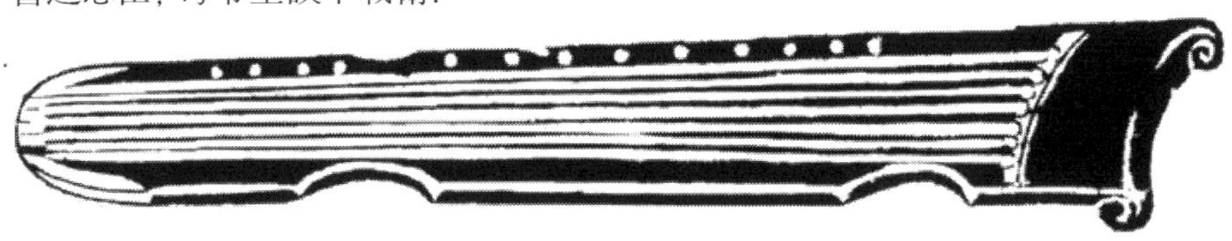

琴

35-29【補】 孫騰과 司馬子如가 한번은 함께 李元忠을 찾아간 적이 있었다. 나무 아래에 앉아 이불을 끌어안고 술병을 마주하고 있는 그를 마주쳤는데, 뜰에는 잡초가 무성하고 집안은 비어있었다. 하녀에게 요 두 채를 걷어 가서 저당잡히고 술을 받아오도록 하고는 천천히 두 사람에세 말하였다.

"생각지도 못하게 오늘 〈대접하기 위해〉 명아주잎과 콩잎[43)]을 꺾게 되었습니다."

孫騰①·**司馬子如**②가 **嘗共詣李元忠**이러니 **逢其方坐樹下**하여 **擁被對壺**하고 **庭室蕪曠**이라 **使婢卷兩褥以質酒**하고 **徐謂二人曰 不意今日披藜藿也**③라하니라

① ≪北史≫에 말하였다. "孫騰은 字가 龍雀으로 咸陽 石安 사람이다. 어려서부터 성실하고 정직하였으며 관리로서 알아야 할 일에 밝았다. 北齊 神武帝(高歡)의 都督長史가 되었다. 신무제는 그를 깊이 신임하고 대우하여 중임을 맡겨 高岳·高隆之·司馬子如와 함께 '四貴'로 불리었다. 불법적인 일을 마음대로 저질렀는데, 손등이 특히 심하였다. 여러 관직을 거쳐 尙書僕射가 되었다."

北史曰"騰, 字龍雀, 咸陽石安人也. 少質直, 明解吏事. 爲齊神武都督長史. 神武深信待之, 寄以心腹. 與高岳·高隆之·司馬子如號四貴. 非法專恣, 騰爲甚焉. 歷官尙書僕射."

② 李百藥의 ≪齊書≫에 말하였다. "司馬子如는 字가 遵業으로 河內 溫 사람인데 〈나중에〉 雲中으로 옮겨가 살았다. 신무제가 洛陽에 들어와서 行臺尙書로 삼았으며, 아침저녁으로 그 곁에서 군대의 통솔과 국가의 통치에 관여하였다."

43) 명아주잎과 콩잎 : 변변치 못한 식사, 또는 반찬을 이르는 말이다.

李百藥齊書曰“子如, 字遵業, 河內溫人, 徙居雲中. 神武入洛, 以爲行臺尙書, 朝夕左右參知軍國.”

③ ≪北史≫에 말하였다. “李元忠은 매번 〈인사〉 담당자에게 ‘나이가 점점 노년에 접어드니 閑職에서 여생을 보내도록 해 주십시오.’라고 하였다. 孫騰과 司馬子如가 한번은 이원충을 찾아간 적이 있었다. 나무 아래에 앉아서 葛巾을 쓰고 이불을 끌어안고는 술병을 마주한 채 혼자 술을 마시고 있는 그를 마주쳤는데 뜰에는 잡초가 무성하고 집안은 비어있었다. 하녀에게 요 두 채를 걷어가서 저당잡히고 술을 받아오도록 하였고, 아내를 불러냈는데 그 옷이 바닥에 끌리지 않을 정도로 짧았다. 두 사람은 〈놀라〉 서로 쳐다보았으며 탄식하고 떠났다. 〈그들이〉 쌀과 비단을 많이 보내자, 〈이원충은〉 받고는 다른 이들에게 나눠주었다.”

北史曰“元忠每言於執事云 ‘年漸遲暮, 乞在閒冗, 以養餘年.’ 孫騰・司馬子如嘗詣元忠, 逢其方坐樹下, 葛巾擁被, 對壺獨酌, 庭室蕪曠. 使婢卷兩褥以質酒肉, 呼妻出, 衣不曳地. 二公相視, 嘆息而去, 大餉米絹, 受而散之.”

35-30【補】 許敬宗은 사람을 보고도 잊어버리는 일이 많았다. 어떤 사람이 그에게 총명하지 못하다고 하자, 〈이렇게〉 말하였다.

“그대는 당연히 기억하기 어렵지오. 만약 何遜, 劉孝綽, 沈約, 謝朓를 만난다면야 어둠 속에서 더듬더라도 알아차릴 수 있지요.”

許敬宗見人에 **多忘之**①어늘 **或謂其不聰**하니 **曰 卿自難記**요 **若遇何劉沈謝**②면 **暗中摹索**이여도 **亦可識**이라하니라

① 劉昫의 ≪舊唐書≫에 말하였다. “許敬宗은 字가 延族으로 杭州 新城 사람이다. 隋나라 禮部侍郎 許善心의 아들이다. 어려서부터 글을 잘 지었다. 太宗(李世民)이 불러들여 秦府學士에 임명했으며, 여러 관직을 거쳐 檢校中書侍郎이 되었다. 高宗(李治)이 武昭儀(則天武后)를 〈황후로〉 세웠는데, 허경종은 그 계획이 성사되도록 특별히 도왔기에 太子賓客의 직임을 더해 받았고 더 나아가 郡公에 봉해졌다.”

唐書曰“敬宗, 字延族, 杭州新城人, 隋禮部侍郎善心子也. 幼善屬文. 太宗召, 補秦府學士, 歷官檢校中書侍郎. 高宗立武昭儀, 敬宗特贊成其計, 加太子賓客, 進封郡公.”

② ‘何’는 ‘何遜’을, ‘劉’는 ‘劉孝綽’을, ‘沈’은 ‘沈約’을, ‘謝’는 ‘謝朓’를 말한다.

≪梁典≫[44]에 말하였다. “沈約은 字가 休文으로, 吳興 武康 사람이다. 젊어서부터

---

44) 梁典 : 南朝 梁나라의 역사를 기록한 책이다. 北周의 劉璠이 지었고 전체 30권인데 지

蔡興宗의 인정을 받아 安西記室이 되었다. 梁나라가 흥하고 나서 얼마후 侍中·丹陽尹으로 자리를 옮겼다."

≪南史≫에 말하였다. "沈約은 박학다식하고 견문이 넓어 당시 사람들이 모범으로 여겼다. 博物洽聞, 當世取則. 謝玄暉(謝朓)는 시를 잘 지었고 任彦昇(任昉)은 글씨에 뛰어났는데, 심약은 이 두가지를 겸비하였다."

何謂遜, 劉謂孝綽, 沈謂約, 謝謂朓也.

梁典曰"沈約, 字休文, 吳興武康人. 少爲蔡興宗所知, 引爲安西記室. 梁興, 稍遷侍中丹陽尹."

南史曰"約, 博物洽聞, 當世取則. 謝玄暉善爲詩, 任彦昇工於筆, 約兼而有之."

35-31【補】 杜審言이 죽음에 앞서 宋之問과 武平一에게 말하였다.

"내가 살아있으면서 오래도록 공들을 눌러왔는데, 이제 장차 죽을 것이니 참으로 〈그대들에게는〉 큰 위로일 것이오. 다만 〈나를〉 대신할 사람을 못보는 것이 유감이오."

杜審言將死에 語宋之問武平一① 曰 吾在에 久壓公等이러니 今且死하니 固大慰로되 但恨不見替人②이라하리라

① ≪唐詩紀事≫에 말하였다. "武平一은 이름이 甄인데 字로 행세하였다. 則天武后 때 화를 입을까 두려워하여 嵩山에 은거하였다. 中宗(李顯)이 비록 연회를 즐기는 때라도 〈그는〉 늘 시를 통해 바르게 경계하였으나, 卓然한 모습으로 〈벼슬에서〉 스스로 물러나지는 못하였다. 明皇(玄宗 李隆基) 때 끝내 또한 폄적되었다. 비록 폄적되기는 했지만 명성은 사그라들지 않았다."

唐詩(記)〔紀〕[45]事曰"武平一, 名甄, 以字行. 武后時, 畏禍隱嵩山. 中宗雖宴豫, 常因詩規戒, 然不能卓然自引去. 明皇時, 終亦被謫, 雖謫而名不衰."

② 孔平仲의 ≪續世說≫에 말하였다. "杜審言은 杜甫의 조부이다. 자신의 재주를 믿고 가탈스럽고 오만하여 당시 사람들의 미움을 받았다. 萬歲登封[46](696)에 蘇味道가 天官侍郞이 되었는데, 두심인이 선발에 관여하였다. 試判[47]이 끝나고 사람들에게 '소미

금은 일부만 전한다.

45) (記)〔紀〕: 저본에는 '記'로 되어 있으나, ≪何氏語林≫과 ≪李卓吾批點世說新語補≫(安永本) 등에 의거하여 '紀'로 바로잡았다.

46) 萬歲登封 : 則天武后 때의 연호로, 696년 1월 20일에서 4월 21일까지의 3개월이다.

47) 試判 : 唐나라 때 인재를 선발하던 시험 항목 중의 하나로, 文字를 審定하는 능력을 살

도는 반드시 죽을 것이다.'라고 하였다. 사람들이 까닭을 물어보자, 두심언은 '나의 判定文을 보면 자연히 부끄러워 죽을 것이다.'라고 하였다. 또 사람들에게 '나의 문장은 屈原과 宋玉을 속관으로 삼기에 합당하고, 나의 필적은 王羲之를 제자로 삼기에 합당하다.'라고 하였다. 그의 자신에 대한 과대평가가 이와 같았다."
孔平仲續世說曰 "杜審言, 甫之祖也. 恃才蹇傲, 爲時輩所疾. 登封中, 蘇味道爲天官侍郎, 審言預選. 試判訖, 謂人曰 '味道必死.' 人問其故, 審言曰 '見吾判, 自當羞死.' 又謂人曰 '吾之文章, 合得屈宋作衙官, 吾之書迹, 合得王羲之北面.' 其矜誕如此."

35-32【補】 南唐의 嚴續이 한번은 韓熙載에게 부친의 神道碑를 지어 달라고 요청한 적이 있었는데, 수만 냥에 달하는 진기한 보화를 주고 이어 거느리던 歌妓 가운데 외모가 가장 빼어난 이를 넘겨 글 값으로 삼았다. 한희재는 그 요청을 받아들였다. 문장이 완성되고 보니 단지 家系와 벼슬만을 기술하고 엄적의 업적에 대해서는 조금도 이야기하지 않았다. 〈엄속은〉 찐덥지 않아 그대로 돌려보내 수정해 주기를 바랐으나, 한희재는 곧장 지난번에 〈엄속이〉 주었던 보화와 가기를 모두 돌려주고는 수레에 오르면서 단지 泥金으로 장식한 雙帶[48]에 시 한 수를 적고는 떠나버렸다.

南唐嚴續이 **嘗請韓熙載撰其父神道碑**①에 **以珍貨幾萬緡**하고 **仍輟一歌鬟 質冠洞房者**하여 **爲濡筆之贈**이어늘 **韓納其請**이라 **文旣成**에 **但敘譜裔品秩**하고 **略不道續事業**이어늘 **續慊之**하여 **封還**하여 **尙冀改竄**이로되 **熙載直以向所贈及歌姬悉還之**하고 **臨登車**에 **止寫一闋於泥金雙帶而去**②하니라

① ≪南唐書≫에 말하였다. "嚴續은 字가 興宗이다. 부친 嚴可求는 〈五代의〉 吳나라 재상이었다. 엄속은 어릴 때부터 장성할 때까지 지위가 높고 권세가 있었지만 성품이 공손하고 신중하였다. 宋齊丘가 권력을 잡고 있었지만 〈엄속은〉 정도를 지키며 그 무리에 아부하지 않았다. 공적이 있어 門下侍郎에 올랐다. 스스로 어려서 귀하게 자라 학문을 게을리하였다고 여기고 堂兄弟, 조카, 자제 모두 유학을 공부하게 하였다."
南唐書曰 "嚴, 續字興宗. 父可求, 吳相. 續少長貴勢, 性恭恪. 宋齊丘用事, 守正不爲

펴 문리가 뛰어난지 여부를 판정하였다.
48) 雙帶 : 여성들이 입던 옷의 허리띠에 붙였던 장식용 띠로, 좌우 겨드랑이 아래 부분의 허리띠에 각각 붙여 아래로 늘어뜨렸다.

黨附. 累官門下侍郎. 自以少貴倦學, 群從子弟, 皆礪以儒業."

② ≪南唐近事≫[49]에 실린 韓熙載의 시에 이렇게 읊었다.

"바람에 버들 한들한들 가지마다 흔들릴 제,
陽臺의 雲雨[50]는 꿈에서나 돌아가리.
앞으로는 蓬萊山 소식[51] 끊어질테고,
술잔 앞에서 입었던 옛 춤옷만 남으리."

南唐近事熙載詩曰"風柳搖搖無定枝, 陽臺雲雨夢中歸. 他年蓬島音塵斷, 留取尊前舊舞衣."

35-33【補】 郭恕先(郭忠恕)은 때대로 일꾼이나 일반 백성들과 함께 시장의 가게로 들어가 먹고 마시며 말하였다.

"내가 더불어 노니는 이들은 모두 그대같은 부류들이라네."

郭恕先時與役夫小民入市肆飮食 曰 吾所與游는 **皆子類也**①라하니라

① ≪蘇文忠公全集≫[52]에 말하였다. "郭忠恕는 字가 恕先으로 洛陽 사람이다. 어려서부터 글을 잘 지었고 史書와 小學에 뛰어났으며 九經에 정통하였다. 7세에 童子試[53]에 합격하였다. 後漢의 湘陰公(劉贇)이 從事로 불러들였는데 記事인 董裔와 일을 두고 다투다가 사직하고 떠났다. 宋나라 초기에 御史 符昭文과 朝堂에서 다투며 화를 내

49) 南唐近事 : 宋代의 文言筆記小說로 鄭文寶가 지었으며 2권이다.

50) 陽臺의 雲雨 : 楚 襄王이 宋玉과 高唐에서 노닐 때에 꿈속에서 아름다운 여인과 雲雨의 정을 나누었는데, 여인이 이별하며 "첩은 巫山의 남쪽 높은 언덕 험한 곳에 있으니, 아침이면 아침 구름이 되고 저녁이면 내리는 비가 되어 아침마다 저녁마다 陽臺 아래에 있습니다."라고 하였다.(≪文選≫ 〈情 高唐賦〉)

51) 蓬萊山 소식 : 원문의 '蓬島'는 봉래산을 말한다. 唐나라 白居易가 玄宗과 楊貴妃의 애절한 사랑 이야기를 시로 읊은 〈長恨歌〉에서, 당 현종이 환도한 뒤 죽은 양 귀비를 몹시도 그리워하다가 方士를 시켜 양귀비의 영혼을 찾게 하였는데, 찾지 못하다가 결국 봉래산에서 양귀비를 찾았다는 대목이 있다. 이 시에서 '봉래산 소식'이라 함은 되돌려주었던 歌妓의 소식을 뜻한다.

52) 蘇文忠公全集 : 蘇軾의 詩文을 망라한 문집으로, 南宋 孝宗 乾道 6년(1170)에 소식에게 文忠公의 시호가 내린 후, 王宗稷이 편찬하였다. 일반적으로 ≪소문충공전집≫이라고 하면 ≪東坡先生全集≫을 말하는데, 明나라 陳明卿의 訂正本과 淸나라 康熙 연간에 진명경의 교정본을 저본으로 한 寶翰樓本이 있으며 75권이다. ≪蘇文忠公全集≫, ≪宋蘇文忠公全集≫, ≪東坡全集≫이라고도 한다.

53) 童子試 : 童試라고도 하며 科擧試驗에 참가할 수 있는 자격 시험이다. 唐宋 시대에는 縣試, 明淸 시대에는 '郡試'라고 불렀다.

다가 乾州司戶로 좌천되었다."

李方叔의 ≪德隅齋畵品≫[54]에 말하였다. "郭恕先은 조정에서 벼슬하면서 행실을 조심하지 않고 마음대로 행동하다가 끝내는 오만방자함으로 바다의 섬으로 유배되었는데, 가는 도중에 땅에 엎어지더니 허물을 벗어버리고는 신선이 되어 떠나갔다."

蘇文忠公集曰"郭忠恕, 字恕先, 洛陽人. 少善屬文及史書 小學, 通九經. 七歲擧童子. 漢湘陰公辟從事, 與記事董裔爭事, 謝去. 宋初, 與御史符昭文爭忿朝堂, 貶乾州司戶." 李方叔畵品曰"恕先仕於朝, 放浪玩世, 卒以傲恣, 流竄海島, 中道仆地蛻形仙去."

35-34【補】曾子固가 中書舍人일 때 한번은 都堂에서 일을 아뢰는데 그때 章子厚(章惇)가 門下侍郞이었다. 증자고에게 말하였다.

"저번에 舍人의 〈賀明堂禮成表〉를 보았는데 天下의 뛰어난 작품이더군요."

증자고는 사양하는 말 한마디 하지 않고 단지 되묻기만 하였다.

"班固의 ≪典引≫과 비교해서는 어떻습니까?"

曾子固爲中書舍人①하여 **嘗白事都堂**이러니 **時章子厚爲門下侍郞**이라 **謂之曰 向見舍人賀明堂禮成表**하니 **天下奇作**②이라 **子固一無辭讓**하고 **但復問曰 比班固典引如何**③오하니라

① ≪東都事略≫에 말하였다. "曾鞏는 字가 子固로, 撫州 南豊 사람이다. 나면서부터 영민하여 12세에 문장에 능하였다. 冠禮를 치르고 太學에서 공부하였는데 歐陽脩가 그의 글을 보고 특별하게 여겼고 이때부터 명성이 천하에 알려졌다. 進士에 급제하고 集賢殿 校理가 되었다. 평생 책을 좋아하여 집에 장서가 2만 권이나 있었다. 또 古今의 篆刻을 모아 ≪金石錄≫ 500권을 지었다."

東都事略曰"曾鞏, 字子固, 撫州南豊人. 生而警敏, 十二能文. 及冠遊太學, 歐陽脩見其文而奇之, 自是名聞天下. 擧進士, 爲集賢校理. 平生嗜書, 家藏至二萬卷. 又集古今篆刻, 爲金石錄五百卷."

② 살펴보건대, 曾子固의 表 2篇은 문장이 모두 간결하고 질박하다. 〈여기에는〉 싣지 않는다.

按 子固表二篇, 詞竝簡質. 不具載.

③ 班固 〈典引〉의 서문에 말하였다. "臣 반고는 말씀 드립니다. 永平 17年(74)에 신은 賈逵・傅毅・杜矩・展隆・郗萌 등과 함께 부름을 받고 雲龍門에 나아가니, 小黃門인 趙

54) 德隅齋畵品 : 저자는 北宋의 文學家 李廌으로 字가 方叔이다. 唐, 五代, 宋의 名畵 22작품에 대한 감상과 평가를 기록하였다. 전체 22권이다.

宣이 〈秦始皇帝本紀〉를 들고 신들에게 물으면서 '太史 司馬遷이 지은 論贊의 말 속에 어찌 잘못된 것이 있겠습니까.'라고 하였습니다.

신이 대답하기를 '이 논찬(사마천의 논찬)과 賈誼의 〈過秦論〉에서 「만약 子嬰에게 평범한 군주 정도의 재주가 있었고 능력이 중간 정도 되는 신하만이라도 있었던들 秦나라의 社稷은 끊어지지 않았을 것이다.」라고 했는데, 이 말은 잘못된 것입니다.' 라고 하였습니다. 〈그러자 폐하께서〉 즉시 신을 불러들여 물으시기를, '본래 그 논평이 잘못이라고 들은 것인가, 아니면 질문을 듣고 마음으로 깨우친 것인가?'라고 하셨습니다.

신이 평소 들은 것과 알고 있는 상황을 갖추어 대답하였고, 내리신 조서에서 이로 인해 '사마천은 책을 지어 一家의 말을 이루고 이름을 후세에 드날렸으나, 자신의 몸이 형벌을 받은 까닭에 도리어 은유적인 글로 비꼬고 당시의 세상을 폄하하는 데 이르렀으니 의로운 선비가 아니다.

司馬相如는 행실이 추잡하고 절제가 없었으며 단지 浮華한 문장만 있어 세상에 도움이 되지 못하였으나, 병이 위독한 데에 이르렀으되 충성스러운 행적을 남겨 主上(武帝)이 그의 책을 가져오게 하여 마침내 〈한나라의〉 功德을 찬송하고 封禪한 일을 말한 것을 아시게 되었으니, 〈이는〉 충신이라는 증거인 것이다. 여기에 이르러서는 〈사마상여가〉 사마천보다 훨씬 낫다.'라고 하셨습니다.

신은 참으로 항상 삼가 성상의 논평을 마음속에 새기며 송독하고 있습니다. 好惡를 분명하게 밝히실 때에 아주 작은 것도 놓치지 않고 어떤 일에 말미암아 판단을 내리실 때에 항상 법도를 보이시니, 비록 仲尼(孔子)가 역사적 사실에 기인하여 뜻을 드러낸 것도 이보다 더 뛰어날 수는 없습니다. 신 반고는 가장 오래도록 가르침을 받고 아주 큰 은혜를 입었으니 참으로 마음과 힘을 다하고 싶습니다만, 〈은혜가〉 하늘처럼 높아 갚을 길이 없습니다.

신 반고는 머리를 조아립니다. 삼가 생각건대 사마상여의 〈封禪文〉은 화려하나 전아하지 못하고, 楊雄의 〈劇秦美新〉은 전아하나 실질이 없습니다. 그렇지만 모두 후세에 이름을 날리고 과거의 典範으로 남아 있습니다. 신 반고는 재주가 형편없어 전대의 사람들에게 미치지 못하지만, 〈雲門大卷〉을 읊어본 자는 다른 것을 음악으로 인정하기 어렵고 隋侯의 구슬과 和氏의 璧玉을 본 자는 다른 것을 보배로 여기기 어려운 법인지라 區區한 마음을 이기지 못하고 〈전인〉을 외람되지만 지었습니다.

비록 〈황상의〉 온화하고 대범하며 밝고 성대함의 만분의 일도 〈드러내기에는〉 부족하지만 그래도 〈알려고〉 애쓰고 답답해 하는 이들을 개도하고 어리고 우매한 자들을 깨우치며 위대한 漢나라를 빛내고 이전 시대보다 명성이 뛰어나게 하고서 그런 뒤에 물러나 溝壑으로 들어간다면 〈몸은〉 죽어도 〈이름은〉 영원할 것입니다."

班固典引敍曰 "臣固言, 永平十七年, 臣與賈逵·傅毅·杜矩·展隆·郗萌等, 召詣雲龍門, 小黃門趙宣持秦始皇帝本紀, 問臣等曰 '太史遷下贊語中, 寧有非耶?' 臣對 '此贊賈誼過秦篇云, 向使子嬰有庸主之才, 僅得中佐, 秦之社稷未宜絶也. 此言非是.' 卽召臣入, 問 '本聞此論非耶? 將見問意開寤耶?' 臣具對素聞知狀. 詔因曰 '司馬遷著書成一家之言, 揚名後世, 至以身陷刑之故, 反微文刺譏, 貶損當世, 非誼士也. 司馬相如洿行無節, 但有浮華之辭, 不周於用, 至於疾病而遺忠, 主上求取其書, 竟得頌述功德, 言封禪事, 忠臣效也. 至是賢遷遠矣.' 臣固常伏刻誦聖論. 昭明好惡, 不遺微細, 緣事斷誼, 動有規矩, 雖仲尼之因史見意, 亦無以加. 臣固被學最舊, 受恩浸深, 誠思畢力竭情, 昊天罔極. 臣固頓首. 伏惟相如封禪, 靡而不典, 楊雄美新, 典而亡實. 然皆遊揚後世, 垂爲舊式. 臣固才朽, 不及前人, 蓋詠雲門者難爲音, 觀隋和者難爲珍. 不勝區區, 竊作典引一篇. 雖不足雍容明盛萬分之一, 猶啓發憤懣, 覺悟童蒙, 光揚大漢, 軼聲前代, 然後退入溝壑, 死而不朽."

35-35【補】 米元章(米芾(불))이 漣水를 다스릴 때 지역이 靈璧에 접해 있어 많은 수석을 수집하였다. 일일이 품평하였고 〈서실로〉 들어가 완상하게 되면 종일토록 나오는 일이 없었다. 楊次公(楊傑)이 廉察使였는데 시찰하러 갔다가 정색하며 말하였다.

"조정에서 千里의 郡邑을 공에게 맡겼는데 어찌 종일토록 돌이나 만지작거리며 고을의 일을 전혀 살펴지 않을 수 있는가."

〈그러자〉 미원장이 곧바로 앞으로 다가가더니 왼쪽 소매에서 돌 하나를 꺼냈는데, 〈그 모양이〉 화려하고 아름다우며 봉우리와 동굴이 모두 갖춰져 있고 빛깔이 지극히 맑고도 윤택하였다. 돌려보고 뒤집어보더니 양차공에게 보여주며 말하였다.

"이런 돌을 어떻게 아끼지 않을 수 있겠습니까."

양차공이 끝내 눈길도 주지 않자, 〈미원장은〉 이에 소매에 넣고는 또다시 다른 돌을 꺼냈는데, 겹겹의 봉우리와 첩첩의 산이 기묘하면서도 빼어났다. 〈양차공이 반응하지 않자 미원장은〉 다시 소매에 넣고는 마지막으로 다른 돌을 꺼냈는데, 하늘과 귀신이 그리고 조각한 듯한 기묘함이 극에 달하였다. 〈미원장이〉 양차공을 돌아보며 말하였다.

"이런 돌을 어떻게 아끼지 않을 수 있겠습니까."

양차공이 갑자기 말하였다.

"공만 아끼는 것이 아니라 나도 아낀다오."

〈그리고는〉 바로 미원장의 손에서 돌을 낚아채더니, 곧바로 수레에 올라 떠나 버렸다.

米元章守漣水①에 地接靈壁하여 蓄石甚富요 一一品目하고 入玩則終日不出이라 楊次公② 爲察使에 因往廉焉이라가 正色言曰 朝廷以千里郡邑付公어늘 那得終日弄石하고 都不省錄郡事오하니 米徑前하여 於左袖中取一石하니 嵌空玲瓏하고 峯巒洞穴皆具여 色極淸潤이라 宛轉翻覆하고 以示楊曰 如此石을 安得不愛리오 楊殊不顧하니 乃納之袖하고 又出一石하니 疊嶂層巒이 奇巧又勝이라 又納之袖하고 最後出一石하니 盡天劃神鏤之巧라 顧楊曰 如此石을 安得不愛리오하니 楊忽曰 非獨公愛라 我亦愛也라하고 卽就米手攫得之하여 徑登車去③하다

① ≪宋史≫에 말하였다. "米芾은 字가 元章으로 吳 사람이다. 모친이 宣仁后[55]를 皇后가 되기 전에 모셨던 恩情으로 인해 臨光尉에 보임되었고, 漣水軍使를 거쳐 無爲軍知州[56]가 되었다. 書畫學 博士로 불려가서 便殿에서 황제를 알현하는 은전을 받았는데 아들인 米友仁이 그린 〈楚江淸曉圖〉를 올려 禮部員外郎으로 발탁되었다.

비불은 기발하고 독특하게 문장을 지었으며 이전 사람들의 표현을 따르지 않았다. 특히 붓글씨에 뛰어났는데 차분하면서도 날아오르는 듯하여 王獻之 필법의 意趣를 체득하였다. 山水와 人物의 그림에서는 一家를 이루었다고 自稱하였으며 특히나 모사에 뛰어나 사람들이 진짜와 가짜를 혼돈하기까지 하였다.

옛 기물과 서화를 보면 힘을 다해 가지려고 하였고 반드시 얻고 나서야 그만두었다. 寶晉齋[57]를 세워 이를 보관하였는데 앉으나 서나 어루만지면서 아꼈다. 감식에 정통하여 한번 그의 품평을 거치면 값이 몇배나 뛰었다. 같이 교유한 이들은 모두 名士들이었는데 王安石은 그의 시구를 따서 부채 위에 썼고 蘇軾도 그를 좋아하고

55) 宣仁后 : 宣仁聖烈皇后高氏로 高皇后라고도 한다. 宋 英宗의 妃이자 神宗의 모친이다. 신종이 병사한 뒤 등극한 哲宗이 겨우 10세였기에 垂簾聽政을 통해 정치에 관여하였고 王安石의 變法에 반대하고 司馬光을 신임하였다. 경제의 번영과 정치의 안정을 이루어 후대에 '女中堯舜'으로 불렸다.

56) 知州 : 지방관의 관직명이다. 宋나라 초기에 藩鎭의 반란을 막기 위해 절도사들을 서울에 머물게 하고 州에 京官을 파견하여 통치하게 하였다. 이들을 '權知軍州事'라고 하고 간략하게 '지주'라고 불렀다.

57) 寶晉齋 : 미불은 晉나라 사람들의 書風을 숭배하여 많은 진나라 시대의 서첩을 찾아보았고 그래서 서재의 이름을 진나라의 서법을 보배로 여긴다는 의미에서 '보진재'라고 한 것이다.

칭송하였다.

冠이나 의복은 唐나라 사람들을 본받았고, 풍모는 말쑥하고 멋스러웠으며, 음성은 맑고 시원하여 가는 곳마다 사람들이 모여들어 구경하였다. 그러나 병적으로 깨끗한 것을 좋아하여 다른 사람들과 수건이나 그릇을 같이 쓰지 않았다. 〈황당하고 기괴한 행동을 하여〉 웃음거리로 전할 만한 것이 있었으며, 또 행동거지가 강직하고 굽히지 않아 세상과 타협하지 못하였기 때문에 벼슬하면서 자주 곤란한 일을 당하였다."

宋史曰 "米芾, 字元章, 吳人. 以母侍宣仁后藩邸舊恩, 補臨光尉. 歷漣水軍使 知無爲軍. 召爲書畫學博士, 賜對便殿. 上其子友仁 楚江淸曉圖, 擢禮部員外郎. 芾爲文奇險, 不剽襲前人. 特妙翰墨, 沈著飛翥, 得王獻之筆意. 畫山水人物, 自名一家, 尤工臨移, 至亂眞. 遇古器物書畫, 則極力求取, 必得乃已. 立寶晉齋貯之, 坐起玩拊. 精於鑒裁, 一經題品, 價增數倍. 所與遊皆名士, 王安石摘其詩句書扇上, 蘇軾亦喜稱譽之. 冠服效唐人, 風神蕭散, 音吐淸暢, 所至人聚觀之. 而好潔成癖, 至不與人同巾器. 時有可傳笑者. 又擧止顚顚, 不能與世俯仰, 故仕數困."

② ≪宋史≫ 〈文苑列傳〉에 말하였다. "楊傑은 字가 次公으로 無爲 사람이다. 어려서부터 당시 사람들 사이에 유명하였다. 元祐 연간(1086~1093)에 禮部員外郎이 되었다. 스스로 號를 '無爲子'라 하였다."

文苑傳曰 "楊傑, 字次公, 無爲人. 少有名于時. 元祐中, 爲禮部員外郎. 自號無爲子."

③ ≪石林燕語≫[58]에 말하였다. "미불이 無爲軍 知州가 되어 처음 관아에 들어섰을 때 세워져 있던 돌을 보았는데 〈그 형상이〉 몹시 기괴하였다. 즉시 朝服과 笏을 가져오도록 명하더니 〈복장을 갖추어 입은 뒤〉 돌을 향해 절을 하였고, 매번 돌을 '石丈'이라고 불렀다."

石林燕語曰 "芾知無爲軍, 初入州廨, 見立石頗奇, 卽命取袍笏拜之, 每呼曰石丈."

---

58) 石林燕語 : 宋代의 史料 관련 筆記叢書로 모두 10권이다. 저자는 葉夢得으로, 北宋 이후의 문물과 제도 및 인물들의 일화를 기록하였다.

36. 재치 넘치는 농담(上) 排調 上*

* 排調는 '놀리다', '농담하다'의 뜻이다. 〈배조〉편에서는 주로 명사들 간에 나눈 대화를 싣고 있는데, 상대를 놀리는 말과 그에 대한 재치있는 반격, 벗들간의 유쾌하고 재미있는 농담이 주를 이루고 있으며 그 가운데 은근한 풍자와 비판이 내포되어 있기도 하다. 당시 사람들의 기지와 순발력, 간결하면서 재치가 넘치는 언어감각을 살펴볼 수 있다. 전체 74條의 일화가 실려 있는데, 그중 ≪世說新語≫에서 48조, ≪何氏語林≫에서 26조를 가져왔다.

36-1 【補】 司馬建公(司馬防)이 曹公(曹操)을 〈洛陽의〉 北部尉로 천거한 적이 있었다. 나중에 曹公이 작위가 올라 왕이 되어서는 사마건공을 鄴으로 불러 같이 즐겁게 술을 마시던 자리에서 말하였다.

"내가 오늘 다시금 북부위가 될 수 있겠소?"

사마건공이 말하였다.

"예전 〈제가〉 大王을 천거할 때는 북부위가 되기에 딱 적당하였지요."

曹操

司馬建公[①] 嘗擧曹公爲北部尉러니 **後曹公進爵爲王**하여 **召建公到鄴**하여 **與歡飮語之曰 孤今日**에 **可復作尉否**아하니 **建公曰 昔擧大王時**에 **適可作尉耳**라하다

① ≪魏志≫에 말하였다. "司馬防은 字가 建公으로 宣王(司馬懿)의 부친이다."

司馬彪의 〈序傳〉[1]에 말하였다. "사마방은 성품이 질박하고 곧으며 공정하고 반듯

1) 序傳 : 문체명으로 작자가 스스로 서술한 傳記이다. 家系와 생애를 위주로 하며 아울러 편찬의 목적과 체제를 서술한다. '敍傳'으로도 쓴다. ≪史記≫ 〈太史公自序〉에서 시작되

하였으니, 비록 한가롭게 집에 있을 때라도 위엄있는 모습과 행동은 흐트러짐이 없었다. 평소 ≪漢書≫에 있는 名臣들의 列傳을 좋아하여 외우는 것이 수십만 글자는 되었다. 어려서부터 州郡에서 벼슬했으며 洛陽令, 京兆尹을 거쳤고, 年老하다하여 騎都尉로 轉拜되었다. 閭巷에서 자신의 뜻을 기르면서 문을 닫아걸고 지조를 굳게 지켰다. 여러 자식들은 비록 관례를 치른 성인이라도 〈사마방이〉 나아오라고 명하지 않으면 감히 나아오지 못했으며, 앉으라고 명하지 않으면 감히 앉지도 못하였으며, 손으로 가리키며 묻지를 않으면 감히 말하지 못하였으니, 부자 사이가 엄숙하였다. 71세가 되던 建安 24년(219)에 죽었다."

魏志曰"司馬防, 字建公, 宣王之父."

司馬彪序傳曰"防性質直公方, 雖閒居宴處, 威儀不忒. 雅好漢書名臣列傳, 所諷誦者數十萬言. 少仕州郡, 歷官洛陽令・京兆尹, 以年老轉拜騎都尉. 養志閭巷, 闔門自守. 諸子雖冠成人, 不命曰進, 不敢進, 不命曰坐, 不敢坐, 不指有所問, 不敢言, 父子之間肅如也. 年七十一, 建安二十四年終."

36-2 諸葛瑾이 豫州刺史일 때 別駕從事를 조정에 보내면서 말하였다.

"우리집 아이가 담론을 잘 하니 그대는 이야기를 나눠보시오."

〈별가종사가〉 연이어 찾아갔으나 諸葛恪은 만나주지 않았다. 나중에 張輔吳(張昭)가 마련한 자리에서 서로 만나게 되었다. 별가종사가 제갈각을 부르며 이렇게 말하였다.

"아이고! 도련님."

제갈각이 이에 조롱하며 말하였다.

"예주가 망가져 버렸습니다. 어찌하여 '아이고'라고 할 수 있습니까."

〈별가종사가〉 답하였다.

"府君께서는 현명하시고 관리들은 현명합니다. 망가졌다는 소리는 듣지 못했습니다."

제갈각이 말하였다.

"옛날 唐堯(堯임금)께서 위에 계실 때 四凶[2]이 그 아래에 있었지요."

〈별가종사가〉 답하였다.

었고 ≪漢書≫에서 그 체제를 그대로 썼다.

2) 四凶 : 요순 시대의 흉악한 인물들로, 共工・驩兜・三苗・鯀이다.(≪書經≫ 〈舜典〉)

"사흥뿐만 아니라 丹朱[3]도 있었지요."

이에 자리에 있던 모든 사람들이 크게 웃었다.

諸葛瑾爲豫州에 遣別駕到臺하여 語云 小兒知談하니 卿可與語라하여 連往詣恪①하나 恪不與相見이러니 後於張輔吳坐中相遇라 別駕喚恪하여 咄咄郎君이라하니 恪因嘲之 曰 豫州亂矣로다 何咄咄之有리오 答曰 君明臣賢하니 未聞其亂이로라 恪曰 昔唐堯在上에 四凶在下라 答曰 非唯四凶이라 亦有丹朱라 於是에 一坐大笑하니라

① ≪江表傳≫에 말하였다. "諸葛恪은 字가 元遜으로 諸葛瑾의 맏아들이다. 어려서부터 재주있다고 유명했는데, 문학적 재능이 빛나고 총명했으며 논변을 하면서 임기응변이 뛰어나서 아무도 상대할 사람이 없었다. 孫權이 그를 보고 기특하게 여겨 제갈근에게 '藍田[4]에서 〈좋은〉 玉이 나온다는 말이 참으로 허황되지 않구려.'라고 하였다. 吳나라에서 벼슬하여 太傅에 이르렀다. 孫峻에게 살해되었다."
江表傳曰 "恪, 字元遜, 瑾長子也. 少有才名, 發藻岐嶷, 辯論應機, 莫與爲對. 孫權見而奇之, 謂瑾曰 '藍田生玉, 眞不虛也.' 仕吳至太傅. 爲孫峻所害."

【頭註】

○ 王世懋 : 諸葛恪이 〈별가종사가 그렇게 말하도록〉 원인을 제공하고도 여전히 〈태도를〉 고치지 않았다.
王云 "恪發端, 殊未有改."

36-3【補】五官將(曹丕)이 袁熙의 妻를 들이고나서[5] 孔文擧(孔融)가 曹公(曹操)에게 서신을 보내 말하였다.

"武王이 紂를 정벌하고는 妲己를 周公에게 내렸습니다."

조공은 공문거가 박학다식하다고 여겼기에 〈그 말을〉 典籍에 기록된 것이라고 정말로 믿었다. 나중에 〈사실이 아닌 것을 알고〉 공문거를 보고 물어보니 〈공문

---

3) 丹朱 : ?~?. 堯임금의 큰아들이다. 태만하고 오만하며 포악한 짓을 저질러 요임금이 舜에게 자리를 물려주었다.(≪書經≫ 〈益稷〉)

4) 藍田 : 중국 陝西省에 있는 縣의 이름으로 좋은 옥의 산지로 유명하다. '藍田生玉'은 좋은 가문 또는 훌륭한 아버지에게서 훌륭한 자손이 나온다는 의미이다.

5) 五官將이……들이고나서 : 袁熙의 妻는 甄氏이다. 建安 4년(199) 원희가 幽州刺史로 나가면서 鄴城에 남아 시어머니 劉氏를 모시고 있다가 건안 9년(204) 曹操가 업성을 함락하면서 曹丕의 처가 되었다. 나중에 文昭皇后가 되었다.

거가〉 답하였다.

"지금의 일로 헤아려보아 당연히 그랬을 것이라고 생각했을 뿐입니다."

五官將旣納袁熙妻①에 孔文擧與曹公書曰 武王伐紂하고 以妲己(달기)賜周公이라하니 曹公以文擧博學하여 眞謂書傳所記라 後見文擧問之하니 答曰 以今度之에 想當然耳②라하니라

① 袁熙의 일은 따로 보인다.
熙事別見.

② ≪國語≫에 말하였다. "殷辛(紂)이 有蘇氏[6]를 정벌하자 유소씨가 妲己를 바쳤다. 달기가 총애를 받아 膠鬲[7]과 어깨를 나란히 하여 은나라를 망하게 하였다."
國語曰 "殷辛伐有蘇, 有蘇氏以妲己女焉. 妲己有寵, 與膠鬲比而(殷亡)〔亡殷〕."[8]

36-4【補】 張君嗣(張裔)가 益州에 있을 때 雍闓에 의해 포박되어 孫權에게 보내졌다. 諸葛武侯(諸葛亮)가 鄧芝를 吳나라에 사신으로 파견하여, 이야기를 나누다가 손권에게 장예를 돌려보내 달라고 청하게 하였다. 장예는 오나라에 도착하고 나서 여기저기 떠돌면서 숨어지내고 있었는데, 손권은 이를 모르고 있었기 때문에 등지에게 장예를 보내주겠다고 허락하였다. 장예가 출발할 때가 되어 불러들여 보고는 장예에게 물었다.

孫權

"蜀 땅 卓氏의 과부 딸이 司馬相如에게로 도망쳐 갔는데,[9] 그대 고향의 풍속은 어찌하여 그러한 것인가?"

---

6) 有蘇氏 : ?~?. 夏殷周 시기의 제후국으로 수도는 지금의 河北省 邢台市 일대에 있었다.

7) 膠鬲 : ?~?. 殷나라의 賢人이다. 은둔하면서 어물과 소금을 파는 일을 하다가 周나라 文王에게 등용되었다.(≪孟子≫ 〈告子下〉) 본래 殷나라의 사람이었으나, 은나라를 떠나 周나라 武王을 섬겨 은나라를 멸망시키고 주나라를 건국시켰다.(≪國語≫ 〈晉語〉)

8) (殷亡)〔亡殷〕: 저본과 ≪李卓吾批點世說新語補≫(安永本)에는 '殷亡'으로 되어 있으나, ≪國語≫, ≪大學衍義≫ 등에 의거하여 '亡殷'으로 바로잡았다.

9) 蜀……갔는데 : 卓氏의 과부 딸은 卓文君이다. 漢나라 대문장가인 사마상여가 臨邛의 富戶인 卓王孫의 딸 탁문군을 유혹하였고, 탁문군이 밤에 도망 나와 사마상여를 찾아갔고 함께 成都로 가서 살았다.(≪史記≫ 〈司馬相如列傳〉)

장예가 말하였다.

"제 생각으로는 탁씨의 과부 딸은 그래도 오히려 朱買臣의 처보다는 낫습니다."

張君嗣在益州①러니 爲雍闓(개)縛送孫權②이어늘 武侯遣鄧芝使吳③하여 令言次從權請裔라 裔自至吳로 流徙伏匿하여 權未之知라 故許芝遣裔라 裔臨發에 乃引見하고 問裔曰 蜀卓氏寡女亡奔相如하니 貴土風俗이 何以乃爾오 裔曰 愚以爲卓氏寡女猶賢於買臣之妻④라하니라

① ≪蜀志≫에 말하였다. "張裔는 字가 君嗣로 蜀郡 成都 사람이다. ≪春秋公羊傳≫을 연구하였고 ≪史記≫와 ≪漢書≫를 두루 섭렵하였다. 許文休(許靖)가 蜀나라로 들어갔을 때 장예를 두고 '유능하고 민첩하여 中原의 鍾元常[10]과 같은 부류이다.'라고 하였다."
蜀志曰"張裔, 字君嗣, 蜀郡成都人. 治公羊春秋, 博涉史漢, 許文休入蜀, 謂裔'幹理敏捷, 是中夏鍾元常之倫也.'"

② ≪蜀志≫에 말하였다. "益州郡〈사람들이〉 太守를 살해하였다. 〈익주의〉 老將 雍闓는 남쪽 지역에서 은덕을 베풀어 신망이 두터웠고 멀리 孫權과 내통하고 있었다. 이에 〈촉나라 조정에서는〉 장예를 益州太守로 삼아 곧장 익주군으로 가도록 하였다. 옹개는 끝내 주저하며 실행에 옮기지 못하다가 귀신의 말에 가탁하여 '張府君(장예)은 표주박으로 만든 병과 같아 겉은 비록 번지르하지만 속은 참으로 거칠다. 죽일 것까지는 없으니 포박하여 吳나라에 넘겨 주게 하라.'라고 하였다. 이에 장예를 손권에게 넘겼다."
蜀志曰"益州郡殺太守. 耆率雍闓恩信著於南土, 遠通孫權. 乃以裔爲益州太守, 徑往至郡. 闓遂趦趄不賓, 假鬼教曰'張府君如瓠壺, 外雖澤而內實粗, 不足殺, 令縛與吳.' 於是送裔於權."

③ ≪蜀志≫에 말하였다. "鄧芝는 字가 伯苗로 義陽 新野 사람이며 漢나라 鄧禹의 후손이다. 난리를 피해 蜀나라로 들어갔는데 先主(劉備)가 廣漢太守로 등용하였다. 나중에 선주가 붕어하자 武侯(諸葛亮)가 손권이 다른 생각을 품을까 걱정하여 등지를 사신으로 보냈다. 등지는 〈양국간의〉 우호 관계를 성공적으로 맺고 돌아왔다. 손권이 등지에게 '만약 천하가 태평해져서 두 군주가 〈천하를〉 나누어 다스린다면 또한 즐겁지 않겠는가?'라고 하니, 등지가 '무릇 하늘에는 두 개의 태양이 없고 땅에는 두 명의 왕이 없는 법입니다. 만약 魏나라를 병합한 뒤에 大王께서 天命을 깊이 알지 못하신다면 〈두 나라에서〉 군주는 각기 그 德을 두텁게 하는 데 힘쓰고 신하들은 각기 충성을 다하여 장차 전쟁의 북소리를 울리게 될 것이니, 〈그렇다면〉 전쟁이 시작될

10) 鍾元常 : '元常'은 鍾繇(151~230)의 字이다. 三國時代 魏나라의 重臣이자 유명한 서예가이다. 曹操의 신임을 받아 魏가 건국된 후 중임을 맡았으며 定陵縣侯에 책봉되었다.

뿐입니다.'라고 하였다.

손권이 웃으면서 '그대의 충성심이라면 〈당연히〉 그러하겠지.'라고 하였다. 손권이 제갈량에게 서신을 보내 '〈이전 사신인〉 丁厷[11](정굉)은 언변만 화려하고 陰化[12]는 성의를 다하지 않았는데, 두 나라를 화합시키는 이는 오직 등지뿐입니다.'라고 하였다." 蜀志曰 "鄧芝, 字伯苗, 義陽新野人, 漢鄧禹之後. 避亂入蜀, 先主用爲廣漢太守. 後先主崩, 武侯恐孫權異計, 遣芝奉使, 芝成好而還. 權謂芝曰 '若天下太平, 二主分治, 不亦樂乎?' 芝對曰 '夫天無二日, 土無二王. 如竝魏之後, 大王未深識天命, 君各茂其德, 臣各盡其忠, 將提枹鼓, 則戰爭方始耳.' 權笑曰 '君之誠款, 乃爾耶.' 權與亮書曰 '丁厷掞張, 陰化不盡, 和合二國, 唯有鄧芝.'"

④ 班固의 ≪漢書≫에 말하였다. "朱買臣은 字가 翁子로 吳 사람이다. 집이 가난했으나 독서하기를 좋아하여 살림을 늘리는 데 힘쓰지는 않고 늘 땔나무를 해와 그것을 팔아 먹고 살았으며 땔나무를 지고서 걸어가며 책을 외웠다. 그의 처도 땔나무를 이고 지면서 그 뒤를 따랐는데, 주매신에게 길에서 낭송하지 말라며 자주 말렸다.

주매신이 더욱더 빠르게 노래하자 처는 이를 부끄럽게 여겨 떠나겠다고 요구하였다. 주매신이 웃으며 '내가 쉰이 되면 부귀해 질 것인데, 지금 이미 마흔이 넘었소. 당신은 시일이 오래 걸려 괴롭겠으나 내가 부귀해져서 당신의 노고에 보답하는 것을 기다려 주시오.'라고 하였다. 〈그러자〉 처는 성을 내며 '당신 같은 사람은 끝내 도랑에서 굶어죽을 것인데 어찌 부귀해질 수 있겠어요.'라고 하였다. 주매신은 〈더이상〉 말리지 못하고 떠나겠다는 요청을 들어주었다.

그 뒤 주매신은 홀로 길을 가면서 노래를 불렀고 무덤 사이에서 땔나무를 주웠다. 전처와 그 남편이 함께 성묘하다가 주매신이 굶주렸고 추워하는 것을 보고는 불러서 음식을 먹였다. 그 뒤 몇 년 지나 주매신은 上計吏[13]를 수행하여 그의 하인이 되었고 옷과 음식을 실은 수레를 몰면서 長安에 도착해 〈조정에〉 글을 올렸는데 오래도록 답이 없었다. 公車[14]에서 황제의 명을 기다리는데 양식이 떨어져 상계리의 하인

---

11) 丁厷 : ?~?. 字는 君干로 蜀漢의 大臣이다. 劉璋의 막료로 있다가 劉備가 蜀으로 들어가자 유장을 따라 투항하였다.

12) 陰化 : ?~?. 字는 미상이며 蜀漢의 大臣이다. 丁厷처럼 劉璋의 아래에 있다가 劉備에게 투항하였다.

13) 上計吏 : 戰國時代에서 漢나라 시기 地方官은 연말에 境內의 戶口·賦稅·盜賊·訟事 등의 항목을 작성하여 조정에 보고하였는데 이를 上計라고 하였고 이 때 파견되는 관리를 '상계리'라 불렀다.

14) 公車 : 漢나라의 관청 이름으로 대궐문의 경비를 담당하였다. 천하에서 올라오는 보고와 인재를 부르는 일 등 이곳을 통해 접수되고 처리되었다. 뒤에는 이와 비슷한 역할을 하는 관청을 '공거'라고 불렀다.

이 되기를 다시 요청하였다. 마침 동향 사람인 嚴助가 지위가 높고 황제의 총애를 받고 있었는데 그의 추천으로 會稽太守에 제수되었다.

황제가 주매신에게 '부귀해져서 고향으로 돌아가지 않는 것은 비단 옷을 입고 밤에 다니는 것과 같다. 그대는 지금 어떻게 할 것인가?'라고 하였다. 주매신은 驛站의 車馬를 타고 吳 땅의 경계로 들어서니 전처와 그 남편이 길을 닦고 있는 것이 보였다. 주매신은 수레를 멈추고는 부부를 불렀고 그들을 뒤의 수레에 태우게 하여 太守의 관사로 데려와 음식을 제공하였다. 한달이 지났을 때 전처가 스스로 목을 매어 죽었다."

班固漢書曰"朱買臣, 字翁子, 吳人. 家貧, 好讀書, 不治產業, 常艾薪樵, 賣以給食, 擔束薪, 行且誦書. 其妻亦負載[15]相隨, 數止買臣毋歌嘔道中. 買臣愈益疾歌, 妻羞之, 求去. 買臣笑曰'我年五十當富貴, 今已四十餘矣. 女苦日久, 待我富貴報女功.' 妻恚怒曰'如公等, 終餓死溝中耳, 何能富貴?' 買臣不能留, 卽聽去. 其後, 買臣獨行歌道中, 負薪墓間. 故妻與夫家俱上冢, 見買臣飢寒, 呼飯飮之. 後數歲, 買臣隨上計吏爲卒, 將重車至長安, 上書, 久不報. 待詔公車, 糧用乏, 上計吏卒更乞丐之. 會邑子嚴助貴幸, 薦拜會稽太守. 上謂曰'富貴不歸故鄕, 如衣繡夜行, 今子何如?' 買臣乘傳入吳界, 見其故妻・妻夫治道. 買臣駐車, 呼令後車載其夫妻, 到太守舍, 給食之. 居一月, 妻自經死."

36-5【補】 한번은 머리가 하얀 새가 吳나라 궁전 앞에 모여든 적이 있었다. 孫權이 신하들에게 물었다.

"이것은 무슨 새인가?"

諸葛元遜(諸葛恪)이 대답하였다.

"이것의 이름은 白頭翁[16]입니다."

張輔吳(張昭)는 스스로 자리에 있는 이들 중에 가장 늙었다고 생각하여 제갈원손이 〈자신을〉 놀리는 것이 아닌가 의심이 들어 말하였다.

"제갈각이 폐하를 속였습니다. 새 이름이 백두옹인 것을 들어본 적이 없습니다. 제갈각에게 〈이름이〉 白頭母인 새를 구해보게 하십시오."

15) 載 : 戴와 通한다.
16) 白頭翁 : 검은이마직박구리 또는 알락할미새인 듯하나 어느 것인지 특정할 수 없다. 검은이마직박구리는 얼굴이 검고 정수리가 희며, 알락할미새는 얼굴이 희고 정수리가 검다.

제갈원손이 말하였다.

"새 이름이 鸚母(鸚鵡)이지만 반드시 짝이 있지는 않습니다. 장보오에게 鸚父를 찾아보라고 해보십시오."

〈이에〉 장보오는 대답하지 못하였다.

曾有白頭鳥集吳殿前이어늘 孫權問群臣 此何鳥也오 諸葛元遜對云 此名白頭翁이라하니 張輔吳自以坐中最老라 疑元遜戲之하여 因曰 恪欺陛下니이다 未嘗聞鳥名白頭翁者니 試使恪復求白頭母하소서 元遜曰 鳥名鸚母로되 未必有對니 試使輔吳復求鸚父하소서 張不能答하니라

鸚鵡

36-6 鍾毓은 黃門郞이었는데 機智가 뛰어났다. 景王(司馬師)이 마련한 연회에서 술을 마시고 있을 때 陳群의 아들 陳玄伯(陳泰)과 武周의 아들 武元夏(武陔)가 동석하고 있었는데 함께 종육을 놀렸다. 경왕이 〈종육에게〉 말하였다.

"皐繇는 어떤 사람이었는가?"

〈종육이〉 대답하였다.

"옛날의 훌륭한 분입니다."[17)]

〈그리고는〉 진현백과 무원하를 돌아보며 말하였다.

"君子는 두루 조화를 이루고 당파를 형성하지 않으며, 무리를 지어 어울리되 당파를 만들지 않지요."[18)]

---

17) 皐繇는……분입니다 : 고대에는 避諱의 관습이 있어 이름을 함부로 입에 올리지 않았다. 鍾毓의 부친 이름이 '繇'이고 景王의 부친 이름이 '懿'인데, 경왕이 皐繇라고 말하여 종육의 부친 이름을 말하였기 때문에 종육이 훌륭한 분〔懿士〕라고 대답하여 경왕이 피휘하지 않은 것에 대응한 것이다.

18) 君子는……않지요 : ≪論語≫ 〈爲政〉과 〈衛靈公〉에 나오는 말이다. 종육이 진현백의 부친 이름이 '群'이고 무원하의 부친 이름이 '周'인 것을 이용하여 자신을 놀린 것에 대응한 것이다.

鍾毓爲黃門郞에 **有(譏)〔機〕**[19]**警**이라 **在景王坐燕飮**이러니 **時陳群子玄伯·武周子元夏同在坐**①하며 **共嘲毓**이어늘 **景王曰 皐繇何如人**고하니 **對曰 古之懿士**니이다하고 **顧謂玄伯元夏曰 君子**는 **周而不比**하고 **群而不黨**이라하니라

① ≪魏志≫에 말하였다. "武周는 字가 伯南으로 沛國 竹邑 사람이다. 벼슬이 光祿大夫에 이르렀다."
魏志曰 "武周, 字伯南, 沛國竹邑人. 仕至光祿大夫."

36-7 嵇康·阮籍·山濤·劉伶이 竹林에서 술을 실컷 마시고 있는데 王戎이 늦게 갔다. 阮步兵(완적)이 말하였다.

"俗物이 또 와서 사람들의 흥을 깨뜨리는군!"

왕융이 웃으며 말하였다.

"그대들의 흥도 깨뜨릴 수 있는 것이오?"

嵇·阮·山·劉在竹林酣飮이러니 **王戎後往**이라 **步兵曰 俗物已**[20]**復來敗人意**①라하니 **王笑曰 卿輩意亦復可敗邪**아하니라

① ≪魏氏春秋≫에 말하였다. "당시 〈사람들은〉 王戎이 아직 超脫하지 못하였다고 여겼던 것이다."
魏氏春秋曰 "時謂王戎未能超俗也."

36-8 晉 武帝(司馬炎)가 孫皓에게 물었다.

"남쪽 사람들은 爾汝歌[21] 짓기를 좋아한다고 하던데, 지을 수 있소?"

손호는 술을 마시고 있었기에, 이에 술잔을 들어 황제에게 권하면서 말하였다.

"옛날 너와 이웃이었건만, 지금은 너의 신하 되었네. 너에게 술 한 잔 올려, 너로 하여금 만수무강케 하노라."

---

19) (譏)〔機〕: 저본에는 '譏'로 되어 있으나, ≪世說新語≫와 ≪李卓吾批點世說新語補≫(安永本) 등에 의거하여 '機'로 바로잡았다.
20) 已 : '又'의 뜻이다.
21) 爾汝歌 : 魏晉 시대 남방에서 유행하던 민요의 하나로, 가사에 상대를 친근하게 부르는 '너', '자네'를 뜻하는 '爾', '汝'를 넣었다.

무제가 〈듣고는 시킨 것을〉 후회하였다.

晉武帝問孫皓①호대 **聞南人好作爾汝歌**라하니 **頗能爲不**아 **皓正飮酒**라가 **因擧觴勸帝而言曰 昔與汝爲隣**이러니 **今與汝爲臣**이로다 **上汝一桮酒**하여 **令汝壽萬春**하노라하니 **帝悔之**하니라

① ≪吳錄≫에 말하였다. "孫皓는 字가 元宗으로 일명 彭祖라고도 하며, 大皇帝(孫權)의 손자이다. 景帝(孫休)가 붕어하고 손호가 제위를 이었는데 晉나라에게 멸망당하였고 歸命侯에 봉해졌다."
吳錄曰 "皓, 字元宗, 一名彭祖, 大皇帝孫也. 景帝崩, 皓嗣位, 爲晉所滅, 封歸命侯."

36-9 陸太尉(陸玩)가 王丞相(王導)을 방문했을 때 王公(왕도)이 타락죽을 대접했는데, 육태위가 집으로 돌아와서는 마침내 탈이 나고 말았다. 다음날 왕승상에게 서신을 보내 말하였다.

"어제 타락죽을 조금 과도하게 먹었다가 밤새도록 고생했습니다. 저는 비록 吳땅 사람이지만 하마터면 傖鬼[22]가 될 뻔 했습니다."

陸太尉詣王丞相에 **王公食以酪**하여 **陸還遂病**이라 **明日**에 **與王牋云 昨食酪小過**하여 **通夜委頓**하니 **民雖吳人**이나 **幾爲傖鬼**라하니라

36-10 元帝(司馬睿)의 皇子가 태어나자 신하들에게 두루 물품을 하사하였다. 殷洪喬(殷羨)가 아뢰었다.

"皇子가 탄생하여 온 천하가 모두 경하하고 있습니다. 신은 아무런 공로가 없는데 외람되게 후한 하사품을 받았습니다."

中宗(사마예)이 웃으며 말하였다.

"이 일에 어찌 경으로 하여금 공로를 세우게 할 수 있겠는가."

元帝皇子生에 **普賜群臣**하니 **殷洪喬奏**[23] **曰 皇子誕育**하여 **普天同慶**이로소이다 **臣無勳焉**이나 **而猥頒厚賚**라하니 **中宗笑曰 此事**에 **豈可使卿有勳邪**아하니라

---

22) 傖鬼 : 晉과 南北朝 시대에 남방 사람들이 북방 사람들과 북방에서 넘어온 사람들을 경시하여 '傖'이라고 불렀다. 傖鬼는 북방의 귀신이라는 뜻이다. 타락죽은 북방의 음식이므로 이렇게 말한 것이다.

23) 奏 : ≪世說新語≫에는 '謝'로 되어 있다.

36-11 諸葛令(諸葛恢)과 王丞相(王導)이 둘이서 姓氏의 先後에 관해 다투었다. 왕승상이 말하였다.

"〈사람들이〉 어째서 葛·王이라고 말하지 않고 王·葛이라고 하겠습니까."[24)]

제갈령이 말하였다.

"비유하자면 나귀와 말〔驢馬〕라고 말하고 말과 나귀〔馬驢〕라고 하지 않는 것과 마찬가지이지요. 〈나귀와 말이라고 말한다고〉 나귀가 어찌 말보다 낫겠습니까."

諸葛令①과 王丞相이 共爭姓族先後러니 王曰 何不言葛王하고 而云王葛가하니 令曰 譬言驢馬하고 不言馬驢이니 驢寧勝馬耶아하다

① 〈諸葛令은〉 諸葛恢이다.
恢也.

36-12 劉眞長(劉惔)이 처음 王丞相(王導)를 만났는데 당시는 몹시 더운 계절이었다. 왕승상은 배를 彈棋[25)] 판에 붙인 채 말하였다.

"어쩌면 이리도 시원할꼬."

유진장이 나오자 사람들이 물었다.

"王公(왕도)을 만나보니 어떻던가요?"

유진장이 말하였다.

"달리 특이한 점은 모르겠고, 오직 吳 지역 말을 하는 것만 들었소."

劉眞長始見王丞相에 時盛暑之月이라 丞相以腹熨彈棋局 曰 何乃渹(청)①고 劉既出에 人問 見王公云何오 劉曰 未見他異요 唯聞作吳語耳②라하니라

① 吳 지역 사람들은 시원한 것을 '渹'이라고 말한다.
吳人以冷爲渹.

② ≪語林≫에 말하였다. "劉眞長이 '王丞相(王導)이 뭐가 특별합니까. 단지 吳 지역 사

---

24) 어째서……하겠습니까 : 사람들이 두 성씨를 나란히 언급할 때 '葛·王'이라고 하지 않고 '王·葛'이라고 하니, '王氏'가 더 낫다는 말이다.

25) 彈棋 : 고대의 놀이로, 평평하고 매끄러운 판 위에서 손가락으로 알을 튕겨 상대방의 알을 떨어뜨린다. 西漢 말기에 유행하기 시작했으며 처음에는 주로 궁중과 사대부 사이에서 성행하였다고 한다.

투리와 간드러진 말투만 할 줄 알더이다.'라고 하였다."
語林曰 "眞長云 '丞相何奇? 止能作吳語細唾[26)]也.'"

【頭註】

○ 王世懋 : 劉眞長(劉惔)이 고의로 王丞相(王導)을 좋게 평가하지 않은 것이다.
王云 "眞長故不善丞相."

36-13 王公(王導)이 조정의 관료들과 함께 술을 마시다가 유리로 된 사발을 들고는 周伯仁(周顗)에게 말하였다.

"이 사발은 배 부분이 아주 텅텅 비어있는데도 이를 寶器라고 이르는 것은 어째서입니까?"[27)]

〈주백인이〉 답하였다.

"이 사발은 광채를 띠고 참으로 투명합니다. 그래서 보물이라고 하지요."

王公與朝士共飮酒라가 **擧琉璃盌**하여 **謂伯仁曰 此盌腹殊空**이어늘 **謂之寶器**는 **何耶**①오하니 **答曰 此盌英英**하여 **誠爲淸徹**이라 **所以爲寶耳**라하니라

① 周伯仁(周顗)의 무능함을 놀리기 위한 것이다.
以戱周之無能.

【頭註】

○ 劉辰翁 : 周伯仁은 〈속이〉 텅 비어 있었기에 놀림을 받았다.
劉云 "伯仁空洞見調."

36-14 謝幼輿(謝鯤)가 周侯(周顗)에게 말하였다.

"그대는 사직단의 나무와 비슷합니다. 멀리서 바라보면 까마득하게 솟아 푸른 하늘에 닿지만 가까이 가서 보면 그 뿌리는 여우 무리가 사는 곳으로 아래에는 오물이 고여있을 뿐이지요."

주후가 대답하였다.

"가지가 푸른 하늘에 닿아도 〈저는〉 높다고 여기지 않으며, 여우 무리가 그 밑

---

26) 細唾 : 吳 지역 즉 강남 사람들이 쓰던 가늘고 간드러진 말투를 말한다.
27) 이……어째서입니까 : 周顗가 무능하고 속이 비었음을 조롱한 것이다.

을 어지럽혀도 더럽다고 여기지 않습니다. 오물이 고여있는 더러움이야 경의 차지지[28] 어찌 〈나의 차지라고〉 스스로 말할 수 있을 정도이겠습니까."

謝幼輿謂周侯曰 卿類社樹하여 遠望之에 峨峨拂青天이로되 就而視之에 其根則群狐所托이라 下聚溷而已①라하니 答曰 枝條拂青天이로되 不以爲高요 群狐亂其下하되 不以爲濁이라 聚溷之穢는 卿之所保니 何足自稱이리오하니라

① 周顗가 난잡한 짓을 좋아했기에 이렇게 말한 것이다.
謂顗好媟瀆故.

【頭註】

○ 劉辰翁 : 두 사람의 말 모두 조리가 있으나 周伯仁(周顗)을 편들기는 어렵다.
劉云 "二說皆有理, 爲伯仁難."

36-15 王長豫(王悅)는 어려서부터 아주 온순하고 착하여 〈부친인〉 王丞相(王導)이 몹시 아꼈다. 매번 함께 바둑을 둘 때마다 왕승상이 〈이미 놓은〉 돌을 옮기려 하면 왕장예가 〈왕승상의〉 손가락을 누르고 움직이지 못하게 하였다. 왕승상이 웃으며 말하였다.

"어찌 이렇게 할 수 있단 말이냐? 서로간에 친분도 있는 듯한데."

王長豫幼便和令하여 丞相愛恣甚篤이라 每共圍棋에 丞相欲擧行이면 長豫按指不聽하니 丞相笑曰 詎得爾리오 相與似有瓜葛①[29]이라하니라

① 蔡邕이 말하였다. "瓜葛은 친분을 뜻한다."
蔡邕曰 "瓜葛, 疏親也."

36-16 王丞相(王導)이 周伯仁의 무릎을 베고서 그의 배를 가리키며 말하였다.

"그대의 이 뱃속에는 무엇이 있소?"

〈주백인이〉 대답하였다.

---

28) 오물이……차지지 : 謝鯤은 이웃인 高氏 집의 아름다운 딸에게 집적거리다가 그녀가 베를 짜는 데 쓰는 북〔梭〕을 던지는 바람에 이 두 개가 부러진 일이 있었다.(≪晉書≫ 〈謝鯤傳〉)

29) 瓜葛 : 덩굴이 뻗어서 서로 얽힌 외와 칡을 말하는데, 친밀한 관계를 뜻한다.

"이 속은 텅 비어 아무것도 없습니다. 그렇지만 그대 같은 사람 수백 명을 담을 수 있지요."

王丞相枕周伯仁膝이라가 指其腹曰 卿此中何所有오 答曰 此中空洞無物이니 然容卿輩數百人이라하니라

36-17 康僧淵은 눈이 움푹 들어가고 코가 높았는데 王丞相(王導)은 매번 그를 놀렸다. 강승연이 말하였다.

"코는 얼굴의 산이요, 눈은 얼굴의 연못입니다. 산이 높지 않으면 신령하지 않고 연못이 깊지 않으면 맑지 않지요."

康僧淵目深而鼻高어늘 王丞相每調之하니 僧淵曰 鼻者面之山①이요 目者面之淵이니 山不高則不靈하고 淵不深則不淸이라하니라

① ≪管輅別傳≫에 말하였다. "코는 天中[30]의 山이다."
　관상학 책에 말하였다. "코가 위치한 곳이 天中이고, 코에는 산의 형상이 있으므로 산이라고 한다."
　管輅別傳曰 "鼻者, 天中之山."
　相書曰 "鼻之所在爲天中, 鼻有山象, 故曰山."

36-18 干寶가 劉眞長(劉惔)에게 〈자신이 지은〉 ≪搜神記≫를 口述하니 유진장이 말하였다.

"그대는 귀신의 董狐[31]라 이를 만하오."

(于)〔干〕[32]寶向劉眞長①하여 敍其搜神記②하니 劉曰 卿可謂鬼之董狐③로다하니라

---

30) 天中 : 관상학에서 쓰는 용어로, 코에서 위로 올라가 머리카락이 난 곳까지의 이마 부분을 말하는데 재물과 지위와 관련된다고 보았다.

31) 董狐 : 春秋 시대 晉나라의 史官인 太史였으며 史狐라고도 부른다. 趙穿이 晉 靈公을 시해하자 두려워하지 않고 '趙盾이 그 임금을 시해하였다.'라고 기록하여 '董狐直筆'이라는 전고가 생겼다. 훌륭한 사관의 대명사로 쓰인다. ≪搜神記≫의 내용이 주로 신선, 귀신 등에 관한 것이므로 '귀신의 동호'라고 말한 것이다.

32) (于)〔干〕 : 저본에는 '于'로 되어 있으나, ≪世說新語≫宋本과 ≪晉書≫ 〈干寶列傳〉 등에 의거하여 '干'으로 바로잡았다.

① 〈何法盛의〉 ≪中興書≫에 말하였다. "干寶는 字가 令升으로 新蔡 사람이다. 조부 干正은 吳나라 奮武將軍이었고 부친 干瑩은 丹陽丞이었다. 간보는 어려서부터 박학다식하고 다재다능한 것으로 유명했으며, 散騎常侍를 지냈다."

中興書曰 "寶, 字令升, 新蔡人. 祖正, 吳奮武將軍. 父瑩, 丹陽丞. 寶少以博學才器著稱, 歷散騎常侍."

② ≪孔氏志怪≫[33]에 말하였다. "간보의 부친에게는 총애하던 시녀가 있었는데 간보의 모친이 〈그녀를〉 몹시 질투하였고, 간보 부친의 장례 때 그래서 무덤 속에 밀어 넣어 버렸다. 십년이 지나 모친의 상을 당해 〈부친의〉 묘를 열었더니, 그 시녀가 관 위에 엎드려 있었다. 다가가 살펴보니 아직도 〈몸이〉 따뜻하였으며 점차 숨이 돌아왔다.

수레에 실어 집으로 돌아와서 하루쯤 지나자 깨어났는데, 간보의 부친이 항상 음식을 갖다주었으며 함께 잠을 잤는데 애정이 살아 있을 때와 같았다고 이야기하였다. 집안의 吉凶事를 번번이 이야기하였는데, 확인해 보면 모두 맞았다. 〈그녀는〉 회복하고 몇 년 뒤에야 죽었다. 간보는 이 일을 계기로 ≪搜神記≫를 지었는데, 그 내용 중 '느껴서 〈책을 쓰기로〉 마음을 먹게 된 일이 있었다.'라고 말한 것이 이 일이다."

孔氏志怪曰 "寶父有嬖人, 寶母至妬, 葬寶父時, 因推著藏中. 經十年而母喪, 開墓, 其婢伏棺上, 就視猶煖, 漸有氣息. 輿還家, 終日而蘇. 說寶父常致飮食, 與之接寢, 恩情如生. 家中吉凶, 輒語之, 校之悉驗. 平復數年後方卒. 寶因作搜神記, 中云'有所感起'是也."

③ ≪春秋傳≫에 말하였다. "趙穿이 桃園에서 晉 靈公(夷皐)을 공격하여 〈죽였고〉, 趙宣子(趙盾)는 〈도망치다가〉 국경을 벗어나기 전에 〈소식을 듣고〉 돌아왔다.[34] 太史(董狐)가 '趙盾이 그 임금을 시해하였다.'라고 썼다. 조선자가 '그렇지 않다.'라고 하자, 〈태사가〉 '그대는 正卿으로서 도망을 치면서 국경을 넘어가지 않았고, 돌아와서는 역적을 토벌하지도 않았으니, 그대가 〈죽인 것이〉 아니면 누구란 말이요?'라고 대답하였다."

孔子가 말하였다. "董狐는 옛날의 훌륭한 史官이니 〈사실을〉 숨기지 않고 기록하는 것을 법으로 삼았다. 趙盾은 옛날의 현명한 大夫이다. 법대로 집행하여 미움을 받았다."[35]

---

33) 孔氏志怪 : 晉나라 孔約이 지었으며 4권이다. 東漢에서 晉까지를 시대적 배경으로 하는 志怪小說集으로 현재는 일부만 전한다.

34) 趙穿이……돌아왔다 : 趙盾은 포악한 일을 하던 靈公에게 간언하였다가 미움을 받아 죽임을 당할 뻔하였는데 평소 은혜를 베푼 덕분에 사람들의 도움으로 죽음을 면하고 도망칠 수 있었다. 국경을 벗어나기 전에 사촌동생인 조천이 영공을 죽이고 成公을 세웠고 이 소식을 듣고 돌아와서 다시 국정을 맡았다.(≪史記≫ 〈趙世家〉)

35) 趙盾은……받았다 : 조순은 제도를 정비하고 법을 개선하였고 법을 엄격히 집행하여 晉 文公(重耳)으로부터 시작된 霸業을 유지할 수 있도록 하였다.

春秋傳曰 "趙穿攻晉靈公於桃園, 趙宣子未出境而復. 太史書'趙盾(돈)弑其君.' 宣子曰 '不然.' 對曰 '子爲正卿, 亡不越境, 反不討賊, 非子而誰?'"

孔子曰 "董狐, 古之良史也, 書法不隱. 趙盾, 古之賢大夫也, 爲法受惡."

36-19 何次道(何充)이 瓦官寺[36]에 가서 아주 부지런히 예불을 드렸다. 阮思曠(阮裕)이 그에게 말하였다.

"그대의 뜻은 우주만큼 크고 그대의 용기는 옛날의 그 누구보다 뛰어납니다."

하차도가 말하였다.

"그대가 오늘은 어쩐 일로 〈갑자기〉 추켜세우는 게요?"

완사광이 말하였다.

"나는 수천 호 되는 〈작은〉 고을을 도모하는데도 아직 얻지 못하고 있는데, 그대는 부처가 되고자 하니 〈그 뜻이〉 또한 크지 않은가."

何次道往瓦官寺하여 **禮拜甚勤**①이어늘 **阮思曠語之曰 卿**은 **志大宇宙**②하고 **勇邁終古**③ 로다 **何曰 卿今日**에 **何故忽見推**오 **阮曰 我圖數千戶郡**이로되 **尙不能得**이어늘 **卿迺圖作佛**하니 **不亦大乎**아하니라

① 王充이 부처를 숭상하여 몹시 경건한 태도를 취했던 것이다.
(克)〔充〕[37]崇釋氏, 甚加敬也.

② ≪尸子≫[38]에 말하였다. "天地四方을 '宇'라고 하고, 往古來今을 '宙'라고 한다."
尸子曰 "天地四方曰宇, 往古來今曰宙."

③ 終古는 '옛날'이라는 뜻이다. ≪楚辭≫ 〈離騷經〉에 "내 옛날부터 이를 참을 수 없었다."[39]라고 하였다.
終古, 往古也. 楚辭曰 "吾不能忍此終古也."

---

36) 瓦官寺 : 예전의 金陵, 즉 지금의 南京에 있는 절이다. 東晉 興寧 2년(364)에 건립되었다.

37) (克)〔充〕: 저본에는 '克'으로 되어 있으나, ≪世說新語≫宋本과 ≪李卓吾批點世說新語補≫(安永本) 등에 의거하여 '充'으로 바로잡았다.

38) 尸子 : 戰國時代 晉나라 사상가 尸佼이다. 출신지를 魯 또는 楚라고 하는 설이 있다. 秦나라에 들어가 商鞅에게 영향을 끼쳐 진나라가 강대국으로 되는 데 이론적 뒷받침을 하였다. 상앙이 처형당한 뒤에는 화를 입을까 두려워하여 蜀나라로 망명하였다. 저서로 ≪尸子≫가 있는데 일부만 전한다.

39) 내……없었다 : 원문은 "吾不能忍此終古也"인데, ≪楚辭≫ 〈離騷經〉에는 "余焉能忍而與此終古"로 되어 있다.

36-20 庾征西(庾翼)가 오랑캐〔後趙〕를 정벌하려고 대대적으로 군대를 일으켰다. 이미 출발하고나서 襄陽에서 멈춰 주둔하자, 殷豫章(殷羨)이 서신을 부치면서 귀퉁이가 깨진 如意 하나를 보내 조롱하였다. 유정서가 답신하였다.

"보내 주신 것을 받았습니다. 비록 망가진 물건이나 그래도 고쳐 쓰고자 합니다."

庾征西大擧征胡러니 **旣成行**에 **止鎭襄陽**①이어늘 **殷豫章與書**에 **送一折角如意以調之**②하니 **庾答書曰 得所致**하니 **雖是敗物**이나 **猶欲理而用之**라하니라

① ≪晉陽秋≫에 말하였다. "庾翼이 군대를 이끌고 沔口로 들어갔는데 북방 오랑캐(後趙)의 정벌을 도모할 생각이었다. 襄陽에 도착했는데도 오랑캐가 여전히 강성하여 결전을 치루지 못하고 있었다. 〈그러던 중〉 마침 康帝(司馬岳)가 붕어하고 형인 庾氷이 죽자 맏아들 方之를 남겨 襄陽을 지키도록 하고 자신은 급히 夏口로 돌아갔다."
晉陽秋曰 "翼率衆入沔, 將謀伐狄. 旣至襄陽, 狄尙彊, 未可決戰. 會康帝崩, 兄冰薨, 留長子方之守襄陽, 自馳還夏."

② 殷豫章은 殷羨이다.
豫章, 殷羨.

36-21 桓大司馬(桓溫)가 눈이 내린 김에 사냥에 나서려고 먼저 王濛과 劉惔 등을 찾아갔다. 劉眞長(유담)이 그의 차림이 단출한 것을 보고 물었다.

"늙은 놈이 그것을 들고 무엇을 하려고 하는가?"

환대사마가 말하였다.

"내가 이렇게 하지 않으면 그대들 또한 어찌 앉아서 이야기를 나눌 수 있겠는가."

桓大司馬乘雪欲獵하여 **先過王劉諸人許**하니 **眞長見其裝束單急**하고 **問 老賊欲持此何作**고 **桓曰 我若不爲此**면 **卿輩亦那得坐談**①이리오하니라

① ≪語林≫에 말하였다. "桓宣武(桓溫)이 원정에 나섰다가 돌아오자 劉尹(劉惔)이 수십 리를 나가 맞이하였다. 환선무가 아무런 말도 하지 않고 단지 '긴 옷을 드리우고 淸談을 나누는 것은 결국 누구의 공인가?'라고 하자, 유윤이 '晉나라의 德이 훌륭해서이지 공이 어찌 그대에게 있겠는가.'라고 답하였다." 두 사람의 말이 조금 다르므로 상세하게 싣는다."
語林曰 "宣武征還, 劉尹〔出〕[40]數十里迎之. 桓都不語, 直云 '垂長衣, 談淸言, 竟是誰

功?' 劉答曰 '晉德靈長, 功豈在爾?'" 二人說小異, 故詳載之."

【頭註】

○ 劉辰翁 : 이놈은 끝내 건재하였다.[41]
劉云 "此賊終健."

○ 王世懋 : 이 본문과 주석은 각각 〈별개의 이야기로〉 두 번 나와도 괜찮았을 것이다.
王云 "此各不妨兩出."

36-22 褚季野(褚裒)가 孫盛에게 물었다.

"그대가 쓰는 國史는 언제 완성되겠소?"

손성이 말하였다.

"진작에 완성 했어야 하는데 공직에 있느라 겨를이 없어서 오늘까지 왔습니다."

저계야가 말하였다.

"옛사람은 〈옛것을〉 기술만 하고 창작하지는 않았지요.[42] 어찌 꼭 蠶室에 들어가야만 하겠습니까."

蠶室

褚季野問孫盛호되 卿國史何當成고 孫云 久應竟이나 在公無暇라 故至今日로라 褚曰 古人은 述而不作이니 何必在蠶室中①이리오하니라

---

40) 〔出〕: 저본에는 '出'이 없으나, ≪何氏語林≫에 의거하여 보충하였다.

41) 이놈은……건재하였다 : '이놈'은 桓溫을 가리킨다. 軍權을 쥐고 東晉을 좌지우지하며 황제의 자리까지 넘보았고, 아들 桓玄은 마침내 황제의 자리를 찬탈하는 데 성공하였다. 이 때문에 왕세무가 폄하하는 뜻으로 말한 것이다.

42) 옛사람은……않았지요 : ≪論語≫ 〈述而〉에서 공자는 "〈나는〉 옛것을 기술만 하고 창작하지 않으며 옛것을 믿고 좋아하나니, 이런 점은 老彭에게 견줄 수 있다고 생각한다."라고 하였다.

① ≪漢書≫에 말하였다. "李陵이 匈奴에게 항복하자 武帝(劉徹)가 몹시 분노하였다. 太史令 司馬遷이 이릉의 충성을 극력 해명하자, 무제는 사마천이 이릉을 위해 유세한다고 여겨 사마천을 腐刑(宮刑)에 처하였다. 이에 〈사마천은〉 堯舜부터 〈무제 때 흰색〉 기린이 잡힌 시기까지를 기술하여 ≪史記≫를 지었다. 사마천이 任安에게 서신을 보내 '이릉은 산 채로 항복한데다가 나는 또 蠶室로 떠밀려 들어갔습니다.'라고 하였다." 蘇林의 注에 "腐刑을 한 경우 密室을 만들고 불을 피우는데, 이는 蠶室과 같다. 옛날 平陰縣에 蠶室獄이 있었다."라고 하였다.

漢書曰 "李陵降匈奴, 武帝甚怒. 太史令司馬遷盛明陵之忠, 帝以遷爲陵遊說, 下遷腐刑. 乃述唐虞以來, 至于獲麟, 爲史記. 遷與任安書曰 '李陵旣生降, 僕又茸之以蠶室.'" 蘇林注曰 "腐刑者, 作密室蓄火, 時[43]如蠶室. 舊時平陰有蠶室獄."

36-23 謝公(謝安)이 東山에 있을 때 조정의 명령이 여러 번 내려왔으나 움직이지 않았다. 나중에 桓宣武(桓溫)의 司馬가 되어 장차 新亭에서 출발하려는데, 朝士들이 모두 나와서 전송하였다. 高靈은 당시 中丞으로 그 또한 전송하는 자리에 나갔다. 이에 앞서 술을 어느 정도 마셨기에 이를 빌미로 취한 척 농담을 하였다. "그대는 여러 번 조정의 뜻을 어기고 동산에서 베개를 높이 하고 누워 지냈기에 모든 이들이 매번 서로 '安石(사안)이 나오려 하지 않으니 장차 백성들을 어찌해야 할거나.'라고 했지요. 이제는 또 백성들이 그대를 어찌해야 합니까?"

사공은 웃기만 하고 답을 하지 않았다.

謝公在東山에 朝命屢降而不動이러니 後出爲桓宣武司馬하여 將發新亭에 朝士咸出瞻送이라 高靈時爲中丞①하여 亦往相祖라 先時多少飮酒하여 因倚如醉戲曰 卿屢違朝旨하고 高臥東山하여 諸人每相與言 安石不肯出하니 將如蒼生何오라하니 今亦蒼生將如卿何오 謝笑而不答하니라

① 阿齡(령)은 高崧의 어릴 때 이름이다.

〈何法盛의〉 ≪中興書≫에 말하였다. "高崧의 字는 茂琰으로 廣陵 사람이다. 부친 高悝는 光祿大夫였다. 고숭은 젊어서부터 학문을 좋아하여 역사에 밝았다. 여러 벼슬을 거쳐 吏部郞과 侍中이 되었는데, 공무를 잘못 처리하여 파면되었다."

阿齡,[44] 高崧小字也.

---

43) 時 : '是'의 뜻이다.

中興書曰 "崧字茂琰, 廣陵人. 父悝, 光祿大夫. 崧少好學, 善史傳, 累遷吏部郎・侍中, 以公累免官."

【頭註】

○ 王世懋 : 취한 듯하지만 취하지는 않았다. 말이 절묘하다.
王云 "似醉不醉. 語妙絶."

---

44) 靈 : ≪世說新語≫ 〈排調〉에는 본문과 동일하게 '靈'으로 되어 있는데 〈言語〉에서는 또 '靈'으로 되어 있다. 본문에 '阿靈'이라는 말이 없는데 주석에 이렇게 쓴 것은 〈言語〉에 있는 주석을 그대로 가져왔기 때문이다.

附錄

1. ≪世說新語補 4≫ 參考書目

◇ 底本

- ≪世說新語補≫ 규장각한국학연구원, 奎中 1801-v.1-7(현종실록자본).

◇ 주요 참고자료

- ≪世說新語補≫ 국립중앙도서관 古373-1(목활자본).
- ≪李卓吾批點世說新語補≫ 국립중앙도서관 古古10-30-나34.
- ≪李卓吾批點世說新語補≫ 와세다대학 소장본(イ17 02080).
- ≪李卓吾批點世說新語補≫ 와세다대학 소장 安永本(ヌ08 04889).
- ≪鍾伯敬批點世說新語補≫ 대진 연정국악원 소장본.
- ≪世說新語≫ 董弅本, 日本 尊経閣叢刊, 育德財団.
- ≪世說新語≫ 思賢講舍本, 上海古跡出版社 影印, 1984.
- ≪世說新語≫ 元刊本, 內閣文庫本.
- ≪世說新語≫ 八卷本, 中華書局, 2017.
- ≪宋本世說新語≫ 全5冊, 國家圖書館出版社, 2017.
- ≪何氏語林≫, 규장각한국학연구원(奎中 3300-v.1-6)
- ≪何氏語林≫, 文淵閣四庫全書, 臺灣商務印書館, 1986.

◇ 교감주해서 및 번역서

〔日本〕

- ≪世說音釋≫, 恩田仲任 編, 국립중앙도서관(古古10-30-가100), 1802.
- ≪世說講義≫, 田中頤, 국립중앙도서관(古3235-9-58-2), 1816.
- ≪世說啓微≫, 皆川淇園, 국립중앙도서관(古古10-30-가178), 1815.
- ≪世說新語補觽≫, 岡白駒, 국립중앙도서관(古古10-30-나61), 1749.
- ≪世說箋本≫, 秦士鉉, 국립중앙도서관(古古10-30-나28), 1826.

- ≪世說新語補考≫, 桃源藏, 국립중앙도서관(古古10-30-나59), 1762.
- ≪新釋漢文大系 世說新語(上・中・下)≫, 目加田誠, 明治書院, 1975~7.
- ≪世說新語≫(中國古典文學全集32), 大村梅雄, 平凡社, 1959.
- ≪世說新語≫(中國古典文學大系9), 森三樹三郎, 平凡社, 1969.
- ≪世說新語≫(世界文學大系71「中國古小說集」), 川勝義雄 等, 筑摩書房, 1964.
- ≪世說新語(上・下)≫, 竹田晃, 學習研究社, 1983~4.
- ≪世說新語≫(鑑賞中國の古典14), 井波律子, 角川書店, 1988.

〔中國〕

- ≪世說新語校釋≫(上・中・下), 博客來 譯註, 上海古籍出版社, 2011.
- ≪世說新語校釋≫(上・中・下), 龔斌 譯註, 上海古籍出版社, 2012.
- ≪世說新語校箋≫, 勇 楊 譯註, 中華書局, 2006.
- ≪世說新語校箋≫, 徐震堮 譯註, 文史哲出版社, 1989.
- ≪世說新語硏究≫, 王能憲 譯註, 江蘇古籍出版社, 1992.
- ≪世說新語箋疏≫, 余嘉錫 譯註, 中華書局, 1983
- ≪世說新語全譯≫, 柳士鎭 等 譯註, 貴州人民出版社, 1996.
- ≪世說新語彙校集注≫, 朱鑄禹 譯註, 上海古籍出版社, 2002.
- ≪世說新語會評≫, 劉强 譯註, 鳳凰出版社, 2007.
- ≪王世貞年譜≫, 鄭利華, 上海, 復旦大學出版社, 1993.
- ≪李贄全集注≫ 第20冊, 李贄, 社會科學文獻出版社, 2010.

〔韓國〕

- ≪세설신어≫, 김현진 역, 두성, 1991.
- ≪세설신어≫(전3책), 김장환 역, 살림, 1996~2000.
- ≪세설신어≫(전4책), 임동석 역, 동서문화사, 2011.
- ≪세설신어≫(전3책), 안길환 역, 명문당, 2006.
- ≪세설신어보≫(전4책), 김장환 역, 지식을만드는지식, 2010.
- ≪세설신어성휘운분≫(전3책), 김장환 역, 학고방, 2012.

〔其他〕

- ≪A New Account of Tales of the World(世說新語)≫, Richard B.Mather,

University of Minnesota Press, 1976.

◇ 經部

- ≪經典釋文≫, 陸德明 撰, 文淵閣四庫全書, 臺灣商務印書館, 1986.
- ≪老子道德經≫, 文淵閣四庫全書, 臺灣商務印書館, 1986.
- ≪論語注疏≫, 何晏 注, 邢昺 疏, 北京大學出版社, 1999.
- ≪論語集註大全≫, 朱熹 集註, 胡廣 等 編, 朝鮮 內閣本, 影印本, 學民文化社.
- ≪孟子注疏≫, 趙岐 注, 孫奭 疏, 北京大學出版社, 1999.
- ≪孟子集註大全≫, 朱熹 集註, 胡廣 等 編, 朝鮮 內閣本, 影印本, 學民文化社.
- ≪毛詩正義≫, 毛公 傳, 鄭玄 箋, 孔穎達 正義, 北京大學出版社, 1999.
- ≪書傳大全≫, 蔡沈 集傳, 胡廣 等 編, 朝鮮 內閣本, 影印本, 學民文化社.
- ≪尙書正義≫, 孔安國 傳, 孔穎達 正義, 北京大學出版社, 1999.
- ≪詩傳大全≫, 朱熹 注, 胡廣 等 編, 朝鮮 內閣本, 影印本, 學民文化社.
- ≪禮記正義≫, 鄭玄 注, 孔穎達 正義, 北京大學出版社, 1999.
- ≪禮記集說大全≫, 陳澔 集說, 胡廣 等 編, 朝鮮 內閣本, 影印本, 學民文化社.
- ≪儀禮注疏≫, 鄭玄 注, 賈公彦 疏, 文淵閣四庫全書, 臺灣商務印書館, 1986.
- ≪周易正義≫, 王弼・韓康伯 注, 孔穎達 正義, 北京大學出版社, 1999.
- ≪周易傳義大全≫, 程頤 傳, 朱熹 本義, 胡廣 等 編, 朝鮮 內閣本, 影印本, 學民文化社.
- ≪春秋公羊傳注疏≫, 何休 註, 徐彦 疏, 北京大學出版社, 2000.
- ≪春秋左氏傳注疏≫, 杜預 註, 孔穎達 疏, 北京大學出版社, 2000.
- ≪韓詩外傳今註今譯≫, 賴炎元 註譯, 臺灣商務印書館, 1974.
- ≪孝經注疏≫, 唐 玄宗 注, 邢昺 疏, 北京大學出版社, 1999.

◇ 史部

- ≪高士傳≫, 皇甫謐 撰, 文淵閣四庫全書, 臺灣商務印書館, 1986.
- ≪南史≫, 文淵閣四庫全書, 臺灣商務印書館, 1986.
- ≪南齊書≫, 文淵閣四庫全書, 臺灣商務印書館, 1986.
- ≪唐書≫, 文淵閣四庫全書, 臺灣商務印書館, 1986.
- ≪東都事略≫, 王稱 撰, 文淵閣四庫全書, 臺灣商務印書館, 1986.
- ≪馬氏南唐書≫, 馬令 撰, 文淵閣四庫全書, 臺灣商務印書館, 1986.
- ≪明史≫, 文淵閣四庫全書, 臺灣商務印書館, 1986.

- ≪北史≫, 文淵閣四庫全書, 臺灣商務印書館, 1986.
- ≪史記索隱≫, 司馬貞 編, 文淵閣四庫全書, 臺灣商務印書館, 1986.
- ≪史記正義≫, 張守節 撰, 文淵閣四庫全書, 臺灣商務印書館, 1986.
- ≪史記集解≫, 裴駰 撰, 文淵閣四庫全書, 臺灣商務印書館, 1986.
- ≪史通≫, 文淵閣四庫全書, 臺灣商務印書館, 1986.
- ≪山西通志≫, 李維禎 撰, 文淵閣四庫全書, 臺灣商務印書館, 1986.
- ≪三國志≫, 陳壽 撰, 文淵閣四庫全書, 臺灣商務印書館, 1986.
- ≪續後漢書≫, 郝經 撰, 文淵閣四庫全書, 臺灣商務印書館, 1986.
- ≪宋史≫, 文淵閣四庫全書, 臺灣商務印書館, 1986.
- ≪宋書≫, 文淵閣四庫全書, 臺灣商務印書館, 1986.
- ≪隋書≫, 長孫無忌 撰, 文淵閣四庫全書, 臺灣商務印書館, 1986.
- ≪御批資治通鑑綱目≫, 朱熹(宋) 撰, 商務印書館, 1990.
- ≪吳越春秋≫, 文淵閣四庫全書, 臺灣商務印書館, 1986.
- ≪魏書≫, 文淵閣四庫全書, 臺灣商務印書館, 1986.
- ≪廿二史考異≫, 錢大昕 撰, 藝文印書館, 1964.
- ≪晉書≫, 文淵閣四庫全書, 臺灣商務印書館, 1986.
- ≪通鑑節要≫, 文淵閣四庫全書, 臺灣商務印書館, 1986.
- ≪通志≫, 鄭樵 撰, 文淵閣四庫全書, 臺灣商務印書館, 1986.
- ≪冊府元龜≫, 王欽若 等編, 鳳凰出版社, 2006.
- ≪漢書≫, 班固 撰, 文淵閣四庫全書, 臺灣商務印書館, 1986.
- ≪後漢書≫, 司馬彪 撰, 文淵閣四庫全書, 臺灣商務印書館, 1986.
- ≪後漢書補逸≫, 文淵閣四庫全書, 臺灣商務印書館, 1986.

◇ 子部

- ≪高僧傳≫, 釋慧皎 撰, 湯用彤 校注, 中華書局, 1992.
- ≪文子≫, 辛硏 著, 四部備要, 中華書局, 1936.
- ≪法言義疏≫, 汪榮寶 撰, 中華書局, 1996.
- ≪荀子箋釋≫, 盧文弨 校, 謝墉 輯校, 上海古籍出版社, 1986.
- ≪荀子集解≫, 王先謙 集解, 中華書局, 1988.
- ≪揚子法言≫, 揚雄 撰, 文淵閣四庫全書, 臺灣商務印書館, 1986.
- ≪列女傳≫, 劉向 撰, 文淵閣四庫全書, 臺灣商務印書館, 1986.

- ≪列仙傳≫, 劉向 撰, 文淵閣四庫全書, 臺灣商務印書館, 1986.
- ≪列子≫, 文淵閣四庫全書, 臺灣商務印書館, 1986.
- ≪莊子≫, 文淵閣四庫全書, 臺灣商務印書館, 1986.
- ≪太平廣記≫, 李昉 等 撰, 中華書局, 1961.
- ≪太平御覽≫, 李昉 等 撰, 文淵閣四庫全書, 臺灣商務印書館, 1986.
- ≪抱朴子內外篇≫, 葛洪 撰, 文淵閣四庫全書, 臺灣商務印書館, 1986.
- ≪韓詩外傳≫, 韓嬰 撰, 文淵閣四庫全書, 臺灣商務印書館, 1986.
- ≪韓非子≫, 韓非 撰, 文淵閣四庫全書, 臺灣商務印書館, 1986.
- ≪淮南子≫, 劉安 撰, 高誘 注, 文淵閣四庫全書, 臺灣商務印書館, 1986.
- ≪淮南鴻烈集解≫, 劉文典 撰, 中華書局, 1997.

◇ 集部

- ≪陶淵明集箋注≫, 袁行霈 箋注, 中華書局, 2003.
- ≪文選≫, 蕭統 撰, 文淵閣四庫全書, 臺灣商務印書館, 1986.
- ≪文選注≫, 蕭統 撰, 李善 注, 世界書局, 1962.
- ≪西京雜記≫, 劉歆 著, 成林 譯, 貴州人民出版社, 1993.
- ≪西晉文紀≫, 梅鼎祚 撰, 文淵閣四庫全書, 臺灣商務印書館, 1986.
- ≪呂氏春秋≫, 呂不韋 編, 高誘 注, 文淵閣四庫全書, 臺灣商務印書館, 1986.
- ≪緯略≫, 高似孫 撰, 廣文書局, 1970.
- ≪初潭集≫, 李贄 撰, 中華書局, 2009.
- ≪嵇中散集≫, 嵇康 撰, 讀書出版社, 1988.

◇ 데이터베이스(DB) 자료

- 동양고전종합DB(http://db.cyberseodang.or.kr)
- 상우천고(http://www.s-sangwoo.kr)
- 電子版 文淵閣四庫全書, 迪志文化出版社, 北京, 1999.
- 國學大師(http://www.guoxuedashi.com/search/?keyword)
- 搜韻(https://sou-yun.cn/index.aspx)
- 中華百科全書(https://ctext.org)
- Kanseki Repository Catalog 四庫全書(http://www.kanripo.org)
- 한국고전종합DB(http://db.itkc.or.kr)

2. ≪世說新語補 4≫ 參考圖版 目錄

3. ≪世說新語補≫ 總目次

QR코드를 스캔하면 ≪世說新語補≫ 總目次를 보실 수 있습니다.

4. ≪世說新語補≫ 解 題

QR코드를 스캔하면 ≪世說新語補≫ 解題를 보실 수 있습니다.

*집필 : 金鎭玉(前 한국고전번역원 책임연구원)

責任飜譯者 略歷

金鎭玉

1959년 출생
誠信女子大學校 史學科 學士 졸업
西江大學校 史學科(東洋史) 碩士 졸업
高麗大學校 文學博士(고전번역)
民族文化推進會 國譯硏修院 상임연구부 졸업
한국고전번역원 책임연구원(前)

論著 및 譯書

論著 〈'推考'의 性格과 運用〉, 〈≪金吾憲錄≫의 자료적 가치〉,
〈≪世說新語≫에 대한 일고찰〉, 〈조선 후기 官署志에 대한 고찰〉 등
譯書 ≪의금부의 청헌, 금오헌록≫ 등
共譯 ≪태종실록≫, ≪세종실록≫, ≪일성록≫, ≪정조실록≫ 등

共同飜譯者 略歷

金泰勳

1971년 출생
高麗大學校 문과대학 한문학과 학사
高麗大學校 대학원 중어중문학과 석사 수료
한국고전번역원 선임연구원(現)

譯書

共譯 ≪승정원일기≫, ≪신역 조선왕조실록≫

南誠佑

1969년 출생
高麗大學校 한문학과 졸업
民族文化推進會(현 韓國古典飜譯院) 전문위원
民族文化推進會(현 韓國古典飜譯院) 부설 教育硏修院 상임연구원(현 전문과정) 졸업
韓國古典飜譯院 표점교감팀 연구원
釜山大學校 점필재연구소 연구원
檀國大學校 동양학연구원 연구원
高麗大學校 한자한문연구소 연구원(現)

論著 및 譯書

譯書 ≪黃山遺藁≫, ≪桑韓唱和塤篪集≫, ≪栢後遺集≫, ≪沔陽雜錄≫ 등
共譯 ≪金鼎奎日記≫, ≪使行錄≫, ≪石谷散稿≫, ≪承政院日記≫,
≪續陰晴史≫, ≪朝鮮王朝御冊:教命・竹冊・金冊≫ 등

東洋古典譯註叢書 133

譯註 世說新語補 4 30,000원

2021년 12월 31일 초판 발행
2022년 04월 30일 초판 2쇄

企劃編輯 東洋古典飜譯編輯委員會
刪　定 王世貞
責任飜譯 金鎭玉
共同飜譯 金泰勳 南誠佑
常任原文校閱 吳圭根
飜譯研究管理 南賢熙
潤　文 南賢熙
校　訂 朴相水 郭成龍
裝　幀 김진디자인

發行人 朴洪植
發行處 社團法人 傳統文化研究會
등록 : 1989. 7. 3. 제1-936호
서울시 종로구 삼일대로 428 낙원빌딩 411호
전화 : (02)762-8401 전송 : (02)747-0083
전자우편 : juntong@juntong.or.kr
홈페이지 : juntong.or.kr
사이버書堂 : cyberseodang.or.kr
온라인서점 : book.cyberseodang.or.kr

인쇄처 : 한국법령정보주식회사(02-462-3860)
총　판 : 한국출판협동조합(070-7119-1750)

ISBN 979-11-5794-501-6 94820
978-89-85395-71-7(세트)

※ 이 책은 2021년도 교육부 고전문헌 국역지원사업 지원비에 의해 초판(비매품) 간행.